整合
经济学

The Economics
of Integration

杜芸——著

中国出版集团
中译出版社

图书在版编目（CIP）数据

整合经济学 / 杜芸著 . -- 北京 : 中译出版社，2022.4
　ISBN 978-7-5001-6989-5

　Ⅰ . ①整… Ⅱ . ①杜… Ⅲ . ①整合－经济学 Ⅳ . ① F0

中国版本图书馆 CIP 数据核字（2022）第 036261 号

整合经济学
ZHENGHE JINGJIXUE

著　　者：杜　芸
策划编辑：于　宇　李晟月
责任编辑：于　宇　李晟月

出版发行：中译出版社
地　　址：北京市西城区新街口外大街 28 号普天德胜大厦主楼 4 层
电　　话：(010) 68002494（编辑部）
邮　　编：100088
电子邮箱：book@ctph.com.cn
网　　址：http://www.ctph.com.cn

印　　刷：北京中科印刷有限公司
经　　销：新华书店
规　　格：787 mm×1092 mm　1/16
印　　张：32
字　　数：524 千字
版　　次：2022 年 9 月第 1 版
印　　次：2022 年 9 月第 1 次印刷

ISBN 978-7-5001-6989-5　　　　定价：79.00 元

版权所有　侵权必究
中　译　出　版　社

序一

数字化时代的整合经济学

改革开放以来，我国经历了九个五年计划，经济社会发生了翻天覆地的变化，中国已经成为世界第二大经济体。时代呼唤进步，理论需要创新。经济学伴随着经济改革不断深化的伟大实践，出现了许多交叉学科和边缘学科，这些理论创新既源于实践，高于生活，又服务于新时代经济发展。在世界处于百年未有之大变局所带来的全球经济学者对经济学理论的反思中，整合经济学应运而生。理论联系实际且更加注重从实际出发，主张在数字化科学技术推动下，从整合资源发力，服务经济建设全局，整合经济学是经济学理论的中国创新。

现代社会已迈入数字经济时代，以人工智能、大数据、云计算等为代表的新兴信息技术的发展，使经济社会不断探索转型路线，从而在面对更多机遇和挑战时获得新的竞争优势。数字技术对于企业的生产方式、经济社会组织形态等都具有颠覆性的影响。党的十九大报告提出，要加快建设制造强国、网络强国、数字中国，推动互联网、大数据、人工智能与实体经济的深度融合，要抢抓新一轮工业革命机遇，围绕核心标准、技术、平台加速布局产业互联网，构建数字驱动的产业新生态。可见，数字化转型对经济发展产生的影响已引起了国家、理论界和实践界的广泛关注。现有研究大多关注数字化转型战略的制定、数字化技术与组织绩效的关系、数字化转型的管理适应性、商业发展模式的转变等方面，并呼吁关注数字化转型实践，促进实现可持续发展的目标。但对上述数字化产品、技术和服务整合平台的系统性梳理仍然是有限的。数字化时代的整合经济学的产生更具有时代意义。整合多方提供的数字技术是实体经济成功参与数字平台或生态系统的关键，数字技术将实体经济内各部门与外部所有客户的数据聚合在一起，使各种信息成为相互协调的有机整体，从而提供系统化解决方案，更好地满足利益相关者，提升其市场竞争力。

进入新时代，在数字化的生存、连通、互动和发展中，由互联网发展到现在普遍的移动互联网，我们经济社会生活的种种组成部分，都在以智能手机为载体的数字化状态下运动着，整合着，共享着。跨界整合、共享发展及"互联网+"让各行业间、各产业间相互渗透融合，创新出发展的新境界，形成了数字金融、绿色共享、线上线下结合的新营销等平台经济形态。这些整合经济的形态带来的是使"人民日益增长的美好生活需要"得到有效供给，提高广大百姓的获得感和幸福感。

数据整合为经济发展决策提供依据。经济发展新的动力源或者是支撑经济发展升级版的混合动力体系包括劳动力、土地及自然资源、资本、科技和制度这五大要素。在新时代、新格局和国际国内双循环互促共进的高质量发展时期实现动力机制转换，更多需要后两项，即科技和制度发挥关键作用。通过科学技术协同，做好数据资源、生产力五大要素资源的整合，促进经济社会的协调统一，有机融合，相互促进，共同发展。

整合经济学以经济学的资源稀缺性理论为基础，从资源优化配置的角度来研究人类经济现象；整合经济学汲取世界上经济学派的整合理论和中国历史上的融合观念，从深厚的历史积淀中拓展新时代经济行为空间；整合经济学以理论与实践相结合为途径,从新发展格局的需求出发,探索在竞争中实现共享共赢的合作之路。《整合经济学》一书有继承、有创新,引领了新经济理念方面的创新。未来社会经济的发展,是你中有我,又是我中有你;既是中国走向世界,吸收世界元素,又是世界融合中国,吸收中国元素的双向整合、融合的进程。整合经济学伴随这个进程,内容会更丰富,影响力会更大,指导性会更强,参与研究探讨的学者和读者也会越来越多。

谨以此为序。

陈存根

2022 年 6 月 27 日

（陈存根：博士,西北农林科技大学教授、博士生导师,西北大学兼职教授,中国生态文明研究与促进会特邀咨询专家,中央和国家机关工委原副书记、中央和国家机关工会联合会原主席。）

序二

整合经济学具有旺盛生命力

资源,包括各种生产要素、技术条件等,是经济发展的基本条件。一个国家要想迅速地发展国民经济,就必须重视对各种资源的有效整合与合理利用,提高资源的利用水平,实现资源的流动、共享和优化组合。大规模的资源整合和并购重组有利于集中优质资产,不仅能实现资源要素的合理配置,更能对国家的产业结构产生重大而深远的影响。在经济全球化时代,跨境并购作为在全球范围内配置资源的重要方式,有利于推动本土企业的全球扩张,促进世界经济的深度融合。

纵观全球,在绝大部分经济体和企业巨头的崛起之路上,总是写满一个又一个经典的整合并购传奇。19世纪末以来,美国相继发生了五次大规模的整合并购浪潮,推动其从农业经济向工业经济、信息经济的转型跨越,深刻地改变了美国乃至世界。2018年,日立收购覆盖美洲、欧洲、亚洲、非洲的ABB电网业务部,一跃成为全球最大的电网公司。1996年至今,微软共完成420多次并购,交易规模超过1 000亿美元。在此过程中,它实现了从小型软件商到操作系统领军企业，再到全球科技巨头的重大转变。

在我国，2019年《中央企业混合所有制改革操作指引》出台，中央企业新增混合所有制企业超过1 000户。电力、铁路、军工等重点领域纷纷破题。国家电投、中国中车、国家电网、国铁集团子企业混合所有制改革相继落地。这场整合大潮，时而波涛汹涌，时而暗潮涌动，既有勇立潮头的大浪，也有吐故纳新的暗潮。作为实体经济的脊梁，制造业成为并购的主战场，中国宝武钢铁集团有限公司与马钢集团重组，长安新能源和奇瑞汽车混合所有制改革相继落下帷幕；作为鼓励创新的重要平台，科创板对企业并购重组上市频频"松绑"。中国证券监督管理委员会和上海证券交易所相继发布科创板并购重组的规定和细则，支持科创企业自主决策、自主推进、自主实施同行业与上下游并购重组。

我国央企重组整合体现了三个特点：一是横向式的同业间合并，这既包括央企间的"强强联合"型的合并重组，也包括"强并弱"型合并重组，如中国中丝集团有限公司并入中国保利集团等，主要是为了提高集中度，化解过剩产能；二是纵向式的沿上下游产业链合并，如中国神华集团与国电电力发展股份有限公司的兼并，其主要目的在于做大、做强，发挥协同作用或推动转型升级；三是采用共建、共享的新组建方式，如中国铁塔和海工装备，意在盘活存量，减少同业竞争和重复建设。通过重组整合，深化企业内部改革和机制创新，加快业务、管理、技术、人才、市场资源等方面的全面整合，放大重组效能。中国企业大规模整合的背后，是企业不断做大、做强的必经之路——正如芝加哥经济学派代表人物、诺贝尔经济学奖得主乔治·J.施蒂格勒所说："没有一家美国大公司不是通过某种程度、某种形式的兼并成长起来的，几乎没有一家公司主要是靠内部扩张成长起来的。"如今，这样的故事也在越来越多的中国企业中上演。通过资源整合、横向并购，扩大市场规模，实现业绩扩张；通过纵向并购，强化产业协同；通过共建、共享的组建方式，实现优势互补。中国企业的大规模整合之途更是经济高质量发展的重要力量。

序二 整合经济学具有旺盛生命力

进入新时代,一场场声势浩大的企业整合大潮风起云涌。"整合重组""并购参股""混合所有制改革"成为颇为亮眼的中国经济的关键词。整合经济学就在这样的时代大背景下应运而生。理论来源于实践,理论创新也必须建立在实践创新的基础之上。只有聆听时代的声音,回应时代的呼唤,认真研究解决重大而紧迫的问题,才能真正把握历史脉络,找到发展规律,推动理论创新。整合经济学形成系统的体系,正是遵循这一基本规律的成果。

经济学是发展的科学,它不会止步于任何一个阶段。中国特色社会主义建设的伟大实践催生了整合时代,整合时代的科技进步与生产力要素多元化推动了整合经济学的形成和发展,杜芸的这本《整合经济学》就是这一发展成果的体现之一。作为经济学分支科学的专业论著,一个重要的前提是需要正确回答这门科学的特色在哪里,它从哪里来、要到哪里去等根本性问题。对此,这本书在结合理论与实践的基础上,得到了一个比较清晰的认识。《整合经济学》是从资源整合的维度上对一个经济学分支的系统化介绍,是经济学理论在整合时代创新的成果;生动鲜活的整合经济实践是其发展基础和创新源泉。整合经济学作为富有特色的新兴经济学科必将继续随着新经济的发展壮大而茁壮成长,开枝散叶。

郑新立

2022年6月17日

(郑新立:经济学家,研究员,中共中央政策研究室原副主任,长期从事经济理论和经济政策研究,主要研究领域为宏观经济理论与政策。2009年4月,任中国国际经济交流中心常务副理事长。2014年5月,被《经济学家周报》评为"2013·经济学人"10位著名经济学家之一。)

序三

坚持系统观念，统筹整合发展

党的十九届五中全会明确了我国在"十四五"时期经济社会发展的主要目标，提出了到2035年基本实现社会主义现代化的远景目标，既立足近期，又谋划长远，二者相互衔接，为稳健、扎实、持续推进各项目标的实现提供了清晰可行的、系统的路线图。我们要坚持以习近平新时代中国特色社会主义思想为指导，准确识变、科学应变、主动求变，同心同德、系统思维、整合发展，努力将"十四五"规划和2035年远景目标变为现实。

坚持系统思维、统筹整合、创新发展是整合经济学的核心理念，也是创建整合经济学的指导原则和目标。系统观念是具有基础性的思想和工作方法。进入新的历史时期，我国经济要坚持以高质量发展为主题，坚定不移地贯彻新发展理念，以深化供给侧结构性改革为主线，着力固根基、扬优势、补短板、强弱项，就要统筹发展质量和效益，把发展质量问题摆在更为突出的位置，坚持质量第一、效益优先；要统筹国内国际两个大局，充分认识和把握这两个大局的发展大势和基本特征，整合国际国内的优势资源，处理好开放和自主的关系，全面深化改革，不断扩大开放，加快构建以国内大循环为主体、国内国际双循环相互促进的新发展格局。

整合既需要系统化思维，也离不开数据分析。随着大数据、云计算和人工智能等新一代信息技术的快速发展，数据已成为数字时代的基础性战略资源和革命性关键要素。数字技术与全产业的深度融合，有助于打破行业壁垒，垂直整合资源，促进国民经济良性循环。我们要从全面性、系统性、科学性、逻辑性、可行性等视角进一步提高整合资源的能力和水平，运用现代科技再造生产力元素优化配置流程，加强全要素、全流程、全产业链的分析研判和数据解读，加快推进全社会大数据信息的安全共享，增强国民经济各部门、各行业的整体合力，为实现社会经济的高质量发展服务。

随着改革不断深入，"整合"已经成为社会经济发展中的一个热词。整合资源兴产业，新时代创造了新经验：草原美景与民俗文化的有机结合、壮美峡谷与黄河文化的相得益彰、沙漠生态旅游的多元化呈现……这些举措让草原别具风情、山河越发雄浑、沙漠更为生动。发展乡村旅游，就需要这样的整合资源、融合发展；旅游景观与生态保护相结合，因地制宜地发展生态文旅产业，使生态资源变成旅游资源，让每一棵树、每一根草、每一粒沙、每一汪水都"动"起来，实现了"绿水青山就是金山银山"的美好目标；乡村振兴与产业发展相结合，把乡村的生态资源优势与农牧业、文化创意产业、体育产业等相结合，引导新型经营主体通过特色化、专业化经营，合理配置生产要素，联合相关体育赛事机构、协会和企业发展体育产业……来自基层的这些乡村旅游与产业发展相结合的实践创造为整合经济学理论的发展带来了巨大的想象空间，在丰富的实践基础上做好理论文章，正是整合经济学创新发展的题中之义。

《整合经济学》是经济学分支学科发展的新成果。作者一方面借鉴国际经济学整合理论，另一方面总结创新实践经验，在理论与实践相结合的基础上系统梳理思维、逻辑，深化理论研究，努力做好整合经济学的体系框架构建，展开对细节观点的思考和分析,对于我们理解融合发展的经济大趋势以及形成整合思维,具有启示意义和重要的参考价值。希望《整合经济学》的出版,有助于社会各界持续推进整合创新,统筹发展工作。

陈 立
2022 年 6 月 7 日

(陈立:中共中央党校〈国家行政学院〉副部级校委会委员,中央党校理论部政治经济学专业经济学硕士、研究员。第十三届全国人民代表大会华侨委员会委员。)

序四

新时代经济学研究的新成果

随着中国特色社会主义进入新时代,经济学的创新发展迎来新的繁荣期。立足新时代中国特色社会主义伟大实践,遵循新发展理念,面对人民群众对美好生活需求的不断提高和资源稀缺性的矛盾不断激化的新形势,以及新时代人口、资源、环境和社会经济可持续发展的诸多新问题,努力挖掘经济发展成就背后的理论逻辑,并进行理论化、系统化的阐释,形成具有时代特色的整合经济学理论框架和学科体系,对于促进我国经济高质量发展具有重要的理论意义与实践意义。

改革开放以来,我国社会经济发展的实践为经济理论研究和创新提供了肥沃的土壤。经济学界相继提出了社会主义本质理论,社会主义初级阶段基本经济制度理论,发展社会主义市场经济、使市场在资源配置中起决定性作用和更好发挥政府作用的理论,逐步实现全体人民共同富裕的理论,以及供给侧结构性改革理论,整合经济学理论等。这些理论的产生是实践发展的结果,同时理论创新也推动了我国社会经济的发展。

我与《整合经济学》的作者杜芸女士相熟，她是将整合理论与整合实践相结合的探索者、创新者，曾编撰并出版了《整合制胜》《整合发展》《整合创新》《整合时代》四本专著，在报刊和网络上发表了多篇关于资源整合的文章，主持或参与了多地政府的资源整合战略策划、规划，以及多个企业的项目资源整合指导工作，积累了丰富的经验，形成了深厚的整合经济学理论积淀。作者在整合经济学的科学性、理论性、实践性、开放性上下功夫，从碎片化的点点滴滴到构建具有特色的整合经济学理论体系，站在经济学发展与展望的高度进行探索和创新，形成了具有独特视角和观点的整合经济学体系。

整合经济学作为经济学的一个新兴分支学科，要做到理论逻辑、实践逻辑、历史逻辑的统一，既要创新整合经济理论，又要传承经济学理论，实现整合理论研究和经济学理论研究的融合。《整合经济学》全书充分吸收了近现代国际知名经济学家关于整合、融合的理论成果及中国优秀传统经济思想的精华，展现了在整合时代经济学者的思想力和创造力，提出了具有创新性、实践性、时代性的整合经济学理论。全书在回答新时代的整合理论和实践问题过程中，推进经济学的学科体系、学术体系和话语体系的建设。

大凡学科体系的构建，一要有合理的架构，二要有足够的构件。进入新时代，构建整合经济学的基本条件已经具备。

就架构而言，在新时代构建经济学新的科学分支，就要在经济改革与发展的实践中发现和挖掘关乎发展全局的重大课题，让整合经济学研究与经济学的理论创新成果相呼应，与实践层面关注的实际问题相照应。以此为基础，提出并形成有用、能用、管用的研究成果，实现经济理论与经济实践的有机结合、良性互动，进而构建起整合经济学的理论架构。

就构件来说，改革开放 40 多年的丰富实践，以及对这些丰富实践发挥了理论指导作用的观点、主张、理念、思路等，都是整合经济学的基本构件。对这些基本构件进行全面、系统的研究和总结，在此基础上凝练、抽象出有学理性的新理论，概括出有普遍意义的新规律，就能构建起反映时代特征、体现实践特色、具有世界高度的整合经济学。

如果说工业化时代"圈地"能力成就了一个个产业帝国，那么在整合时代，企业家的资源整合能力更为重要，更能影响企业的可持续发展和兴衰存亡。合作竞争正在成为新的主要竞争方式之一，互联网构造的连通性是区分新经济与旧经济的一个标志，互联网推动的整合、融合与系统化是世界经济学领域前所未有的巨大变革。

在人的行为的生理层面，属于自然科学的领域；在人的行为的精神层面，则是心理学和社会学考察的对象；至于行为的规范性问题，应当交还给道德和哲学。然而，将人的行为的生理、精神和规范要素统一起来加以研究，构建相互影响、相互作用的规律性的认识论，就需要运用将学术、理论、实践相融合的整合思维。经济理论的创新需要一点好奇心、一点怀疑精神和一点走出"安全地带"的勇气。《整合经济学》一书的作者还是一位尚未成为经济学家的年轻人，然而，她的勤奋耕耘、不断探索、勇于创新的精神值得肯定和褒扬，也正是这种精神开启了一扇通往整合经济学新世界的大门。

《整合经济学》一书出版的意义更多地体现在其探索性、引领性、创新性和实践性上。然而，作为经济学体系中一个新的分支学科，整合经济学的研究和探索任重而道远，还需要广大学者、企业家和社会各界有识之士共同关注，不懈地努力，产出更丰富的优秀成果，使这颗经济学苑里的新苗茁壮成长，与时俱进。

董锁成
2022 年 6 月 17 日

（董锁成：中国科学院地理科学与资源研究所二级研究员，博士生导师，东北亚可持续发展研究中心主任，中科院特聘研究员，中国生态经济学会常务理事长兼区域生态经济专业委员会主任，中国自然资源学会常务理事兼世界资源研究分会主任，中国科学院大学首席教授、俄罗斯自然科学院外籍院士。）

目 录

Part 1
第一篇
整合经济学概要

◎ 第一章　经济学基础 / 003
　　一、经济学是什么 / 003
　　二、经济学与资源的选择、优化配置 / 006
　　三、整合资源，经济学发展的新动力 / 009

◎ 第二章　整合经济学体系 / 014
　　一、什么是整合经济学 / 014
　　二、整合经济学的理论发展 / 018

◎ 第三章　整合经济学的理论流派 / 022
　　一、涂尔干的非契约性社会整合理论 / 022
　　二、塔尔科特·帕森斯的社会整合理论 / 024
　　三、社会融合的四个代表性理论 / 028
　　四、哈贝马斯的沟通整合理论 / 033
　　五、吉登斯的时空整合理论 / 040
　　六、黑川纪章的新共生思想 / 044
　　七、西方的社会整合实现机制理论 / 045
　　八、罗杰·马丁的整合思维理论 / 052

◎ 第四章　企业资源整合 / 055
　　一、企业资源整合的经济分析 / 055
　　二、企业资源整合的实现形式 / 058
　　三、企业资源整合的规律 / 062

◎ 第五章　新时代的整合经济学 / 066
　　一、信息化新技术产业推动整合经济发展 / 066
　　二、物联网推动整合经济发展 / 069
　　三、大数据产业对整合经济的贡献 / 070
　　四、新技术与商业模式高度融合 / 071
　　五、新供给和新消费需求互动整合 / 073
　　六、整合经济学与新营销时代 / 077

Part 2

第二篇
整合经济学思维

◎ 第六章　1+1 > 2 / 087
　　一、犹太人的故事 / 087
　　二、部分与整体 / 088
　　三、有机整合 / 088
　　四、"体育 + 旅游"的溢出效应 / 089

◎ 第七章　四两拨千斤 / 090
　　一、借力的故事 / 090
　　二、善于借力 / 091
　　三、企业经营中的借力整合 / 092
　　四、借力借势提升竞争力 / 094
　　五、借力营销 / 097
　　六、案例：善于借力的奇瑞 / 098

◎ 第八章　拒绝"二选一" / 103
　　一、"中庸之道"哲学在整合经济学中的应用 / 103
　　二、中庸的平衡是商业的真谛 / 105
　　三、互联网经济中的"二选一"及其教训 / 106

◎ 第九章　看见看不见的 / 110
　　一、善于发现潜在的资源 / 110
　　二、多角度发现资源 / 114
　　三、破窗理论 / 117

◎ 第十章　低成本成功 / 121
　　一、人生成本论 / 121
　　二、低成本创业 / 124
　　三、整合资源，降低成本 / 127

◎ 第十一章　聚合思维 / 131
　　一、聚合思维的含义 / 131
　　二、聚合思维的方法 / 132
　　三、微信成功的核心奥秘——聚焦人性 / 133

Part 3

第三篇

整合经济学系统

◎ 第十二章　整合系统总论 / 141

◎ 第十三章　平台 / 143
　　一、平台经济及其特征 / 143
　　二、平台经济的时代性 / 144
　　三、平台经济的价值 / 146
　　四、阿里巴巴：最大的商业经济平台搭建者 / 147

◎ 第十四章　思路 / 151
　　一、思路的意义 / 151
　　二、思路与心态 / 152
　　三、案例：翠微大厦创新思路整合商业资源 / 154

◎ 第十五章　模式 / 158
　　一、模式与整合经济学系统中的模式 / 158
　　二、商业模式 / 159
　　三、商业模式的核心原则 / 164
　　四、商业模式的设计 / 166

◎ 第十六章　系统 / 168
　　一、系统 / 168
　　二、整合经济学的系统化思维 / 171
　　三、项目的系统化管理 / 175
　　四、系统执行力的三要素 / 181

Part 4
第四篇
整合经济学实践

◎ 第十七章　跨界经济 / 187
　　一、整合经济学跨界新解 / 187
　　二、互联网科技下的跨界经济 / 189
　　三、跨界经济的企业价值 / 191
　　四、网易养猪，跨界七年 / 193
　　五、跨界营销 / 196

◎ 第十八章　融合经济 / 200
　　一、如何理解融合经济 / 200
　　二、产业融合 / 201
　　三、城乡融合 / 206

四、融媒体——传媒文化融合 / 209
五、融合经济的典型案例 / 212

◎ **第十九章　循环经济 / 219**
一、循环经济的定义 / 219
二、循环经济的法治化 / 221
三、循环经济发展的途径 / 225
四、循环经济的实践案例 / 227

◎ **第二十章　共享经济 / 230**
一、共享经济含义及其起源 / 230
二、共享经济的整合经济学意义 / 233
三、共享经济对企业价值创造的影响 / 236
四、共享经济的实践案例 / 237

◎ **第二十一章　品牌经济 / 240**
一、品牌经济概说 / 240
二、品牌经济的构成 / 241
三、品牌经济的培育 / 244
四、品牌经济系统构成 / 246
五、品牌经济的魅力——耐克从来没有一间属于自己的工厂 / 248

◎ **第二十二章　数字经济 / 251**
一、数字经济释义 / 251
二、数字经济发展规模 / 253
三、数字经济平台与资源整合 / 255
四、数字经济在中国抗击新冠肺炎疫情中的应用 / 258

◎ **第二十三章　创新经济 / 264**
一、创新、技术创新与泛创新 / 264
二、创新经济 / 268
三、基于整合的创新经济战略 / 270
四、创新经济在城乡融合发展中的应用——"崂山模式" / 276
五、创新经济在县域经济整合发展中的应用 / 281

◎ 第二十四章　网红经济 / 284
　　一、网红经济的含义和内容 / 284
　　二、网红经济的形成 / 285
　　三、网红经济的发展规模 / 291
　　四、网红经济产业链整合 / 294
　　五、网红经济的发展趋势 / 298

Part 5

第五篇
整合经济学与新型业态

◎ 第二十五章　新零售商贸业 / 303
　　一、新零售商贸业的兴起 / 303
　　二、新零售商贸形成的经济背景 / 305
　　三、新零售区别于传统零售的"五新"特点 / 309
　　四、新零售商贸业发展在国民经济体系中的意义 / 312
　　五、新零售：上海百联与阿里巴巴联合 / 321

◎ 第二十六章　整合生命健康产业 / 322
　　一、整合医学的提出 / 322
　　二、整合医学的理论分析 / 323
　　三、整合医学的适用范畴 / 324
　　四、整合医学的行为逻辑 / 325
　　五、整合医学的构建模式 / 325
　　六、整合医学指导的健康生命产业 / 326
　　七、2020年新冠肺炎疫情后的整合生命健康产业发展 / 331

◎ 第二十七章　三产融合型农业 / 336
　　一、三产融合——中国农业产业整合发展的大战略 / 336
　　二、农业三产融合的四个驱动因素 / 339
　　三、农业三产融合发展的整合经济学实践 / 342

◎ 第二十八章　文旅融合产业 / 348

　　一、旅游资源整合的深化需要整合经济学理论指导 / 348

　　二、区域旅游资源整合中的共生条件 / 349

　　三、区域旅游资源整合中的共生模式 / 351

　　四、区域旅游资源整合的共生机制 / 352

　　五、整合经济学关于重庆旅游资源整合分析 / 353

　　六、文旅融合资源整合营销系统 / 357

Part 6

第六篇

企业家的整合经济学

◎ 第二十九章　新时代的生产力要素 / 363

　　一、生产力的概念 / 363

　　二、生产力发展要素的新定位 / 365

◎ 第三十章　土地资源整合 / 368

　　一、土地资源是企业项目发展的基础 / 368

　　二、土地资源整合策略 / 369

　　三、案例：土地整合"四种模式"，让农业与产业完美融合 / 371

◎ 第三十一章　产业与资本融合 / 374

　　一、产业与资本 / 374

　　二、案例：蓝帆医疗实现产业与资本共舞 / 375

　　三、企业通过资本整合快速扩张的"1+N"模式 / 376

◎ 第三十二章　人力资源整合的激励机制 / 378

　　一、人力资源整合 / 378

　　二、人力资源激励 / 378

　　三、激励机制的模式 / 379

◎ 第三十三章　产业链整合的产业集群 / 381
　　一、产业集群 / 381
　　二、产业集群的形成条件 / 381
　　三、产业集群的成本最优化经济学分析 / 382

◎ 第三十四章　打败对手的最高境界是整合对手 / 385
　　一、用整合经济学指导博弈，走出竞争困境 / 385
　　二、用整合经济学思维做大格局 / 386
　　三、我国汽车工业自主品牌博弈的整合经济学分析 / 387

◎ 第三十五章　企业与政府之间——整合经济学的智慧 / 389
　　一、企业与政府关系的重要性 / 389
　　二、与企业相关的五种政府职能 / 389
　　三、市场经济条件下企业的五种角色定位 / 391
　　四、整合经济学指导下企业处理与政府关系的智慧 / 392

Part 7
第七篇
整合经济学与传媒经济

◎ 第三十六章　传媒经济的发展与特征 / 397
　　一、传媒经济的概念 / 397
　　二、中国传媒经济的发展 / 397
　　三、传媒经济的本质 / 399
　　四、中国传媒经济的基本特征 / 399
　　五、传媒经济对我国经济的影响 / 400

◎ 第三十七章　传媒经济的整合 / 402
　　一、媒体资源整合 / 402
　　二、媒体资源整合的提出 / 402
　　三、中国传媒经济资源的整合 / 403
　　四、案例：南方报业传媒的整合发展之路 / 404

Part 8
第八篇
整合经济学与政府决策

◎ 第三十八章　政府树立整合经济学思维 / 409
　　一、智库建设 / 409
　　二、数字化管理 / 410
　　三、政务信息整合 / 410
　　四、整合经济学与领导力 / 411
　　五、区域公共品牌建设 / 414
　　六、发挥社团组织作用 / 416

◎ 第三十九章　整合经济学的区域品牌建设案例 / 419
　　一、背景 / 419
　　二、初探：源多流广，三十六湖归焦岗 / 419
　　三、挑战："小、弱、散"呼唤品牌化战略整合 / 420
　　四、洞察：以"生态"为基底的湖区经济融合 / 420
　　五、构建：焦岗湖——全国首个湖区生态发展共同体 / 421
　　六、文化IP：形成"荷"的超级符号，为焦岗湖区域品牌背书 / 421
　　七、产品策略：打造湖区出产的"1托2托N"雁阵式产品策略 / 422
　　八、营销策略：打造"湖说鲜语"互联网农文旅融合销售渠道形象 / 423
　　九、爆款策略：提炼"爆款"，推动区域产业升级 / 423
　　十、把脉：洞察市场机会，解构市场困局 / 424
　　十一、战略：四大核心战略，带动品牌突围 / 424
　　十二、传播：强化价值，重塑品牌新形象 / 428

Part 9
第九篇
整合经济学与自我超越

◎ **第四十章　整合经济学是研究人的科学 / 431**
　　一、经济学，本质是"人学" / 431
　　二、人的经济权利 / 436
　　三、人力资本是社会生产力的基础 / 436
　　四、人是最活跃的生产力 / 438

◎ **第四十一章　整合·超越——整合经济学的人生智慧 / 440**
　　一、整合，启动人生之旅 / 440
　　二、人，不能超越社会环境 / 441
　　三、人，应该自我规划 / 443

◎ **第四十二章　整合经济学，一门使人幸福的艺术 / 448**
　　一、整合经济学的核心是研究人与人的竞合关系 / 448
　　二、"经济人"与"社会人"的统一 / 449
　　三、整合经济学的终极目的是实现人的全面发展 / 450
　　四、克服"舒服点"的习惯，积极整合资源 / 451

◎ **第四十三章　借势·整合·提升·超越：新时代的成功法则 / 454**
　　一、借势 / 455
　　二、借平台 / 457
　　三、整合 / 461
　　四、提升 / 467
　　五、自我评价 / 470
　　六、自我超越 / 472

◎ **后记 / 479**

Part 1

第一篇
整合经济学概要

◎ 第一章

经济学基础

一、经济学是什么

1. 经济学是一门研究人的行为的学问

人们每时每刻都会做出各式各样的行为,而每个行为都有一个动机,同时会产生一个结果。这个道理很简单。而现实中的问题是,你本来的动机不一定会得到你想要的结果。因为动机和结果中间隔着一个行为,所以选择一个正确的行为是非常重要的。

在你的办公桌上有一盒茶叶,还有一壶开水。你的动机是得到一杯热茶,你的行为就是找到一个杯子,放进茶叶,再倒入开水。这个行为完成后,你就可以实现你的动机,得到一杯热茶了。

目前你有100万元,要把它变成1 000万元,你需要什么样的行动,才能得到这个结果呢?当然经济学不能直接帮你把100万元变成1 000万元,但是如果你能熟练地用经济学的思维模式来思考这些问题,指导你的行为,你就有机会得到这1 000万元。因为所有把100万元变成1 000万元的人,都是用这样的思维来思考问题的。

经济学,就是让你明白什么行为会造成什么结果,从而让你做出正确的选择,并且指导你向着想要的结果的方向去做。

2. 经济学是一门关于财富的学问

有一个我们在日常生活中经常讲的词汇,叫作"经济实惠"。这里的"经济"一词在使用上体现了"经济"最原始的含义:节约、节省。类似的说法还有"如果租一间屋子,就经济很多了",这里"经济"指"节省"的意思;

"由于经济关系我就不参与了",这里的"经济"是指"财力、物力"。

"经济"一词最早是 2 400 年前的古希腊经济学者色诺芬在《经济论·雅典的收入》中使用的。这部著作总结了他对奴隶主庄园的管理经验,提出了"农业是其他技艺的母亲和保姆,因为农业繁荣的时候,其他一切技艺也都兴旺。"他说,土地养育着人们,如果土地荒废,一切技艺也都将处于垂危的境地。同时,他提出了经济学的一些基本观念。

第一,究竟什么是财富。色诺芬认为,对自己有利的都可以认为是财富,不论是否据为己有。他首先承认了财富的分配,即自己手中和别人手中都可以持有对自己有利的事物,或推广到对人类有利的事物,这些都是财富;其次,看重现在人不认为是财富的事物,如优质的空气和干净的水源,这些都包含在财富内。

第二,财富的产生需要激励制度。色诺芬认为,婚姻制度和工作奖励制度(绩效)都是有力的激励制度;人都是希望在做完事情之后得到报偿的,如果某件事情的报偿超出了人的预期,那对将来继续努力做同样的事情无疑是有激励作用的。他说:"神聪明睿智地把所谓的男性和女性配合在一起,主要就是为了使他们结成完美的合作关系,互相帮助。""如果好的仆人看到他们什么事情都做,而那些不肯努力工作并且在必要时也不肯冒险的人得到和他们一样的东西,那是会使他们非常沮丧的。"

第三,生活需要得到平衡。他在《经济论》中写道:"两个在路上的游客,他们同样年轻,同样健壮,可是由于一个人始终像他刚出发时一样一直往前走,而另一个人却安闲自在,一会儿在泉水旁边或树荫下面歇息,一会儿赏玩风景,一会儿享受和暖的微风,他们的速度就会大不相同。"其实劳作、学习、工作都有类似的道理,持续不断地努力是进步的关键,适度的休息同样至关重要,这个平衡把握起来难度不小。色诺芬在《经济论·雅典的收入》中着眼于当时雅典的财税、贸易、奴隶管理、义务劳动来分析如何提高雅典的收入,并认为对于和平的雅典而言,获得这种依靠人流往来的收入更有利。

在西方,随着自然经济发展到商品经济,"经济"一词便超出了色诺芬家务管理的范围,具有了经国济世的广泛含义。

在中国古代,"经济"一词的原义是"经邦济世""经国济民""治国平天下"。东晋时代已正式使用"经济"一词,是"经邦""经国"和"济世""济民"，以及"经世济民"等词的综合和简化，含有"治国平天下"的意思。古代名联中一句"文章西汉双司马，经济南阳一卧龙"，这里面的"经济"就是"经纶济世"的意思。

著名经济学家马歇尔在《经济学原理》中说："经济学是一门研究财富的学问，同时也是一门研究人的学问。"我们把这两句话一起理解：经济学就是研究人们如何赚钱和省钱，进而实现财富增长的学问。学习经济学，可以帮助人们更好地理解人类社会产生富有和贫穷的原因。

3. 经济学是研究物质稀缺性和有效利用资源的学问

在财富的取得和使用中，最重要的是避免劳动及产品的浪费，用最合理的方法管理家庭收支，这就是"经济"一词最初的含义。现代经济学是研究资源配置的学科，也是理解人类理性选择行为的科学。经济学是研究人类社会在各个发展阶段的各种经济活动和各种相应的经济关系及其运行发展的规律的学科。经济学的核心思想是物质稀缺性和有效利用资源。

经济学就是研究有限资源在不同用途中如何配置以保证社会做出最优经济发展决策的社会科学。通过分析研究，经济学者要找出经济发展的客观规律，以采取相应措施来刺激或保持经济增长，从而避免经济衰退等。

从这个意义上，在《美国传统词典》中，"经济"一词有两个诠释：一是对国家、社会、企业资源的管理；二是资源管理、开发的体系。

在这个世界上，几乎只有空气不是稀缺的。事实上，某些地方的洁净的空气也是商品。相对而言，由于任何人都可以任意地自由呼吸，所以并没有专门研究分配空气的学问。但就大多数自然资源来说，几乎都是稀缺的。人类的产品都要靠消耗自然资源来生产，所以人类的产品也都是稀缺的。经济学要研究如何生产、分配和利用这些资源和产品，以节省资源，达到最佳效用。人们过去认为水资源是无限的，所以不太重视用经济手段来调节水资源的利用。现在看来，水是稀缺资源，所以我们现在开始提倡节约用水，也开始重视利用经济手段来调节水资源了。经济学就是研究在资源有限的条件下如何实现利益最大化。就像小学数学里的应用题，总是给出你若干约束条件（资源是有限的），让你求一个最优解。例如："服装店同时卖出了两件衣服，每件衣服各得120元，但其中一件赚20%，另一件赔了20%，问服装店卖出的两件衣服是赚钱了还是亏本了？"这就是在限定条件下求解。

资源的"稀缺"总是存在的，因为它是与"需求"相联系的，而人的需求总是不会满足的。党的十九大报告提出，新时代我国社会主要矛盾已经转化为人民日益增长的美好生活需要和不平衡不充分的发展之间的矛盾，我国社会主要矛盾的转变就是遵循了这个基本的经济学原理。正是在协调资源的有限性与人的欲望的无穷性之间的矛盾的过程中，经济学应运而生。物品和资源的稀缺性及社会必须对其有效地加以利用，是经济学的核心思想；正是由于存在着稀缺性和人们追求效率的愿望，经济学才成为一门重要的学科。

二、经济学与资源的选择、优化配置

1. 资源的稀缺性和选择

在企业经营行为中，总是面临着三个基本问题：

一是生产什么和生产多少。生产电视机还是生产电脑？生产大炮还是生产黄油？生产多少台电视机，多少台电脑？用多少资源生产大炮，用多少资源生产黄油……

二是怎样生产。用什么样的方法来生产这么多的产品，与生产方式和技术水平直接相关。

三是为谁生产。生产出来的产量和劳务用什么样的方式分配给社会的各个成员，即怎样分配。

经济学作为一门研究人的学问，本质上就是研究人的选择行为。人的一生就是在不断地选择中度过的。我国古代便有"舍"与"得"的哲学。《孟子·告子上》里《鱼我所欲也》说："鱼，我所欲也；熊掌，亦我所欲也。二者不可得兼，舍鱼而取熊掌者也。生，亦我所欲也；义，亦我所欲也。二者不可得兼，舍生而取义者也。生亦我所欲，所欲有甚于生者，故不为苟得也。"孟子的本意不是说鱼与熊掌二者必然不可兼得，而是强调如果不能兼得的时候，我们应当如何取舍。其中也有好的东西不要拥有太多，不然就体现不出其价值所在的意思，就像一山不能容二虎，金字塔顶上的永远是最稀少、珍贵的，这意在提醒人们在面对取舍时应该如何抉择。

人们在实现自己所追求的目标的过程中，选择那些对自己最为有利的稀缺资源，并且总是在种种条件约束下进行选择。

例如，在一个家庭中，父母决定如何使用自己的资金，他们可以购买食物、衣物，或全家去度假；他们也可以为退休或孩子的大学教育储蓄一部分收入。当他们选择把额外的1元钱用于上述用途中的一种时，他们在某种其他用途上就要少花1元钱。

当人们组成社会时，作为经国济世的经济，就进入各种不同的权衡取舍，选择发展战略和途径的过程中，由此形成了国家发展战略及各种国家行为。典型的是在"大炮与黄油"之间的选择。我们把更多的钱用于国防，以保卫我们的海岸免受外国入侵（"大炮"）时，我们用于提高国内生活水平的消费品（"黄油"）就少了。在现代社会里，同样重要的是清洁的环境和高收入水平之间的权衡取舍。要求企业减少污染的法律增加了生产物品与劳务的成本。成本提高的结果是这些企业赚的利润少了，支付的工资低了，收取的价格高了，或者结果是这三种结果的某种结合。因此，尽管污染管制给予我们的好处是更清洁的环境，以及由此带来的健康水平的提高，但其代价是企业所有者、工人和消费者的收入减少了。

2. 资源配置的方式

经济学研究人与社会如何用稀缺的生产性资源生产出有价值的商品，并把它们分配给社会的各个成员。经济学包含的最基本的思想是"资源是稀缺的，社会必须以有效率的方式使用它。"由此形成了国家经济资源的配置方式，并把这种方式用经济制度的形式体现出来。世界各国的经济资源配置制度主要有以下三种：

（1）自由放任的市场经济制度

自由放任的市场经济制度的含义："自由放任"是指完全没有政府干预而由个人自主行动；"市场经济"是指资源配置由市场供求决定的经济。

自由放任的市场经济制度的特征：首先，从决策结构上看，自由放任的市场经济是分散决策的；其次，在自由放任的市场经济中，每个人或者每个经济单位被赋予追逐个人利益的目的；最后，自由放任的市场经济中的信息是通过价格涨落来传递的。

自由放任的市场经济制度如何解决资源配置问题：在自由放任的市场经济中，家庭或个人以自身的满足为目的，以市场价格为信息，自主决定每种产品的购买量；生产者以获得利润为目的，根据市场价格决定生产的方式及购买投入的数量；家庭和生产者的相互作用决定商品的价格和生产数量。

（2）中央集权的计划经济制度

中央集权的计划经济制度的含义：中央当局或机构制订生产产品的计划，确定生产目标和生产方式，并指定分配规则。

中央集权的计划经济制度的特征是决策集中化：集中决策建立在公共产权基础上。通过计划调节，中央集权的计划经济决定了社会资源的配置。

（3）混合经济制度

混合经济制度的含义：政府和私人部门按照一定的原则共同制定决策的经济制度。混合经济制度的特征：分散决策和集中决策相结合。决策单位的动力既可以是自身的经济利益，也可以是社会目标信息传递。既有价格自发的波动，又有计划指令的反馈。

由于资源稀缺是动态的，随着经济发展与市场供求关系的变化，资源稀缺将会发生结构性的变迁与稀缺程度的变迁。所以，资源配置方式及其相应的经济制度也是动态的。

3. 资源优化配置成为经济学的中心问题

从理论上和实践上科学地界定并选择经济资源的最佳配置方式，关系到一个国家的经济制度的建立，成为经济学的中心问题。

经济资源的稀缺性要求实现资源的最佳配置。资源的初始本义是指自然界中存在的天然物质财富。在现代，资源的内涵与外延都大有拓展，主要是指用来生产能满足人们需求的商品的东西或劳务。不仅包括天然资源，而且还包括资本、人力资源等。

从资源能否自由取用的角度，资源可分为经济资源和非经济资源。经济资源是稀缺的，不能自由取用，具有非零价格。非经济资源，如空气，极为丰富，以至于人们不必付费即可自由取用。由于经济资源的稀缺性，不能满足所有的需要和欲望，社会必须选择经济资源的配置方式，以实现最佳组合。所以，经济理论的中心问题，就是研究如何配置资源以实现最佳组合。现代经济学研究的资源，当然首先是经济资源，至于非经济资源，也将随着清除污染、净化环境而逐步纳入经济学的研究范围。

实现经济资源的最佳配置之所以是现代经济学的中心问题，归根到底是因为只有实现经济资源的最佳配置，才能取得最佳的经济效率，才能取得更高的劳动生产率，促进社会生产力更快地发展。

首先，经济效率、劳动生产率的高低取决于能否有效地利用有限的经济资源。整个经济活动的过程是实现经济资源配置的过程，经济活动中的生产、交换、分配、消费过程，是人们改变自然界中现存的经济资源的形式、形态，实现其最佳组合，以最大限度地满足人们需要的过程。由于经济资源是有限的、稀缺的，不可能靠无限度地增加资源投入来进行外延扩大再生产，而只能靠提高现有资源的有效利用率来进行内涵扩大再生产，从而实现经济效率和劳动生产率的提高。

其次，有效利用现有经济资源的实质也就是实现经济资源的最佳配置，从而提高经济效率和生产效率。可以从两方面来分析。一是在技术水平一定的静态条件下，经济效率和劳动生产率尤其是如何由现有人力、财力、物力等资源配置来决定。对微观经济来说，当技术不变时，人、财、物等资源向有实力、有效益、发展前景好的企业流动，因此对这些资源的优化配置，就成为提高企业经济效率和劳动生产率的决定因素。对区域经济来说，当技术不变时，人、财、物等资源按专业分工、取长补短的要求在区域范围内的优化配置，也就成了提高区域经济效率和劳动生产率的关键所在。对宏观经济来说，在技术不变时，按客观比例的要求配置人、财、物等资源，就成为实现提高宏观经济效率和劳动生产率的主导因素。二是在技术水平发生变化的动态条件下，采取有利于技术进步的决策，是适应现代经济要求的包括技术资源在内的深层次的经济资源优化配置的问题，因此是在现代条件下决定经济效率和劳动生产率的关键因素。

最后，通过经济资源优化配置而达到更高的经济效率和劳动生产率，归根到底是保证社会制度胜利的最主要的途径，是一种社会制度优于另一种社会制度的最主要的标志。由此得出结论：某些社会主义国家的巨变，最根本的原因是来自经济，它们没有创造出比资本主义国家更高的经济效率和劳动生产率。

三、整合资源，经济学发展的新动力

资源的稀缺性与选择构成了经济学的基础；缺失了二者，经济学就失去了意义；二者推进了资源优化配置，并因此建立了相应的经济制度，构建起古典经济学、新古典经济学与现代经济学的经济学体系。

任何一种理论都是在实践中发展的。经济学经历了现代化建设的实践以后，从资源的稀缺、选择、优化配置，进入了资源整合的新阶段。随着稀缺资源的范围不断扩大，原来的非稀缺资源，如空气、自然环境、生态文明等，也成了稀缺资源，人们逐渐开始摒弃简单的舍得观和选择方法论，开始从腾挪式的、组合式的配置走向资源整合和融合发展的新阶段。整合经济学由此产生了。

1. 整合是市场经济条件下的一种资源再配置过程

整合进入现代经济学的实践是从企业并购开始的。企业并购是企业为突破内部资源约束、促进自身快速成长而采用的发展战略，其本质是市场经济条件下的一种资源再配置过程。

跨国并购是世界上资本主义国家的跨国公司较为成熟的企业经营发展模式。中国在改革开放以后，出现了一些大型企业在海外扩张并购的行为，国内的一些企业之间也开展了一些并购活动，但是成功的案例并不多，特别是海外并购因陷入陷阱或定位失误、操作不当导致失败的不在少数。总结这些教训，经济学界的学者和企业家逐渐认识到，并购后的企业不应是被并购企业的"克隆体"，也不应是被并购方的简单叠加。作为经济学意义上的一种资源集合体，并购前后企业的"异质性"要求企业必须在并购后进行资源整合，这种整合是决定企业并购成败的关键性因素。并购是企业内外部资源融合的过程，是企业提升市场竞争力的重要途径，其竞争力的根源在于资源共享和整合创造的协同效应。协同效应不是并购交易的必然结果，必须对并购后的企业资源进行有机整合。由于企业资源要素的多样性，整合也要以包括治理结构和组织架构在内的各种资源要素为对象，进行全方位的调整和整合。

2. 企业资源整合赋能市场经济活力

从资源角度入手分析经济学问题是极为合理和科学的，因为经济学研究的起点就是资源的稀缺性。企业是市场经济中最为活跃的细胞，是市场经济的基础。对于企业来讲，资源的重要意义是尤为突出的。因此，整合经济学的重要源头是企业资源整合的实践，企业资源整合也是我们研究和思考整合经济学的起点。

企业的不断发展是一个内部扩张和外部扩张的过程。内部扩张主要通过企业内部自身的积累、变革和内部重组来实现；外部扩张主要通过兼并收购、外部重组、合资、战略联盟等手段实现。无论是内部扩张还是外部扩张，都离不开对企业资源的整合，其本质就是对企业资源要素的重新配置的过程。在企业内部扩张中，企业资源整合是企业根据自身发展战略和市场变化自觉进行的，包括企业的业务重构、资产重构、财务重构和组织重构等方面。在以并购为主要特征的外部扩张中，资源整合是由外部因素引起的，其整合的动机随着外界因素的影响而不同，这种整合企业有时是主动的，有时是被动但企业必须面对的，因为任何外部要素资产与企业自身的内部要素资产结合，必须要在移植、融合后才能实现企业价值的最大化。美国著名经济学家、诺贝尔经济学奖得主乔治·J.施蒂格勒说："一个企业通过兼并其竞争对手的方式成为巨型企业是现代经济史上的一个突出现象……没有一个美国大公司不是通过某种程度、某种方式的兼并而成长起来的，几乎没有一家大公司是靠内部扩张成长起来的。"[①] 并购，造就了杜邦、通用、斯科等一大批巨型公司，在国内也涌现出一批像海尔等大型企业。

3.企业资源及其整合

在经济学研究中，资源是一个广义的范畴。它既包括土地、矿藏、森林、水等自然资源，也包括人类的体力和智力，还包括由基本生产要求生产出来的产品，如机器等。这些资源分别成为自然资源、人力资源和人造资源。企业资源是资源的特殊表现形式，资源的普遍性特征都会在企业资源这个特殊的个体上表现出来。

企业资源可以分为四个层次：第一个层次，企业购买的生产要素和获得的公共知识。这些资源非企业专有，不能作为企业的战略要素；第二个层次，企业的专有资产，如商业秘密、生产秘诀和特殊的生产工艺等，由于融入了企业的无形知识，所以非常难以被复制和模仿；第三个层次，企业的能力，即企业在长期生产经营过程中形成并固定下来的专有活动，是企业比市场更有效率、可以替代市场的关键因素，因此具有很强的经济性，是企业竞争优势的主要来源；第四个层次，企业的动态能力。对于变化激烈的外部环境来说，企业的能力必须随之不断创新。企业的动态能力成为企业最为关键的能

---

① ［美］乔治·J.施蒂格勒.产业组织和政府管制[M].潘振民，译.上海：上海三联书店，1989：3.

力，动态能力强调为适应不断变化的外部环境，企业必须不断取得、整合和再确认内外部的行政组织技术、资源和功能性能力。

企业资源的价值取决于它拥有的一般有用性、交易性（流动性）、稀缺性等特征，还取决于顾客需求、不可模仿性、可获得性，但这些价值并不是自动获取的。交易和流动是构成企业资源价值的最基本的要素。交易和流动形成价值的过程不是将资源简单地合并加总，进一步整合企业资源才是实现企业资源价值的必经之路。

企业资源的整合就是基于构建企业的核心能力的目的，将相关的企业资源有机地组合起来形成超过原有生产力水平的资源重新配置的过程。企业资源整合包括对企业的有形资源、无形资源及组织能力的整合。企业资源整合的目的是增强企业的核心能力，也就是企业依据自己独特的资源，培育创建本企业不同于其他企业的最关键的竞争能力与优势。这种核心能力由五大要素构成。

（1）研究开发的能力，即为增加知识总量以及用这些知识去创造新的应用而进行的系统性创造活动。包括基础研究、应用研究和技术开发三项。

（2）不断创新的能力，即根据市场和社会变化，在原来的基础上重新整合人才和资本资源，进行新产品研发和有效组织生产，不断创造和适应市场，实现企业既定目标的过程。包括技术创新、产品及公益创新和管理创新。一个企业要保持发展和竞争优势，就必须善于总结和提高，永远地追求卓越，不断超越自我，不断进取和创新。

（3）将科技成果转化为生产力的能力，即将创新意识或技术成果转化为可行的工作方案或产品，提高效率和效益。转化能力在实际应用中表现为综合、移植、重组，把各种技术、方法等综合起来系统化，形成一个可实施的综合方案，将其他领域中的一些可行的方法移植到本企业的技术创新和管理中，对现有的技术和管理方法进行重新组合，形成新的方法和新的途径，达到更好的效果。

（4）组织协调的能力，即在改革创新方案、新产品、新工艺及生产目标形成之后，要及时调动、组织企业所有的资源，进行有效、有序的运作。这种组织协调能力涉及企业的组织结构、企业战略目标、运行机制和企业文化等多方面。其突出表现在企业有坚强的精神和强大的凝聚力，部分服从整体，局部服从全局，齐心协力、积极主动、密切配合争取成功的精神；表现在能根据生产中不同阶段的要求有效配置资源，并使其在各自的位置上正常运转。

（5）应变的能力，即快速反应的能力，包括对客观变化的敏锐感应和针对客观变化做出的应对策略。特别是在当今时代，互联网科技与信息化发展使竞争资源经常出现无法预料的变化，企业必须迅速、准确地拿出应变的措施和办法，才能在变化中把握方向和机遇，实现自我的快速发展。

◎ 第二章
整合经济学体系

任何新经济学的产生，必须建立在对过去的各种经济理论的假定前提、概念系统、核心理论和逻辑体系等学说的构成要素进行系统创新和深层整合的基础上。尽管20世纪80年代以来，在中国经济理论界有着苏联式的传统政治经济学和西方主流经济学的激烈冲突和有限的融合，然而，毕竟未能实现经济理论的大规模"国产化"，没有形成真正属于自己的经济学，而只不过是在引进、吸收和消化。在21世纪，随着一系列现实经济条件的变化，再加上理论自身长期在量上的积累和发育，建立在市场经济基础上的具有中国特色的新经济学必然会"横空出世"，而且会成为世界上最重要的经济学之一。

一、什么是整合经济学

1. 整合经济学的含义

整合经济学是将整合行为作为研究对象的一个经济学分支，研究个体（个人、单个法人经济实体、单个市场经济活动、单个社会组织）在资源稀缺性的基础上，如何运用整合思维、整合策略实现资源价值的最大化，形成具有创新性的成果。整合经济学是一门关于资源整合的学问。

2. 整合经济学的特点

整合经济学的根本属性是研究人的经济本性，因为资源的稀缺性首先源于人的需求的无限性。人本身就是最重要的资源，劳动者是生产力的决定性要素，无论是土地，还是生产工具，都只有在人的作用下才能成为生产资料。同时，"人"就是"社会"，人或社会有种种活动，经济活动则是其基础性的活动。因此，人的经济活动是人性或社会性的最为重要的一个部分。

个人与企业、产业（区域、集团等）、政府（国家）、世界存在关系，其中个人有自由的经济选择权，这是企业等组合的基本前提。正是这样，才能使千差万别的个人所有的资源禀赋得以通过合理配置来趋于最优化。整合经济学呈现以下特点：

（1）整合经济学以资源的稀缺性为基础，以资源的现实性存在为依托，通过对已有资源的整合创造新的资源价值。

资源的稀缺性问题是在人类经济发展到一定水平时，才被作为经济科学的重要问题引起人们重视的。远古社会的狩猎经济、采集经济面对的是一个几乎可看作"无限"的资源环境。后来，人们不断地迁徙居住地，大概是以此来解决局部地域资源的有效性约束，然而这时生存空间及相应的资源的"无限性"似乎依然存在。因此，可以认为远古时代的人们还没有资源约束的概念。耕作这一生产方式的出现被认为是由于采集和狩猎的对象逐步稀缺，人类生产方式发生变革，农耕替代采集和狩猎。农村经济出现后，随着人口自然繁殖和区域迁徙，土地逐渐表现出稀缺性，并也由此派生出社会经济生活中的与土地稀缺相关的各个矛盾。但此时人们并未自觉地从经济科学意义上研究讨论"资源稀缺性"及有效配置问题。近代经济科学的起源是古典政治经济学的产生，其研究的对象首先是土地和商业，其研究的要旨和论域基本上是生产、流通和分配等经济关系及相关的利益关系。虽然也涉及产业均衡、生产节约等问题，但实际上仍未能直接地把资源稀缺性及有效配置问题作为经济科学的中心来研究。可以说，微观经济学只注意到了成本意义上的资源节约，而未涉及资源的社会配置上的节约。只有在宏观经济学产生以后体系化的现代经济科学，其学科的研究要旨才真正成为资源稀缺性及对其进行最节约、最有效的配置。社会是一个大的经济体，需要解决资源的稀缺性和有效配置问题。我们每个人就是一个小小的经济体，需要解决人生中面临的各种资源稀缺的问题。不同的是，社会总体资源的稀缺是客观存在的、硬性的稀缺，而我们每个人面临的资源稀缺则是有弹性的，可以通过灵活的认知和创新的方法去解决资源的稀缺，问题的关键在于树立正确的价值观和掌握核心能力与方法，整合经济学就是指导我们获取这种能力与方法的科学。

（2）整合经济学以资源的融合为核心，摒弃"非甲即乙"的简单选择思维模式，追求融合发展的结果。

一些研究人生的人说，人的一生就是选择。这种选择往往是指"非甲即乙"或是"鱼与熊掌不可兼得"的选择。整合经济学研究资源的选择和配置，最大的特点是摒弃这种"二选一"的选择，追求资源优势互补或是取长补短。从这个意义上，整合经济学是研究整合思维的科学，也是研究融合的学问。从一定意义上说，整合经济学是通过"选择—整合—融合—创新"的程序，来实现预期目标的科学。

例如，工业设计进入信息技术时代，人和技术的融合研究开始推动产业经济发展。人工智能出现之后，有人质疑设计是不是会被替代，是不是已经不需要设计服务或者方法了。其实，人工智能出现后，机器和人还需要发生交互，而只要进行人机交互，就会产生机器和人之间的矛盾。因为非人造事物发展得非常缓慢，如树木、石头等，而人造事物的发展速度非常快，如通信手段等。人本身的DNA的进化也很缓慢，这与高速进化的人造事物并不匹配，如此一来，设计的核心就是让人接受机器，在适应机器的过程中更好地适应自己，并且思考机器如何更好地服务于人，所以设计依然具有非常高的价值。

以智能手机为例，传统的手机是按键或键盘输入，但乔布斯发现最便捷、直接的翻书方式是用手指翻，由此开启了触摸屏时代，手机体验就此被彻底改变。这种体验非常符合人的习惯和需求，但其体验又与传统的翻书不同。这里会牵涉许多人机交互、体验设计方面的研究。人类跟随机器的发展不断调整自身的认知，而机器则根据人的习惯去更迭换代。所以在人机交互的过程中，设计的价值不可估量，并且设计在不断增值。

（3）整合经济学以实现系统化为目标，通过平台、思路、模式、系统策略，实现构建系统化目标。

整合是一种生活，我们每个人每天都在做与整合有关的事情。随着市场经济的快速发展，各种资源越来越丰富；随着人工智能、大数据、互联网等技术不断优化升级，资源整合的技术已经十分先进。所有产业项目的成功都和资源整合分不开，新时代需要更多懂得资源整合的综合性人才。

企业如何形成可持续发展的生态系统，以凸显个性并形成自己的核心竞争力？答案就是"资源整合"。可以说，谁拥有资源整合的能力，谁就拥有核心竞争力。

企业要做好资源整合，应坚持"平台、思路、模式、系统"的八字方针。

一是平台。任何一个企业或一个项目，都要为项目的发展搭好一个平台，或者是借助别人的平台，创造适合自己企业项目发展的平台。

二是思路。整合资源从哪里入手？资源在哪里？自己的优势是什么？怎样去整合？这些思路需要从实际出发，从企业发展定位和项目预期目标出发。

三是模式。整合资源一定要形成一个双赢的模式——合作式优势互补、资源共享的模式。整合理念里有一句话：打败对手的最高境界是整合对手。整合成功就可以携手同行，共同发展，实现共赢。

四是系统。我们在项目管理中都需要提出一个整体解决方案，这就是系统。整合资源要建立完善的系统。资源来自多方面、多渠道，一般具有碎片化特征，应对其有一个精准的整体系统定位。互联网、物联网和区块链，都是建立在严谨科学的系统定位上，同样，需要制定企业项目发展和执行的标准、目标、计划路线图和时间表等，专人干专事，系统推进项目才能又好又快地发展。

搭建平台，创新思路，形成模式，构建系统，构成了整合经济学的思想方法，这是项目管理在整合实践中的应用，也是传统项目管理在整合时代的创新成果。

（4）整合经济学以全方位、全周期、全产业链、立体化思维为原则，在资源整合过程中突破时空界限。

美国作家、心理学家肯恩·威尔伯的整合心理学把古老的传统、现代科学和心理学融会贯通，并萃取其精华，指导人们通过整合个人生存所需的各种条件，走向真正和谐、清醒的生活，达到最高的意识状态。这是从心理学和精神层面探讨超越时空界限的人生整合。而整合经济学研究的时空超越，是在资源的选择、利用、配置和综合再利用上突破空间、时间等条件限制，实现一种"无边界"的境界。

例如，著名企业家杰克·韦尔奇开始再造美国通用电气公司（GE），提出了"无边界"的理念，并希望这一理念把通用电气公司与其他世界性的大公司区别开来。他预想中的"无边界公司"是将各个职能部门之间的障碍全部消除，工程、生产、营销及其他部门之间能够自由流通，完全透明；国内和国外的业务没有区别；把外部的"围墙"推倒，让供应商和用户成为一个单一过程的组成部分；推倒那些不易看见的种族和性别"藩篱"；把团队的位置放到个人前面。经过多年的硬件建设——收购、重组及资产处理，"无边界"变成了通用电气公司的社会结构的核心，也形成了区别于其他公司的核心价值。正是在"无边界"管理理念的指导下，通用电气公司才不断创新，推行"六西格玛"标准、全球化和电子商务等，无不走在其他公司的前面，始终保持充沛的活力，取得了惊人的成就。

（5）整合经济学以创新为最高准则，通过资源的组合、综合、融合、扬弃，实现从量变到质变的升华，实现新的变革。

整合经济学追求的是创新成果和新的目标实现，从哲学上讲，是实现从量变到质变的飞跃，而绝不是单纯的量的增加和简单的汇集。

整合创新是指以价值增值为目标，通过利用并行的方法把企业的各创新要素（如观念、文化、战略、技术等）、创新能力和创新实践整合在一起，通过有效的创新管理体系，力争人人都创新，事事有创新，从而产生新的核心竞争力的创新方法。

整合创新不同于技术创新，必须以用户的需求为推动力，而不是只关注技术本身。在技术扩散不断加速的全球化时代，整合创新对于中国企业是挑战，更是机遇。企业整合创新的关键在于创新的持续融合，通过并行的方法，将横向、纵向乃至企业和产品生命周期各个组成部分的创新主体、创新要素和创新能力等整合起来，充分利用团队协作，形成开放、交互的创新系统和持续的核心竞争力。

科技和信息技术的快速发展导致企业在创造力和产品创新方面面临着巨大的竞争压力，迫使企业必须要做出适应环境挑战的变革，如组织协作、新产品和服务的引入、服务改善等。因此，许多企业对质量管理、创造力和创新进行集成，并取得了很好的绩效。整合经济学认为，把技术、战略、管理与质量保证体系等方面的创新整合起来才是保证企业具有可持续竞争力和生存能力的根本。许多非质量因素也成了企业核心竞争力的重要影响因素。

二、整合经济学的理论发展

1. 整合与整合体

在中文里，"整"字含有"整理、修理"之意，"合"则为结合、综合、融合等。"整合"一词，意指"使整体契合"。在英文中，整合写为 integration，含有"补充、使完整"之意。"整合"一词在各种词义上略有差异，但均有"活动"之意，无论是"补充、使完整"之说，还是"综合、使整体契合"之意，它们都是具有某种特点的"活动"，或者说都是"活动"的某种形式。

从整合在具体学科中的运用来看：在生理学中，整合是指中枢神经系统对感受器传输的信息进行分析、综合的活动；在心理学中，整合是指活动的某些过程、形式的结合；在思维科学中，整合是指思维系统对信息的加工活动。可见，具体学科对整合范畴的使用，一般都把整合理解为一种活动。

从存在方式上看，整合是一种活动，是以活动方式存在的；从效用上看，整合是一种功能，是整合体对外部事物进行加工的效能；从延续性上看，整合是一个过程，既是整合体的活动过程，又是整合体的功能发挥的过程。既然如此，把整合理解为过程便是自然的了。事实上，无论是思维整合还是实践整合，它们无不表现为一个过程。

整合的担当者是由多因素、多层次、多关系的耦合联动构成的结构严谨、功能协调的某种复杂系统——我们把它称为"整合体"。

2. 哲学范畴的整合

"现代阐释学之父"威廉·狄尔泰（1833—1911）在《宇宙观类型》一书中有"整合态度"一说，他十分明确地强调整合与结构。在他看来，哲学的中心问题是生命，哲学体系就是生命、情感和生存格调的各种差异的伟大表现，并且他认为，这些整合观念是一些根本性的范畴。他的"体验"的"表达"理论，使过去、现在、未来瞬间整合为一体，达到个体的深邃"体验世界"与人类历史的广袤的"表达世界"豁然贯通，使个体融入群体和人类。

狄尔泰之后，在现代阐释学中，整合的概念被大量运用，整合成了阐释学的任务之一。

整合作为术语始于19世纪上半叶的生物学，随后主要是在生物学、心理学、人类学和哲学中被广为运用，到20世纪初，整合概念的运用已经很普遍了。20世纪中叶前后，整合的概念开始渗入众多学科，如现代脑科学、逻辑学、语言学、创造学等，并构成了一系列新的整合的概念。

整合既是一个多学科的术语，又是哲学的一个基本概念。它虽是一个词语和概念，但它涉及的却是整体观、系统整体性、矛盾的同一性、哲学主体性、实践的特性等重大问题，整合及整合性概念对于现当代科学和哲学的思维方法与研究方法也是至关重要的。综合把握"整合"一词的实际运用，我们可以在哲学范畴上将整合的基本含义概括如下：第一，整合是指某一系统或某系统核心把若干部分、要素联结在一起，使之成为一个统一整体的过程；第二，整合的原动力是新的统一形成之前某种先在的系统或系统核心的统摄、凝聚作用。这两点是紧密相连的，前者是就整合的过程而言，后者则专指整合的动力。

由此，我们得到一个初步的哲学意义上的整合的概念：整合，是指由系统的整体性及其系统核心的统摄、凝聚作用而导致的使若干相关部分或因素合成一个新的统一整体的建构、序化过程。整合，也可以顾名思义，简单地理解为：整体的综合统一。

3. 整合思维

我国著名科学家钱学森在分析研究思维科学时提出："实际上人的每一个思维活动过程都不会是单纯的一种思维在起作用……比如人的创造思维过程就绝不是单纯的抽象（逻辑）思维，总要有点形象（直感）思维，甚至要有灵感（顿悟）思维。"

整合思维是指面对相互冲突甚至对立的模式时，不是简单地进行选择，而是能够进行建设性的思考，创造性地解决它们之间的冲突，形成一个既包含已有模式的某些成分，又优于已有模式的新模式。

与传统思维者不同，整合思维者更加善于接受复杂。

首先，整合思维者扩大表征因素的选择范围，并且不畏惧因表征因素的增加而引起的问题复杂化，他们相信不会在纷繁复杂中迷失方向，而是坚信复杂中蕴含着解决问题的良方。

其次，整合思维者不接受简单的线性关系，而是积极考虑多方面的、间接的因果关系。

再次，整合思维者不是将问题拆分为若干独立的个体来逐一解决，而是在始终保持问题整体性的同时着手处理各个部分。

最后，整合思维者绝不勉强地接受现成方案的拼凑，宁愿费尽周折也要找到问题的最佳解决方案。

4. 社会整合理论

《三国演义》第一章："话说天下大势，分久必合，合久必分。周末七国分争，并入于秦。及秦灭之后，楚、汉纷争，又并入于汉。汉朝自高祖斩白蛇而起义，一统天下，后来光武中兴，传至献帝，遂分为三国。"分化与整合是社会发展的双重逻辑。现实世界的长久分化为社会发展提供了充足的动力。社会从简单到复杂的每一次跨越，都伴随着分化的强劲步伐。但是，社会分化并非解释社会发展的唯一模型，分久必合、分合均衡才是社会稳定发展的铁律。

与具有自然驱动力的"分化模式"相比，社会整合更需要人们及时地经验总结与主观构想。在"美国社会学之父"莱斯特·弗兰克·瓦尔德眼里，"人类分化的历史已经有差不多15万年了，整合也有差不多5万年了。"[①] 换言之，社会整合在时间上晚于社会分化，社会整合理论建构的时间则更晚。直至19世纪末，社会整合才正式进入研究者的视野。廓清一个多世纪以来社会整合的研究脉络及其理论发展，对于审视客观世界和厘清理论方向具有重要意义。自20世纪中后期以来，随着人们思维活动和实践活动的不断拓展和深入，人们已把整合的概念从哲学、艺术中提取出来，放到人的一般认识思维活动及其各种创造过程中加以探讨。许多科学家和思想理论家都把整合看作实现从事实到理论、从旧理论到新理论"跃迁"或"突变"的最佳的理论创新思维方式，也是从事社会生产和生活最佳的实践创造思维方式，并给予了很高的评价。

---

① Ward. L. F. Social Differentiation and Social Integration [J]. The American Journal of Sociology, 1903, 8(6): 721—745.

◎ 第三章
整合经济学的理论流派

一、涂尔干的非契约性社会整合理论

埃米尔·涂尔干（1858—1917）又被译为"埃米尔·迪尔凯姆""埃米尔·杜尔凯姆"等，是法国社会学的创始人和古代或原始社会研究方面最具影响力的早期理论家，他针对19世纪晚期由农业社会向工业社会、由传统社会向现代社会急剧转型时期的欧洲社会状况，提出了自己的社会整合理论，并探寻了社会失范的原因及应对措施。

1. 集体意识理论

涂尔干认为，"在我们内心中存在两种意识：一种属于我们个人，即包含了我们每个人的个性；另一种则是全部社会所共有。前者代表了我们个人人格，后者代表集体类型，故而也代表社会，没有它，社会就不可能存在。"① 这里的后者是指集体意识，涂尔干将其定义为"社会成员平均具有的信仰和感觉的总和，构成了他们自身明确的生活体系，我们可以称之为集体意识或共同意识"。因此，集体意识存在于个人意识之中，同时又高于个人意识，它是众多个人意识共通之处的表现或结果，一旦形成，便有其自身发展的独特规律。即使个人不存在了，集体意识仍然存在于集体之中。集体意识力量的强弱会因社会团结类型的不同而不同：在机械团结的社会里，集体意识与个人意识高度重合，集体意识的力量十分强大，任何违反集体意识的行为都会受到惩罚；在有机团结的社会里，个人可以脱离集体而具有较高的自主性。

---

① [法]埃米尔·迪尔凯姆.社会学方法的规则（第2版）[M].胡伟，译.北京：华夏出版社,1999.

2. 社会整合理论

涂尔干的社会整合理论是建立在劳动分工的基础上的，可以说，他是思考"分工与整合"平衡关系的第一人。他的思考的开创性意义在于"深刻地意识到应该在不同的社会劳动分工和各种社会整合原则之间建立一种内在的联系"。真正刺激涂尔干进行深入思考的是，紧随劳动分工出现了"混乱、利己主义、缺乏合作、强迫性劳动分工"等反常的、甚至病态的分化后果，他力图对这些反常现象开出理论"药方"。

涂尔干开出的"药方"是社会团结理论。社会团结是指将个体结合在一起形成社会的纽带，是建立在共同的情感、道德、信仰或价值基础上的个体之间及群体之间的以结合或吸引为特征的联系状态，正是靠着这种联系，社会才能完整地存在并获得独立生命。

随着社会容量和社会密度的增加，社会分工也随之发达，个体在这样的社会中必须依赖他人才能生存，如果个体不与他人产生关系，那么他的需求甚至得不到基本的满足，这意味着他无法在这个社会中生存。社会分工越发达，个体的异质性和相互依赖性也就越发深刻，这样便为个人意识和个性的发展创造了有利条件，进而削弱了集体意识。集体意识的削弱并不意味着社会凝聚力的减弱，因为这种自由发展的空间越广，团结产生的凝聚力就越强。

涂尔干所处的社会，变迁激烈而动荡，规则混乱而无效，这促使他决心从社会固有的准则和传统中寻求整合的答案，以促成"社会团结"（Social Solidarity）。这决定了他理想中的社会整合只能更多地依赖于"非契约性关系"，如道德的历史纽带和集体情感。美国社会学家乔纳森·特纳就认为，"理解涂尔干的社会整合观点的关键就是劳动分化和道德提升之间的内在关系。"除了强调道德在维系社会团结中的作用，涂尔干还重视共同情感的纽带作用，他认为，如果不能定期维护和重申那些可以形成社会统一和人格的集体情感，社会就将不复存在。因而，必须借助（宗教或政治的）庆祝仪式、聚会、集会和会议、教育等形式，重塑人们的共同情感，将人们紧密地围拢在一起。

因此，涂尔干的社会整合发生在这样的情境之中：（1）个人的热情受到共享的文化象征调控；（2）个人通过仪式和互相加强的姿态产生集体归属感；（3）行为被规则和合法的政治结构管理和协调；（4）不平等应该符合人才分布的情况。这种社会整合概念聚焦于"文化、道德、教育、宗教"的联结作用,表现出显著的"非契约性"特征。①

3. 涂尔干的社会整合理论对于整合经济学的意义

今天的整合经济学研究的是这样的一个社会:各个阶层各尽所能,各得其所;社会各阶层互惠互利,各自的利益都能得到基本满足;各阶层间的利益关系能够不断得到协调,社会结构安定有序。我国在进行社会主义市场经济体制改革以来,经济发展迅速,社会转型加快,人们的生产方式和生活方式都在发生快速而又深刻的变化,各种社会关系错综复杂。因此,我国在构建整合经济学体系的过程中,要根据实际国情的需要,不断整合各种社会关系。整合社会阶层关系,就是整合社会各阶层的利益关系,正确地处理好社会各阶层之间的利益关系。建设职业群体,促进各个社会阶层的整合,以及构建社会主义和谐社会,必须以分工的发展为前提。如果社会功能没有在更大的规模上产生分化,社会就很难维持平衡状态。不同的职业群体可以根据自身的特点和条件,通过有效的文化建设和制度建设,培养职业工作者形成统一的职业伦理观念,确立有序的职业伦理关系,从而使整个社会中的各个职业群体内部及相互之间的平衡关系日趋稳定,职业群体间的合作也日趋活跃,最终使复杂的、分化的社会在一个更高层次的有机团结中实现整合。整合后的社会将具备更强的社会组织能力和经济活跃发展的能力,这也正是整合经济学的应有之义。

二、塔尔科特·帕森斯的社会整合理论

塔尔科特·帕森斯(1902—1979),美国哈佛大学著名的社会学者,美国现代社会学的奠基人,是美国在两次世界大战后统整社会学理论的重要思想家,20世纪中期颇负盛名的结构功能论的代表人物,主要著作有《社会行动的结构》《社会系统》《经济与社会》《关于行动的一般理论》。他在早期的主要理论倾向是建构宏大的社会理论,后期开始探讨从宏观层面转向较微观层面的理论方向。

---

① 吴晓琳.社会整合理论的起源与发展:国外研究的考察[J].国外理论动态,2013,2:37—46.

1. 社会行动的结构功能框架

20世纪30年代和40年代，塔尔科特·帕森斯在结构功能主义分析框架中构筑了宏大的社会整合理论。在将社会划分为四个子系统的基础上，他提出了解释社会行动的结构功能框架：AGIL框架（A是Adaptation首字母，适应；G是Goal Attainment首字母，目的达成；I是Integration首字母，整合；L是Latency Pattern Maintenance首个单词的首字母，模式维持）。适应主要由经济系统来完成（媒介为货币），目的的达成依靠政治和制度系统来完成（媒介为权力），整合以社会系统内部关系协同为基础（媒介为互相影响），模式维持则依靠文化价值系统（媒介为价值规范）。在帕森斯看来，社会存在的意义总是先于行动，行动应该从系统中寻求合理性。因而，社会整合就是"调整和协调系统内部的各套结构，防止任何严重的紧张关系和不一致对系统的瓦解"，从而维持或改变一个社会系统的各方力量的平衡。

帕森斯强调整体而批评功利主义的"原子论"，他认为，整体的特性不仅仅在于各个部分的组合，一旦有机整体的某一部分同整体分开，它就失去了原来的本性。因而，他批评"欧洲文化传统中的个人因素强调个人的分离性，其结果是抑制了对行动理论的某些最重要的可能性的深入探讨，即与体系中各个目的的整合有关的、特别是那些涉及多数行动者的可能性"。他的整合理论就是以子系统为分析单位，主张渐进而平缓地维持系统均衡。[1]

2. 社会行动理论

塔尔科特·帕森斯在《社会行动的结构》一书中，以社会学家V.帕累托、埃米尔·涂尔干、M.韦伯和经济学家A.马歇尔的学术思想为经验材料进行了广泛、深入地分析。塔尔科特·帕森斯认为，他们对一般社会理论的探讨虽然方法论起点不同，但都趋向意志自主的行动理论。在此综合研究的基础上，塔尔科特·帕森斯提出了自己的意志论行动理论。他认为，社会行动最基本的单位是单元行动。在分析的意义上，单元行动具有如下性质：（1）有一个行动者；（2）有某种行动目的；（3）有一定的行动情境，这样的情境包含两个要素，即行动者能够控制的手段要素和不能控制的条件要素；（4）有一定的行动规范取向。单元行动就是由目的、手段、条件和规范这样一些要素构

---

[1] 吴晓林. 社会整合理论的起源与发展：国外研究的考察[J]. 国外理论动态, 2013, 2: 37—46.

成的。每一种行动都涉及主观目的，并构成行动中的意志自主因素。这种意志自主的努力，使行动情境得以区分为手段与条件。而规范作为一种主观要素，对行动者的这种努力起着调节作用。塔尔科特·帕森斯认为，单元行动中相互关联的这些性质，构成了各种行动科学的共同参照系。他还强调社会共同价值的重要意义，认为是规范使行动与社会秩序结合起来的。这种多维度的行动分析观点是塔尔科特·帕森斯以后发展行动系统理论的重要基础。

3. 社会系统结构学说

塔尔科特·帕森斯认为，社会行动是一个庞大的系统，它由四个子系统即行为有机体系统、人格系统、社会系统和文化系统组成。行为有机体系统与行动者的生物学方面有关；人格系统组织着个人行动者的各种习惯性需要、要求和行动抉择；社会系统组织着社会互动中的个人或群体，使之处于一定的相互关系形式之中；文化系统由规范、价值观、信仰及其他一些与行动相联系的观念构成，是一个具有符号性质的意义模式系统。这四种系统都有自己的维持和生存边界，但又相互依存、相互作用，共同形成控制论意义上的层次控制系统。

社会系统是一种行动者互动过程的系统，行动者之间的关系结构就是社会系统的一种基本结构。社会系统中的行动者通过社会身份和社会角色与社会发生联系。一种身份就是社会中的一种地位，角色是与这种地位相对应的规范行为。角色是相互性的，角色之间相互期待，由此而形成社会的角色结构。集体则是由一系列互动的角色组成的系统。另一种结构单位是各种社会制度。社会制度由价值观和规范构成，是围绕一定的功能焦点而组织起来的权利与义务的模式，是制度化的身份与角色的复合体。一种制度可以出现在许多不同的集体中，在同一集体中也可以存在几种不同类型的制度。结构形成的关系模式具有社会整合意义。

塔尔科特·帕森斯认为，在社会系统与其他系统之间，在社会系统的各子系统之间，存在着多种多样的"输入—输出"的交换关系，形成社会系统的过程。由于社会行动有着符号——文化的一面，这些"输入—输出"关系具有信息性质，基本的行动过程就带有沟通特点。简单的"输入—输出"交换可以是直接的，但在比较复杂的系统里，则需要交换媒介。塔尔科特·帕森斯认为，金钱、权力、影响、义务就是一些交换媒介。一般化的媒介具有符号性质。这些媒介在集体互动和个人互动中被使用。通过交换，社会秩序得以结构化。

4. 帕森斯的五对模式变项

塔尔科特·帕森斯提出了著名的五对模式变项：（1）普遍主义与特殊主义。在与他人的关系中，行动者是按普遍的规则行事，还是按自己的某种特殊的参照方式行事。（2）成就表现与先赋性质。在与他人的关系中，是注重他的效绩或能力方面，还是注重某些先赋性质，如性别、年龄、种族等。（3）情感与非情感。在与他人的关系中，是按满足当下情感的方式行事，还是在行事时保持情感的中立性。（4）专门性与扩散性。与他人的关系是限制在特定的具体范围里，还是处于宽泛的、不单一固定的范围里。（5）自我取向与集体取向。是注重自己的利益，还是注重自己感知到的集体性需要。在每一种社会关系中，行动者都要面临这些关系方式的抉择。第一对和第二对变项涉及行动者自己对他人的界定方式，第三对和第四对变项涉及行动者自己对他人的取向方式。塔尔科特·帕森斯后来取消了第五对变项。这些模式变项是分析工具，可用于人格、行动角色、组织、制度和总体社会的结构分析，不同文化之间的比较研究，以及社会发展与现代化的动态研究。

5. 帕森斯理论对推进整合经济学的启示价值

中国的现代化发展需要社会整合。中国的现代化发展具有一般社会发展的共性，40多年来的改革不是社会革命，而是社会改良。革命和改良同作为社会变迁，存在着内在的本质差别。革命是通过暴力等手段，彻底打破原有的社会结构，建立新的社会秩序，表现为"突变"的性质；改良则是在原有社会结构的基础上，通过改变其不合理的地方，逐步建立新的社会秩序，表现为"渐变"的性质，因此改革更多是一种建设。中国目前的改革就是要改变原有社会结构不合理的地方，使社会结构呈现出日益合理化的状态。由于我们缺乏相应的社会整合机制，所以目前的社会分化是整合滞后性的分化。分化的结果可以有两种：一种是社会结构通过分化使原有的社会结构转变为新的社会结构；另一种是社会结构在分化过程中，由于没有相应的整合机制而退回到原有的结构中去，甚至造成社会系统解体。问题的关键在于，分化和整合应该同步进行，分化要靠整合来实现。即使有了相应的整合机制，若其功能弱化，也很难保证分化的正确方向和分化的成功。西方社会现代化发展中的整合作用，得益于西方特有的文化遗产，特别是罗马法。中世纪后，罗马法被当成现成的原则和规范被新兴的资产阶级承袭，并且其将罗马法融入新的市场经济体系中，使西方社会经济生活的拓展具有先天的动态整合优势。而中国则缺乏西方社会得天独厚的法律条件，原有的法律在许多方面与市场经济的发展相脱节，又没有及时地建立健全的适应市场经济发展要求的法律和规范，所以出现了不公平竞争、权钱交易、人治大于法治等不良社会现象。因此，要把中国的社会经济发展纳入有规则、有秩序的发展轨道，就必须进行社会整合，深化整合经济学的研究和应用。

在新的整合时代，社会系统、文化系统、人格系统和行为有机体系统都是影响社会发展的重要因素。发展是一个多层次、综合性的体系，各系统之间存在着相互制约和相互影响的关系，社会发展是整体的系统向上运动，忽视了任何一方都会滞阻整体社会的向前发展。所以，整合经济学强调，文化在社会发展中既起到整合作用和内在促进作用，同时又起到规范作用和导向作用。

三、社会融合的四个代表性理论

进入20世纪90年代以来，社会融合逐渐成为社会政策实践和研究中的核心概念之一。综观国内外研究，社会融合理论包括脆弱群体理论、社会分化理论、社会距离理论和社会排斥理论。社会融合作为一个社会政策概念起源于欧洲学者对社会排斥的研究。由于被社会排斥的群体通常是脆弱群体，又往往是处于社会的最底层，而且社会排斥常常表现为不同阶层之间的排斥与疏离，以及存在于人与人之间、群体与群体之间的社会距离，因此，脆弱群体理论、社会分化理论、社会距离理论和社会排斥理论分别从不同角度为社会融合提供理论依据。

1. 脆弱群体理论

弱势群体也叫社会脆弱群体、社会弱者群体，是指一个国家或地区，在一定的历史时期内形成的社会结构中，参与社会生产和社会分配的能力较弱、经济收入较少的社会阶层。它主要是一个用来分析现代社会经济利益和社会权力分配不公平，社会结构不协调、不合理的概念。在社会学、政治学、社会政策研究等领域中，它是一个核心概念。

弱势群体是一个相对的概念，在一定的社会结构中与高收入群体相比较而存在。他们的现实生活是处在一种很不利的状况之中。从更现实的意义上来说，就是其物质生活的贫困状态。在现实生活中，人们总会因这样或那样的原因而成为相对强势或弱势的主体，这些原因主要有：

（1）存在隶属关系

并不只是身份关系会产生隶属关系，某些契约关系同样可以产生隶属关系，劳动关系即属此例。虽然劳动者有出卖或不出卖自己的劳动力的自由，但是正如哈耶克所言，"我们可能是自由的，但同时我们也可能是悲苦的。"由于不是"高度理想"的"强有力的智者"，为了摆脱这种"悲苦"的境况，劳动者通常是不得不成为一名被雇用者，由此雇主获得了对劳动力的支配权，同时，也获得了对劳动者的支配权，隶属关系也就形成了。

（2）信息不对称

虽然在某些社会关系中，当事人之间并不存在隶属关系，但由于对信息的掌握程度不同，二者的地位实际上是不平等的。

（3）经济力量的差距

在原始社会以后，贫富差距甚至贫富悬殊始终与人类相随。在现代社会中，随着具有强大的经济力量的垄断组织的出现，现实社会中与之相对应的其他经营者和消费者根本无力与之抗衡。

（4）自然原因和传统影响

妇女、儿童、老人、残疾人往往是社会中的弱者，虽然其中也不乏佼佼者，但从整体而言，由于生理方面的自然原因，甚至传统社会中的观念、歧视，他们往往在体力、智力或机会等方面处于不利地位。

（5）不良的制度影响

制度的好坏直接影响人们的社会地位和个人的发展机会。因此，作为一个现代国家，法律制度和公共政策的制定都必须从人文关怀的角度出发，尽可能地避免人为地制造弱势群体。

（6）其他因素

一是国企结构调整、经济效益下降，下岗职工增多；二是贫困家庭户人口多、就业少。下岗和失业人员大多集中在收入水平较低的制造业、服务业和商业部门，家庭人口多，就业少，户人均收入低。

弱势群体一般具有以下三个基本特征：

（1）弱势群体的成因受各种因素的制约，既有可能是客观的或自然的，如社会的制度安排、生理特征上的健康状况等；又有可能是主观的或人为的，如对女性的性别歧视、对新产业工人的社会歧视等。

（2）贫困性是弱势群体在经济利益上面临的共同困境。"弱势群体"这个概念虽然不能完全与"贫困人口"画等号，但至少是高度重叠的。

（3）在社会和政治层面，他们也往往处于弱势的地位。这主要表现在他们表达和追求自己的利益的能力较低。他们掌握的资源很少，尽管可能人数众多，但他们的声音很微弱，他们对利益的追求很难在社会中表达出来，在涉及他们的利益的时候，往往要靠政府和大众媒体来为他们说话。

脆弱群体理论认为，人类的脆弱性并不意味着所有的脆弱性（如痛苦、变态和伤残）应该被淘汰，从而实现完美的人类，而是意味着人类对脆弱性的尊敬和保护。美国政治经济学者罗伯特·古丁认为，脆弱群体的脆弱性是我们对他们负有特别责任的来源。脆弱性来自生命中不可避免的一部分，或者来自社会安排。我们不仅要承认对具有脆弱性的家人和朋友负有特殊的责任，而且要在更广泛的道义责任层面上去保护社会中的脆弱群体。因为脆弱性的根本原因在于他们自身的某种障碍，使他们在现有的经济和社会生活中缺乏必备的竞争能力，以及暴露在自然灾害面前时缺乏应对能力，而这些因素几乎都是由他们自身不可控制的原因造成的，而且脆弱群体如果得不到必要的社会保护，就很容易被主流社会抛弃、疏离和排斥。因此，保护脆弱群体应该是一个社会的基本伦理。

2. 社会分化理论

社会分化理论同社会学学科一样有着久远的历史，它是在19世纪和20世纪的重大社会变迁的背景之下出现的。社会分化在经典时代的理论奠基人那里就已成为核心的关注课题。社会分化理论家关注社会分化的驱动力，分析劳动分工，关注分化的各个社会单元之间的资源交换，并寻求分化带来的整合问题的答案。

斯宾塞是社会分化理论的奠基者，在他看来，社会如同生物有机体，是一个不断增长的、由简单到复杂的过程，在这个过程中促使结构不断分化，并且伴随着社会各个部分在功能上的分化，它们维持着有机体的整个系统结构的"生命"。斯宾塞还认为，由于社会的分化，复杂的社会由其各个部分承担起不同的功能，一个功能丧失的部分不能由其他部分代替，因此，复杂结构对社会整合的要求也越来越高。那么依靠什么来整合呢？斯宾塞提出了一个天真幼稚的观念，他认为社会的各个部分之间会形成一种自然的和谐，社会成员或社会的各个部分都是彼此之间明确分工、密切合作的，通过合作达到均衡状态，发挥有机体的作用。因此，他呼吁人类社会要在道德感和利他感的制约下和谐地进化、发展，实现社会整合。

社会分化理论揭示了社会结构中的阶级或阶层差异，以及这种差异导致的社会分裂或社会排斥。首先，每一个阶层都可能形成一个共同体，拥有自己的阶层意识，由此造成一个社会存在多个阶层意识，这不但增加了社会的融合难度，而且会造成阶层之间的对抗或冲突；其次，社会的分层结构必然存在以富人为代表的上层和以穷人为代表的底层，这两个阶层不但可能存在剥削关系，而且更可能造成贫富悬殊，从而引发社会动荡。因此社会分层理论不仅启发人们关注阶层之间的社会融合，还要求人们更加关注底层阶层的社会融合。

3. 社会距离理论

社会距离理论的创始者——法国社会学家、心理学家加布里埃尔·塔尔德是法国社会学三大创始人之一。他在《模仿的法则》中首次使用"社会距离"概念，用以强调不同群体之间的客观差异。塔尔德认为社会距离存在于阶级之间，反映的是阶级之间的关系的亲密程度，其程度是可以度量的，并认为阶级差别就是阶级距离。

德国社会学家格奥尔格·西美尔发展了社会距离的概念，认为社会距离就是人与人之间的"内在的屏障"。西美尔将距离感引入对个体在现代性都市中的日常生活的分析，认为随着现代性的增强，社会距离的亲近与疏远构成了自我与外在客体内容之间的一种具有内在倾向性的精神联系和多样性的张力存在，成了人与人之间的"内在的屏障"，"相对来说，外在的方面被征服的距离越多，内在方面增加的距离就越大"；现代人在借助显微镜和望远镜等现代科学工具征服外部世界的同时，人与人之间的内心距离也在同步增大，变得日益"支离破碎"；"现代人与周遭环境的关联通常以这样一种方式发展，他越来越远离同他最亲近的圈子，目的是凑近那些曾经离他比较远的圈子"；"最遥远的东西离人近了，付出的代价是原初和人亲近的东西越来越遥不可及"。[①] 西美尔相信，社会距离的产生是现代性发展的历史必然。现代性的发展使货币经济在现代社会中日益膨胀，物质文化财富也日益见长。对此，现代个体已经不堪重负，个体要想保全自我的完整性，就必须与强大的外部世界拉开距离。

芝加哥学派直接继承西美尔的用法，并将社会距离这一概念引入美国的社会学界。罗伯特·帕克指出，距离是集团与个人之间的关系的亲近程度，是一种可以测量和表现个人和一般社会关系的理解和亲密的程度和等级。而最终使社会距离概念成为社会学中普遍适用的概念的则是美国社会学家埃默里·博加德斯。1925年，博加德斯在其《社会距离及其测量》一文中不仅延伸了帕克对社会距离的定义，他将之解释为"能够表现一般的前社会关系和社会关系特征的理解和亲密的等级与程度"，而且设计了一种测量这些等级和程度的社会距离量表，为社会融合理论的实证研究奠定了基础。

4. 社会排斥理论

20世纪60年代，法国一些政治家、活动家、官员、新闻记者和学者经常在意识形态上模糊地提到穷人是"受排斥者"。法国学者勒内·勒努瓦首次提出了"社会排斥"（Social Exclusion）概念，并流行于法国，他强调的是个体与社会整体之间的断裂。西尔弗（1995）和德汉（1998）将社会排斥划分为三种不同范式："团结型"（Solidarity）、"特殊型"（Specialization）和"垄断型"（Monopoly）。以上范式各自同时表现在理论取向、政治意识及民族思想中，强调排斥过程的不同原因、发展公民身份和社会整合的独特观念。

"团结型"范式认为，社会排斥是指个人与整个社会之间诸纽带的削弱与断裂的过程。"特殊型"则深受自由主义传统的影响并流行于美国，它认为排斥是歧视的一种表现，是群体性差异的体现。这种差异否定了个人充分进入社会或参与社会交换和互动的权利。市场失效及未意识的权利都可能导致排斥。与"特殊型"范式不同，"垄断型"认为群体差异和不平等是重叠的，它将社会排斥定义为集团垄断造成的后果之一，其表现则是权力集团通过关闭

---

① [德]西美尔.货币哲学[M].陈戎女,耿开君,文聘元,译.北京:华夏出版社,2007: 387.

社会来限制外来者的进入。而这种范式的理论基础则来自马克斯·韦伯的相关理论。

1995年,欧盟基金会将"社会排斥"定义为"它(社会排斥)意味着这样一个过程:个人或群体被全部或部分地排除在充分的社会参与之外"。社会排斥理论是以经济资源贫困背后的社会关系为核心范畴,从权利、机会、参与的角度,运用多维、综合、动态的方法,围绕劳动力市场研究失业、贫困与社会排斥的关系,突出强调非经济性因素或社会机制的动因,从而深化与拓展了传统贫困理论的内容与视野。更重要的是,社会排斥理论通过对后工业社会的社会关系的考察,不仅加深了对后工业社会的社会结构的认识,而且为协调后工业社会的社会关系和促进社会融合提供了独特的视角。

1974年,勒努瓦提出社会排斥的概念时,主要用它来指经济领域中的互相排斥的现象。而今天的社会排斥的概念已经超出了经济领域,扩展到了社会的方方面面。西尔弗指出,社会排斥是一个非常容易被使用的、模糊的、多角度的和边缘宽广的概念,它可以用许多方式来定义。一些研究者认为,参与是社会排斥概念中的重要因素。伯查特等学者指出,社会排斥是个人生活居住在一个社会中,但没有以这个社会的公民的身份参与正常活动的状态。社会成员在消费、生产、政治、社会互动方面的参与不足、不参与都可能被认为是社会排斥的存在。查理德斯和勒·格兰德认为,如果一个人是被社会排斥的,他必须在地域上居住在那个排斥他的社会里;他没有参加作为这个社会的一个公民可以参加的正常活动;他愿意参加这些活动,但是被他不能控制的因素阻止了。查理德斯和勒·格兰德对于社会排斥的解释强调了社会排斥的相对性和被社会排斥的人的主体重要性。[1]

四、哈贝马斯的沟通整合理论

1. 生平与思想

尤尔根·哈贝马斯(1929—),德国当代最重要的哲学家之一,是西方马克思主义法兰克福学派第二代的中坚人物。由于哈贝马斯思想庞杂而深刻,

---

[1] 彭华民. 社会排斥与社会融合——一个欧盟社会政策的分析路径 [J]. 南开学报(哲学社会科学版), 2005, 1: 23—30.

体系宏大而完备，他被公认是"当代最有影响力的思想家"。哈贝马斯在西方学术界占有举足轻重的地位，英国社会学家威尔彼把他称作"当代的黑格尔"和"后工业革命的最伟大的哲学家"。2015年，哈贝马斯获得由美国国会图书馆颁发的"克鲁格人文与社会科学终身成就奖"。

1929年6月18日，哈贝马斯出生于德国科隆附近的小城谷默斯巴赫。1933年希特勒上台时，他刚4岁。他的青少年时代是在纳粹统治及第二次世界大战中度过的。哈贝马斯一生不但对诸多先辈哲学家，如黑格尔、马克思、韦伯、海德格尔、阿尔多诺提出了尖锐的批评，而且与当代著名的理论家伽达默尔、福柯、德里达、布尔迪厄等人发生过激烈的论战。

1949—1954年，哈贝马斯先后在哥廷根大学、苏黎世大学和波恩大学学习哲学、心理学、历史学、德国文学和经济学。1964—1971年，哈贝马斯担任法兰克福大学的哲学和社会学系教授。20世纪60年代中期，哈贝马斯发表的许多政论性文章在青年学生中产生了巨大影响。他的思想和理论成为1968年学生抗议运动的精神力量。哈贝马斯于1971年离开法兰克福，到慕尼黑市郊的斯塔恩贝格，担任马克斯·普朗克学会科技时代生活条件研究所所长。1983年，哈贝马斯重新回到法兰克福大学任哲学和社会学教授，直到1994年退休。

尤尔根·哈贝马斯继承和发展了康德哲学，为"启蒙"进行了辩护，称现代性为"尚未完成的工程"，提出了著名的交往理性理论，对后现代主义思潮进行了有力的批判。哈贝马斯在知识论上的一个主要信念就是任何一个认识都源于兴趣。

哈贝马斯把生活世界分为文化、社会和人格三种结构。在文化层面上，人类之间的相互沟通不只是依赖文化资料和媒介，而且在沟通的过程里，会同时传递和更新知识。在社会层面上，此沟通行为不只强调协调不同意见或社会行为，而且促使社会整合和增强人类的归属感。在人格层面上，沟通行为达到社会教化的过程，以及促使个人自我观的建构。可以看出，生活世界构成了社会的符号意义，由此推动社会的发展和更新。

为了克服动机危机和信任危机，批判理论必须重视互动过程和沟通过程，只有通过沟通行动，才有可能把人类从被统治中解放出来。哈贝马斯的知识旨趣说、技术统治论和沟通行动论等学说，作为综合的社会批判理论，产生了深远的影响。

2. 哈贝马斯的思想特色

哈贝马斯的思想特色主要表现为以下四个方面。

首先是论战性。哈贝马斯进入学术领域后，便不断向各种不同的思想路线提出挑战，掀起了一场又一场学术论争。值得重视的有与波普尔、伽达默尔等的方法论之争，与福柯的现代性之争，与亨利希的形而上学之争，与诺尔特等的历史学之争，与鲁曼的社会理论之争，与罗尔斯的规范民主之争，与斯洛特迪杰克的基因技术之争等。

其次是综合性。哈贝马斯是一位杰出的综合大师，他把不同的思想路线、理论范畴有机地结合起来，例如，将马克思主义与精神路线、理论范畴有机地结合起来，对于马克思主义与精神分析的综合，对于德国唯心主义哲学传统与美国实用主义哲学传统的综合，对于哲学先验主义与哲学经验主义的综合等。

再次是体系性。哈贝马斯十分重视自身理论体系的构建，长期以来，他逐步从方法论、认识论、语言哲学、社会学、美学、政治学和法学等角度，建立和完善了自己的交往行为理论体系，他试图从规范的角度对马克思主义，特别是法兰克福学派的批判理论进行系统重建。

最后是实践性。哈贝马斯虽然是一位学院派思想家，但十分看重自身思想的实践性。从1968年积极投身学生运动开始，哈贝马斯一直在德国的政治实践领域发挥着巨大的影响作用。例如，在1998年德国大选中，哈贝马斯在关键时刻曾为社会民主党大造舆论，提供理论支持。此外，在20世纪90年代，哈贝马斯曾率领自己的学生，与以时任黑森州环境部部长的菲舍尔（1998—2005年，任外交部部长兼副总理）为代表的一批政治家组成政治俱乐部，定期举行政治沙龙，从政治哲学的高度讨论内政与外交的重大问题，为菲舍尔的外交政策奠定了学理基础，例如，菲舍尔关于欧盟改革的一揽子建议与哈贝马斯的话语政治模式之间就存在着一定的内在联系。

从20世纪80年代初期开始，哈贝马斯的著作被翻译成中文出版，在我国学术界有着不小的影响。迄今，我国已经出版的哈贝马斯的著作主要有《哈贝马斯文集》《交往行为理论》《后形而上学思想》《公共领域的结构转型》《认识与兴趣》等。

3. 哈贝马斯的交往理性

尤尔根·哈贝马斯认为，应该将社会学界线两侧的经验世界和主观世界整合起来。因此就"需要个体与客观世界（环境和事件）、社会世界（人际关系）和主观世界（实际经验）中产生的东西保持一致"①。他力图将二者联系起来，具体的方法就是将社会整合与"由规则保障和（或）沟通达成的一致"关联起来，将系统整合与"超越了行为者意识的个体决策的非规则性调节"连接起来。②意即，社会整合必须以行动者的参与和沟通不断产生的一致为前提。在哈贝马斯看来，并不存在一种先赋的一致性。他认为，正是由于实践理性脱离了传统文化和历史因素，才导致社会整合的失败。因而他提出交往理性方法，通过文化、历史与现实环境的沟通，来达成理性的而非强加的一致。

哈贝马斯认为，沟通共识行为是论证性、程序性的，交往理性的"根据只存在于言语商谈的论证过程中，理性的准则存在于程序性的交往操作中，存在于流动的生活世界中"，哈贝马斯为此设想了一个名为"理想的言辞处境"，即所有参与者畅所欲言，拥有平等的机会进行各种言辞的表达。然而，从辩证法来讲，现实中这种"理想的言辞处境"并不存在。因而交往理性实际也是人的理性与非理性在此情景下的辩证统一。③

哈贝马斯的交往理性的内容可归纳为下列七点：

（1）交往理性是哈贝马斯对工具理性与实践理性辩证的综合；

（2）交往理性是重建人类生活世界理性化的基础；

（3）交往理性是人类寻回自我尊严和意义价值，迈向理性社会的先决条件；

（4）交往理性为一种通过反复论辩的民主沟通程序，以追求真理共识的理性；

（5）交往理性是一种启蒙的理性，其目的在于批判，反省被社会系统扭曲的沟通，以重建人类沟通之潜能；

---

① [法] 马尔图切利. 现代性社会学——20 世纪的历程 [M]. 姜志辉，译. 南京：译林出版社，2007: 260.

② Habermas J. Reason and the Rationalization of Society [J]. The Theory of Communicative Action, English translation by Thomas McCarthy. Boston: Beacon Press, 1984: 110—119.

③ 李芳. 哈贝马斯交往理性的构成及其实践局限 [J]. 湖北社会科学，2015, 8: 109—111.

（6）交往理性具有民主、多元、开放、整合、普遍与实践之特质；

（7）交往理性是一种通过教育的启蒙，以培养自主、成熟、负责的整体人格为理想。

4. 哈贝马斯的生活世界与系统理论

哈贝马斯认为，系统可以分成两个不同的子系统：经济系统和行政系统，它们分别以金钱和权力为媒介。生活世界可以分为私人领域和公共领域，私人领域与经济系统进行交换的媒介是金钱，而公共领域与行政系统交换的媒介是权力。金钱和权力成了资本主义经济和资本主义国家行政管理的协调机制。哈贝马斯认为，系统深植于社会生活的表层之下，行为人很容易陷入系统预设的工具行为之中。

系统的主要功能是进行社会物质再生产。除此之外，这两个子系统也会对行为进行协调和整合。与生活世界的"社会整合"相对应，哈贝马斯称之为"系统整合"。当现代化发展使社会整合的目标难以实现时，系统整合能减轻社会整合的负担，对社会进行整合。

不过，哈贝马斯指出了系统整合特有的危险。首先，系统使行为人的目标与理解和共识脱节，让行为人忽视一些经济行为或行政行为的重要性，对其结果也不加以反思。其次，系统具有的内在的不透明性，同生活世界形成了对比。最后，系统内行为人的最终目标并不能真正由他们自行决定。

在哈贝马斯眼中，交往行为和商谈行为是社会的黏合剂。哈贝马斯区分的交往行为和工具行为分别对应着哈贝马斯社会理论中的生活世界和系统，这是两个不同的社会生活领域，而这两个社会生活领域构成了这个社会。

生活世界"构成了交往实践的背景"，它以语言和符号为媒介，交往理性是运行规则，"交往主体努力共同解决他们日常生活中遇到的问题"。哈贝马斯用生活世界来表示非正式的、未市场化的社会生活领域，如家庭和家务、文化、非党派政治生活、大众传媒、志愿者组织等。

文化、社会和个性是现代生活世界的三大领域。"文化根据真实性问题、正直性问题及趣味性问题等不同的有效性要求又分为科学和技术领域、法律和道德领域，以及艺术和艺术批评领域。在社会初级制度（如家庭、教会和法律秩序）的基础上，形成了不同的功能系统（如现代经济和国家管理），它们通过自己的交往媒介（货币和行政权力）形成自己独特的发展路径。最后，个性结构则是社会化过程的产物,在一代代人的成长过程中,它们使人能够在复杂的社会中寻找到自己的位置。"①

生活世界是社会整合的力量,阻止着意义的分裂、行为的冲突,也是产生批判性反思的条件。此外,生活世界是社会象征、社会文化再生产的中介,是延续传统的载体。

5. 哈贝马斯的社会整合理论

哈贝马斯认为,社会整合的方式可以区分为两种,即系统整合和社会整合。系统整合是功能性的整合,社会整合是在有一定的文化价值观的基础上的人们之间结成的社会联系。在传统社会走向现代化的过程中,社会越来越分化为一系列的功能子系统。结构功能主义就是强调社会是一个功能系统,只要这个功能系统能够良好地运行,那么这个社会就是稳定的。功能主义的理论只是强调社会各个功能子系统之间的相互配合、相互协调,强调系统内部的功能组合关系。当然,社会整合的难题在一定程度上可以由系统整合来完成。

所谓"系统整合",就是把社会理解为一种通过对复杂的外部环境的控制来实现自我协调和自我控制的系统。这就是把社会看作是由不同的功能领域组成的,这些不同的功能领域在处理复杂的外部环境的过程中相互协调,从而形成一个有机的系统。在这个有机的系统中,制度和法律是社会自我调节的过程中遵循的规范。在哈贝马斯看来,这种功能主义的思路固然是有价值的,但这是不够的。他认为,社会不仅是一个系统,还是一个规范结构。用他自己的话说,社会既是系统同时又是生活世界。他说:"生活世界和系统两个范式都很重要,问题在于如何把它们联系起来。就生活世界而言,我们所讨论的主题是社会的规范结构,我们依靠社会整合功能来分析事件和现状,此时系统的非规范因素是制约条件。"② 这就是说,社会不仅是通过法律和制度维系的功能整体,还是一个通过一定的文化传统和价值观念结合起来的整体。如果从这个意义上来理解社会与和谐和团结,那么这种和谐和团结称为"社会整合"。他说:"我们所谓的社会整合涉及的是具有言语和行为能力的主

---

① [德] 尤尔根·哈贝马斯. 交往行为理论 [M]. 曹卫东,译. 上海:上海人民出版社,2004.
② [德] 尤尔根·哈贝马斯. 合法化危机 [M]. 刘北成,曹卫东,译. 上海:上海人民出版社,2009.

体在社会化过程中所处的规范系统，社会系统在这里表现为一个具有符号结构的生活世界。"① 按照我们的理解，一个社会不仅是由于它内部的不同的部门相互配合而成为一个联系起来的整体，还因为人们在思想上认同这个整体，在文化上认同这个整体。在哈贝马斯看来，社会整合和系统整合都是很重要的。而他本人主要考虑的是这二者的联合。在这种联合中，他更强调的是社会整合。

那么怎样才能使社会的规范系统良好地实现社会整合的功能呢？按照哈贝马斯的观点，这种社会的整合是通过人们之间的交往行动来实现的。

首先，在哈贝马斯看来，要实现社会整合就必须使人们能够成功地相互沟通和相互理解。如果人们的相互沟通和相互理解失败了，那么社会整合也会十分困难。人们的相互理解和相互沟通的行动就是哈贝马斯所说的交往行动。他认为，交往行动和目的行动是不同的。交往行动是为了实现相互理解而采取的行动，而目的行动是为了实现某种目标而采取的行动。哈贝马斯认为，在言语活动中，人们要分别涉及外部的世界、内在的世界和社会世界。对外部的世界，我们采取一种认知的态度，我们的言语要描述客观的状态；对内在的世界，我们要表达自己内在的情感；对社会世界，我们要采取一种真诚的态度，遵循社会的规范。因此，我们在说话的时候，要遵循真实性、真诚性和正当性的要求。这就是说，在描述外部世界状态的时候，我们的话应该是真实的；在表达自己情感的时候，应该是真诚的；在提出命令、给出规范的时候，应该是正当的。如果参与社会交往的人说的话违背了这三项要求，那么他们就不能相互理解。

其次，我们社会的规范结构也不是一成不变的。社会规范的变革是在生活世界中发生的。用哈贝马斯的话说，这就是生活世界的再生产的过程。他认为，生活世界包括三个方面，即文化、团体（社会）和个性。生活世界的再生产包括文化的更新、团体的认同和个人的社会化。如果生活世界的再生产出现困难也会引发社会危机。这就是说，当社会系统不断进化的时候，我们的生活世界却停滞不前，我们社会的规范结构就不能给社会的变革提供社会认同的文化基础。当我们从农业社会转变为工业社会的时候，农业社会中的邻里关系要转换为现代文明中的工友关系、同事关系。但是，如果这种传

---

① [德] 尤尔根·哈贝马斯. 合法化危机 [M]. 刘北成，曹卫东，译. 上海：上海人民出版社，2009.

统社会中的同乡关系、小作坊中的师徒关系不能转换为现代文明中的工友关系、同事关系，那么这必然产生社会整合上的困难。实际上，现代社会中的黑社会势力在某种程度上就是传统的社会整合方式在现代社会中的残余。这就需要我们不断地进行文化更新，以及对传统的社会整合方式进行改造。

五、吉登斯的时空整合理论

1. 生平与理论贡献

英国社会学家安东尼·吉登斯（1938—）是伦敦政治经济学院前院长，剑桥大学教授，中国社会科学院名誉院士，是当代欧洲社会思想界大师级学者。1938年1月18日，安东尼·吉登斯生于英格兰伦敦北部，早年曾在赫尔大学、伦敦政治经济学院和剑桥大学学习，后任剑桥大学教授。他以吉登斯结构化理论（Theory of Structuration）和对当代社会的本体论（Holistic View）而闻名。

安东尼·吉登斯是当今世界最重要的思想家之一。他所提出的一系列理论对世界产生了重要影响。2009年，吉登斯的著作《气候变化的政治》迅速在全球学术界和政治界引起广泛关注。安东尼·吉登斯的学术成就主要体现在以下几个方面：对以涂尔干、韦伯等为代表的经典社会学家思想的反思；对以结构主义、功能主义和解释社会学等为代表的现代社会学研究方法的反思；对社会学研究方法的重建，提出了著名的"结构化理论"；现代性理论范式的提出和现代性发展的反思；第三条道路等。

2. 吉登斯的时空思想

吉登斯指出，"我们今天的世界，拥有通用的计时系统以及全球标准化的时区""世界地图作为一种全球规则，其上面再也没有禁地，它在空间的虚空上是与钟表一样的符号"。[①] 全世界拥有标准化的时间，社会行动不再受空间距离的约束是现代性的基本前提和特征。

吉登斯在对空间的分析中引入了场所、区域化和在场可得性等概念，将时间、空间与人们的社会行为的结构性特征融合在一起，对空间进行了更为

[①] [英]安东尼·吉登斯. 现代性与自我认同[M]. 北京：生活·读书·新知三联书店，1998: 17—18.

详细而生动的论述。

吉登斯通过对时间地理学谨慎而严密的批判，严格区分了地点（Place）与场所（Locale）的概念。他认为，地点的含义只限于纯粹的物质环境空间，而社会行动是在具体的情境（Setting）中发生的，以地点为中介，即人们的互动始终离不开地点；而场所是一种特定的物质区域，是互动背景的组成部分，它具有明确的边界，也是限定互动情境性的重要因素。场所不仅为人们互动提供了必要的地理空间，还赋予这一机械空间以丰富的社会意义，生动地展示了人类主体的行为活动是如何融入并利用环境空间，环境空间又是怎样为行为活动提供具体情境的。

吉登斯通过对人们日常生活的例行化行为（Routinization）进行深入研究，提出了区域化的概念。区域化不能仅仅理解为空间的局部化，还涉及各种例行化行为的时空分区（Zoning），人们的行为在不同的时空分区中产生固定的分化。一方面，同一类行为在一定的时空区域内定位，并通过反复形成一种例行化的固定模式，当人们再次实施这一行为时，便不假思索地划入这一"区域"，直接决定自己的行为方式；另一方面，区域化能起到分界的作用，为互动行为提供区域边界的情境片段，但在现代社会系统发展中，区域化可能包含着在时间跨度和空间范围上千差万别的分区。区域化的概念带有社会行为跨越时空进行结构化的内涵。

3. 吉登斯的在场可得性的概念

吉登斯还通过对人们的互动行为的分析，结合现代社会的时空交汇现象，提出了在场可得性的概念。前现代社会，人们的互动主要是一种面对面的互动，面对面互动的具体场景不仅受到物质环境的约束和限制，而且还局限于行动者身体的直接呈现。而在现代性强的时代，时空交汇使从时间角度来测量的距离"正在收缩"，远距离发生的事件对近距离发生的事件，以及对自我的亲密关系的影响变得越来越普遍，人们的日常生活和日常行为被重构，人们的互动方式和互动范围得以改变。人们的互动不再受时空邻近这一条件的限制，由此，吉登斯提出了互动的在场可得性，人们可以跨越无限时空距离，实现共同在场，以实现在具体情境之中的沟通和互动。互动在一定的时空区域内定位在能够相互监控和安排各自行为的场景之中。吉登斯通过由个体互动的微观社会学分析延伸到宏观机制的社会学分析，提出了时空伸延和时空边界的概念，从而将宏观与微观结合起来，以具体分析资本主义的时空形成过程。通过分析资本主义的现代性和各项现代制度在时间和空间中的定位，进一步深入研究时空作为现代社会发展动力机制发挥的重要作用，并逐步完善其时空观。[①]

4. 吉登斯的时空观对整合经济学的意义

在吉登斯看来，社会结构并非外在于个人行动，而是由规则和资源构成。日常生活中的规则是与实践紧密相关的，它们不但是对人们的行动的概括，而且对行动者的行动具有规范和导向作用。同时，行动者运用自己的知识采取适当的行动，测试和确认其行动所牵涉的规则。因此，行动者采取行动达到自己的目标的同时也再生产出社会结构。社会结构还包括社会行动所牵涉的资源——分配性资源和命令性资源，它们是行动者在互动过程中不断地再生产出来的。资源是权力的基础，权力是行动者改变周围既成事实的能力，在社会环境中，权力的表现则是其对资源的支配能力。然而，资源并非权力，资源只是权力得以实施的媒介。规则和资源是相互依存的：一方面，行动者的资源影响着其对规则的测试和确认；另一方面，资源又非独立于行动之外，而是存在于社会环境中，社会成员在行动中赋予其各种各样的意义，从而影响规则的建构。因此，行动便具备了意义的掌握与沟通、社会的认可与制裁、资源的支配三种特性，且三者相互交织。资源也因此具有转换性和传递性，可以根据行动者在具体情境中的使用而发生变化。

社会系统是跨越一定时空、立足于无数具体实践活动之上，并且由结构组织起来的关系网络。结构作为社会系统在纵向上的一种虚拟关系，促使无数具体的实践活动（包括在场和缺场的互动）跨越时空持续不断地进行；在横向上体现为社会关系的模式化（即在场和缺场的整合），即社会系统的各项制度。社会既不是类似自然界中的动植物的有机体，也不具有内在的实体性结构，社会总是相互联系和相互交织的，存在于人类社会实践之中，社会的结构只是一种虚拟的秩序，并且体现在个人的实践活动之中。同时，社会也不仅仅是个人的集合体，社会事物也不能归结为个人的逻辑性堆砌，社会系统本身具有结构的特性，它超越了个体生命的存在，并且对于个体具有制约

---

① 向德平，章娟. 吉登斯时空观的现代意义 [J]. 哲学动态, 2003, 8: 29—31.

作用。在这个意义上，主体和客体、行动与结构、微观与宏观不是固定不变、截然相反的两种既定现象，"紧密渗入时空中的社会实践恰恰是同时构建主体和社会客体的根基"[①]。

由此可见，在人类社会中，单纯的行动或者结构都不是社会生活的唯一内容，行动与结构二者在社会生活中都扮演了重要的角色；行动和结构都不是截然不同的两种既定现象，而是实践活动中两个相互渗透的侧面。只有从人类社会实践活动出发，才能合理地阐明社会生活本身。"社会科学研究的主要领域既不是个体行动者的经验，也不是任何形式的社会总体的存在，而是在时空向度上得到有序安排的各种社会实践。"[②] 因此，结构化理论（Structuration Theory）本身是建立于人类社会实践（Praxis）基础之上的社会理论。吉登斯把结构（Structure）与行动（Action）两个词的英文拼凑在一起，构造了一个新词"Structuration"，强调结构里有行动、行动也产生结构。结构化概念首次出现于其《发达社会的阶级结构》一书中。

在这个意义上，实践在吉登斯结构化理论中无疑具有首要的地位和作用。人类社会本身是建立在实践活动之上的，实践既是人类行动者的存在方式，又是社会系统的基础；行动与结构是实践活动的两个侧面，并且二者在人类实践活动中实现了动态的统一。吉登斯通过确立从人类社会实践活动出发看待社会的理论向度，既努力突出行动者主体的能动性，又肯定社会结构客体的制约性，从而力图克服主体主义和客体主义的二元对立。这是吉登斯结构化理论最具创新、最显特色之处。时间与空间在全球范围内得到统一协调，机械时钟的发明和扩散，导致全球时间的一致，这也成为位置转换的主要杠杆。以时间为杠杆，空间的转移与有机结合使全球化趋势日益明朗。从社会互动角度来看，由于现代传媒技术的作用和沟通方式的改变，行为互动的具体场所与空间分离，使"不在场的东西愈发决定在场的东西"[③]，特别是由于远程通信的出现和迅猛发展，沟通与交通分离，人们的互动无须通过身体的直接呈现而获得在场可得性来完成互动行为，时空不再成为人们互动的障碍。此外，时间被精确地划分为不同的区，人们的互动行为在一定时空棱状区域内得以重复，形成一种例行化的日常互动模式。与此同时，不同时区的差异

---

①② [英]安东尼·吉登斯. 社会的构成[M]. 北京：生活·读书·新知三联书店，1998.
③ 杨善华. 现代社会学理论[M]. 北京：北京大学出版社，1999: 240.

变小，白天与夜晚的界限也趋于模糊。正如吉登斯在引用一位社会评论者的谈话中指出，"在所有社会里，夜与昼的划分可以被用来进行最根本的区域分界，但是随着大功率的人工照明成为一种常规方式，互动场景发生在夜晚的可能性大大扩展了。"①

吉登斯对时空的分析贯穿在他对现代性的分析的整个过程中。他通过对现代社会中人们的日常生活进行理性地抽象分析，通过对现代各项制度在时间和空间中定位的考察，以及社会系统如何根植在时空中，其根植方式与时间空间的相互影响等方面，对现代社会的时间和空间进行科学地解释，并详尽地分析了时空分离与重组及其延伸对现代性积累的重要作用。

对时间和空间重新进行阐释，是吉登斯对现代性进行科学分析的重要线索，也是其建构现代化理论的基石。它对我们建立整合经济学理论体系，正确认识现代社会结构，依据现代社会特征，及时调整个人与社会的相互关系，解决自我在现代社会面临的各种困境有着重要的意义，并且把对现代性问题的分析向前推进了一大步。

六、黑川纪章的新共生思想

黑川纪章（1934—2007）是日本著名的建筑师，他的很多建筑作品，如日本国立民族学博物馆、广岛市现代美术馆、澳大利亚墨尔本中心、吉隆坡新国际机场、荷兰凡·高美术馆等，在日本国内和国际上都有一定的声誉。1987年，黑川纪章出版了《共生的思想》一书。黑川纪章将技术与富有哲理的思想联系起来。他觉得将日本文明和现代文明相结合是一条颇有前途的路子。他认为，日本文化的特性是"对非恒久的"及"改变的需要"的接受力，将不同文化及意念整合为一种共生的关系，在相反的元素之间提供一种中介性空间。黑川纪章后来的大多数作品都包含了这些特征。黑川纪章将其共生思想概括成几个基本组成部分，并在书中加以论述：异质文化的共生、人与技术的共生、内部与外部的共生、部分与整体的共生、地域性与普遍性的共生、历史与未来的共生、理性与感性的共生、宗教与科学的共生、建筑与自然的共生，以及人与自然的共生等。他试图以共生思想来改变西方中心和理

---

① [英]安东尼·吉登斯. 社会的构成 [M]. 北京：生活·读书·新知三联书店, 1998: 196, 201, 207.

性主义，并表达出自己根植于日本文化的意愿。

《共生的思想》是在新陈代谢的基础上逐渐向暧昧的、非线性的、流动的、整合的方向发展的理论，这也是未来设计的发展方向。这不仅是一种设计概念，也是人们的生存方式。人类只有一个地球，万物并育而生，社会多元共存。任何人都不能独善其身。阳光由七色组成，才有绚丽的光芒，和而不同，才有丰富多彩的世界。在高速发展的中国，《共生的思想》的理论研究方兴未艾。实现共生是一个处理各种事物之间的矛盾关系的过程。这种事物的关系是一种"间"的体现。

黑川纪章推崇禅与生命的思想，在实质上就是知、意与情的结合。黑川引用禅宗和尚仙涯曾画过的一幅由圆形、正方形和三角形组成的画，认为它表现了一种宇宙观和禅宗的真理。黑川在一些作品中广泛应用了几何图形的象征，也是禅与生命思想的一种反映。禅与生命的思想给人们的启示不是征服自然，而是顺应自然，成为自然的一部分，实现人与自然的共生。黑川纪章的共生思想吸收了日本传统文化，自然哲学的核心，同时又借鉴了当代西方哲学的思维，从而使共生哲学涵盖了社会与生活的各个领域，将建筑与生命相联系。作为一名建筑师，如此深入地探讨文化与生命的意义，揭示建筑的哲理，写下了众多的理论专著与论文，并在创作中实现他的理想和理论，十分难能可贵。

七、西方的社会整合实现机制理论

有关社会整合的讨论一直是社会学研究的重要主题。从某种角度上说，社会整合的研究就是为了反映现代化进程中产生的社会"断裂"问题。由于观察的视角不同，国外的研究者遵循着理论探索和实证研究两条研究路线，分别形成了宏观的系统整合理论和微观的个体整合理论。

分化与整合是社会发展的双重逻辑。现实世界的长久分化为社会发展提供了充足的动力。社会从简单到复杂的每一次跨越，都伴随着分化的强劲步伐。但是，社会分化并非解释社会发展的唯一模型，"分久必合""分合均衡"才是社会稳定发展的铁律。与具有自然驱动力的"分化模式"相比，社会整合更需要人们进行及时的经验总结与丰富的主观构想。

1. 社会整合的理论起点与范式集成

随着工业革命的开展和工业化的扩展，19世纪的欧洲发生了急剧的社会变迁，新的社会组织和社会成分迅速从传统社会中分化出来，社会秩序遭遇前所未有的挑战。在这种情况下，人们对社会整合理论的需求尤其迫切。现代性与传统社会的"断裂"在催生社会学学科的同时，也将整合的主题植入社会学理论的母体当中。西方社会学的创始者虽然没有直接提出"社会整合"的概念，但是都在一定程度上触碰了这个主题。孔德的"社会内聚力"思想、马克思的"阶级社会理论"、斯宾塞的"社会有机体论"都内含着这种理论关怀，但是只有在涂尔干这里，"社会整合"的概念才得以形成；到了帕森斯这里，社会整合才成为解释社会变迁的重要范式。

2. 后帕森斯时代的社会整合理论探索

与帕森斯高度聚焦系统和行动的视角不同，在强烈的批判过程中，一些学者试图调和"宏观主义"与"微观主义"的联系。洛克伍德、尼克拉斯·卢曼、哈贝马斯、吉登斯等人就在批判继承的基础上推进了理论的发展。

洛克伍德与帕森斯一样，认为社会学必须解释矛盾出现的情况，而社会秩序始终存在，但是他认为高度秩序是不可能的。他同样是功能主义的捍卫者，有所不同的是，他挖掘了社会整合的具体作用。他将整合划分为"系统整合"和"社会整合"两种，"前者关注的是组成社会系统的社会单元之间的关系，后者重点关注的是行动者之间的或有序或冲突的关系"，更确切地讲，前者关注的是社会各系统之间的协调，后者关注的是个人如何融入社会。而前者正是帕森斯社会整合理论的主要内容，洛克伍德将具体的整合从抽象整合的框架中区分开来，赋予了社会整合研究以新意义。

尼克拉斯·卢曼同样是社会系统理论的信徒，他主张以"系统"为单位来分析社会。但是与早期社会学家强调集体情感、共同规则和秩序优先的理论不同，他开始从个人对于功能次系统的期望和"要求"出发，以"纳入/排斥"为基本区分来研究这一问题。他同样将人类世界的整合进行了"系统/社会"的区分，但是分析焦点却放在个人自我制造和系统的满足上。他认为，每个系统都有自己的独立逻辑，必须紧紧依靠自己的观点观察其他系统的运作，整合产生于自我生成系统的反应。这样，个人和独立的系统都不需要一种强加的秩序。但是这样就引发了一个问题：现代社会的个人主义会导致要求的个人主义，并进一步造成"要求的通货膨胀"，为了满足个人的社会整合，就可能危及社会的系统整合。为了解决这个问题，卢曼提出了"出现一个新的、以纠正社会排斥为自己功能的社会系统"的猜想。

在哈贝马斯看来，洛克伍德的"系统/社会"是一种整合二元论，前者是一种"外在者论"（Externalist）视角，主要是由观察者从外部观察社会整体的融合；后者是一种"内在者论"（Internalist）视角，主要是观察行为者和参与者如何融入社会的过程。二者分别强调作为系统存在的作用和作为个人存在的作用。哈贝马斯认为，应该将社会学界线两侧的经验世界和主观世界整合起来。因此就"需要个体与客观世界（环境和事件）、社会世界（人际关系）和主观世界（实际经验）中产生的东西保持一致"。

吉登斯同样力图超越社会学研究中主观和客观的划分，但是他在借用洛克伍德的系统整合和社会整合理论时，却在形而上方面比帕森斯走得更远。在他看来，社会整合以个体在实践和空间的共同在场为前提，而系统整合则涉及在时间与空间方面都相去甚远的行动者和集体之间的互惠（Reciprocity）。

3. 后工业社会中社会整合的经验研究

结构功能主义的推崇者虽然力图维持宏观主义与微观主义的平衡，但是大多在形而上的道路上走得太远，被诟病缺乏实证支撑和经验论证。与此同时，一些学者在经验主义的指引下展开了对宏观理论的验证与批评。

（1）从系统到类别：社会整合研究的具体化

进入后工业社会后，社会整合的研究纷纷从抽象的窠臼中走出，更多地转向对具体领域或个体社会整合的关注，出现了许多分类整合的研究。

第一，特定群体的社会整合成为主要研究对象。20世纪60年代和70年代，学者主要关注工人的社会整合、中产阶级的整合、进城农民的整合、老年人的整合、贫困群体的整合、商人的社会整合、种族特别是黑种人的整合等内容；20世纪80年代和90年代以来，随着全球化时代的发展，人类社会进入了"移民时代"，超过1亿人口自愿或非自愿地生活在国外，移民能否适应新的生活且避免冲突发生、维护社会和谐，激发了学者进行社会整合研究的热情。因此，移民的社会整合得到了越来越多的关注。

第二，不同区域的社会整合被应用于理论检验。不同空间的社会整合有着不同的环境和背景，这自然引起了研究者的兴趣。继美国社会学者安吉尔在20世纪40年代末进行了城市区域的社会整合研究之后，希恩以政治民族志的形式考察了波士顿市从20世纪60年代到20世纪70年代后期的整合，其研究被誉为美国城市社会学的模板；以国家为单位的社会整合研究也较多地出现在了社会整合研究的文献中，发展中国家如印度、墨西哥、巴西、哥斯达黎加等国家的社会整合进入了研究视野。与此同时，全球化引发的欧洲国家的社会整合理由，正越来越多地反映到研究领域之中。

第三，失范行为仍然是社会整合研究的重要主题。社会整合的研究始于对社会反常行为的关注。在20世纪中叶以后，社会整合仍然被用来解释或应对重大疾病、精神疾病、药物滥用、违反道德、违法、自杀、离婚等社会失范行为。特别是20世纪90年代以来，研究社会失范行为与社会整合关系的文章几乎占据了研究文献的七成以上。

（2）从宏观到微观：社会整合研究策略的转变

帕森斯以后的社会整合研究，大多避开形而上的策略论，在微观研究上做出了卓越的努力。就目前掌握的文献来看，绝大多数的研究采用实证研究的策略，因此数据统计、比较分析和历史分析等研究工具几乎占据主导地位。

首先，数据统计被广泛应用于社会整合研究中。例如，在研究"离婚与社会整合"的关系的过程中，布斯等对2 033个55岁以下已婚人士进行了电话采访，在数据分析的基础上得出"社会整合并非始终对离婚有负面影响"的结论。在研究"邻里关系和社会整合"的关系时，坎贝尔等调查了690个人，发现"被很好整合进社会的人一般在邻居中有着广阔的社会网络。"

其次，比较分析也是社会整合常用的研究策略。在研究乌干达社会整合的著作中，雅各布森选择了100个精英阶层和100个非精英阶层（低收入职业阶层）的男性样本，对其进行比较研究，认为"交往成本、语言、教育背景、住房和生活方式等差异阻碍了跨越群组的整合。精英中的友谊是沿着年龄和职业分布的，非精英则是沿着种族背景形成的"。在研究商人群体的社会整合时，麦休尼斯对不同规模的社区进行了比较，认为"在小城镇，被调查的商人更愿意加入志愿性组织，因而就更能整合到社会中去。较小社区的商人比大社区的商人更能整合"。

再次，历史方法也是社会整合研究喜欢用的工具。要测量社会整合的指标，除了横向比较外，纵向的历史比较和经典时期的案例分析同样受到学者们的重视。达芙妮·恩蒂瑞就考察了殖民时期和现代非洲的语言对于经济和技术发展的影响,认为"语言最终是一种决定社会秩序和被社会秩序决定社会建设,是一种社会变迁和社会整合的关键因素"。戴维德黑泽尔考察了1871年以来的历史,认为移民的增加带来了整合问题,在考察了杜塞尔多夫小城的国际学生评价项目的历史后,提出"回归到实验启发的课堂,能够传达更多符合现代欧洲的准确途径和能够帮助学生理解我们身边的欧洲整合"。

尽管在整个20世纪的社会学研究中,抽象的理论仍然占据优势,但是在实际的研究过程中,人们对社会整合的关注越来越倾向于使用微观主义策略,对具体问题进行研究。

4. 社会整合的指标萃取与实现机制

在帕森斯以后,社会整合研究的一个很重要的特点就是理论作用的描述让位于实践经验的探索,人们从不同的研究立场出发,加强了对社会整合指标和实现机制的研究。

社会整合既是一种过程又是一种状态。这就给我们提出一个问题:社会整合到底是一个怎样的状态?

团结/分裂:将社会整合视为社会团结的鼻祖是涂尔干,在涂尔干那里,社会团结被划分为"有机团结"和"机械团结"两种。前者是指"建立在社会中个人之间的同质性基础上的一种社会联系",后者则是"建立在社会分工和个人异质性基础上的一种社会联系"。

忠诚/敌对:忠诚被看作是衡量社会整合的正向指数,敌对意识则相反。有学者认为,在农业社会这种简单的社会形态中,也不缺乏社会整合,因为一个原子化的社会结构并不排除人们之间的各种形式的互助合作,存在各种各样的志愿性忠诚,社会中的个体"可能借助他人的帮助达成自己的目标,就是你帮助我完成我的工作,我帮助你完成你的工作,而非有一个固定的团体来一起从事某种事业……行动出于个人的自由裁量";与此相反,敌意、冷漠、排斥则代表着整合的负面情况。

适应/反常:有些学者直接把社会整合定义为"适应日常社会条件的能力",对个人而言,社会整合的理想状态就是"减少孤独、反常状态,提高自尊,增进健康,增强健康资源和选择,提供社会支持"。至于反向指标,在涂尔干那里早就有了经典论述,除了他关注的自杀、强迫劳动等理由以外,后来的学者还陆续补充了离婚、精神疾病、药物滥用、退学等反常现象,并将反常现象作为描述社会整合失败的指标。

认同/排斥：社会整合通常被认为来自密集的社会交往并且激发强烈的、有作用的、生活的共同情感、认同、支持和顺从。认同被视为社会整合的最基本表征，社会成员之间或个体与组织之间的相互吸引和相互认同越高，社会整合度就越高；排斥则反之。因为"一个团结的群体就是其成员对于彼此有强有力的社会吸引力"，意味着个人对一个群体的参与和认同的程度，以及对于与构成他们现实社会世界的他人的共同事务的感受程度和对社群与社会的归属程度。关于排斥，史蒂芬·迪杰斯特就指出，社会整合"从反面说就是社会排斥"，社会孤立就代表了社会整合的失败。

以上四组指标显然并未涵盖衡量社会整合程度的所有项目，但这四组指标是最直观、最必要的项目。在实际操作中，这些指标还存在着被同义术语替代的可能，例如，"团结"在很多研究中被替换为"联合""联盟"，"认同"与"吸引"可以换用，而"排斥"则与"孤立""不兼容"等具有同等语义。

5. 西方社会整合的六种实现机制

无论是要达成个人对社会的适应，还是维持社会的和谐，都需要一定的实现机制。关于如何实现社会整合，国外的研究也一直存在着多元的解释。其中得到学术界认可的，主要有六种社会整合的实现机制。

一是沟通交往机制。有学者的研究表明，"如果缺乏社会交往的话，破坏性力量就会增长。"[1] 大量的文章将社会整合作为测量社会交往能力的指标，认为社会交往有利于提升社会归属感和社会整合度。[2]

二是规则整合机制。涂尔干是非契约性规则整合机制的倡导者，他将传统文化、宗教、教育等规则视为社会整合的重要机制。在他之后，很多学者也加入到这一阵营。他们主张"能够在我们文化中产生各种功能性团结、一

---

[1] Snyder E. E. A Study in the Development of Social Integration in a New Social Group [J]. Journal of Educational Sociology, 1962, 36(4): 163.

[2] Segal S., Aviram V. The Mentally Ill in Community-Based Sheltered Care and Social Integration [M]. New York: Wiley, 1978: 33; Aubry T., Myner J., Community Integration and Quality of Life: A Comparison of Persons with Psychiatric Disabilities in Housing Programs and Community Residents Who Are Neighbours [J]. Canadian Journal of Community Mental Health, 1996, 15: 5—20.

致和整合的社会变化,将会减少个人的冲突和社会的冲突及解体"①,甚至认为"整合指的就是在文化上与环境内在一致、协调和谐的图景。"② 道德整合主义者认为,"如果人们的角色被神圣的传统合法化从而具有高尚的道德时,他们就能形成凝聚的群体。"③ 通过宗教、共同情感、教育实现整合的研究就不胜枚举了。与涂尔干主义不同,一些研究者开始重视契约的整合作用,吉登斯就是其中的一位,他从时间与空间的分离、组合来解释社会整合。吉登斯指出,社会的整合就是"考察现代制度是怎样'适应于'时间和空间的"。④ 通过赋予平等公民权和制度扩散(Institutional Dispersion)实现个体对主要空间的参与,也是一些学者推崇的整合机制。

三是利益整合机制。关于利益整合机制的探讨虽然不多,但它是一种不言而喻的机制。它几乎被用来作为实现整合的一种前提条件。例如,在探讨家庭整合问题时,有学者就认为,"家庭作为一个单位,要在考虑个体成员利益的基础上达成共同目标"⑤;研究印度社会整合的乔希等主张"将经济和政治制度的过程整合到新社会的愿景中来"⑥。

四是交换整合机制。由于人生存在社会中,如果要被社会成员接受,就必须满足社会的要求与期待,遵守所处环境的规范,因此人的再生产总是存在于具体世界中的历史个体的再生产。⑦ 这其实反映了一个相互交换的过程,即整合发生在这样的条件下,交往中的角色将交往手段视为对自己的一种奖赏。研究表明,人们将忠诚视为组织为他们提供保障、安全、身份和威望的

---

① Gregg B., Thick Moralities, Thin Politics: Social Integration Across Communities of Belief, Durham [M]. NC: Duke University Press, 2003.
② Linton R.. Cultural and Personality Factors Affecting Economic Growth [C]//David E. Novack (ed.), Robert Leckachman (ed,). Development and Society : the Dynamics of Economic Change. New York: St. Martins Press, 1964.
③ Fathi Asghar. Expressive Behavior and Social Integration in Small Groups: A Comparative Analysis [J]. The Pacific Sociological Review, 1968, 11(1) : 29—37.
④ Giddens A. The Consequences of Modernity [M]. Cambridge: Polity Press, 1990: 10—13.
⑤ Wilkening E. A. Changing Farm Technology as Related to Familism, Family Decision Making, and Family Integration [J]. American Sociological Review, 1954, 19: 29—37.
⑥ Joshi P. C. Role of Culture in Social Transformation and National Integration [J]. Economic and Political Weekly, 1986, 21(28) : 1224—1232.
⑦ [匈]阿格妮丝·赫勒.日常生活[M].衣俊卿,译.重庆:重庆出版社,1990.

回报。① 就个人之间的关系而言，一个能够为其他人提供有价值的服务的社会成员，会自动放弃防御倾向，以换取个人权威。当他为群体成员达到重要目标时，别人就会自觉为其效劳。② 这样整合就成了个人忠诚与组织保障或个体支持之间的交换，交换也因此成为社会整合的一个重要渠道。

五是社会参与机制。以色列学者艾森斯塔德认为社会整合就是（移民）个体与接受他的社会的主要空间的联系和参与，换言之，加强与所处社会的联系和参与是社会整合的机制。"个体对集体的各个方面的具体参与"③，其角色越多，表明社会整合和社会联系度越高。

六是社会控制机制。社会控制是应对社会过度分化或流动过快的一种机制，"它通过对社会资源支出的控制，促进社会成员充分发挥其角色"④，因而有利于实现社会整合的目标。从反面来说，"基于科学规划基础上的理性和控制会将社会摩擦降至最低。"⑤ 总之，合理的社会控制在形成社会服从和减少社会冲突上发挥着重要功效。

八、罗杰·马丁的整合思维理论

整合思维是由著名商业思想家、多伦多大学罗特曼管理学院前院长罗杰·马丁教授提出的。在如今的整合时代，整合思维已经成为磨炼我们思维能力的利器。

马丁教授十多年前提出了整合思维的思想体系，并撰写了《整合思维》（*The Opposable Mind*）一书和相关文章；在 2017 年 11 月 13 日揭晓的"全球 Thinkers 50 榜单"上，马丁教授因提出"整合思维"与"设计思维"等让世

---

① Druckman D. Nationalism, Patriotism, and Group Loyalty: A Social Psychological Perspective [J]. Mershon International Studies Review, 1994, 38(1): 43—68.

② Blau P. M. A Theory of Social Integration [J]. The American Journal of Sociology, 1960, 65(6): 545—556.

③ Moen P. Dempster-McClain D., Williams R. M., Jr. Social Integration and Longevity: An Event History Analysis of Women's Roles and Resilience [J]. American Sociological Review, 1989, 54(4): 635—647.

④ Haurek E. W., Clark J. P. Variants of Integration of Social Control Agencies [J]. Social Problems, 1967, 15(1): 46—60.

⑤ Bain R. Cultural Integration and Social Conflict [J]. The American Journal of Sociology, 1939, 44(4): 499—509.

界运行更高效的理论而获奖。马丁教授认为，整合思维就是头脑中同时容纳两个相互矛盾的观点，并从中得出汇集双方优势的解决方案。

整合时代具有易变性、不确定性、复杂性、模糊性的特点，面对人类社会的变量更加多元和复杂的趋势，整合思维方式正在得到更多应用。

在整合时代，由于信息超级饱和，各个领域暂时达成的平衡局面会不断被打破，无论是商业组织还是我们个人，很容易发现自己处于一团乱麻之中；而整合思维以复合的、动态的灵活方式，为我们提供了选择之路。这种思维的独特之处在于"一流的智商，取决于头脑中同时存有两个互相矛盾的想法、而能够继续思考的能力"。

整合思维以建设性的方式处理彼此对立的观点，不以牺牲一方为选择另一方的代价，而是以创新形式消除两种观点中的对抗之处，新的观点同时包含对立观点的某些因素，且优于两种对立观点。也就是说，对于领导者而言，在面对两种情形时不是二选一，而是创造出一种更好的答案，例如同时兼顾创新与维持现有业务，在员工和组织双方利益之间、在如何做人与如何做事之间寻求最佳平衡。

马丁教授花费数年时间，在詹姆斯·马奇等管理思想家的基础上，访谈了包括杰克·韦尔奇、雷富礼等数十位时任著名跨国公司的CEO，以及管理大师德鲁克、诺贝尔经济学奖得主、著名电影导演等人后，发展出整合思维的全套思想体系。

马丁教授认为，整合思维与传统思维的决策流程都采用相似的四大步骤：找出凸显因素—建立因果关系模型—将因果关系组合为架构—确定解决方案。但是二者在每个步骤中的做法大相径庭。整合思维创造出各种新观点、可能性与解决方案；而传统思维却将潜在的可能性隐藏起来，将创造性方案逼进死胡同。在这四个步骤中，整合思维分别要遵循四项原则：

（1）扩大决策中关键因素的范围。例如，在产品改进中，公司不仅要关注客户主动提出的需求，还要寻找他们没有说出来、但内心很希望被满足的需求。

（2）善于考虑多方面的、间接的因果关系。单一的因果关系很容易追溯，但无法为最佳解决方案提供具有深度与广度的分析路径。

（3）在决策时，不是将问题拆分为若干独立的个体逐一解决，而是在保持问题整体性的同时，着手处理各个部分。

（4）费尽周折地找出创新性的解决方案，每一个构想与流程都比前一个更有效、更精确。

整合思维要求一种全局性思维。在马丁教授采访 IDEO 公司 CEO 蒂姆·布朗时，布朗讲述了美国国家铁路客运公司请 IDEO 公司设计某城际高速列车车厢的故事。

美国国家铁路客运公司当时提出的要求是在车厢的审美和功能性方面进行升级，而具有整合思维的布朗没有只是做好分内之事，他拒绝了简单化和专业化的惯性驱使。他想到很多美国人选择飞机而非火车的主要原因，并不是车厢美观与否，而是搭乘火车的整个过程安排。于是 IDEO 公司的设计团队最后确定了十个可以改进的环节，包括进站、购票、等候、上车、乘坐、到达等。这种全局化的解决方案，在近些年设计思维的深入应用中已变得很常见，但在当时属于凤毛麟角。

如今，越来越多的企业开始设计"客户旅程"，为品牌和客户创造出新价值。长期以来，企业都是通过推测客户从考虑购买、到最终下单、再到使用产品的过程，预测客户下一步的反应，寻找每个阶段的应对之策的；而在大数据时代，企业可以从被动应对中跳脱出来，主动塑造"客户旅程"——引导而非迎合。[1]

---

[1] 王晓红. 整合思维有多重要? [EB/OL]. (2018-04-26) [2022-07-05]. https://www.hbrchina.org/2018-04-26/5984.html.

◎ 第四章
企业资源整合

一、企业资源整合的经济分析

1. 追求价值链的整体价值最大化是整合的原动力

"价值链"这一术语首先是由"竞争战略之父"、哈佛商学院大学教授迈克尔·波特教授提出的,他认为企业是一个综合设计、生产、销售、运送和管理等活动的集合体,其创造价值的过程可分解为一系列互不相同但又相互关联的增值活动,总和即构成"价值系统"。其中每一项经营管理活动就是这一价值系统中的价值链。企业的价值系统具体包括供应商价值链、生产单位价值链、销售渠道价值链和买方价值链等。

价值链的各个环节相互关联、相互影响,特别是一个环节对下一个环节有着直接的影响。上游环节的经济活动围绕着产品进行,产品技术特性在价值增值中起决定作用;下游环节的活动围绕着顾客进行,营销管理技能在价值增值中起决定作用。在某些价值增值环节上,本企业拥有优势;在另外一些环节上,其他企业可能拥有优势。为达到"双赢"的协同效应,相互在各自价值链的核心环节上展开合作,可促使彼此的核心专长得到互补,在整个价值链上创造更大的价值。这是企业整合的原动力。

2. 资源整合的实质是经营一体化

所谓"一体化",是指"在统一的所有权之下"。只有所有权达到统一,才能以"老板力量"来保证统一安排和同步化协调运作。在非统一产权之下,只能靠契约和规则来达到协调一致,但是契约和规则的约束力不会大于企业家"有形之手"的直接控制力。因此,企业需要一体化。如果一个企业的零部件原来是外购的，后来该企业将零部件厂内部化了，变成了一个法人实体，零部件就不再外购而是自制，即把交易关系变成了管理关系，那么这种变化就是一体化。它使企业体制改变了，或使企业边界扩展了。一体化战略是企业充分利用自己在产品、技术、市场上的优势，将企业边界在所处的产业链上向深度和广度扩展或向非相关产业扩展的一种战略。通过一体化和并购整合，企业可扩大自己的经营规模和范围，形成自身的规模经济、范围经济及核心生产能力，并充分利用企业内部不同单位在技术、设备、产品和人员等方面的互补性，发挥整体优势。

市场经济是理性经济，是智慧经济。企业资源整合形成的一体化不仅要关注"企业要有什么"，更要关注"要有什么样的企业"。

3. 资源整合的互补效应

互补效应注重的是资源的组合，新组合并非无成本，但对整个企业来说这部分成本是沉淀成本，互补效应提高了公司的资产利用率。

受"专业化分工能够提高效率"这一传统管理思想的影响，加之"战略经营单位"观点的提出，许多企业简单地认为，企业是由一个个独立、分离的战略业务单元所组成的，并对每个战略业务单元进行授权管理、单独考核。这一错误认识致使各业务单元之间的联系被人为切断。尽管管理人员更加熟悉在单个业务水平上采取何种办法取得竞争优势，但当整个公司要把多种业务整合在一起创造竞争优势的时候，情况就不那么乐观了。因为每个战略经营单位分散经营、各自为战的狭隘部门利益主义思想，使公司管理层对构建企业核心竞争力不仅无意识而且也不知道在何处构建，以及构建什么样的企业核心竞争力。资源整合的互补效应主张，公司管理层应从整体视角上看待业务，并对其进行关联性业务分析，就可以发现：在许多貌似分离、独立的业务表象背后，存在着一种将相关业务有机联结起来的"黏合剂"。这种"黏合剂"就是公司通过业务互补效应使公司着力构建、开发的企业核心竞争力和核心产品，正是这种"黏合剂"为企业相关业务提供了协同机会。

4. 资源整合的共享效应

共享效应是指公司从一个领域或某一部分积累和发展起来的技能可以无成本或低成本利用于另外一个领域产生的效果。资源管理学派的代表人物理查德·罗米尔特对多元化战略与美国大公司业绩之间的关系进行了实证研究，他按照业务相关程度的高低对公司的战略进行了分类，并在后来的文章中对分类方法进行解释，"在判别下属企业间的相关程度时，我们尤其关注它们是否有共享的设备、相同的销售队伍，以及其他可以证明生产环节之间具备相同或相似性的证据。"经过研究表明，在具体业务行为或技能方面存在共享的多元化公司的业绩，明显好于下属企业之间不具有相关性的公司的业绩。

共享核心竞争力已经给很多企业带来了成功。例如，日本的本田将发动机作为自己核心能力的基础，并将这种能力推广到动力机车、摩托车、轿车、割草机等产品；日本佳能公司则以光学、超微摄影技术和微处理器技术为核心能力发展了复印机、激光打印机、摄像机、图像扫描仪等产品，使佳能公司不仅在1976—1982年从发明静电印刷术的施乐公司的手中夺得一半的中档复印机市场，而且成为施乐公司在高档彩色复印机市场中的主要竞争对手。

5. 合作与竞争并存

企业集团内部各成员企业在经营业务上的关系，可以区分为垂直结合、复合结合和水平结合三种基本的类型。在垂直结合的情形下，各成员企业之间在产业链上是前后方向结合的关系，彼此之间由于存在密切的技术经济联系，通常需要通过母公司的统一安排形成长期合作、互惠互利的关系。而在复合结合的情形下，各成员企业之间的业务关联度较低甚至根本不关联，因而各成员企业之间就只在有限范围内存在合作关系，竞争关系也因为经营业务不相关而基本上不存在。经由水平结合而在同一个集团内生产同类或高度相关的产品的各成员企业，它们之间的经营业务则存在明显的竞争性，因而如何处理好这种存在合作关系的竞争关系，对于该类经营业务乃至整个集团的发展至关重要。

日本松下电器公司在1959年兼并宫田制作所之前，自己已有生产销售松下牌自行车的自行车事业部。但松下电器公司兼并了具有古老传统的宫田制作所后，并没有将它改造成一个内部生产单位，而是让宫田制作所继续保持原有的特色经营，与松下牌自行车共同竞争。双方在集团内部互相竞争的结果，非但没有"两虎相争，两败俱伤"，反而双方都得到了发展，松下电器公司前任会长高桥龙太郎对此做法评论说："松下始终保持那些公司的自主性和特色，在集团内部，一方面要互相竞争，另一方面要基于共存共荣的大理念不断向前发展。"

当然，对于经营业务相同或相似的水平结合型成员企业，集团总部需要通过约定各自的市场范围，或控制产量和价格的方式，使集团内部企业间的竞争成为一种有限度的、有序的竞争。这样既可以使各成员企业受到应有的激励，又能保持它们的经营活动不偏离集团的总体目标。

二、企业资源整合的实现形式

企业是市场的有机组成部分，企业资源整合是依赖于构建企业核心竞争能力的需要而进行的。资源整合不应受制于企业内部或外部边界，任何一个企业都会面临两种环境，即内部环境和外部环境；相应地，企业资源也包括内部资源和外部资源。因此，实现企业资源整合，当然也就会有两种资源整合思路：内部资源整合与外部资源整合。其中，外部资源整合既包括外部资源内部化整合，又包括与外部资源合作的整合。

1. 内部资源整合

（1）企业内部资源的有效使用和积累是资源整合的内在基础

有效地使用内部资源是指公司拥有使用内部资源的技术，并能运用这些技术不让公司的任何内部资源闲置，且每种内部资源的潜能都能得到充分发挥。每个公司都应随时检查是否有闲置的内部资源。

当公司有效地使用内部资源时，它也在创造新的隐形资产。内部资源匹配需要的不只是有效地使用现有内部资源，有效地积累新的内部资源也同样重要。积累新的内部资源必须成本低、速度快并非常及时。内部资源的有效积累通常有两种方式：一种是新的内部资源作为某一个阶段战略的副产品而被创造出来；另一种是将由某一战略元素发展出来的内部资源有意识地用于其他战略元素。当新的内部资源是某一个阶段战略的副产品时，其积累成本是较低的。当由一种战略元素产生的内部资源被用于其他战略领域的时候，公司必须要把对这种内部资源的供给和需求在数量和时间两方面都有效地匹配起来。如果公司把由成熟产品产生的利润用于开发新产品，那么成熟产品生产领域中的内部资源就是公司向新产品市场跃进的前提条件。

(2)内部资源和战略配合效益

如果公司可以把一种内部资源(如厂房、技术或技能)用于多个业务领域,那么这些业务之间就有了配合效益。当把从一种产品上产生的内部资源转用于生产另外一种产品,或者运用于另一个运营领域时,配合效益也同样可以产生,而且这种转用既可以发生在现在,也可以发生在将来。内部资源的有效积累与动态配合效益密切相关,主要在于两方面的原因。首先,积累内部资源需要时间,而且现在进行的内部资源积累主要是为将来使用奠定基础的;其次,当前战略也对未来战略有影响。比如,如果当前战略可以使公司积累一些现金流量或者市场信息,那么这些内部资源的存在肯定会对未来战略的制定有所影响。

内部资源的动态匹配是资源整合的动态要求。随着公司内部资源积累的不断变化,公司战略也要相应地有所变化,对内部资源积累的变化如此,对环境的变化也是通过当前战略与未来战略的结合来实现的,而且也只有把二者有机地结合在一起,动态效益才能真正实现。有效的当前战略可以培育未来的发展战略,也必须要为未来战略积累足够的内部资源,而未来战略则必须使这些内部资源得到充分利用。如果实现了这两点,公司就有了动态配合效益,并且为获得动态的内部资源匹配奠定了基础。

2. 外部资源内部化整合

(1)外部资源能力内部化是整合的重要环节

外部资源内部化就是把新获得或新构建的资产与现有资产有机地整合,灵活地组织起来,从而产生可持续的竞争优势。内部化的资源包括两个方面,一个是有形资产,如新的生产系统、新的交货系统;另一个是无形资产,如新的技能、新的知识或新的认知模式。无论是无形资产的内部化还是有形资产的内部化,都是建立在并购双方企业相互学习和资源互动过程之上,取决于重新组合每个资源的能力,企业的内部能力及吸收能力。企业还是整合个人专业知识,并把它们与实体、技术和商业资源协调起来的统一体。整合是将外部资源内部化,构建新能力,以及把企业的专有性能力转化为竞争优势的过程。这种整合不仅增强企业的专有性,对企业文化和组织惯例也产生影响,还反过来影响企业行为选择的不可逆性和路径依赖性,并且对增强重新组合、重新配置资源的企业能力起到推动作用。

外部资源内部化的资源整合呈现资源本身的层次性，主要包括三个层次：一是单个资源的整合，如生产技术的整合、生产诀窍的整合、质量控制系统的整合；二是单个资源适应某些资源的专业化的整合，即应增强专有资源之间的相互依赖性，加速协调专有资源的能力的开发；三是技术资源与关系资源的整合。应高度重视关系资源，关系资源是指与供应商、商业网络等合作伙伴的关系。整合这些关系资源的能力对于获得更有效的资源能力组合，强化其异质性非常重要。

外部资源内部化的资源整合呈现出组织层次性，包括基层整合、中层整合与高层整合。基层整合主要与企业的专门活动（如产品线）和与这种专门化相关的能力有关。虽然这种专门化的知识常常归组织成员个体所有，但企业完全可以利用信息系统在数据库、专门化的设备或计算机程序中进行积累。中层整合，即把整合专门化能力的所有能力组合在一起，它们常常具有职能性，如研究与开发、制造、营销等。高层整合，指企业利用调配职能间的横向能力来实现更有效的资源协调。这一层次的整合能力常常需要一种精心设计的管理系统，由它在各职能之间建立起联系，并形成用于指导资源与能力积累和重新配置的组织惯例。事实上，资源和能力的协调与整合对有关技术创新开发项目的成败至关重要。在实践上，整合过程既可以基于正式的程序，也可以基于隐性的组织惯例，表现为团队组织、沟通模式、部门内关系和子公司关系等形式。

（2）吸收是外部资源内部化的关键要素

吸收能力是指企业认知新交换的知识的价值，并消化、吸收这些知识，以及把它们运用到商业用途中的能力，是企业以前的相关知识水平的函数。吸收能力在外部资源内部化过程中具有举足轻重的地位，吸收能力不仅涵盖基层、中层和高层三个层次的所有能力，也包括通过对新思想进行整合并有效地开发现有知识的能力。一方面，从一类活动到另一类活动，从一个业务单位到另一个业务单位，这种能力是学习过程的关键要素之一；另一方面，在企业与外部环境（供应商、顾客、竞争对手）发生关系时，吸收能力离不开所有层次的能力。例如，在获取供应商或竞争对手的技能时，必然需要基层能力；在获取技术能力时，不可避免地包括中层能力；在组织技能和团队工作管理的学习过程中，必然包括高层能力。因此，实际上每种能力都或多或少地包括吸收能力。

（3）组织能力是外部资源内部化的重要手段

企业拥有超越单个资源水平的能力，其中最重要的是那些能够把资源、能力和系统整合在一起的能力——组织能力。资源创造价值的过程以资源的互动和整合过程为基础，而整合过程的差异性、多样性和最终效果又取决于企业能够调配累积的资源和赋予其整合性与互动性的组织惯例，特别是组织能力。也就是说，资源之间的联系与互动的质量和威力，取决于组织开发能力的种类与层次。

3. 外部资源合作的整合

这种整合是指非股权或资本联系，但形成价值链关系，即达到一种共生的经济效果。

企业之间存在着水平外部性。例如，在销售和经营同一商标产品的企业之间，在广告宣传、维护产品声誉等方面也存在外部性，不仅直接影响该企业的效益，还对经营该产品的其他企业产生间接影响。还有，一个企业增加广告、人员培训及提高服务质量等方面的促销活动支出，成本全由自己承担，但生产和销售该产品的其他企业可免费"搭车"，分享该企业的促销活动的收益。为了将企业之间的这种水平外部性内部化，不能采用纯粹的市场竞争，让各企业完全独立经营，而应采用垂直性控制，如建立子公司、连锁店或采用特许经营。

知识经济时代，企业生产经营大量地依赖于对信息的交流和处理，要求突破企业组织与外部相关要素之间的边界，资源整合应从企业内部延伸到外部，实现不同企业之间的要素组合。战略联盟和虚拟经营就是这种状态组合的表现形式。独立的经济组织为实现同类资源共享或异类资源互补而形成共生体，从而促使资源配置效率进行优化和改进，形成"共生经济"。企业在缔结联盟的过程中，可与联盟成员实现资源的共享和互补，并能有效地抑制联盟成员间的"过度竞争"行为，避免资源的不合理浪费，从而提高资源的配置效率，实现共生经济。此外，联盟企业在协作竞争过程中，在联盟成员之间实现资源和核心能力的互补融合，从而获取新的竞争优势，赢得有利的竞争地位，这也可视为另一种形态的"共生经济"。

企业与外部组织要素整合的过程也是知识资本转移的过程。并购整合为企业知识资本的积累提供了有效的组织安排与制度安排。并购公司获取了对目标公司的"进入权",即使用、处理目标公司的关键资源——核心知识资本的权利。无论是采取新设合并、吸收合并,还是股份收购、资产收购等其他收购方式,都意味着并购公司具有控制目标公司的资源、重新配置两家企业资源的权利。借助这一组织安排,可以把两个具有不同战略逻辑的企业结合在一起,实现核心知识资本的转移,并且有可能创造出更多的知识资本。企业可能通过多种外部方式积累知识资本,如合资、合伙、战略联盟、兼并收购等。

从资源合理配置的角度考虑,无论是发生并购的企业,还是没发生并购的企业,企业必须对不良资产及时进行剔除,以有效地调整企业的经营范围和业务结构,根据企业发展目标和资源整合的目标,形成既功能齐全又有机地融为一体的、完整的资源整合体系。随着企业内外环境条件的改变,以及各种组织协调手段作用的增强,企业集团在各边界间可能不断地发生"内部化""外部化"双向调整的行为。事实上,当前世界上正在兴起的"剥离与合并并存"热潮,就是这种双向调整行为的最有说服力的证明。

三、企业资源整合的规律

1. 企业资源整合是渐进循环的过程

整合是一个渐进循环的过程。企业资源整合是一个由外部到内部、由初级到高级、由静态到动态的渐进循环的过程。并购整合,每一方都应学习如何与对方合作,应关注资源评估,去劣存优,或重新构建惯例和知识基础,开发新的战略资产。成功的整合不是求同,而是一种创新性活动,并呈现四个特点。第一,能力从一方转移到另一方;第二,抛弃不再适合的资源与惯例;第三,为应对新的竞争挑战而构建新的能力,如果需要整合的不同企业的职能部门的规模较大,或存在可能发生的文化与惯例冲突,或存在权利之争与个性差异,有效整合更难;第四,协调职能活动和使各职能在面对共同竞争任务时互相配合、协调一致的能力,也很重要。

2. 企业资源整合是形成新的战略资源的过程

企业资源整合是形成新的实体并创建新的战略资源的过程。整合的战略层面和运营层面的变动都必须考虑产业整合的影响。兼并或收购的价值要通过合并后公司的竞争力提高体现出来,这一结果将增加股东价值,并沿着产业演进曲线上移。结合产业发展规律，企业并购及整合趋势是可预见的。在多年观察全球企业并购、分拆后的发展发现，公司合并可能有消有长，但从产业发展来看，整合从未停止，其发展是持续且不可避免的。当一个产业的整合减少，另一个产业又会兴起合并的浪潮，反过来又会促进其他产业进行重组以增加股东价值。纵观整个发展历程，这一趋势不是地方性的、区域性的或全国性的，而是在全球范围内进行的。

3. 企业资源整合是自主创新的过程

企业资源整合是去劣存优，对资源与能力的破坏、转移和重新构建的活动，是一个自主创新的过程。资源的挖掘、优化和整合是一体和统一的。无论是资源的挖掘和优化，还是资源整合，实际上都是相伴相生的。对资源进行挖掘和进一步优化，就势必要对资源进行再次重组和进一步的开发。一个阶段的整合是为下一阶段的发展打下的基础及实现企业价值的起点。本次整合是在原有基础上进行的，生产力要素按价值最大化重新组织并产生整合效应，是一种创新活动。获取积累运用和构建企业内部与外部的资源和关系是营造竞争优势的关键。战略既包括公司产品、市场活动范围选择，也包括资源与能力组合的选择，但最终有关资源的投入、获取要与维持竞争优势的不断变化相匹配。因此，决定企业最终成败的因素由于传统上的因素不复存在或效果甚微，所以企业必须设法营造新的竞争优势。

在资源与能力转移过程中，对知识等无形资源的追求正在兴起，企业必须以学习能力为新的核心，尽最大努力去整合、吸纳和适应它，获得持续成功的可能性就大。另外，据日本一桥大学的研究报告，当今决定企业竞争力的不是生产能力，而是企业的创新知识能力。例如，本田汽车在20世纪80年代推出的新车型，靠的就是非常不明确的隐性知识；波特的差别化或低成本的竞争战略，最终还是以企业的资源和能力为基础。实际上，企业资源理论论述了租金生成资源的知识的特征。动态能力理论把知识基础的开发视作学习的过程，基于竞争能力的竞争理论通过融入管理者的能力而扩展了上述理论，从而使有效地管理竞争能力、构建和充分运用过程中的知识成为可能。

4. 企业资源整合体现企业资源配置及其对环境的适应性

整合过程反映企业资源配置及其对环境的适应性。有关学者，如沃纳尔特、罗曼尔、巴尼、哈拉德和哈默通过对企业资源的研究,得出"资源和能力是企业竞争优势的源泉"的基本结论。随着公司资源积累的不断变化,公司战略也要相应地有所变化,对资源积累的变化如此,对环境的变化也是如此。动态配合效益是通过当前战略与未来战略来实现的。而且只有把二者有机地结合在一起,动态效益才能实现。当前战略必须为未来战略积累足够的资源,而未来战略必须能使这些资源得到充分利用。如果实现了这两点,公司就有了动态配合效益,并为获得动态资源的匹配奠定基础。

在企业资源整合的过程中,有的不同优势可以整合在一起,有时却不能,即存在彼此矛盾或互相排斥、相互竞争的优势,这在当前强强合作或并购颇为盛行的情况下表现得更为常见。例如,如果某一产业中的两家实力大体相近的公司都拥有强大的品牌形象,那么在合并后就会出现一种两难困境:是继续使这两种形象保持独立,还是使它们表现出统一的特征?无疑的是,"统一"至少意味着某种无形资产的流失;"独立"则可能在二者之间形成不必要的竞争关系,不利于增强总体优势。因此,不应该进行不必要的竞争,管理者应该具有从局部与整体两个角度看问题的能力,并对相互排斥的支撑优势进行权衡,也包括关系企业生死存亡的既有主导优势与其挑战者之间的权衡。在当前的超强竞争时代,企业赖以生存与发展的基础随着环境的变化也在不断转变,并对主导竞争优势的动态发展中的权衡问题提出了更苛刻的要求。

5. 建立基于资源观的企业柔性系统

整合过程的动态目标是建立基于资源观的企业柔性系统。在企业竞争日益激烈和不断升级的今天,与企业内外部环境的稳定性下降、动荡性提高相对应,对资源整合的探索与实践应该从"静态导向观"向"动态导向观"转化,追求竞争优势的动态发展已成为大势所趋。从严格意义上讲,资源、资产、能力的专用性在一定程度上是与刚性相似的概念,它们与灵活性(即这里所说的柔性)分别是描述事物特性的两个极端。

柔性是在未来的不同环境中可以开发仍然有效的资源(包括能力)的管理能力,企业柔性实际上是一个相当广泛的概念,是组织为了达到控制自己命运的目的而与内部和外部环境互动,进而持续地塑造环境或及时进行调整并做出快速反应的能力。

从企业柔性与组织战略决策的相关性来看,企业柔性包括三个层面:公司层面、职能层面和单个资源层面。其中在公司层面上，柔性就是整个组织改变自己的战略定位而使各职能战略保持一致的能力；在职能层面上，柔性问题主要与各个职能改变各自的经营能力有关。例如，生产柔性与生产职能改变产出的种类、数量和进度安排等方面的能力有关；在单个资源层面上，柔性问题与单个员工、机器或控制系统能够从事的任务、从事任务的时间与成本，以及在任务之间进行切换的难易程度有关。值得指出的是，虽然我们可以对企业柔性进行上述区分，但这三个层面的柔性之间的关系却对一个企业的柔性的总体水平具有十分重要的作用，特别是单个资源层面的柔性与职能和企业柔性之间的互动关系。

◎ 第五章
新时代的整合经济学

新技术、新供给、新需求、新消费、新机制，催生了新时代的整合经济学。在人类社会发展的不同阶段，都有最具代表性的资源与动力：19 世纪是煤炭和蒸汽机；20 世纪是石油、电力和内燃机；进入 21 世纪，大数据、云计算、物联网、人工智能、区块链、移动互联成为推动整合经济发展的巨大动力，整合经济学也在信息化时代、整合时代形成更加完善的体系。

一、信息化新技术产业推动整合经济发展

今天我们面临的是以信息技术为代表，包括新能源、新材料、生物技术、航空航天等在内的新一轮技术革命。信息化的浪潮给人们的生活方式带来了深刻的变化，如现在的获取信息的方式和与人交流的方式在十年前是不可想象的，同样未来会怎样也难以想象。从生产上来说也发生了巨大的变化，首要变化是催生了一个庞大的 IT 产业和一大批号称"新经济"的企业，如苹果、辉腾、思科等。新技术革命本身在不断演进，从互联网到大数据、云计算、物联网，生产方式也随之改变——从手动到自动化，再到智能化、网络化、平台化，德国的工业 4.0、美国的工业互联网、我国的"中国智造 2025"，都是顺应这一趋势提出的国家战略。技术进步带来的变化，远远不限于技术领域和生产领域。例如，在新能源领域，美国取得页岩气开采技术突破，大幅度压低了美国天然气的价格，使美国从原来的能源进口国变成一个能源供需平衡还略有盈余的国家，因此进一步导致全球能源地缘政治的改变。

1. 依托新技术，整体生产效率大幅提升

新技术的真正价值不在于替代，而是应用到现有的行业和技术解决方案

中，从而提高整体的生产效率。

进入21世纪的20年，人类的科技创新完成了一个完整的进化周期。这个周期成为两个科技进步大周期之间的过渡与衔接，引领我们走进一个全新的时代。

首先，由21世纪初金融危机引发的经济危机使世界经济迅速退潮，大量问题暴露无遗。世界上各主要经济体都面临老龄化或人口红利衰减问题，投资效率降低，杠杆效应和拉动能力不足。当主要依靠资本的力量已经不足以拉动经济继续前行的时候，技术就要走到前台，成为新形势下驱动经济的新的核心动力。

其次，从2008年至今，科技创新完成了一个完整的进化周期，即"基础技术创新—技术应用创新—商业模式创新—新一轮基础技术创新"的循环。最初，信息载体技术（基础技术）创新，"互联网+智能手机"催生移动互联网时代，之后完成了基于此的各种技术应用，再到最后的通过商业模式的变化进行利益的再分配。简单地说就是，技术迭代提供基础，应用创新开辟新的市场，模式创新重新分配"蛋糕"。

但到2014年，以硅谷为代表，商业模式创新已经走到了瓶颈期，现有的技术平台无法继续承载新技术时代带来的海量数据，模式创新进入瓶颈期。这个时候，就需要下一代的技术创新来破旧立新，去搭建新一代的信息载体平台，推动下一层面的应用创新。

到2016年，硅谷依托新技术的新一轮应用创新的探索开始逐渐进行。这一轮创新主要体现在新技术和现有及传统行业的应用结合。新技术的真正价值不在于替代，而是整合到现有的行业和技术解决方案中，从而提高整体的生产效率。[①]

2. 六大科技创新技术促进成本竞争

由于创新周期和周期主导产品的生命周期的共同作用，在历史上出现的每一个创新周期都呈现出一个共同的规律性——需要经历科学技术和成本竞争两个不同的发展阶段，其间出现了六大科技创新技术。

第一，人工智能。AI是未来最重要的创新方向之一。2003年，硅谷出现大规模AI创新及投资失败潮，如今投资人卷土重来，是因为现在的AI技术较

---

① 资料参考：www.xianjichina.com.

之十几年前不仅更加成熟，而且应用成本大幅度降低，市场应用窗口也已经打开，这两点也是技术创新应用产生经济价值的关键。

人工智能本身就是一个非常广泛的领域，其中并不是每个细分技术方向都到了适合商业应用的阶段。而且作为一个基础技术，AI 可以广泛存在于每个行业里。AI 的核心就是"平台性技术＋数据"："生物技术＋数据＋AI"是 AI 在生物信息学（Bio-Informatics）的应用，"医疗器械＋数据＋AI"是 AI 在智能医疗的应用，"工业物联网＋数据＋AI"是 AI 在智能工业的应用，"安全技术＋数据＋AI"，是 AI 在新一代安全系统方面的应用。

第二，机器人领域迎来技术"井喷"。有了在机器学习、自然语言处理和计算机视觉领域的长足进步，作为上述技术和硬件传感器的整合，机器人的应用前景就不只是前景，而是现实。

第三，物联网布局已经形成既有的家居物联网生态。新的创新主要集中在车联网、医疗物联网和工业物联网，同时这些也是比智能家居潜在空间更大和更能快速产生商业价值的技术创新方向。车联网是物联网在"智能交通＋无人驾驶"领域的创新应用，也是实现无人驾驶的必要条件。车联网是智能交通生态的重要部分，越来越多的硅谷创新开始转向智能交通生态，而不只是无人驾驶系统。

第四，公有云和私有云同步发展。一个创新趋势是大企业需要更多技术创新以形成更加安全和有巨大运算能力的公有云，私有云的创新逐渐开始倾向于与公有云的配合；另一个创新趋势是新一代网络加速技术，实时产生的海量数据需要更快的网络加速技术，信息传递也已经完全形成移动化，所以短平快的网络信息加速也是新的创新趋势。

第五，科技进步对于通信传播的广度、速度和质量提出了更高的要求。5G 创新在 2019 年开始崛起，构成了对现有 Wi-Fi 系统的巨大挑战。

第六，区块链技术未来的前景非常广阔，目前只是技术还处于早期，有许多瓶颈需要突破，且未形成成熟的基础设施支持。经过未来几年的市场调整后，会形成正式的市场机会。值得关注的是，区块链技术的应用不只是在金融领域，还开始在供应链、医疗信息、社交类数据方面进行技术应用，而这些领域的应用机会也更大。①

---

① 资料参考：www.xianjichina.com。

二、物联网推动整合经济发展

物联网是使万物互联的一种广泛性网络，即在信息化科技高度发展的新时代，几乎所有技术与计算机、互联网技术的结合，实现物体与物体之间的环境及状态信息实时的共享和智能化的收集、传递、处理、执行。广义上说，当下涉及信息技术的应用，都可以纳入物联网的范畴。物联网继互联网之后在全球经济疲软的今天，成为推进经济发展的新引擎。

有公开数据显示，全球每天约有 550 万台新设备加入物联网。根据美国 IHS Markit 咨询公司预测，全球物联网设备的安装基数从 2015 年的 154 亿台增长到 2020 年的 307 亿台。到 2025 年，这一数字预计将达到 754 亿台，未来十年复合增长率高达 17.21%。

物联网技术的经济学价值就在于整合，万物互联是最大范围和最大程度的资源整合。从物联网的应用价值来看，广域物联网在个人穿戴、车联网、工业领域的收入规模位于前列。2020 年，占据收入前三位的是个人穿戴、车联网和工业领域应用；从增长趋势看来，车联网（92.5%）、健康医疗（77.5%）和智慧城市（32.2%）排名靠前。2018 年，中国是在物联网总支出最高的国家，达到 2 090 亿美元，主要原因是制造业、公用事业及政府的推动。而日本与韩国，在 2018 年成为第三大和第四大支出国，分别达到 680 亿美元及 290 亿美元，其物联网支付很大程度上由制造业驱动。拉丁美洲的物联网总体支出增长最快，复合年增长率达到 28.3%。

对 AT&T 和 Verizon 而言，物联网业务正在渗透到越来越多的领域，工业和城市建设是重点。在汽车行业，AT&T 已与全球排名前 24 家的汽车厂商中的 20 家建立了合作关系，使用户可以获得更佳的驾驶体验和更高的安全性；Verizon 则收购了北美的一家领先的 GPS 车辆追踪公司。在城市建设领域，AT&T 在其总部所在地达拉斯建立了智能城市生活实验室，应用物联网技术远程控制路灯，使用环境传感器测量不同类型的污染物及温度、空气湿度和大气压力等；Verizon 收购了一家提供智能 LED 灯的公司，数万个 LED 传感灯通过 LTE eMTC 连接成密集的物联网网格，对整个城市核心区和交通干道形成空间地理信息的全覆盖。[①]

[①] 资料参考：www.xianjichina.com。

三、大数据产业对整合经济的贡献

大数据是新的发展资源。大数据平台建设为信息资源整合提供了最重要的技术支撑条件,又带动了国民经济的整体发展。美国著名统计学家、质量管理学家爱德华兹·戴明说:"除了上帝之外,任何人都必须用数据来说话。"当今社会,每一个人都是数据的缔造者,也是数据的受益者。我们每天都在制造大量数据,而这些数据又成为满足人们对美好生活需求的利器。

浙江是全球最典型的运用大数据整合资源,发展整合经济,服务社会生活的案例。在2014年初,浙江就把以互联网为核心的信息经济列为支撑未来发展的万亿级产业之首,其中就包含了对大数据、云计算产业的积极谋划与布局。2015年9月,国务院发布《促进大数据发展行动纲要》,作出"全面推进大数据发展和应用,加快建设数据强国"的战略部署。浙江行动迅速,在2016年2月出台《浙江省促进大数据发展实施计划》,提出"建设数据强省,助力经济社会转型升级,推动政府治理和公共服务能力现代化",浙江成为全国首个出台大数据产业发展计划的省份。自此,"数据强省"成为浙江发展的新目标。

如今,浙江已初步构建起大数据产业的生态系统。全省共建设14家大数据省级重点企业研究院,用以对大数据核心技术进行攻关;选出了75家大数据应用示范企业,在全省范围内树立推广大数据应用标杆;成立了浙江省大数据管理中心,建立了大数据交易中心和政府大数据管理公司,并成为全国首个推出政府数据开放平台的省份。

以大数据为核心的创业创新也层出不穷,涌现出阿里巴巴系列企业(阿里云、阿里巴巴B2B、天猫、淘宝)、海康威视、新华三、恒生电子、数梦工场、税友软件、泰一指尚等一批在全国有影响力的大数据企业,在大数据的基础设施、支撑平台、应用开发上形成了较完整的产业链,为浙江大踏步走进大数据云计算时代奠定了很好的基础。

在浙江,大数据云计算产业成为推动经济转型升级的新路径。以云计算、大数据、物联网、人工智能为代表的全省新一代信息技术产业的增加值同比增长21%,高出战略性新兴产业9.4个百分点,浙江经济结构不断优化。大数据产业与实体经济深度融合后,实现了破解低端发展路径,实现新旧动能转换、提高企业核心竞争力的"涅槃"。

提升研发实力——中国最大的轮胎制造企业中策橡胶集团,在生产环节引入阿里云的 ET 工业大脑，通过人工智能算法处理橡胶的工艺参数，匹配最优的合成方案，使产品合格率提升 3%—5%。同时，公司借助阿里云平台构建起了"中策云"后，通过在轮胎内置源 RFID 电子标签，使轮胎在行驶过程中的参数，如定位、里程、磨耗、胎温、胎压、轮位等实时数据能轻松取得。企业将搜集到的轮胎实时数据与制造产业链中的制造过程参数、研发设计参数等轮胎全产业链的数据融合，逐步构建起轮胎全产业链关联性大研发设计体系。

降低生产成本——从事化纤与化纤原料生产的浙江恒逸集团有限公司，在燃煤效率提升上找到大数据应用的切入口，仅通过大数据优化参数，使燃煤效率提升 1%—2%，全年可带来直接经济收益约 1 000 万元。在恒逸的 PET、PTA 等生产环节中接入大数据，为恒逸带来数以亿计的效益提升。

制造向服务延伸——杭州云徙科技与老牌钢琴制造企业珠江琴行联手开发数据平台，用数据改变传统的钢琴教学模式。在钢琴上加一个小盒子，收集学琴数据，通过计算得出弹奏者在哪些地方更容易出错。据测算，国内的钢琴制造业市场规模一年约 70 亿元，市场已经饱和，然而钢琴后续服务市场规模一年可以达到 2 000 亿元。

大数据正成为给浙江传统产业赋能的"新能源"，引领带动浙江实体经济振兴。浙江加快实现传统产业数字化、智能化，全面振兴实体经济。全省"两化"（信息化、工业化）深度融合发展指数达 98.15，居国内第 2 位，工业机器人约占全国的 12%，居国内首位。[①]

四、新技术与商业模式高度融合

新技术革命的一个很重要的特点是技术创新和商业模式的创新高度融合。与以往的技术革命相比，信息技术的渗透性是最强的，它可以渗透到各个领域。在这个过程中，新经济企业的信息技术创新和商业模式创新是密切联系、不可分割的，如互联网金融的发展让许多文化娱乐项目通过互联网众筹的形式来实现融资。可见，新技术革命催生的所谓"新经济"，其实是技术创新和商业模式创新共同融合的产物，二者是分不开的。新技术条件下商业模式的进步

---

① 夏丹，祝梅. 浙江迈向大数据时代 在全国率先提出"数据强省"建设 [EB/OL]. (2017-12-20) [2022-07-01]. https://zjnews.zjol.com.cn/zjnews/zjxw/201712/t20171220_6085434.shtml.

对原来的很多经济体制形成挑战，如互联网金融、共享经济，同时都对监管部门产生巨大压力，推动政府管理机制、商业贸易和现代服务业转型升级。

随着服务业与技术进步和现代高新技术产业的融合程度不断提高，服务业与其他产业的关联更加紧密。新技术推动科技创新与经济深度融合，加快商业服务业科技成果转化，促进新技术、新产业、新业态加速成长，改造提升传统产业，塑造更多依靠创新驱动的引领型发展，为实现商业服务业的高质量发展作出新贡献。

服务业转型升级步伐的加快，一方面，可以减轻资源环境的压力，促进资源节约、环境友好型社会建设，加快经济绿色化发展；另一方面，新一代信息技术如互联网、物联网、云计算、大数据、人工智能技术等与服务业的融合发展，促进信息传输、软件技术服务、商务服务业等新兴服务业蓬勃发展，有利于进一步优化产业结构，加快动能转换，促进经济持续健康发展。

在新技术资源整合推动下，整合经济的商业模式正在向五个方向发展。

一是向智能化方向发展。运用互联网、物联网、云计算、大数据、人工智能等现代信息技术，推动服务业信息化、数字化、智能化和众筹、D2C、C2B、O2O等商业模式创新，推动创意设计、远程诊断、生态旅游、远程教育、智慧社区等新业态发展。积极推进商贸、物流、仓储等传统服务业与大型网络平台对接，创建智慧物流和智能仓储新平台，打造现代智慧物流新模式。大力发展智能化金融，将人工智能、区块链、云计算和大数据等信息新技术系统应用到支付清算、借贷融资、财富管理等金融领域，有效提升金融服务效率和水平。

二是向高端化方向发展。新技术推动商贸、服务业产业链和价值链由低端环节向高端产品、高端要素、高端服务、高端平台等高端环节深化延伸，通过抢占高端环节，实现向价值链高端攀升。加快构建研发设计服务、知识产权服务、科技成果检测、中介咨询等科技含量较高的服务业领域。在生活性服务业领域，突破物理限制和服务半径，提升专业化和精细化程度，提高以健康、医疗、养老和教育为核心的最终需求型服务业的价值比重，加快生产性服务业和生活性服务业的新产业、新技术、新业态、新模式的发展，加快提升商业与服务业的高端化水平。

三是向绿色化方向发展。新技术促进稀缺性资源的整合，让人们在新的环境资源条件下认识资源的稀缺性，坚持资源节约和环境保护并重，坚持以环保引领服务业绿色发展，促进服务业由高消耗、高污染、高排放向绿色、低碳、循环方向转变。同时，大力发展绿色商贸物流、碳金融、生态休闲旅游、体育康乐、乐活生活、文化养生等服务业，积极发展网络约车、远程教育、在线医疗、智慧社区等共享服务新模式，不断提升服务业绿色化发展水平。

四是向品牌化方向发展。在新技术推动下，无形资源资产的经济价值显著提升。其中一个重要的着力点就是树立品牌意识，实施品牌战略，以培育品牌为切入点，提高服务业发展层次。打造一批具有自主知识产权和核心竞争力的品牌产品、品牌企业和品牌区域，鼓励企业以品牌为纽带带动商贸服务业实现新突破。在信息化、大数据、互联网主导新经济的时代，整合技术、法律法规等资源，做好品牌维护，建立健全品牌保护法律法规，加大对侵犯服务业商标、专利、质量标志等知识产权的惩罚力度，通过服务业品牌建设，推动商贸服务业由粗放型向集约型转变。

五是向国际化方向发展。在全球价值链深入发展，国际贸易规则重构的背景下，推动商贸服务业开放是我国新一轮对外开放的重点，是推动我国服务产业迈向价值链中高端的重要动力。商贸服务业资源无国界，深度融入全球服务业分工体系，推动服务业双向开放，以高水平开放推动服务业转型升级。对标国际先进水平，积极探索服务业在更高层次、更宽领域、更大范围参与全球服务贸易竞争与合作的新模式，推动服务业由代工、代销等向市场研发设计、软件开发、营销推广、咨询服务等中高端链延伸，提升服务业在全球范围内配置资源和开拓市场的国际竞争能力，提高我国服务业国际化水平。

五、新供给和新消费需求互动整合

1. 新时代的新供给

新供给是新供给经济周期理论的基础，其定义为由于新技术、新材料、新产品、新业态、新商业模式、新管理模式等新财富形态，形成了新商业价值，创造了新需求，形成了新市场的供给。新供给并不是一个未来的抽象概念，历史上各个阶段、各个领域都曾经出现过新供给，每个历史阶段也都是新供给推动经济走出危机的。数千年的大国兴衰史，并不是一部平缓生产和交易的历史，而是在不同的历史阶段通过土地、金矿、森林、石油、海洋、资本、贸易、市场、技术、金融、文化等新供给创造新需求的创造史。

早在 240 年前，亚当·斯密在《国富论》中从劳动的供给质量和劳动力的供给数量角度分析了制度和社会分工对生产力的促进作用。之后，熊彼特以"创新理论"解释经济增长过程，认为生产技术的革新是驱动经济螺旋式发展的核心力量，认为技术和制度的破坏性创新（Destructive Creation）才是经济增长的长期动力；库兹涅茨则更多地从投入产出角度分析经济增长，并将经济长期增长要素归纳为人口增长、生产效率提升、经济结构升级、社会结构转变等。上述理论无一例外地从供给的角度解释经济增长并提出各自的政策主张。

19 世纪初，法国经济学家萨伊（1767—1832）倡导的古典自由主义经济学思想是供给侧经济学派最重要的思想来源。他提出的"萨伊定理"，即供给自动创造需求的理论，是古典经济学关于供需关系的最重要的表述。萨伊定理倡导的经济政策基本上以放任自由与不干预为特征，强调市场的绝对主体地位，这也是 20 世纪初的主要资本主义国家奉行的经济政策。经过在 1929—1933 年爆发的资本主义世界经济"大萧条"和 20 世纪 70 年代高失业率与高膨胀率并存的"滞涨"现象。以需求管理为核心，强调国家对经济的干预与控制的凯恩斯主义理论受到质疑；以蒙代尔和拉弗等经济学家为代表的供给学派（Supply-Side Economics）的观点重新得到重视，并成为英国撒切尔政府和美国里根政府制定经济政策的理论依据。

中国的供给侧结构性改革的核心是经济结构的调整和经济发展方式的转变，通过提高供给结构的适应性和灵活性，提高全要素生产率。供给侧结构性改革的目标是化解过剩产能，提升有效供给能力，这都是相对于需求端而言的。因此，供给侧结构性改革不能脱离对需求端的认识，既不能忽视需求端的现实需求，又要满足需求端的变化，更要通过创新引领主动调整供给端达到引领需求端的目标，形成"供需平衡"的理想状态。

2. 从苹果公司看新供给创造新需求

在乔布斯创造苹果手机之前，世界对它的需求是零，而一旦苹果手机面世，新的需求就被源源不断地创造出来。正如乔布斯所言，苹果公司"重新发明了手机"。苹果手机的触屏操作方式、iOS 操作系统、App Store（应用商店）功能，不仅使人们重新认识了手机，还同时改变了人们的生活方式。

Uber 和滴滴出行不是通过设计出新的产品进行销售，而是通过新的商业模式将现有资源进行整合，与不同行业形成协作互补，同时运用互联网创新技术，为用户提供专车、快车、顺风车、代驾等全面的出行服务，解决了大城市多年来"打车难、打车贵"的问题。

一种供给的产生会对上下游供给产生带动作用。一项产业的新供给不仅可以创造出对于该项产业的新需求，往往还会产生消费带动相关配套产业的需求，通过产业链而辐射上下游产业，进而辐射整个经济，通过供给扩张的带动作用创造出成倍的新需求。苹果公司不仅创造了自身的需求，还通过其操作系统和 App Store 软件付费下载系统，形成了 iOS 生态圈。苹果手机作为整个苹果生态链中移动设备的核心枢纽，通过软件升级和研发，不断提升用户体验，创造出持续的新需求，形成新市场。

下面以苹果手机产业链为例，分析新供给创造新需求的实现过程。

第一，新的商业价值附加是新供给形成的基础。新的商业价值一般体现在两个方面：有一定的潜在消费群体和成本控制在合理范围内。在苹果公司推出苹果手机前，按键类功能手机仍在持续稳健发展，智能手机星星点点开始出现，但并未主导行业的发展。苹果手机打造了一个全新的移动平台和生态系统，使上网、聊天、视频等功能从 PC 端走入移动端，这将使人们摆脱对电脑和桌面的依赖，获得更自由、更便利的信息交互体验。当这种改变的成本，如操作软件、触摸屏创新开发的成本，控制在定位消费人群的购买力范围内，那么就具有了新的商业价值。

第二，持续的研发投入和体验改进能够提高供给的创造能力。例如，在苹果公司的历史上，它数次采用新的操作系统和新的芯片构造，不断推陈出新，改善用户体验，如将屏幕尺寸提升到 4 寸，加入土豪金和玫瑰金版本，提高硬件配置和软件开发水平等。通过持续的市场营销和产品优化，苹果手机在消费者中创造了巨大的新需求。iPhone 和 iPad 在全球受到了狂热的追捧，根据苹果公司发布的财报，2014 年度苹果公司共售出了 1.692 亿部苹果手机，其中第四季度售出 3 930 万部，销售额增长了 13%，苹果公司一年的营业收入就已经超过了新西兰同期所有货物和服务的总价值。

第三，打造了上下游生态链，形成良好的协同效应，形成新市场。苹果手机通过建立一个多元化的平台，让产品之间形成了更深层次的整合。例如，苹果手机有来电或短信时，iPad 和 MacBook 也会同步提示，备忘录、通信录、照片、软件应用都可以进行云同步等。同时，围绕苹果手机上线的 App Store（应用商城）的设计和开发应用也随之形成，苹果公司 2014 年公布的数据显示，iOS 生态系统在美国创造出超过 62.7 万个职位。

第四，相对开放的贸易环境和完善的配套设施有利于拓展供给创造的市场空间。例如，全球国际贸易使苹果手机的销售市场和生产工厂全球布局成为可能，最大程度上拓展了企业渠道，降低了企业的生产成本。良好的网络支持也是苹果手机不断拓展市场空间的关键。如果第二代苹果手机不支持 3G 网络，与其他手机的比较优势在当时就很难发挥出来。

第五，加速供给创造需求效率的乘数效应是新供给形成新动力、拉动经济增长的重要方式。苹果公司的苹果手机等产品，和其他周边相关产品的销售收入，分别转化成公司利润、股东红利、员工薪酬、银行利息、房地租金等要素报酬，再次进入美国的经济循环，加速了供给创造自身需求的宏观循环，从而推动美国经济走出衰退，走向复苏。

无论是新供给的形成，还是新供给创造新需求的过程，都伴随着资本、资源、劳动等向新供给集中的过程，需要一个与之适应的制度环境，进而产生持续的需求创造能力，从微观上表现为生产效率的提升和企业盈利能力的提升，从宏观上表现为恢复"供给与需求的自动均衡状态"。[1]

3. 新供给、新消费、新动力的整合经济

满足人民日益增长的美好生活需要是供给侧结构性改革的目的。供给侧结构性改革不是不讲需求，而是讲有效需求与新需求。我国庞大的消费市场和潜在的消费提升空间为创造新供给提供了有利条件，关键是新供给要与新需求匹配对接，才能转化为新动能。适应经济发展新常态，要实现供给和需求在新条件下的对接和平衡。在稳增长的前提下，推进供给侧结构性改革，推动企业从过去重点追求数量扩张、满足人民群众"有没有"的需求方面，转到核心强调质量效益、绿色清洁发展、满足人民群众"好不好"的需求方面。这是中国在新常态下抓住机遇主动引领新常态的核心着力点。

在整合经济学指导下，新的消费人群、新的消费供给、新的消费场景、新的营销策略整合发展，一个新整合经济的消费时代开始来临。2019 年，阿里巴巴网上商城"双十一"，天猫共产生 1.7 亿笔 C2M 数字化工厂直供订单，江苏一个省就有 3 000 万件 C2M 爆款销往全国。

---

[1] 滕泰.新供给主义经济学[M].北京：东方出版社，2016.

2019年，家乐福中国首次参与"双十一"，当日累计销售达31.2亿元，全新上线的履约中心订单达204万单。家乐福最大的改变在于供应链，它们在南京等地率先上线快拣仓，存放的是精选一小时达商品，可以满足3千米范围内用户的到家服务需求。

新消费强调以消费者的需求为出发点，以产品服务创新、管理技术提升为突破口，提升效率，让产品变得又好又便宜，从而推动消费扩容。

网上直播整合最新时尚新供给产品，适应年轻人的新消费追求，用移动互联网商业销售平台模式，形成巨大的新市场、新经济推动力，创造了"一个人的直播间相当于一家大商场"的整合经济奇迹。2019年"双十一"当日，开场仅1小时3分钟，淘宝直播引导的成交额就超过前一年"双十一"全天；开场8小时55分钟时，淘宝直播引导成交额破100亿元。其中，家装和消费电子行业直播引导成交额同比增长均超过400%。1.5万名"村播"走进田间地头开播，20多位县长排队进直播间吆喝当地特产，单是在预售的10天之内就卖出超过3万吨的农产品；全球近百个品牌的总裁、高管亲自上阵，在淘宝直播间带货。美的生活电器电商通过淘宝直播每个月有近200万元销售额，美的直播的销售额在七八个月内提升10倍。

六、整合经济学与新营销时代

1. 新整合营销的"链路"

在整合经济时代，每个企业都要找到自己的链路，自成一个生态，而不是成为别人生态里的一员。在新时代，平台的营销资源日益生态化，广告商可以不进行视频营销，可以围绕IP（Intellectual Property），把预算辐射到社交、电商、直播、资讯等各个平台端口，进行全面的整合营销。

世界的媒介格局越来越碎片化，我们都知道要把媒介整合在一起，才能覆盖更多的消费者。但是面对满屏的App，面对满眼的综艺大剧，没有哪家企业能把所有的媒介一次性整合掉。很显然，整合营销传播在新时代的融媒体传播环境下，必须要迭代和进化，也就是我们要从"整合"过渡到"有机整合"，过渡到新营销的渠道拓展或者叫"链路"。

最早，阿里的"全域营销"的理论框架提出了"AIPL"营销模型；后来，腾讯明确提出了"全链路营销"；2019年年初，字节跳动提出了一个叫"5A"

的链路模型；到2019年年底，爱奇艺也提出了自己的链路模型"AACAR"。

链路作为新时代新营销的整合创新，成为中国媒体巨头的新宠。链路和整合之间，最大的区别在于整合是为了占据消费者心智，而链路是为了驱动消费者行为。

2. 传统的整合营销传播

"整合营销传播"（Integrated Marketing Communication）是1991年唐·舒尔茨提出的，它主要指我们要把企业所有的营销活动（如户外广告、公共关系、SEM、内容营销、终端促销等）看成一个整体，让不同的传播活动共同创造统一的品牌形象。简单来说，整合营销传播就是在不同的地方，用同一个声音说话。

不难看出，"整合营销传播"这个概念是信息爆炸时代的产物。在一个信息爆炸的时代，企业如果想向消费者传递100%信息，最终能留在消费者记忆里的只有1%。在一个超量信息环境中，消费者对企业的印象是片面而模糊的，所以，唐·舒尔茨提出了"整合营销传播"的概念，企业可以把所有传播手段整合起来，只有"力出一孔"，才能"利出一孔"。

3. 整合营销传播遇到新挑战

整合营销传播与信息大爆炸时代的传播环境是十分匹配的，但是在数字化时代遇到了新的挑战。

一是信息碎片化的程度已经远超过我们的预想。即便是"整合营销传播之父"唐·舒尔茨恐怕也预料不到，引爆信息的不是炸弹，而是原子弹。营销人已经无法有效整合所有的媒介，我们不仅需要整合营销传播，还需要更为高效的整合营销传播。

二是数字营销在不断进步，广告对消费者的影响周期缩短了。以往的广告逻辑是什么？因为广告和卖场是分离的，所以企业要把广告信息精简成一张海报、一段15秒的TVC广告片，便于让消费者记忆，让消费者在线下商超购物时，能回忆起品牌。而现在的数字营销，广告和卖场是一体的，广告可以所见即所购。例如，消费者看李佳琦淘宝直播销售口红，马上就可以点击加购；消费者在快手刷到山西果农采摘自家果园的脆苹果，可以点击链接一键购。所以广告不再只是一种心智占领，也可以是一种行为诱导。

三是如今营销的潜台词是效果而不是品牌。很多企业虽然嘴上说不能放弃品牌广告，但背后计算着每一笔广告的 ROI（投入产出比）。腾讯这样的大媒体更是干脆合并了品牌和效果两个商务团队，整合集团内的品效资源，无差别地服务广告商。而效果广告对于品牌广告而言，一个很大的特色就是效果广告注重的是消费者从看到广告到购买商品的整个行为链条。

在这三个挑战面前，"整合营销传播"向"链路营销"过渡成了一种新的风向。

4. 整合营销传播向链路营销发展及其案例

链路脱胎于整合，或者可以说它是整合的 Plus 版。它把以往机械的整合，变成有机整合。整合关注的是各类营销资源是否保持统一的声音和形象，链路关注的是消费者从第一个广告触点开始，到最终形成购买转化的全部行为链条。

企业要在消费者的关键行为决策点上布局，从而让各类资源协调作战，彼此各司其职地引导消费者的购物决策。

例如，同样是做头部综艺营销，十几年前的蒙牛酸酸乳《超级女生》和现在的蒙牛纯甄《创造营》有什么区别？前者是在做整合，后者已经开始做链路。当年蒙牛在《超级女声》相关的推广上，除冠名本身的 1 400 万（公开数据）外，还花了几千万，围绕《超级女声》做了全方面的营销整合，包括产品包装、卖场活动、路演、户外广告、新闻稿件、电视广告、选手代言等。可以说，《超级女声》的火爆，"军功章"上也有冠名商蒙牛的一半功劳。

2019 年蒙牛纯甄投放《创造营 2019》时，当年做过的东西一样都没少，但是已经有意识地搭建观众从看到广告到形成购买的关键链路。纯甄小蛮腰开启了"撑腰活动"，引导粉丝购买纯甄小蛮腰为学员投票，一瓶纯甄小蛮腰可以投 4 票，一箱是 40 票。

首先是节目内会有口播和画面，讲解"撑腰活动"；然后粉丝可以拿起手机打开微信小程序完成投票；如果缺票，可以直接跳转小程序商城完成电商购买；用户拿到购买产品后，在产品端扫码，也可再次进入小程序投票页面。

以上步骤只是一个小型的营销链条，整合了《创造营 2019》的广告资源，并将各类资源形成了一个行为链条，逐步引导消费者的购物决策。

整合是所有地方都发出同一个声音，所以音量最大更适合抢占消费者的记忆；链路在整合之余，更关注不同步骤的广告活动对消费者行为的影响，它在空间维度外，加入了时间维度，它更注重驱动消费者的行为决策。所以我们说，整合是为了占据消费者心智，链路是为了驱动消费者行为。

当互联网从 PC 时代进入移动时代之后，大量互联网企业诞生，它们的营销目标和传统的实体企业有很大差异，消费者的行为路径再次发生了变化。一般而言，实体企业的营销目标是"卖货"，而互联网企业的营销目标是"获取用户"。

"拉新"顶替了"品牌知名度"，"留存"取代了"复购"，一些新的营销概念诞生了，传统的品牌理论被新经济体肢解。而链路营销也出现了新的营销模型，最典型的是大名鼎鼎的"增长黑客"理论提出的"AARRR"模型，即用户获取（Acquisition）、用户激活（Activation）、用户留存（Retention）、获得收益（Revenue）、转介绍（Referral）。

这种理论模型追求用技术手段影响用户的行为链路，用更极客化的方法帮助 Facebook、Twitter 等知名互联网企业，实现爆炸式的市场增长。而滴滴打车、饿了么、拼多多，这类企业的崛起，核心更依赖增长理论，而不是品牌理论。

"增长黑客"理论提倡"去广告化""老用户带新用户"，把投放广告的钱用于用户补贴和技术搭建，在全球经济下行之余，更是受到甲方的追捧。2019年，营销上追求全链路，迎来了一个爆发年，阿里巴巴、腾讯、爱奇艺、字节跳动等中国的头部媒体集体为"链路"喊话。

5. 链路营销成立的三大原则

（1）第一个原则：链路不能断裂

所谓"链路"，从概念上来说就是一个环环相扣的链条。如果我们拿着一条五个环的铁链子，其中有两个环没有扣在一起，那么这就是一个残次品。例如，用当年的 AISAS 理论去做汽车客户的营销，就是一条断裂的链路。

消费者先在优酷上经常看到宝马的广告；有购车需求时，消费者在汽车论坛上浏览这款车的相关参数，得到了一次试驾机会；后来，消费者在百度上搜索奔驰、宝马、奥迪等相关品牌信息，对比几款同类型车型的优劣，发现宝马最近有优惠；上次试驾留下电话后，4S 店的导购员近期常向他推销，最终他决定购买一辆宝马 7 系。驾驶了一段时间后，在宝马论坛的车友圈里，品牌方有偿邀请客户分享驾驶故事。

这条链路看似每一步都紧扣消费者的决策流程，但是每一步也随时有可能断裂，链路的断裂就意味着用户的流失。假如，消费者可能近期对宝马广告没印象，只记住了奔驰，于是直接去论坛搜奔驰的信息；再如，这位消费者可能在百度搜索相关信息时，奥迪的竞价排名更高，反而最终买了一辆奥迪。

以往的链路，大多是一种理论链路，从广告到购买决策的链条步骤太多，耗时太长，品牌主没法步步都抓牢消费者的行为轨迹。但现在，随着营销技术的发展，可以让链路更高效，方式之一就是缩短营销链路。

（2）第二个原则：更短的链路 = 更高效的转化

俗语说"夜长梦多"，广告营销也是如此。牢牢抓住消费者的每一步心理活动是一种办法，不让消费者思考，直接让他行动起来是另一种办法。可以省去中间的步骤，加速消费者的购买决策，这才是更高效的链路，即看到广告——直接行动。

如果想达成这样的效果，那么看到广告的同时，就必须同时引起消费者的兴趣，降低他的心理防线，最好在购物的同时完成分享裂变。这样的链路营销，例如那些发拼多多链接的，被网友戏称"已经向生活妥协"的人们就正在干这事。这就要求是从消费心理出发设计广告内容，而不是从产品功能去设计。这二者有什么区别吗？

例如，脑白金广告就是典型的后者。脑白金本身成分是褪黑素，主要是治疗睡眠的。正常的广告应该打"治睡眠，就找脑白金"。但脑白金的最终广告是"今年过节不收礼，收礼只收脑白金"。"失眠" = 产品功能设计；"送礼" = 消费心理设计。而拼多多的"拼团"，抓住了人性的两个特点：一个是占便宜；一个是限时。"占便宜"激发了消费者强烈的购物欲，而"限时"又使他们没时间去犹豫。

所以，想要缩短转化链路，那么广告就不要去灌输一个品牌理念，而是要唤醒消费者的购物欲。但很多高价值的产品，购买决策过程复杂，如房产、汽车，毕竟很难让消费者短时决策，营销链路又如何在漫长的预购周期里一直抓住消费者，减少流失呢？这就涉及链路成立的另一个关键原则：数据和媒介的无障碍流通。

（3）第三个原则：数据要能无障碍流通

很多数字营销活动之所以丢失了潜在消费者，是因为消费者离开了投放的媒体，自然就失去了追踪消费者行为轨迹的能力。

例如，一个人在微信上读到了一篇智能饮水器的"种草"文章，他并没有选择点文章结尾的小程序链接下单，而是跑去天猫店购买。企业虽然获得了一笔订单，但却不知道这笔订单是怎么来的。但如果一个人在抖音上看到了一个智能电器广告，他马上可以点击购买按钮，一键跳转淘宝，企业便获得完整的用户行为数据。所以，很多公司在做整合传播规划时，企图用一个营销链路打通全网，这是不现实的。企业要做的是在不同的媒体生态里，使用不同的链路模型。而当媒体都开始大谈链路时，要判断一下它的数据能力，这到底是一个有用的营销工具，还是一个跟风的营销概念。

判断媒体的数据能力能否支撑整个链路，核心要看两点。

① 媒体要有"后链路"数据

所谓"后链路"数据，也就是最终的市场端数据，以"三只松鼠"而言，就是天猫店铺的销量数据；以拼多多而言，就是 App 的会员拉新和购物数据；以奔驰而言，就是搜集到的销售线索数据。

为什么一定要有"后链路"数据？因为整合是为了占据消费者心智，链路是为了驱动消费者行为。而驱动消费者的是最终的购买行为、下载行为、留资行为等，而不是广告的点击行为、观看行为，因为一切营销都要服务于最终的市场结果。只有打通"后链路"的数据，才能有效指导广告如何定向，内容素材如何制作，选择什么样的广告位置，这些最基本的广告投放问题。

② 媒体要有足量的"前链路"数据

字节跳动在 2019 年上半年广告收入为 500 亿，成为当时中国第二大广告媒体商，而字节跳动的广告技术依赖的是"前链路"数据。

从广告角度看，"前链路"数据就是广告行为数据，也就是消费者广告的浏览、点赞、评论、观看完成率等数据指标。为什么说这部分数据要"足量"？因为大数据技术成立的前提就是数据要足够多，颗粒要足够细，才能在数据里看出趋势和端倪。

同样是信息流广告，对比朋友圈和头条，前者一天只能有三条广告，后者一天有无数条广告。获取的广告行为数据越大，广告能优化的空间就越大，这是字节系天然的优势。而长视频媒体的媒体广告形态核心是贴片而不是信息流，而贴片不是一种可以充分互动的广告形态，用户无法像玩抖音一样，对贴片广告进行划过、点赞、评论等行为，所以贴片广告更适合品牌夯实用户心智，而不是驱动用户行为。长视频媒体如果想让自己的营销链路有效，就要调整、研发新的广告形态，产生足量的"前链路"数据才行。

6.整合经济学指导下的新整合营销

移动互联网的快速发展让媒介格局越来越碎片化，新传播环境下，整合营销必然面临着迭代和进化。

（1）数字营销面临的新趋势，需要更为高效的整合营销

5G的高速度和低时延激发内容营销大变革，视频、VR、AR等内容形式将真正迎来春天。5G使物联网成为可能，并因此产生大量数据，品牌因此可进行更加个性化的营销，提供定制产品和服务。大量数据和信息使消费时间碎片化，分散的营销资源已经不再适用于市场推广，资源亟待整合。

（2）不断变化的市场和不断进化的营销模型

随着互联网逐步渗透消费生活，解释消费者行为路径的模型从AIDMA到AISAS，再到"增长黑客"理论提出的"AARRR"。人们开始提倡"去广告化""老用户带新用户"，把投放广告的钱用于用户补贴和技术搭建。在对现有资源进行一定程度的整合之后，现在我们又进入下一个阶段——在整合之余，关注不同步骤的广告活动对消费者行为的影响，在空间维度外加入时间维度，驱动每个阶段的消费者的行为决策。

（3）消费者特征变化，精准营销的需求不断增强

新时代的主流消费群体，比起价格，他们更追求个性，寻求品牌价值主张认同。根据专业市场调查机构提供的数据，80%的用户表示他们更愿意选择提供个性化体验的品牌，营销自动化平台为个性化提供技术支撑。年轻消费群体呈现出"接触点无限增加，购买决策路径无序化，决策周期变短"等特征，也意味着精准营销的渗透会持续加强。

所以，在链路营销的世界里，谁可以实现更短的链路，谁就有可能实现更高效的转化。这种方式必须是牢牢抓住消费者在每一步的心理活动，不给思考和犹豫的时间直接让消费者行动起来。而我们如何省去中间的步骤，加快消费者的购买决策，这才是重中之重。

可以说，整合是为了占据消费者心智，链路是为了驱动消费者行为。未来技术不断革新，营销模式逐渐多样，市场包容性不断提高，品牌与消费者的长效沟通极为重要，建立短链路成为当务之急。毕竟，一切营销都要服务于最终的市场结果。

Part 2

第二篇
整合经济学思维

◎ 第六章

1+1＞2

一、犹太人的故事

先来说一个故事。

很多年以前,在奥斯维辛集中营里,一个犹太人对他的儿子说:"现在我们唯一的财富就是智慧,当别人说一加一等于二的时候,你应该想到大于二。"当年纳粹在奥斯维辛集中营毒死了几十万人,这对父子却活了下来。1946年,他们来到了美国,在休斯敦开始做铜器生意。一天,父亲问儿子一磅铜的价格是多少?儿子答:"35美分。"父亲说:"对,整个得克萨斯州都知道每磅铜的价格是35美分,但作为犹太人的儿子,你应该说3.5美元。你试着把一磅铜做成门把手看看。"

20年后,父亲死了,儿子独自经营铜器店。他做过铜鼓,做过瑞士钟表上的簧片,做过奥运会的奖牌。他曾把一磅铜卖到3 500美元,这时他已是麦考尔公司的董事长。然而,真正使他扬名的是纽约州的一堆垃圾。

1974年,美国政府为清理翻新自由女神像而堆积的废料,向社会广泛招标,但好几个月过去了,没人应标。正在法国旅行的他听说后,立即飞往纽约,看了看自由女神像下堆积如山的铜块、螺丝和木料,未提任何条件,当即就签了字。

纽约的许多运输公司对他的这一愚蠢举动暗自发笑。因为在纽约州,垃圾处理有严格的规定,弄不好会被环保组织起诉。就在一些人等待着要看这个得克萨斯人的笑话时,他开始组织工人对废料进行分类。他让人把废铜熔化,铸成小的自由女神像,他把木头加工成底座,他用废铅和废铝做成纽约广场的钥匙。最后,他甚至把从自由女神像身上扫下来的灰尘包装起来,出售给花店。不到3个月,这堆废料在他手中变成了350万美元。比父亲当年所说的每磅铜的价格整整高出1万倍。

在商业社会里，没有永远的商机。从经济学的意义上理解，资源永远是稀缺的，用"1+1>2"的整合经济学思维，商机就永远存在。

二、部分与整体

"1+1>2"是把抽象的哲学概念转化为具体的公式。要理解这个"公式"就必须先把背后的哲学概念搞清楚。"1+1>2"为我们说明了整体与部分的哲学关系。任何一个事物，不论其范围大小，在特定的条件下，都可以看成是一个整体。而整体是由一定数量的相互联系的部分组成的。"1+1>2"中的两个"1"相当于部分，"2"相当于整体。大于号的意义是说有机整体的功能大于孤立存在的各个部分的功能的简单相加。

生活中"1+1>2"的现象很多。例如，一台电脑是个"整体"，这个"整体"由鼠标、屏幕、主机、键盘等"部分"组成。单个的鼠标、屏幕、主机、键盘的作用有限，绝对不能实现电脑的功能。但是当各个硬件相互配合，共同运行，就能使整台电脑正常工作。这时一整台电脑这个"整体"的功能，远远大于独立存在的鼠标、屏幕、主机、键盘等"部分"的功能的简单相加，也就是说"1+1>2"。

一所学校是个"整体"，这个"整体"是由许多老师等"部分"组成的。单个的老师作用有限，但是当所有老师相互协作，共同运作一所学校，这个学校的整体功能大于单个的老师作用的简单相加，也就是说"1+1>2"。

三、有机整合

当今的企业界与咨询界，人们用得最多的一句话恐怕就是"资源整合"了。何谓"资源"？人力、物力、财力、时间、知识等皆是资源。资源不分有形与无形，资源无处不在。但在日常生活中和企业的经营活动中，不少人都在有意或无意地浪费资源，或者对身边的资源视若无睹，让机遇白白地流失。资源整合的作用，就是不让资源流失，不仅如此，它还要将各种有一定联系的资源和没有联系的资源，在一定的经营思想的支配下，有机地"整合"到一起，让其产生乘数效应。比较常见的例子是制造业中的产、供、销一条龙服务，服务业中的吃、住、玩一条龙服务，都是有意地将供应链上各个环节的资源"整合"到一起。

四、"体育＋旅游"的溢出效应

用"1+1>2"的整合经济学思维指导经济发展，会取得明显的经济效益，推动工作成果显现。近年来，我国江浙沪皖三省一市联袂发掘体育旅游项目，实施"体育＋旅游"模式，"加"出显著的溢出效应。

体育、旅游，这两个原来相关性并不强的行业，在华东区域正加速融合在一起。体育元素的融入，为传统旅游注入了新的内涵。如果是纯粹的旅游，人们去过一个地方后，往往在一段时期内就不会再去了，"体育＋旅游"让原本只是观光的旅游变成以运动体验为主的活动。例如滑雪，游客每一次的体验都会不一样，他们每年都可能去同一个地方体验，因而，体育旅游是一种多次、重复、渐进的体验。"体育＋旅游"能产生更大的游客黏性，给城市带来可观的效益。如今的马拉松赛也是一种体育旅游，火热的马拉松赛往往能带动举办地的旅游、住宿、餐饮等多个行业。

旅游景区举办体育赛事是近几年开始出现的新现象，也是"体育＋旅游"的一种呈现形式。常州市武进太湖湾旅游度假区依托度假区内的自然体育资源，如舟山公路、国家龙舟基地、国家级垂钓基地，承办了长三角运动休闲体验季江苏第一站的活动；近几年，太湖湾旅游度假区也自创或联合举办、承办了太湖湾秋酷跑、太湖湾嬉戏跑、24小时单车环太湖认证赛、电子竞技大赛、全国垂钓大赛等赛事。太湖湾旅游度假区将"体育＋旅游"产品做得风生水起。

其实，"体育＋旅游"需要从政府层面整合体育和旅游两大行业的资源。对体育旅游发展进行顶层设计，在制定行业标准体系、提供政策指导、开发体育旅游体验产品、共同培育具有地域特色的体育旅游示范基地、共同培育打造体育旅游特色小镇、开发体育赛事旅游产品、共同打造体育旅游展会平台、强化市场联动宣传等方面进行深入合作，共同推动体育产业与旅游产业的融合协同发展。[1]

---

[1] 新华日报. 体育＋旅游，如何"加"出溢出效应 [EB/OL]. (2017-06-22) [2022-03-22]. https://www.sohu.com/a/151006540_613653.

◎ 第七章

四两拨千斤

工作中借力借势，是一个重要的思维方式和工作方法，远到诸葛亮的"草船借箭"，再到牛顿"站在巨人的肩膀上"，近到邓小平的"改革开放，引进外资"。其实，我们每一个人都是借助外部世界的力量、资源，成长起来的。

有意识地借力借势是聪明之举，能使我们的工作找到"杠杆和支点"，能无往不胜，达到较理想的效果。因为个人的力量总是有限的，一味地指责对手也没有用，你不能怪对手强大，不能怪对手不守规则，不能怨天尤人，对手没有义务等你、让你。

一、借力的故事

一个小男孩在院子里搬一块石头，父亲在旁边鼓励，"孩子，只要你全力以赴，一定搬得起来！"但是石头太重，最终孩子也没能搬起来。他告诉父亲："石头太重，我已经用尽全力了！"

父亲说："你没有用尽全力。"

小男孩不解，父亲微笑着说："因为我在你旁边，你都没有请求我的帮助！"

很多时候，我们就是那个小男孩。判断一件事情能不能做到，往往是看自己的能力够不够。很多成功者最大的长处是能整合更多的资源。这个"借力"的思维方式就是整合经济学的"四两拨千斤"思维，也可称之为"借力"思维。

三国时期，诸葛亮是借力的集大成者。一天，周瑜难为诸葛亮，说："你在三天之内，给我打造10万支箭来，完不成，斩首！"这是根本不可能完成的任务，但诸葛亮还是满口答应了。为什么？打造不出可以借嘛。向谁借？

向曹操借。这就是诸葛亮的思维。第三天早上,大雾笼罩江面,诸葛亮约周瑜乘快船到江中饮酒。突然,鼓声四起、杀声阵阵,周瑜不明所以,登时大惊失色,而孔明先生却谈笑风生……此前,诸葛亮派出几千艘木船,船上布满了稻草人,并命士兵拼命擂鼓助威,佯装攻打曹营。由于江面雾大看不清来敌细情,疑心太重的曹操不敢贸然出击,只命令所有的弓箭手万箭齐发,阻止敌方近岸。结果,不到一个时辰,曹操白送给诸葛亮十几万支箭。这就是史上著名的"草船借箭"的故事。

"草船借箭"的故事告诉我们,借力的对象不仅可以是亲人、朋友、同事。整合经济学的思维告诉人们,在必要时,借力的对象可以是"竞争对手"。因为整合经济学突破思维的时空局限性,眼界更开阔,思维更活跃。

大英图书馆是世界上著名的图书馆,馆内的藏书极为丰富。有一次,大英图书馆要搬家,也就是说,藏书要从旧馆搬到新馆去。一算账,搬运费要几百万英镑,图书馆根本就付不起这笔钱。怎么办?有人给馆长出了个主意,图书馆在报上登了一个公告:从即日开始,每个市民可以免费从大英图书馆借10本书。结果,市民蜂拥而至,没几天,就把图书馆的书借光了。书是借出去了,可怎么还呢?大家只能按期限到新馆来还。就这样,图书馆借用读者的力量免费搬了一次家。

二、善于借力

"四两拨千斤"是中国的一句老话,也是道家哲学思想。"四两拨千斤"之说,最早见于王宗岳《太极拳论》一文,原文为"察四两拨千斤之句,显非力胜",意指太极拳技击术是一种具有高度功力技巧,不以拙力胜人的功夫;太极拳功深者,以触处成圆、引进落空、避实就虚等技法,使外力难以作用于自己身上;又以敷盖、封闭等技法使对手无法起动发力,从而体现出太极拳独特的技击特点。俗语所谓"四两拨千斤"是以小力胜大力之意。我们引入整合经济学思维,启发人们在面对复杂经济环境和局面时,可以调动各方面的资源,整合资源优势为我所用,取得事半功倍的效果。

如果你有"四两之力",回报可能就是不亚于"千斤"。当然,要得到回报,首先要给予。这也是一种最具魅力的、最典型的"借力"。借力,从表面上看似乎是无能的表现。实际上,借力也是一种能力。敢于借力是一种勇气,善于借力更是一种智慧。成功，要善于借力，不是只尽力。其实没有规定一件事情的达成，只能用自己的能力。很多成功者并不是他个人的能力有多强，而是他能整合更多的资源，我们也把这个叫"借力"。一个人的成就有一半靠自己的努力，有一半靠平台对你的帮助，当你失去其中一半的时候，你其实也同时失去了另外的一半。

我国战国末期赵国思想家、文学家荀子的一篇脍炙人口的文章——《劝学》中有一段非常经典的论述：

"吾尝终日而思矣，不如须臾之所学也；吾尝跂而望矣，不如登高之博见也。登高而招，臂非加长也，而见者远；顺风而呼，声非加疾也，而闻者彰。假舆马者，非利足也，而致千里；假舟楫者，非能水也，而绝江河。君子生非异也，善假于物也。"

荀子的话翻译过来的核心思想就是一句话"借力比努力更加重要"，这里荀子举的例子大多数是"借物力"，其实"借人力"，即善于借助他人的力量，寻找受益一生的人际关系更是十分重要和必要的。

在通往成功的路上，每个人都会不可避免地遇到各种各样的问题。有些问题我们可以自己解决，但更多问题单凭我们自己是没办法解决的，因为我们每个人拥有的能力和资源永远都是有限的。所以，当在尽力之后仍然没有解决所面临的问题时，我们就要学会善假于物，即善于借力。

什么叫善于借力？主要有四层意思：首先，要知道自己的目的或目标是什么；其次，要清楚自己当下的能力和资源的边界；再次，面对问题，自己首先要做必要的努力，但努力之后问题依然没有解决，而且仅凭自己的能力也不可能解决；最后，搞清楚自己应该向谁求助，并想办法让求助对象愿意帮忙。

三、企业经营中的借力整合

中小企业在各方面的力量和影响力都不太强，这时就要善于借力，借政府的力，借专家学者的力，借社会潮流的力，借新闻媒体的力，借专业顾问的力。同时，中小企业在营销中要顺势而动，顺应消费者认知之势，顺应国家政策之势，借社会热点、焦点事件之势。

1. 借力：借助外界的力量实现自己的目标

怎样才能增强企业自身的竞争力，怎样才能将优势最大化？采用适当的联盟策略，借力、造力是中小医药企业壮大自身的捷径之一。具体可以采用纵向联盟、横向联盟、强强联盟等多种方式。中小医药企业可以引进智慧外脑的援助，如在营销策略、产品定位、市场招商等方面与专业的营销策划公司合作，借助外脑的智慧，增强实际操纵产品的能力，创造"双赢"的机会。

辅仁药业集团借助2006年全国药品交易会在河南举办的良机，对火车站、机场、路边广告牌进行大规模的包装，使药商一到郑州就能感受到辅仁药业的气势。借全国药品交易会之力，辅仁药业在药商中的影响力迅速提升了。

2. 借势：把握机会和注意技巧是关键

借势与借力不同，借力往往是有代价的，而借势却是无偿的、免费的，就看你会不会借。

（1）借社会热点事件之势

2000年年底，国家药品监督管理局下令不许生产、销售和使用含PPA（苯丙醇胺）的感冒药。三九药业反应最快，马上发布广告，声称999感冒灵不含PPA。虽然市场上的感冒药大多都不含PPA，但是999感冒灵的广告先声夺人，赚足了消费者的眼球，借足了热点事件之势。新冠肺炎疫情发生时，一些重症病人的生命通过中医疗法得到了挽救，体现了中医药的治疗能力。这是我国中医药创造的一个奇迹。一些中药企业利用这一特殊事件，找到了启动市场的爆破点，有些甚至还发现了进入国际市场的最佳机会点。

（2）借国家政策之势

国家政策就是市场的风向标。东北制药集团借政府"振兴东北老工业基地"的东风，旗帜鲜明地提出了"东药制造"和"中国抗生素制造基地"的口号，向社会各界展现了东北制药集团的信心，鼓舞了东北制药集团的士气，传递出东北制药集团大气魄的新形象。

（3）借消费大趋势

对消费大趋势的精准把握和善加利用，会使产品营销如顺风行船，一日千里。例如，"药食同源"理念的大力推广使广大消费者高度重视食疗的作用。顺应药食同源的潮流，一大批企业蓬勃兴起。再如肝保健品市场，随着生活质量的提高，城乡居民对医疗保健的重视程度与日俱增，人们已从注重事后治疗转向了注重事前预防、事中保健,医疗保健行业的发展呈现稳步增长势头。

(4)借外援之势

外援有很多种,政府的支持、朋友的帮助、融资、媒介、咨询公司等,都是产品营销可以考虑借助的外援。这其中最关键的是要适度。例如,借助咨询公司的援助,国内企业与咨询公司合作通常存在两种认识误区,即高估或低估咨询服务的价值。高估者容易神化咨询公司的作用,对咨询服务抱有不切实际的幻想,认为咨询服务是万能贴,贴哪哪好;低估者则不太相信咨询公司的作用,把咨询公司当成洪水猛兽。随着咨询业的发展,许多中小企业也逐渐变得理性,它们比以往更清楚自己需要什么,咨询公司能帮它们实现什么。建立在这种互相理解与共同合作基础上的咨询外援,不但有助于项目的成功实施,从长远来看,也更有助于企业与咨询公司的共同成长和进步。

四、借力借势提升竞争力

1. 善借者,成大事

翻开人类历史,王者以借取天下,智者以借谋高官,商人以借赚大钱,不善于借助外力的人,很可能是那些平庸一生的人。善于"借"的人,借他人之花献自身之佛,借亲朋好友之助登上事业之巅,借天时地利人和圆成功之梦。

市场经济的发展进一步加深了人们彼此借助的需要,使当今成为"借"的时代。在这个时代,"借"不仅是一种思维与行为的艺术,更是生存与成功的策略。尤其是在商业领域中,"借鸡生蛋""借地生财""借船出海""借题发挥"等,林林总总,不一而足。实践证明,借助外力有助于生存和发展,有助于登上事业的顶峰。

"借"无时无处不渗透在现实生活中,只不过大多数人没有意识到这一点罢了。从有形的借物、借财、借人、借地,到无形的借势、借机、借力、借智,"借"已经在人们的意识里留下深深烙印。在我们的一生中,要成就大事,不借助于别人的思想、能力、经验、智慧、资金、人才等各种可借之物,是很难成功的。

古今中外,许多有所成就的人是借助外在力量的个中高手,他们的区别只不过是借的内容和方式不同罢了。诸葛亮能帮助刘备奠定蜀国大业,在他一生中有两件大事不能不提:一是借荆州;二是借东风火烧曹军于赤壁。

在商业世界里，懂得"借"也能使你梦想成真。事实上，任何人离不开"借"，会"借"的人，能点石成金，能在危难中力挽狂澜；不会"借"的人，即使拥有天时、地利、人和，最终也难逃失败的命运。

"借"是一种智慧，真正高明的借者往往善于捕捉稍纵即逝的时机，在风起云涌、错综复杂的局势中，迅速抓住瞬间的机会，调动一切可以调动的力量，达到理想的效果。

当今社会专业分工越来越细，人们之间交往、联系的机会比以前大为增多，人们的生存竞争比以前更加激烈。竞争者借助某一外在的事物，如借才、借力、借机、借势等可以在众多竞争对手中脱颖而出。

"借"的广泛性还表现在企业经营领域里。企业间的竞争关系到企业的存亡和发展问题。一个企业如果没有自身的品牌优势、管理优势、市场优势、产品优势、资金优势、技术优势和人才优势，那么企业在与对手竞争中就有可能处于劣势。

要获得上述优势，企业必须借助一切外在力量以壮大企业的实力和知名度。例如，借广告提高产品和企业的知名度，借公关树立企业的良好形象，借品牌使企业的产品成为畅销品，借人才使企业在竞争中立于不败之地，借信誉使企业获得客户和消费者的信任和支持……

唐太宗曾说："天下英雄，入吾彀中矣。"他在借才治国方面可谓登峰造极。香港著名船王包玉刚在与英国某著名财团抢购九龙仓股票时，一次就调集了20亿港元，可谓借钱的行家。有的人借钱生财，有的人借机会发迹，有的人借才成名，有的人借势上位，有的人借机抢夺别人的利益，有的人借智成就丰功伟绩。善借者，世上一切都为其所用。

在借的过程中，借者要以对自己有利为准则，借什么成了借者必须考虑的重要问题。借的内容和手段虽然千变万化，但一般来说，无非是借钱借物、借力借智、借局借势、借机借路、借鉴借口、借手借心、借地借天等几种。

2. 关于借钱借物

企业的发展和竞争会涉及资金周转、增资等问题，借钱发展已成为企业的必由之路。当然借钱的门路有很多，但是目前国内银行对企业的放贷条件比较严苛，企业想要获得银行贷款需要符合多个条件。那么是不是离开了银行就没有了办法呢？答案是否定的。因为通过民间筹借资金也是一个很有效的办法。

3. 关于借力借智

借力借智就是要用有形的力充实无形的智，用无形的智提升有形的力。当今是讲实力的时代，虽然在谋略运用、时机把握和战术应用上各有变化，但这一切都是以实力为后盾的。有了实力，才能给对手致命的一击，才能真正击垮对手。力除了表现为实力外，还包含影响力、向心力、号召力、凝聚力、战斗力等，可见借力也是一个十分广泛的概念。对于企业来说，培养自己员工的凝聚力、向心力，提高领导的号召力、影响力也是一种借力。

人是有智慧的高级动物，有了智慧，人就可以在自然界中，与天斗、与地斗；有了智慧，人就能点石成金，绝处逢生，化险为夷。

我国传统文化形态中，谋略文化占了很大部分。而谋略文化主要讲的是谋士的智，以及各领导集团怎样借智。每一位聪明的领导者身边都聚集着谋士，用今天的说法就是"智囊团"。他们往往能使他们的领导者在逆境中逢凶化吉，反败为胜，在"山重水复疑无路"时，以智慧开辟出"又一村"。

《战国策·齐策四》中记载，担任齐国相国的孟尝君，有一次派他的食客冯谖去封地薛邑收债。临行前，冯谖问孟尝君需要买什么东西回来，孟尝君答道："你看我这儿缺什么就买点什么吧！"冯谖到薛邑后，不但没有向老百姓收回债，而且把那些债券当众付之一炬。冯谖回到齐国后对孟尝君说道："我看你家里收藏着许多珍宝，侍候你的美女如云，样样都不缺，所缺的就是'义'。所以我用所有的债券给你买回了一个'义'。"孟尝君当时听了很不高兴。

后来，孟尝君被齐湣王罢了官，他带着冯谖等人一同回到薛邑。当他们走到离薛邑还有百里之遥时，只见薛邑的老百姓扶老携幼夹道欢迎。孟尝君十分感动，对冯谖说道："你给我买来了'义'，我在今天算是看到了。"此后孟尝君借助冯谖的智慧一直仕途平稳，高枕无忧。

4."借"是一把双刃剑

借也是一把双刃剑。有些人虽然能假善借，但借得惊心、借得过度、借得忘乎所以，最终还是会出事的。上海首富周正毅就是因为从中国银行（香港）借了17亿贷款出了事。恒大地产也是因为借款过度而陷于危机之中。

五、借力营销

1.借力营销的概念

借力营销,指借助于外力或别人的优势资源实现自己制订的营销目标或营销效果。假如我们要把自己的产品卖给河对面的客户,我们必须借助于轮船和驾驶员把我们的产品托运到河的对岸,最终实现将产品送到客户面前的并获得收益的目标。对一个销售员来说,驾驶轮船不是我们的强项,甚至我们都不会开船。借力是实现自己的目标最快的方法。因为船和驾驶员不是我们的资源,同时我们对船的性能也不太了解,只有借助有着丰富经验的驾驶员才能把我们的产品安全地送到河对岸。

2.借力营销的方法

(1)借品牌

有效借助已有的知名品牌,可以快速提升自身品牌的知名度和影响力。国内的很多企业是没有知名度和品牌影响力的,那么怎么利用知名的品牌来开拓自己的市场呢?借品牌是一个很好的捷径。

(2)借用户

借助别人已有的用户进行宣传。

(3)借渠道

借助别人已有的渠道进行宣传。很多中小型企业在营销渠道方面受到很大的限制。阿里巴巴(1688)、淘宝网、慧聪网的出现让更多的产品信息通过互联网的渠道在第一时间传递给用户,借助阿里巴巴(1688)、淘宝网、慧聪网等电子商务平台,这就叫借渠道。

当企业的产品销售受阻,自己的营销团队达不到预期效果时,把产品销售外包给专业的营销团队,通过营销团队的销售渠道来达到销售产品的目标,这也叫借渠道。

(4)借资金

借资金是最常见的。资金短缺也是现代企业的通病,很多企业在资金周转时都会出现各种问题,向银行或金融机构寻求资金帮助或者找到天使投资人是最有效的解决办法。

（5）借人力

借人力，顾名思义就是利用人脉，通过亲戚朋友的介绍把产品信息传播出去。当然，在传播的过程中可能会遇到一系列关乎口碑的问题，也可能会受到渠道的限制，毕竟朋友圈是在小范围内传播，想要在大范围内传播产品信息，还得需要借渠道。

（6）借热点

想要把公司的产品在短时间内做到更大范围的传播，借热点是一种很好的营销方式。通过互联网的各种"门"、各种"去哪"、各种"歌手"等热点事件，能够把产品信息迅速传播，热点营销的中心在于"点"。

借力营销非常适合资源短缺的中小型企业，合理地利用借力营销，能够花最少的钱达到最好的效果。借力营销的关键是关联性，尤其是让客户自然感受到品牌之间紧密的关联性。

六、案例：善于借力的奇瑞

1. 奇瑞通过战略联盟借力之路

2002年7月，奇瑞公司与万向集团开展汽车底盘零部件技术和供应合作，建立了长期战略联盟。在奇瑞汽车的售后服务体系内，售后市场也采用万向的产品。在万向产品形成批量供货的基础上，对于奇瑞汽车改进和新开发的车型，万向集团将调动自主开发能力和有效资源，进行同步开发，实现同步供货。根据双方的规划，万向与奇瑞将在更高层次联合，实现底盘系统的模块化供货。

2004年5月，奇瑞公司与华晨金杯公司共同组建国内首家合资零部件采购公司，双方共同出资在上海成立了上海科威汽车零部件有限公司，双方对等持股。奇瑞公司和华晨金杯公司每年零部件采购总额约为200亿元，在共同采购初期，通过上海科威公司采购的通用件大约只占双方零部件采购总额的5%—10%，联合采购可给双方带来约5%的成本优势。随着合作的深入，合资双方在其他一些通用件的模具设计上统一标准，后期研发也可在一部分零部件的规格和标准上进行统一规范。当采购规模扩大时，这种为厂商生产提供方便、降低成本的合作优势就会逐渐显现。

2007年1月，奇瑞与武汉钢铁集团签订了战略合作框架协议，双方合资成立了芜湖威仕科材料技术有限公司，在钢材剪切落料、物流配送、钢材深加工等方面进行更深入、更广泛的合作。奇瑞和武汉钢铁集团还加强了自主品牌产品和技术的共同研发，走联合开发汽车新产品的路子。武汉钢铁集团高度重视与奇瑞的技术合作，在钢材新产品研发时优先考虑、主动满足奇瑞的要求，积极参与奇瑞汽车的材料设计和研发；奇瑞也在汽车设计等环节优先考虑使用武汉钢铁集团的材料，积极配合武汉钢铁集团产品的研发。

2007年8月，奇瑞与亚普汽车部件有限公司共同出资设立了芜湖亚奇汽车部件有限公司。亚普公司作为中国最大的汽车塑料油箱开发、生产基地，以及我国唯一向国外输出塑料油箱技术的企业，已形成年产260万只汽车塑料燃油箱的生产能力，占国内塑料油箱市场的50%以上。亚普公司的研发能力、国际影响力和按照国际标准研发的产品将提升奇瑞汽车的品质，为奇瑞汽车进入发达国家市场提供符合欧美技术和环保要求的高品质产品。

2007年10月，奇瑞与中国石化集团建立了全面战略合作伙伴关系。中国石化集团将为奇瑞汽车的研发和生产环节提供先进的技术油品，并为奇瑞在绿色替代能源车型的研发上提供技术支持。奇瑞汽车的新产品将全面采用中国石化集团的产品，真正做到中国自主品牌汽车全面使用中国自主品牌油品。

2008年8月，奇瑞与中国邮政集团进行战略合作。在未来邮政车辆的选购中，优先选择奇瑞生产的汽车。奇瑞则可利用中国邮政集团完善、庞大的物流网络和邮政仓储资源，实现从整车到零部件，再到配件的国内、国际间的快速运输和及时配送；可利用邮政系统完备的金融产品获得包括信贷支持、资金结算、资金筹集和代发工资在内的多种金融服务；还可借助邮政系统跨越国界、友好协作的特点，使奇瑞在拓展国际市场的道路上获得更多的支持。

通过上述的奇瑞的战略联盟之道可以看出，奇瑞在发展壮大的过程中非常善于借力，即通过战略联盟来打造竞争优势。战略联盟是参与企业根据各自已有资源的异质性，本着互惠互利的原则，结合资源的互补性，追求共同利益的行为。这种战略联盟是企业之间资源整合的结果，是一种战略资源需求和社会资源机会驱动的结果。不同的企业拥有完全不同的资源和核心能力，但大多数企业无法拥有实现其发展目标所需的全部的技术和资源。联盟企业相互之间进行战略性合作，可促使双方在更大范围内实现资源优化和核心能力的互补融合，可更好地实现资源价值，实现各自的发展目标。

2. 奇瑞借力发展策略

（1）确立战略联盟的目的

在经济全球化时代，战略联盟是快速进入目标市场的捷径。很多跨国公司与当地企业建立联盟，都是为了更快地进入当地市场，尤其是向有严重的商务壁垒或政府管制较多的领域拓展。如航空业，一般不允许国外企业兼并，这时战略联盟就成为一种很好的替代选择。

（2）实现战略目标

战略联盟为企业提高核心竞争力、增加扩展力、实现全球战略目标提供了新途径，同时避免了创建和并购带来的时间长、缺乏灵活性、耗费资金等缺陷。

（3）优势互补

企业之间建立战略联盟的主要目的是彼此能取长补短、弥合战略缺口，发挥"1+1>2"的协同效应。

（4）确定技术标准

通过与同一行业、同一产品或技术领域的主要企业及其他相关群体进行技术合作，结成战略联盟，企业可借助联盟的力量协调和建立新产品或生产工艺的世界统一的技术标准。

（5）增强组织的学习能力，强化长期竞争优势

企业通过联盟的合作可及时跟踪世界技术的发展动态，并通过合作增强组织的学习能力，为企业内部的技术创新提供新的思想、新的技术技能和新的活力。

3. 奇瑞借力选择联盟的环节

根据价值链的位置，可将战略联盟划分为纵向联盟和横向联盟两种基本形式。从纵向联盟来看，奇瑞作为一个汽车制造厂商，在选择联盟的环节时可从原材料开始，到零部件采购和制造，到分销商，再到零售商和终端客户都有所涉及。

从价值链来看，奇瑞非常注重从最上游企业到最下游企业的合纵联盟，这一点从奇瑞与中国石化集团的战略联盟可以很明显地看出来。从汽车使用的燃料开始，奇瑞就有意识地与其建立联盟关系，这无论是开发燃油车型还是燃气车型，对双方都是有利的。相信如果今后使用更多的电力能源和生物

燃料,奇瑞还将与类似的企业建立这样的联盟,从而在起点上就不输给竞争对手。奇瑞还很注重在价值链的每一个环节与联盟企业开展研发合作,充分利用每一个环节上的企业的长处,为建立自己的竞争优势作铺垫。奇瑞在与以色列集团合作建立奇瑞量子汽车公司的联盟中也有横向的研发联盟、生产联盟和销售联盟。

4. 奇瑞借力选择联盟伙伴

当确定了联盟的环节之后,就要选择合适的联盟伙伴。选择联盟伙伴的关键,是看对方是否有关键性的资源流入战略联盟。这些资源是:

(1) 资产资源。基于资产资源的企业战略联盟主要存在于产品的垂直价值链中。例如,上游企业为下游企业提供原材料、零部件,二者结成战略联盟;下游企业为上游企业提供产品分销网络,帮助上游企业扩大市场规模,二者也可结成战略联盟。

(2) 知识资源。知识资源的流动分为两种类型:一种是知识在企业组织内部传播和应用的过程,即"内向型"知识流动;另一种是知识在企业组织之间的传播和应用的过程,即"外向型"知识流动。由于参与战略联盟的加盟企业是相互独立的个体,所以战略联盟中知识资源的流动方式以"外向型"知识流动为主。技术合作本身就是一种知识的流动,企业之间通过各自的知识、技术交流,在相互学习、共同创新中,一个企业的知识扩散到另外一个企业,这种知识的流动是在某种合作的基础上完成的。合作带来了丰富的技术源泉,形成了规模经济。因此,技术合作是战略联盟企业之间知识流动的最常用、最直接的方式。

(3) 组织资源。组织资源与知识资源最大的不同在于,组织资源的载体是整个组织,而知识资源的载体是个人或群体。组织资源不依附于任何个体人员,也不是个体的独立行动所能积累的,更不是像资产资源那样可以从市场上买到的。组织资源具有制度嵌入的特征,即扎根于作为社会性结构的特定组织之中。如文化和学习能力这样的组织资源,因为深深地嵌入企业之中,所以具有不完全可流动的特征,可成为企业持久竞争优势的来源。奇瑞在选择战略联盟伙伴时,既有对资产资源的考虑,如同武汉钢铁集团、华晨金杯公司的战略联盟,也有对知识资源的考虑,如与以色列集团在量子汽车上的合作,但对组织资源的考虑并不明显。

5. 奇瑞借力选择联盟方式

根据是否有股权参与，可将企业战略联盟分为股权式战略联盟和非股权式战略联盟两类。股权式战略联盟分为合资企业和相互持股投资两种。合资企业是指多家企业共同出资成立一家独立企业，通常各联盟成员平均分配股份持有权；相互持股投资是指联盟成员之间少量拥有彼此的股份，通过股权连接而进行长期合作。非股权式战略联盟是无股权参与或无资产投资的契约式联盟，更强调联盟成员之间的默契和协调，在经营的灵活性、自主权和经济效益方面比股权式战略联盟有更大的优势，更能体现出战略联盟的本质特性。契约的形式包括：技术交流、研发、购买或营销、产业协调等协议（建立全面协调和分工的产业联盟体系，多见于高科技产业）。

由于在联盟过程中存在机会主义的风险，加之技术的不确定性和行为的不确定性，因此无法观测、度量彼此对于联盟成果的贡献，很可能导致联盟的部分成员采取偷懒而分享联盟利益的"搭便车"行为。当联盟中涉及无法由法律保护的知识和技能时，合资企业这种股权式战略联盟形式最有利于避免机会主义行为的发生，既可形成共同专用性，降低盟友实施机会主义行为的可能性，也可保证激励相容，减少"搭便车"行为。另外可考虑的一个机制是在联盟合作的契约里对未来可能发生的各种情况予以说明，一旦出现则寻求法律手段来保护自身的利益。联盟方式的选择在很大程度上会决定联盟管理是否具有复杂性，因此这一步也是建立有效战略联盟的关键。①

---

① 魏秀丽. 善于借力：奇瑞的战略联盟之道 [J]. 经营与管理. 2009(4): 73—74.

◎第八章

拒绝"二选一"

整合思维的独特之处在于一流的智商,取决于头脑中同时存有两个互相矛盾的想法,而能够继续思考的能力。

整合思维以建设性的方式处理彼此对立的观点,不以牺牲一方为选择另一方的代价,而是以创新形式消除两种观点中的对抗之处,形成的新观点同时包含对立观点的某些因素,且优于两种对立观点。也就是说,对于领导者而言,在面对两种情形时,不是二选一,而是创造出一种更好的答案,如兼顾创新与维持现有业务;在员工和组织双方利益之间,在如何做人与如何做事之间寻求最佳平衡。

一、"中庸之道"哲学在整合经济学中的应用

《中庸》是中国古代论述人生修养境界的一部道德哲学专著,原属《礼记》第三十一篇,是儒家经典之一,为战国时期子思所作。其内容肯定"中庸"是道德行为的最高标准。其中写道:"仲尼曰:'君子中庸,小人反中庸。君子之中庸也,君子而时中。小人之中庸也,小人而无忌惮也。'子曰:'中庸其至矣乎!民鲜能久矣!'"

中庸,最早由孔子提出,作为儒家的立身处事准则,对中国人的影响巨大而久远,深刻且广泛。《中庸》作为"四书"之一,历代大儒都曾对其做过诠释,其中广为世人传播者,首推程颐之说:"不偏之谓中,不易之谓庸。中者,天下之正道;庸者,天下之定理。"宋代儒学大师朱熹在给中庸作注时说:"中庸者,不偏不倚,无过不及,而平常之理,乃天命所当然。"

在生活中,中庸往往被简单地理解为在"保守与激进、左与右两端之间取中"的意思。中庸之道不是骑墙、折中,也不是和稀泥、无原则,更不是

模棱两可，明哲保身。而是在一个复杂的时空中，在诸多可供选择的可能性中，以积极进取的态度，遵循客观规律，作出最合适的抉择。在为人处事中，既要把握具有一般性的原则，又要顺应变化的环境，因时、因事、因势、因地、因人制宜，力求做到恰如其分，恰到好处，以求无往不通，无往不胜。

老子在《道德经》第三十二章中说："天地相合，以降甘露，民莫之令而自均。"意思就是天地间阴阳之气相合，就会降下甘露，人们不必指使它而会自然均匀。这里体现了一种均衡和谐的美。"柔美"即柔和美好，体现在企业中就是通过优势互补而壮大。企业发展到一定阶段后，要想继续壮大，规避经营风险、组成战略联盟、实现资源共享和优势互补无疑是提升竞争力和获得竞争优势的捷径。

"中庸"作为一种人生哲学在经济学和商业中得到广泛认同和应用。许多成功的商业人士总结经验，都把贯彻中庸理念作为一条重要体会并加以阐发。这些公司都具有一个共同的思维方式：跳出那些非黑即白、非此即彼的两难选择，用一种兼容并蓄的系统思维使自己同时拥有若干层面上的两个极端。例如，公司领导人能够在变革与稳定之间，保守与勇猛之间，低成本与高品质之间，自主创新与风险控制之间，短期业绩与长期战略之间，股东价值与社会效益之间，理想主义与务实主义之间，价值观统一与利润导向之间，顽强地保持核心理念与很好地适应市场变化之间，以及胆大包天的目标与谨小慎微的行动之间等，在人们认为是不可并存的两极中都能做到最好。

他们不是在黑白之间做出选择，寻求平衡，不是把黑白混合，将其变为既非至阴，也非至阳，不清不楚的圆圈，而是可以在阴阳两极之间区分目标，相互包容，做到极致。例如，这些公司不是在短期和长期效益之间追求平衡，追求的是短期和长期都有优异表现；不是在理想主义和获利能力之间追求平衡，而是同时追求崇高使命和较高回报；不是在保持严谨形态与高歌猛进的变革之间追求平衡，而是在两方面都做得淋漓尽致。

在深圳龙华梅观高速公路两边，巍然屹立着两个世界级IT企业——富士康和华为，二者分别以1390亿美元和468亿美元的年销售额名列2016《财富》世界500强企业排行榜31位、228位。统领这两个企业集团的掌门人都是深谙中庸哲学的高人。任正非的"灰色管理"就是中庸之道在现代企业管理的灵活运用。郭台铭的名言"胸怀千万里，心思细如丝"更是中庸和太极思想在现代企业管理的具体体现。由郭先生联想到晋商，追溯到明清年间，地处内陆、资源短缺的山西商人为什么能够"纵横欧亚九千里，称雄商场五百年"，答案也是中庸哲学和太极之功！晋商恰恰是在恪守祖训与审时度势、商业理想与务实主义、货通天下的目标与谨小慎微的行动之间等，在人们认为难以兼顾的两端，都能做到极佳，达到阴阳并融、刚柔相济的高度统一。

二、中庸的平衡是商业的真谛

"二选一"是人们最常见的选择。但整合经济学的思维模式突破这种传统、片面、单纯的处理问题的思路，寻找面对选择时可能的第三种思路。经济行为中很多时候是蕴含着融合发展机遇和模式的。人们在商业市场谈判中，经常会说"还是可以商量的"，就是摒弃"非甲即乙"的"二选一"，寻求第三条合作之路。这是"中庸之道"哲学在整合经济学中的应用。

有两个饥饿的人得到了一位长者的恩赐：一根渔竿和一篓鲜活硕大的鱼。其中，一个人要了一篓鱼，另一个人要了一根渔竿，于是他们分道扬镳了。得到鱼的人原地就用干柴搭起篝火煮起了鱼，他狼吞虎咽，还没有品出鲜鱼的肉香，转瞬间，连鱼带汤就被他吃了个精光。不久，他便饿死在空空的鱼篓旁；另一个人则提着渔竿继续忍饥挨饿，一步步艰难地向海边走去，可当他已经看到不远处那片蔚蓝色的海洋时，他浑身的最后一点力气也使完了，他也只能无奈地带着无尽的遗憾撒手人寰。这是两人各选其一的思维方式及其行为导致的失败的结果。

又有两个饥饿的人，他们同样得到了长者恩赐的一根渔竿和一篓鱼。只是他们并没有各奔东西，而是商定共同寻找大海。他俩每次只煮一条鱼，经过遥远的跋涉，他们来到了海边。从此，两人开始了捕鱼为生的日子。几年后，他们盖起了房子，有了各自的家庭，有了自己建造的渔船，过上了幸福安康的生活。

在故事中，两个饥饿的人共享鱼和渔竿，实际上就是一种优势互补，通过交换，使双方都过上更好的生活。优势互补的兴起与当今市场激烈的竞争和科技的快速发展有着密切的关系。面对众多水平更高、实力更强的对手，任何一个企业都不可能在所有方面都处于优势。在这种形势下，具有优势互补关系的企业便纷纷联合起来，实施协同营销战略，共同开发新产品，共享人才和资源，共同提供服务，从而降低竞争风险，增强企业竞争能力。

目前世界上最成功的联盟莫过于微软公司和英特尔公司合作形成的"Wintel"联盟，双方占据了世界 IT 业的半壁江山。每次在微软公司推出功能更强的软件后，英特尔公司集成芯片的需求量就会提高。同样，当英特尔公司生产出速度更快的集成芯片后，微软公司的软件也因有了更好的载体而使其价值得以凸显。双方的联盟推动了整个 IT 业向前发展的步伐，形成了一种新的行业标准，同时也造就了 IT 行业里的两个巨无霸，最终达成了"共赢"。

"共赢"思维强调的是以共同合作为基础，实现资源利用的最大化。企业与竞争对手的关系，不再是单纯的你死我活的血腥的竞争关系，而是一种互惠共生、合作共赢的关系。通过共赢合作，资源得到充分利用，从而共同把"蛋糕"做大，因此各方均可得到更多的利益，有利于自身和联盟的持续发展。

经常光顾金拱门或肯德基的人不难发现这样一种现象，金拱门与肯德基这两家店一般在同一条街上选址，选择相隔不到 1 千米的对面或同街相邻的门面。很多超市的布局也同样存在这样的现象。例如，在北京的北三环不到 15 千米的道路两侧，已经驻扎了国美、苏宁连锁家电约 10 家门店。从一般角度考虑，集结在一起就存在着竞争，而许多商家偏偏喜欢聚集经营，在一个商圈中争夺市场。

商业的聚集会产生"规模效应"，一方面，体现所谓的"一站式"消费，丰富的商品种类满足了消费者降低购物成本的需求，而且同业大量聚集实现了区域最小差异化，为聚集地消费者进行比较购物建立了良好基础；另一方面，经销商为适应激烈的市场竞争环境，谋求相对竞争优势，会不断进行自身调整，在通过竞争提升自己的同时，让普通消费者受益。正是因为这样，聚合选址使商家能够充分发挥自己的优势，吸引更多的消费者。

三、互联网经济中的"二选一"及其教训

1. 零和思维

当互联网经济异军突起、站在了风口之上时，市场经济大潮呼啸而至，"二选一"的"幽灵"也出现在商业竞争中。传统的"二选一"竞争模式给新兴经济体带来了"兴奋"。2010 年，当当网上市，距离成功企业家只差一个小

目标的李国庆，在兴奋之余，隔岸宣布向中国电商行业投下一枚炮弹：当当要发动一次"价格战"。未曾想到，开火没多久，就有好几家数码家电供应商找到李国庆，有好几个大电商平台提出要求，在当当网的售价不能低于这些平台，否则，停止供应商的所有结款。

2010年11月3日，正在开心"冲浪"的年轻人，突然收到一则QQ弹窗消息。腾讯说，刚刚做出了一个艰难的决定，宣布在装有360软件的电脑上停止运行QQ软件，用户必须卸载360软件才可登录QQ，要求用户"二选一"。

这便是直接影响了中文互联网走向的"3Q大战"。彼时，在PC互联网的流量池里，腾讯占据毫无疑问的优势地位，大量新晋公司毫无例外地均选择了切腾讯的"蛋糕"。

"二选一"是一种延续至今的古老战术手段。零和思维，正是"二选一"和"独家排他"的本质原因。零和思维是一种强权思维，认定世界上的资源是封闭而有限的，也正因此，唯有恃强凌弱、掠夺占有，才有可能在竞争之中胜出。

商业竞争中，零和思维也曾受企业家垂青。2019年2月，曾经的"打工皇帝"唐骏在某电视节目中复盘互联网大战时曾回忆到，在MSN时代，微软曾有机会要求用户进行"二选一"，要么选择MSN，要么选择QQ，但最后考虑到种种客观因素，并未下手。设想一下，倘若微软真的祭出"二选一"，今天的网民或许不仅再也使用不了QQ，正在金山埋头打磨国产软件的雷军，也无法从中关村劳模升华成良心企业家。中国互联网的发展会在国际巨头"二选一"的阴霾下陷入停滞。在一场非此即彼的不公平的竞争里，谁都没有选择，谁都会付出代价。

2. 互联网企业为什么热衷于"二选一"

阿里巴巴集团市场公关委员会主席王帅通过个人社交账号发文称，"二选一"是正常的市场竞争行为，理由是平台投入了资源，理所应当需要品牌商付出同等资源。但品牌商要付出的到底是什么，其实没有说清楚。2019年"京东618"期间，愤而反对被迫"二选一"的格兰仕曾经录过一系列视频，视频显示，在拒绝从其他电商平台下架之后，格兰仕的店铺连正常的搜索也都被屏蔽，用户就算搜索与格兰仕相关的关键词，也会被平台导向其他品牌的店铺之中。

电商已经是当今零售渠道中的重要一级，对于这些品牌来说，曾经投入巨资花费了五六年时间在电商平台开设店铺、积累粉丝，但只是因为没有发表声明攻击其他平台，这些店铺就被屏蔽、限流。对这些店铺来说，限流等于一夜清零。

对于品牌商来说，京东、拼多多都意味着新的流量和新的人群，京东有3.105亿用户，拼多多有4.83亿用户，平台的能力再大，也不能强迫别人轻易割舍掉7亿消费者，对于很多品牌商来说，可能这就是盈利与亏损的临界点。

多一个平台，就是多一个生存的机会。因此，如果没有强力干涉，谁都不愿意自断生路。

那么，互联网平台为什么敢于在今天频频发动"二选一"？一方面，是对自己的垄断地位有自信；另一方面，则是技术手段使"二选一"变得越来越隐蔽。互联网平台的核心在于流量，流量的分配则是完全不透明的，平台可以很容易地在后台对一家店铺进行限流，使该店铺完全没有流量，在实际意义上处于"隐形状态"。

这是传统线下竞争无法想象的。在线下商场，倘若租户对商场合约有争议，双方起码要继续履行完现有条约，商场物业也不可能派出保安把店铺彻底围住。尽管有一些分歧，但起码店铺还能继续营业。

但互联网平台的出现，使一切发生了改变。只要平台在流量入口设置屏蔽关键词，一家原本数千万销量、数百万粉丝的店铺就可以立即"消失"。设想一下，如果你的微信在一夜之间所有的朋友圈都变成了"仅自己可见"，你其实就已经被平台关进了社交牢笼。

3. 选择第三条道路

研究表明，成功人士大多有一个共同的特征：他们都愿意而且能够同时接纳两种互相冲突的观点。在碰到观点冲突时，他们既不慌张，也不是简单地进行非此即彼的取舍，而是另辟蹊径，提出一个新思路，即包含了原先两种观点的内容，又比原来两种观点更胜一筹的新观点。这种思考和综合的过程就是整合经济学的整合性思维。

其实，正当合作与竞争带来的市场规模扩大效应，远比在螺蛳壳里做道场，以伤害普通人的利益为代价来发动"单边战争"的收益更大。

结束与360公司的"战役"后，腾讯连续开了十场诊断会，反思为什么

"二选一"会变成对用户的伤害。诊断的最终结果便是腾讯决定走向开放。八年后，历经人世沧桑的马化腾在一场活动上，面对前来取经的创业者，只说了八个字：用户价值，保持初心。作为中国最大的流量生产商，马化腾明白，获取用户容易，尊重用户难。而尊重用户，首先就要尊重用户的自由选择权。

日本作家盐野七生在反思组织如何才能长盛时曾指出，长盛型的组织最重要的秘诀是从不强迫他人必须走同一条道路。能够包容和同化他人，允许不同群体自由选择，这才是生命力长久的关键。

以"二选一"来赢得"战争"，站在历史的角度看，并不是什么真正的胜利。因为只有一家独大、其余受损的世界，是不长久的。在市场经济里，如果有一家或者几家平台，利用流量和技术优势来强迫别人站队，从根本上说，不是什么竞争，而是对市场环境的破坏。

也正因此，在国家发布的《中华人民共和国电子商务法》中，明确禁止电商的"二选一"行为。这被视为是从法律层面为市场竞争树立规则的标志。某些电商主体利用自身优势地位，滥用市场优势力量，强迫商家进行"二选一"，此类行为有违公平竞争的市场经济理念，需要通过裁判予以规范，维护公平竞争的基本原则。2021年10月8日，国家市场监管总局对美团"二选一"的垄断行为作出了罚款34.42亿元的处罚。

市场行为讲的是契约精神，要在规则体系下实现共赢共生。在没有任何契约的情况下，对自己平台的合作伙伴动辄生杀、关店限流，不是市场行为，而是强权逻辑和"冷战"思维。

商家至少对在平台开设的店铺拥有一部分自主产权。在无视商家自主产权的情况下，进行流量屏蔽等"强拆"，是变相对合作伙伴既有权利的不尊重。

因此，如果将"二选一"理解为正常的市场行为，等于否定了规则的价值，而没有规则也就没有了市场经济。自由市场彰显自由选择，如果今天的互联网技术反而让大众消费者陷入了没有选择的两难之地，或许，需要反思的，正是这些互联网巨头。①

---

① 陈平平. 二选一：互联网巨头的绑架式生意[J]. 南方周末, 2019(10).

◎第九章
看见看不见的

一、善于发现潜在的资源

1. 价值发现，价值兑现

苏轼的《题西林壁》中"横看成岭侧成峰，远近高低各不同。不识庐山真面目，只缘身在此山中。"的后两句意思是我看不到庐山的本来（全面）面目，只因为我身在山中，视线被阻挡了。俗语"当局者迷，旁观者清"说的也是这个道理，对同一事物，旁观者比当事人看得更清楚、更全面。

在整合经济学中，有一个商业策划中的理念，叫作"价值发现与价值兑现"。许多策划机构标榜自己的策划能够帮助客户挖掘潜在的价值，看见客户没有看见的价值，并通过策划实施，帮助客户兑现这个价值，实现价值的最大化。

一个地区经济发展的潜在优势资源包括人才、科学技术、资源和未来市场四方面。地区的经济优势是地区经济发展战略研究的出发点和依据。在发挥现实经济优势的同时，还要注意发现和培养潜在优势。

（1）人才的潜在优势。这里的人才是指正在或能在生产力系统中发挥劳动功能的人的理论抽象。从某种意义上是指先进科学知识与当代社会信息双重富集的有生命力、创造力的载体。在现代社会经济生活中，谁能占有并充分地运用这笔财富，谁将在未来的竞争中取胜。

（2）科学技术的潜在优势。科学是人类所有的关于自然、社会和思维的运动形式和发展规律的知识体系。人类为同自然进行物质转换和能量传递，根据实践经验和科学原理而创造的各种活动手段就是技术，它的作用是第一重要的。

（3）资源的潜在优势。这里的资源主要是指物质资源。所有经济优势发挥的物质体现都是以一定的使用价值为基础的。物质资源是构成使用价值的基本要素之一，是一切物化的科技和智力因素的依托，它是最终形成经济优势的物质基础。

（4）未来市场的潜在优势。经济优势的价值是通过市场交换体现的。市场条件是判断经济优势发展的关键；未来市场是决定经济优势的发生、成熟甚至转移的基本条件之一。

价值发现是标志人们从观念上把握前人未曾把握的价值客体，以及已知价值客体的新的价值属性的价值哲学范畴。它是对一定客体及其属性与人类之间的价值关系的始初性的正确认识。始初性与正确性的统一是价值发现的基本特征或规定性。价值发现对价值主体的生存、发展及完善具有重大意义，价值主体应努力提高价值发现的能力、水平和程度，同时要增强价值发现的利用能力特别是以价值发现为基础的创新能力。

2. 土地价值资源的发现

房地产投资的成功离不开土地价值的发现。价值和金钱都是一种观念，价值处于波动之中，房地产也处于波动之中。对房地产开发产品而言，对土地价值的认识尤为关键。不同的价值观及不同的产品设计方向赋予土地不同的灵魂，就会导致房地产的价值有所不同。所以说，对土地价值的挖掘是对金钱和价值的认识。也就是说，土地价值的发现是房地产投资成功的关键。

土地价值的影响因素对开发商的启示：

（1）城市性质对地价的影响

城市性质是城市在国家经济和社会发展中所处的地位与所起的作用，是对城市的主要职能的反映。城市性质的差异是决定城市地价水平的一个重要因素。城市性质制约着城市的经济、人口结构、规划结构、城市风貌、城市建设，特别是土地使用的构成等各个方面。而不同性质的土地使用在经济效益上是有很大差异的，一个城市的职能越多，越能强化城市发展的聚集效益。现代城市职能中第三产业所占的比重越大，如金融贸易、信息展览、经营管理、旅游服务、商业零售业越发达，城市地价水平越高。因此，开发商在研究土地价值时，首先应该结合城市性质加以分析，并考虑城市性质与所开发产品的契合程度，契合度越高，则产品前景越好，土地价值也就越高。

（2）城市总体规划对地价的影响

城市总体规划的主要任务是根据城市规划纲要，综合研究和确定城市性质、规模、容量和空间发展形态，统筹安排城市各项建设用地，合理配置城市各项基础工程设施，并保证城市在每个阶段的发展目标、途径、程序的优化和布局的科学性。城市总体规划的科学与否，在很大程度上影响着城市土地价格。

从城市整体层面来看，城市未来地价的高低主要取决于城市土地配置的合理程度、用地功能布局、城市基础设施的发展水平，以及城市建设总体容量控制标准，这些因素主要是由城市总体规划决定的。从城市局部地域来看，地块的用途、开发的强度及环境控制等影响地价的因素也取决于具体的规划控制要求。

土地价格尤其是城市土地价格不仅由土地利用现状决定，对土地利用前景的预期也是影响土地价格的重要因素。因此，城市规划的指导作用和前瞻性在很大程度上可以决定土地的利用前景，开发商对此应该高度关注。

（3）城市规模对地价的影响

城市规模包括城市人口规模和城市用地规模。因为城市用地规模随着城市人口数量的浮动而变化，所以城市规模通常按城市人口规模划分为特大城市、大城市、中等城市、小城市等。城市总体规划确定的城市发展规模直接影响着城市基础设施的标准、交通运输、城市布局、城市的环境等一系列问题，对城市地价水平有较大的影响。城市规模越大，基础设施的建设标准越高，交通运输系统越复杂，城市环境的营造越困难且成本越高，土地级差收益也越高。同时，根据我国城市土地使用的现状，城市规模越大，人口越多，人均用地指标越低，意味着土地供给与需求的矛盾越突出，土地资源短缺的情况越严重，地价水平越高。因此，开发商在研究土地价值的同时，可以更多地考虑到供需状况，同时以城市规模为依据。

（4）城市土地利用结构对地价的影响

城市土地利用结构是城市各类用地在城市总用地中的比重，以及各大类用地内部各个组成部分用地的构成与比例。不同性质用地的价格普遍存在差异，而且相差很大。一般来说，商业用地地价最高，办公和住宅用地次之，工业用地地价最低，因此城市总体规划确定的城市用地构成与地价总体水平及地价总量密切相关：地价总体水平与商业用地的比重成正比例关系，而与工业用地的比重成负比例关系。商业用地在城市中的比重主要取决于城市的职能特点及规划用地的功能分区。同时，用地结构的合理化既有赖于土地价值的经济调节，也有赖于城市规划的政策调节。城市规划在遵循"充分发挥土地使用效益"的原则下优化城市用地结构，有利于提高城市地价的整体水平。因此，开发商在研究城市土地利用结构对土地价值的影响时，应该更多地以城市职能及城市规划方向为指导。

（5）城市用地空间布局对地价的影响

区位地价级差是导致城市空间结构演变的基本动因之一。反过来，城市总体规划确定的城市功能分区及空间结构也会对城市地价的空间差异产生影响。它具体体现在，城市空间结构的层次决定土地价格的分级体系；商业、住宅、工业等功能用地的聚集程度决定房地产价格总体水平和不同土地等级价格差异的幅度，即城市用地功能分区及用地功能混合情况决定地价级差；规划道路运输网结构及道路密度与地段价格直接相关。

对于一般城市而言，聚集程度及交通区位是影响地价的两个最主要的因素。首先，用地聚集程度越高，尤其是商贸服务业、办公楼宇等聚集程度高的城市各级中心地区，往往是地价峰值区。其次，城市房地产价格上涨最快的地区一般是交通便捷的地区，尤其是城市新发展区，规划新开通干道、高速公路出入口两侧土地地价迅速上涨，表明交通条件的改善对城市土地价格的提高起着直接的促进作用。聚集程度高、交通条件优越的地段不仅本区域地价水平较高，而且通过传递、扩散作用，可以带动提高周边区域地价水平，从而影响城市地价的整体水平。

从整合经济学对于土地价值资源的发现来看，在城市土地价值研究的同时应该考虑很多宏观影响因素，而宏观因素大多由城市性质和城市总体规划决定。城市性质决定城市总体规划方向，城市总体规划方向又决定城市发展规模、城市土地利用结构及城市用地空间布局，这些都是在宏观层面上影响土地价值的因素。城市总体规划是一个城市发展的主要方向，它决定了城市快速发展的核心区域，决定了城市的主要走向，城市的发展前景、某块土地的利用前景都和城市总体规划息息相关，因此，开发商在研究一块土地的价值之前，充分了解这个城市的总体规划是十分重要的。

二、多角度发现资源

1. 塞翁失马，焉知非福

一个不规则的多面体，从每一个面看，都有不同的形态。同样，从不同的角度看一个事物，也会得出不同的结论。哲学上讲的"看事物要一分为二"，说的就是这个道理。但有时你只看到了其中的一面，便下了结论，这往往会一错再错。因此，换一个角度看问题，你会有别样收获。

《淮南子·人间训》中说："故福之为祸，祸之为福，化不可极，深不可测也。"

从前，北方边塞有一位老人，他被称为"塞翁"。某天，塞翁家的一匹马不安分，跑到塞外胡地去了。邻居得知，都替他惋惜，纷纷劝慰。塞翁却满不在乎地说："不就跑了一匹马吗？马儿跑走了，说不定，这倒会给我带来好处呢！"

不久，塞翁家的那匹马竟然跑了回来，并且还带来了一群胡人的骏马。邻居知道后，又都纷纷赶来庆贺。可塞翁却皱着眉头叹息："这有什么值得庆贺呀！没有任何付出就得到一群胡马，说不定会给我带来灾祸啊！"邻居听了，都认为塞翁不可理喻。

塞翁的儿子喜欢骑马。然而，那些胡马未经驯化，野性十足，有一天将塞翁的儿子掀翻在地，摔断了他的一条腿。邻居闻此不幸，再次纷纷赶来慰问。可塞翁再次出乎意料地说："孩子腿瘸了，很不幸，但也可能因祸得福啊！"

果然，一年之后，胡人大举入侵。边塞上所有青壮男都应征入伍，大部分都死在战场上。塞翁的儿子因伤残没有被征兵，得以与塞翁一起保全了性命。

"塞翁失马，焉知非福"的故事，阐述了祸与福的对立统一关系，揭示了"祸兮福所倚，福兮祸所伏"的道理。如果单从哲学角度去看，这则寓言启发人们用发展的眼光辩证地看问题：身处逆境不消沉，树立"柳暗花明"的乐观信念；身处顺境不迷醉，保持"死于安乐"的忧患意识。

在一定的条件下，好事和坏事是可以互相转换的，坏事可以变成好事，好事可以变成坏事。无论遇到的是福还是祸，都要调整自己的心态，要超越时间和空间去观察问题，要考虑到事物有可能出现的极端变化。

"塞翁失马，焉知非福"是个蕴含着深刻哲理的古代故事，在民间流传了千百年。那个老者并非有什么特别的能力，只是正确地分析事物的现象和发展过程，既看到了"失马"这坏的一面，又看到了"得马"这好的一面，最终得出了正确的结论。如果他与周围人一样，只从"失马"这个角度一味地悲伤懊悔，只会平添痛苦；"得马"后又一味地欢喜，就更显得愚昧了。

一般事物有多个角度，对于一个复杂的人更需要多角度考虑。从历史角度讲，评价一个人物需要多方面综合他的特点，换个角度评价这个人，你会从中挖掘出他的内心深处更本质的东西，帮助你更全面地认识这个人。

换个角度看问题，让你看清事物的本质，让你全面地认识事物，使你在角度变换中不断收获，不断进步。

"塞翁失马，焉知非福"的典故及其蕴含的哲理应用到整合经济学中，对待潜在资源的发现与整合，就是要具有多角度观察、分析的能力，从别人看不到的角度发现资源的潜在价值。

2. 多角度看问题

宇宙是一种多维度的存在，客观事物是多层多维的，这是看待事物的辩证的观念和方法。

（1）发散思维

发散思维又称"辐射思维""放射思维""多向思维""扩散思维"或"求异思维"，是指从一个目标出发，沿着各种不同的途径去思考，探求多种答案的思维，与聚合思维相对。发散思维是创造性思维的最主要的特点，是测定创造力的主要标志之一。它表现为思维视野广阔，思维呈现出多维发散状。掌握了全盘思考和发散辐射思维，可以帮助我们进一步接近事情的原貌，利用资源，整合团队时间和分工的手段。例如在创意产业，辐射性思考也是重要的思维方式，先进行天马行空地发散再用严谨的逻辑组织和筛选，能让你的作品更有内涵和深度。

美国心理学家吉尔福特认为，发散思维具有流畅性、灵活性、独创性三个主要特点。

流畅性是指智力活动灵敏迅速，畅通少阻，能在较短时间内发表较多观念，是发散思维的量的指标；灵活性是指思维具有多方指向，触类旁通，随机应变，不受功能固着、定势的约束，因而能产生超常的构思，提出不同凡响的新观念；独创性是指思维具有超乎寻常的新异的成分，因此它更多表证发散思维的本质。

发散思维一定是基于你原来的认知，建立在你能理解的认知范围内的有机组合和化学反应。所以发散思维常常也会借助头脑风暴，利用更多人的智慧来激发更多想法，产生更多脑洞，触发更多脑回路。像写虚构类小说，就是一种很需要发散思维的场景，可以天马行空，可以畅所欲言，我手写我心，没有什么限制。

（2）换元思维

换元思维是根据事物的构成因素，进行拆分、变换元素，以打开新思路。换元思维其实就是推人及人，换位思考，找寻根本目的，进行重要性划分，能看到别人所忽略的细节和本质。一个盲人走夜路，手里总是提着一盏照明的灯笼。人们很好奇，就问他："你自己看不见，为什么还要提着灯笼呢？"盲人说："我提着灯笼，既为别人照亮了路，同时别人也容易看到我，不会撞到我，这样既帮助了别人，又保护了自己。"这则故事告诉我们，遇到事情一定要替别人着想，替别人着想也就是为自己着想。替别人着想，是一种胸怀，一种博爱，更是一种境界。当我们遇到一件表面上很糟糕的事情时，不要着急去排斥，而是应该想到塞翁失马的故事。有时候，我们会因祸得福；有时候，我们也会因福得祸。总之，就是不能只往一个方面想，而是要从多方面去想问题，看待问题。

在生活中，我们面对某一问题时，如果仅仅只是从自己的利益得失出发去考虑，而置别人于不顾，往往就会失之偏颇，甚至伤害别人。凡事设身处地，换一角度为他人着想，原本疑惑不解的问题也好，都可能会变得豁然开朗，进而迎刃而解。为他人着想，本身就是一种修养，是一种素质，更是一种睿智的表现。

（3）逆向思维

逆向思维，也称求异思维，它是对司空见惯的似乎已成定论的事物或观点反过来思考的一种思维方式。敢于"反其道而思之"，让思维向对立面的方向发展，从问题的相反面深入地进行探索，树立新思想，创立新形象。

人们习惯于沿着事物发展的正方向去思考问题并寻求解决办法。其实，对于某些问题，尤其是一些特殊问题，从结论往回推，倒过来思考，从求解回到已知条件，反过来去想或许会使问题简单化。逆向思维具有颠覆性，需要跨出原有的知识体系，跨学科、跨领域去解决问题。互联网时代新兴的许多商业模式都是利用了逆向思维，从不同的途径和呈现形式联动推广商业模式的核心价值。

逆向思维在各种领域、各种活动中都有适用性，由于对立统一规律是普遍适用的，而对立统一的形式又是多种多样的：有一种对立统一的形式，相应地就有一种逆向思维的角度。所以，逆向思维也有无限多种形式。如性质上对立两极的转换：软与硬、高与低等；结构、位置上的互换、颠倒：上与下、左与右等；过程上的逆转：气态变液态或液态变气态，电转为磁或磁转为电等。不论哪种方式，只要从一个方面想到与之对立的另一方面，都是逆向思维。

（4）对立思考

对立思考从事物的反面设立可能性或提出疑惑，批判性地看待问题。在日常工作中，拥有自己的主见和立场是十分重要的，也是形成自己个人风格的基础，这需要形成一定的对立思考和批判性思考的模式。对于他人的看法和理解不能全盘接收，需要自己独立理解和消化，提出自己合理的观点，并且说出自己的理由和见解。这是建立自己话语权的基础，当然还需要你不断沉淀行业学识，才能更有说服力。

两种对立的思维并存，并且是相互制约，相互平衡的。一种思维是对另一种思维的补充和对比，如果仅仅只有其中一种思维，那么就是孤立片面地看问题。就像如果只有黑，而没有白，那么其实全部都是黑，也就失去了所谓"黑"的定义；全部都是善良，没有邪恶，那么也就无所谓善良。

一种观念的出现，就是对另外一种观念的价值的体现和补充。并且这两种对立的观念是同时并存的，它们并不是孤立存在的，所以思考问题的时候，想到了其中一种观念，就必然需要站在这种观念的对立面去思考，因为其实这两种观念是同时存在的。如果只考虑其中的某一种观念，而忽略了对立的观念，那么就是思维不全面，是站在孤立的角度上片面地考虑问题。片面地考虑问题，必然导致片面地解决问题，必然会出现片面解决的结果。

三、破窗理论

1."破窗理论"的故事

路边的空地上，一个孩子正颠着皮球。在烈日的暴晒下，不一会儿汗水便浸透了他的衣服。孩子叹了口气，慢慢走到树荫下，坐了下来。

张罗了一上午，一个伙伴也没约出来，沮丧的心情从孩子懊恼的脸上弥漫出来,加上这让人抓狂的气温,孩子终于忍无可忍,冲着皮球就抡起一脚。皮球划过一道弧线,向着旁边商店的玻璃窗飞去。"啪啦"一声,"破窗理论"就诞生了。

面对这种情形,如何劝说商店的老板?

经济学家可能会这样劝说他:"不要这么生气,换一块玻璃也用不了多少钱,但是你却做了一件大好事儿。因为你换玻璃,玻璃厂就多了一份生意,玻璃工就多了一份收入,玻璃工再买点别的,就可以带动经济不断发展了。"

当时一位名叫黑兹利特的学者在一本小册子里引述这个故事,并评论说,孩子打破了窗户,必定导致别人更换玻璃,这样安装玻璃的工人就有了生意,玻璃工挣到钱后买了块蛋糕,糕点师便有了收入,随后糕点师去买了坛花,园丁又挣到了钱……许许多多的工作从此应运而生,经济被激活了。换句话说,黑兹利特认为,破坏能够刺激一系列的经济活动,进而增加就业,激活闲置资源。这么一来,踢碎玻璃的小孩不但没有祸害社会,反而还造福了人类,促进了经济增长。这就是有名的"破窗理论"。它的核心观点就是破坏可以创造需求,需求可以带动经济发展。

2. 看得见和看不见的

法国古典经济学家巴斯夏在一篇叫作《看得见的与看不见的》论文中驳斥了"破窗理论"。他在论文开篇说道:"在经济领域,一个行动、一种习惯、一项制度或一部法律,可能会产生不止一种效果,而是会带来一系列结果。在这些结果中,有些是当时就能看到的,它在原因发生之后立刻就出现了,人们都能注意到它;而有些结果则得过段时间才能表现出来,它们总是不被人注意到,如果我们能够预知它们,我们就很幸运了。"

用"破窗理论"来说,更换玻璃是必然的,是我们能看到的,更换玻璃后的一切行为也是真实可见的,所以我们毫不犹豫地认为,这种行为确实激励了经济的增长。通过举一反三,我们就能推出,战争、灾难、瘟疫,一切破坏都能促进经济的增长。

那么事实果真如此吗?我们是否忽略了什么东西?从整合经济学对潜在资源价值的发现的角度来思考:如果窗户的主人本来想购买一套西装,但是由于玻璃碎了,他不得不把原本准备买西装的钱用于更换玻璃。如果玻璃没碎,他原本可以拥有一套漂亮的西装和一扇完好的窗户。可是由于窗户坏了,他不得不对窗户进行维修。最后导致他只有一扇完好的窗户,漂亮的西装只能在脑海里烟消云散了。

针对"破窗理论",巴斯夏说:"西装也可以带动一系列的产业发展,但是如果换了玻璃,就没有钱买新西装了。买玻璃的钱抵消了买西装的钱,实际上经济没有真正的增长。"在巴斯夏看来,认为"破窗"可以带来经济增长的经济学家太短视了,他们只看到了已经发生的事情对经济造成的影响,而没有看见还没有发生的事情对经济也有影响。看见的和没有看见的,两者共同构成的,才是真相。

3."破窗理论"的演化

在经济生活中,"破窗理论"演化出三个变种理论:

"破窗理论"的第一个变种:国家发展。某些国家的经济得以快速发展,是得益于走了弯路,做错了事情。好比德国经历了第二次世界大战(以下简称二战),日本挨了原子弹,这些国家现在发展迅速完全得益于之前惨痛的教训。我们不能以事情发生的先后顺序为依据来推论它们之间的因果关系。因为,这样的结论显然是非常荒谬的。如果德国和日本没经历过这些灾难,它们积累的资本会更多,经济基础会更好,社会发展会更快。但它们能发展成什么样子,我们不得而知,只能靠想象来推论。毕竟二战和原子弹是既定事实。

"破窗理论"的第二个变种:就业问题。科技的发展会抢走人们的工作机会。例如,汽车抢走了马车夫的工作,电灯产业摧毁了蜡烛产业,滴滴打车毁掉了广播电台(据大数据统计,自从有了滴滴打车,司机在开车的时候再也不听广播电台了,都忙着去刷单)。那么我们思考一下,如果现在还用马车,我们出差的时间成本将会多高?很可能去美国开一个会,就可以准备退休了。把现在的路灯、电灯统统换成蜡烛,那么雾霾问题会更加严重。如果不让使用滴滴打车,别的不敢说,至少广播电台的工作人员一定会很高兴。

"破窗理论"的第三个变种:通货膨胀。通货膨胀其实也是政府常用的一种"破窗理论"手法。国家想刺激消费,促进经济增长,就会增发货币。货币一旦贬值,在银行有大量存款的人就纷纷取出存款,或者投资,或者消费。这样一来,各种各样的"窗户"被通货膨胀一一砸破。经济在短时间内欣欣向荣。但多数人并未意识到表征背后的真相,这砸破的"窗户"正是人为制造的灾难。

综上，我们发现人们往往会被现实的景象蒙蔽，从而忽视了背后隐藏的真相。经济学理论意义上的资源稀缺性，以及整合经济学关于资源整合善于发现资源价值的理论，都从科学角度来理解和应用"破窗理论"，这对于正确、科学地促进经济发展具有积极意义。

◎第十章

低成本成功

一、人生成本论

1. 人生资源优化整合

战略和文化学者赵云喜先生在20世纪末曾出版过一本《人生成本论》。他认为，从生命之旅的第一天起，我们的生命就进入了倒计时状态，它在不停地缩短。这个命题实在无法乐观。细细想来，上苍给我们所有人的生命成本一样多，每个人身上都潜藏着原子能，但只有很少的人能够点燃它；每个人大脑中都有一个金矿，只是很少有人开采它；每个人身后都沉睡着一个神通广大的巨人，可是很少有人唤醒他。因此，不少人在有生之年对生命能量的利用率很低，更多的时间是在混沌无序中度过。这就使不同人的命运出现了巨大差别，有了贫富、尊卑、优劣的差别，成功和失败的差别。人们爱去琢磨成功，如人才学、社会学也研究成功需要什么因素，但它们似乎路数大同小异，一窝蜂都喜欢把着眼点放在"得"字上，这当然没有错，榜样的力量无穷嘛。然而有所"得"的成功者毕竟永远是少数。《人生成本论》绕过这样的惯性，选了一个"失"字来演绎全书。毕竟每个凡夫俗子都难免有许多过失、失误、失败。人快到生命终结时为何总会懊悔一生中光阴虚度的过失，总是假设如果再给他一次生命，他将重新设计人生，然而这世界偏偏没有后悔药。人生的悲剧说穿了就是选择的悲剧，机遇不可逆性则构成了机遇的成本。那么我们完全有理由追问自己：我们利用的人生能量怎么这么少？我们失去的人生机遇为什么那么多？我们享受的人生幸福为什么如此稀缺？我们为什么老是平庸、不幸，与成功无缘……《人生成本论》就这样把人们引入了正题，让你明白，如何才能减少人生挫折，你在哪里与机遇匆匆擦肩；你的生命成本怎样悄悄流失；你该如何提高生命成本的利用率，去实现自身价值，在你还可以把握人生机遇时，提前找一种更为明智的活法。其实知道"得到"的意义并不难，难就难在正确地认识"失去"。失败固然是为成功支付的必要成本，可我们付出更多的是高昂的代价——生命能量的过多无效耗蚀。因此，降低生命成本，挖掘生命能量就成了关系到每个人的"终身大事"。

进入 21 世纪，针对社会生活成本快速升高的现实，赵云喜先生又提出了如何降低生活成本的"低成本生活论"。赵云喜先生于 2011 年录制了 20 集大型文论电视片《云道》，解析了云时代的经济、文化、教育和生活方式等方面的发展趋势，详细阐述了现代生活如何简单、生态、环保，追求绿色人生，降低事业成功成本的理念。

这些年，还有人编制了《人生效率手册》之类的书籍，也都是在探讨降低人生、事业的经济成本的问题。人生成本的理念越来越受到社会的重视。从整合经济学的意义上，高效、优化整合资源，是实现低成本生活和事业发展的最佳途径。

2. 掌握人生成本资源的核心

时间一分一秒地过去，无法倒退，也无法撤销，这就是时间成本；若某个周末的夜晚，你依然深夜未眠，累得颈椎酸痛胃病再犯，那你正付出健康成本。而我们俗话常说的"有得必有失"，你在买彩票的时候，买了这一注号码而没有买另外一注，或者你决定留在国内工作而没去国外读书深造，你选择的时候便面临机会成本；当然，我们每个人似乎每天都在憧憬自己的未来是幸福、快乐的，但往往为了明天的幸福，在牺牲着今天的幸福，这就是幸福成本。

人生有很多成本，所以很多人会问，"你这样做值得吗？""这样会不会太亏了？"这就是在进行付出与回报之间的比较。

当然，如果你的苦恼仅仅是这样的场景，倒也可不必太纠结：你花了 50 块钱买了一张今晚的电影票，但没想到临出门的时候，突然下起了大雨。这时的你该怎么办呢？是冒雨出门，还是在家让 50 块钱的票过期作废？如果你执意要去看电影，你不仅要来回打车增加额外支出，而且还可能会着凉、感冒、发烧，甚至休病假。

而很多人没有考虑到的是长期偷懒的成本是失去工作，接受贿赂的成本是有朝一日东窗事发后的恶果，莽撞创业的成本可能是高风险。同时，还有人只追求人生快乐，其实这也没错。但也需要搞清楚人生不等于享乐，如果一个没有多少阅历，也没经受打磨的年轻人，天天跟你喊着旅行才有意义，那么，恐怕他有可能无法集中心思工作和努力，甚至会丧失斗志。只有胜利者才有享乐的理由，否则只能是浪费青春，产生"莫等闲，白了少年头"的成本。

所以，对于人生中重要的成本资源，要从理性整合的思维方式进行分析，降低人生成本，发掘人生的超级能量，更好地把握我们生命的意义。

市场经济时代是讲究成本核算的时代，而成本核算是一种对经营活动的科学计量方法。如果把它运用于计算人生这本大账，我们就会发现，许多人生中难以阐明的命题，竟是那样清楚了然。

把握好你人生的成本，才能走好每一步，做好每一个选择。那么，人的一生应该计算哪些成本呢？

（1）人生成本之一：时间成本

人的一生，说到底就是在这个世界上存活的时间。一个人，生命长短、事业成败、经济贫富、幸福与否，无不直接或间接地受到时间的制约。大自然给一个人的时间最长也不过百年，无论你的生命是何种状态：或指点江山、叱咤风云，或平民百姓、灰色人生都被限定在这百年之内。因此，人生的成本，第一位的、最基本的、最紧要的就是时间。

生命对于一个人来说，只有一次，在有限的时间里，我们应该用这宝贵的资源做些什么？如何让这些有限的成本产生更多更好的效益？这便是人的一生中每时每刻都面临且必须用行动作答的问题。不管你有没有意识到，不管你愿不愿回答，无论干什么，时间成本都会毫不留情地消耗。

（2）人生成本之二：健康成本

身体是革命的本钱，这话虽已不合当今时尚，但说明的道理却是永恒的。许多人都知道一句比喻形象又富有哲理的话：健康是"1"，其他的如财富、官职、地位等都是"0"，如果没有"1"，那么"0"再多也没意义。

健康，不仅决定着一个人活于世的时间和人生机会的多少，还决定着生活质量的高低。因此，健康成本是与其他人生成本紧密相联的。

（3）人生成本之三：机会成本

人生没有草稿，人生的特点是一次性、不可重复。人一生中可能有许多机会，但决定航向的也许只有几次。面对十字路口，只能选择走一条路，而当我们选择这一条时，就意味着放弃其他道路。

如同在选择一张扑克牌时，就意味着对其他牌的放弃。也许选择的是张好牌，放弃的是张次牌；也许选择的是张次牌，放弃的是张好牌。无论何时何地，你都是对一次机会成本的选择和利用，都会让你有得有失。在我们衡量机会成本效益时，不仅要看眼前得失，更要放眼一生。例如，一个人受贿，是抓住了一次发财的机会，从眼前看是"得"，但这却隐藏了一种危险，可能就是这次选择或是这种选择的积累，使他在未来的政治前途上失去步步高升的机会，失去全身而退的机会。这就是为自己的错误选择付出的机会成本。

（4）人生成本之四：幸福成本

对于幸福的理解，可谓见仁见智。但对它的理解肯定有一个共同点，即它是一种心理感受。

为了自己心目中的幸福，每个人都在苦苦地追求。但我们是否意识到，在追求中，我们正在不知不觉地付出自己的幸福成本。也就是说，我们牺牲着今天的幸福，去换取明天的幸福。也许有的人最终成功，得到了自己追求的东西，但回头一看，自己为此竟付出了几十年，所追求到的也不过如此。看着镜中的白发和皱纹，想想自己的上下求索，失落之感油然而生。也许有的人最终也没有得到追求的东西，却白白耗费了自己的大好青春和幸福生活，追求的不过是水中月、镜中花，这时才幡然悔悟——自己付出的幸福成本太大了。

二、低成本创业

进入新时代，中央政府提出了"大众创业，万众创新"的经济发展战略。这是经济活力之源，也是转型升级之道。在这一战略实施推动下，全社会的创业热情不断高涨。2015年全球创业报告显示，中国的创业指数为79%，远远高于全球平均指数（51%）和亚洲平均指数（64%）。全国平均每天新登记注册企业超万户，81%的企业家创新意愿"明显增强"或"有所增强"。然而，"双创"面临市场环境有待优化，服务体系尚不健全，融资渠道不够通畅等问题，尤其是营商环境不够好，创业、创新成本过高，不利于创业、创新的健康可持续发展。如何营造低成本"双创"环境，优化资源整合，是整合时代经济发展的重要课题。

1. 优化政策资源，创造低成本创业的营商环境

从中央政府的宏观政策层面，充分整合社会、财政、科技、服务等资源，实现资源要素优化配置，出台了八项政策措施：

一是深化"放管服"改革，进一步释放创新创业活力，营造公平市场环境，着力促进创新创业环境升级。

二是加大财税政策支持力度，完善创新创业产品和服务政府采购政策，建立完善知识产权管理服务体系，加快推动创新创业发展动力升级。

三是鼓励和支持科研人员积极投身科技创业，强化大学生创新创业教育培训，健全农民工返乡创业服务体系，完善退役军人自主创业支持政策和服务体系，提升归国人才和外籍人才创新创业便利化水平，推动更多群体投身创新创业，持续推进创业带动就业能力升级。

四是增强创新型企业引领带动作用，推动高校科研院所创新创业深度融合，健全科技成果转化的体制机制，深入推动科技创新支撑能力升级。

五是提升孵化机构和众创空间服务水平，搭建大中小企业融通发展平台，深入推进工业互联网创新发展，完善"互联网+"创新创业服务体系，打造创新创业重点展示品牌，大力促进创新创业平台服务升级。

六是引导金融机构有效服务创新创业融资需求，充分发挥创业投资支持创新创业作用，拓宽创新创业直接融资渠道，完善创新创业差异化金融支持政策，进一步完善创新创业金融服务。

七是打造具有全球影响力的科技创新策源地，培育创新创业集聚区，发挥"双创"示范基地引导示范作用，推进创新创业国际合作，加快构筑创新创业发展高地。

八是强化创新创业政策统筹，细化关键政策落实措施，做好创新创业经验推广，切实打通政策落实"最后一公里"。[①]

2. 低成本创业的整合经济学策略

低成本创业目标的实现，来自科学的整合思维；善于运用整合经济学思维，制定资源优化整合方案，对于创业者十分重要。

---

① 国务院.关于推动创新创业高质量发展打造"双创"升级版的意见[EB/OL]. (2018-09-27) [2020-02-20]. http://www.yn.gov.cn/zwgk/zcwj/zxwj/202002/t20200220_190310.html.

通过案例研究，成功的低成本创业在整合思维上有五个特点：

（1）不长于半年的盈利预期

开业只是解决自身就业的第一步，如果不能尽快实现盈利，离再次失业也就不远了。开业者都明白，过长的盈利预期等于没有预期，在基本保证收支平衡的基础上，早日实现盈利是所有创业者唯一的目标。客观上，半年以内实现持续盈利是一个创业群体能够接受的一个时间，换言之，这也是创业者必须尽量达标的一个盈利期限。如果不能达到预期的目标，即使组织的运营还能勉强维持，但与日俱增的经济压力和心理压力将是对创业者的一个重大考验。

（2）尽可能低的成本控制

在低端的服务竞争中，怎样取得优势？在装备无法攀比的情况下，价格、效率、态度就是赢得市场的关键，其中，价格竞争是最直接有效的利器。这里的价格竞争是向成本要价格，在分薄利润的基础上，提高服务效率，降低采购成本，压缩不必要的开支。

成本控制涉及的资源主要是人力、租金、市场推广。

在人力上，比较成功的创业模式是采用"期权＋工资"的方式来吸引人才加入，这样才能既形成激励机制，又保持一个比较低的现金成本。

在租金上，既不能为了省钱，跑到很偏远的地方租个小民房，搞得条件太差，大家没有信心；也没必要一开始就在顶级写字楼租一个办公场地，每月租金支出十几万。对于早期创业者来说，最好的选择是找一个靠谱的众创空间，首先，地理位置好；其次，地方大，各个团队在一起创业氛围浓厚，对接资源也方便；最后，有人帮你服务解决一切琐事，把创始人从琐事中脱离出来。还有的与在家远程办公结合起来，用流程和工具解决协作问题，可以持续降低成本。

在市场推广费用上，遵循一个原则，即最大限度地提高每一分钱的使用效率。

另外，在互联网、智能化、大数据、人工智能和移动互联、5G时代，选择高效率的办公工具，可以大大提高效率，降低成本。当一个团队效率比较高的时候，就无形中降低了成本。优化流程，同时配备必要的高效率硬件和协作软件也可以提高效率。

（3）用诚信理念和优质服务营造经营环境

微型项目很多都是服务行业的分支，这就决定了创业者要从服务业者的角度来思考问题。要实现盈利，就必须要做好产品和服务内容。服务业是与人面对面打交道的行业，市场的反馈结果完全由客户的满意度决定。要突破市场的层层壁垒，首先必须取得客户的信任和认可，而所有的一切都要求创业者必须真诚地对待每一个客户，用耐心和诚心去赢得客户的信任；用优质的服务去获得市场认可。

（4）必要的财务核算

当然，对许多创业者而言，财务知识或许是个不大不小的盲点。有的创业者开始比较盲目或忙于市场，从年头忙到年尾怎么都弄不明白自己究竟是赚了还是亏了，完全是一笔糊涂账。如果把账做清楚了，一核对就能明白是赚还是亏，心里也就有了底；更重要的是，能清楚地看到赚在哪些环节和业务，往后继续加强，而亏的地方则多加改善。

（5）找准市场切入点

从事任何项目你都必须明白市场需要什么，你能提供什么，二者有没有对接点。例如，你身在闹市中心，到处高楼林立，如果让你选一项业务，你会做什么？是家庭餐饮外卖、办公快递，还是报刊零售？在普遍意义上，这些都是机会，但是有需求并不代表这就是可以切入的市场点，必须考虑竞争问题。进入之前，问自己两个问题：我有没有业务专长？市场有没有空白点，也就是市场需求？如果二者成立其一，就可以考虑介入的问题了。

三、整合资源，降低成本

大量的经济活动实践证明，整合资源是降低成本非常有效的途径。因为整合的成本要低于自己生产制造的成本，无论从资金投入、人力投入和时间效率上，整合都是性价比最高的降低成本、提高质量、实现最佳效益的重要方法。

低成本竞争战略是指通过有效途径，实现成本降低，以建立一种不败的竞争优势。这种战略要求企业努力取得规模经济，以经验曲线为基础，严格控制生产成本和间接费用，以使企业的产品总成本降低到最低水平。处于低成本地位的战略经营单位能够防御竞争对手的进攻，因为较低的成本可使其通过削价与对手进行激烈竞争后，仍然能够获得赢利，从而在市场竞争中站稳脚跟。

1. 宜家的低成本优势分析

宜家家居在低成本战略的设计和实施上都具有独到鲜明之处。为了控制成本以达到成本领先的目的，宜家主要采用三种低成本的方法：

一是模块式家具设计方法。以若干模块进行家具设计和制造，使得顾客购买宜家家具时，可以自行组装。由此产生"宜家效应"，即人们通过自己亲手组装家具更容易高估家具的价值，即投入劳动产物的依恋感和自傲感。该方式不仅节约了成本，又使得客户产生更多的满足感。依靠这种"宜家效应"，以在店内不设专柜或相应店面服务人员，更多是以客户自主体验为主。

宜家一直坚持由自己亲自设计所有产品并拥有其专利，每年有100多名设计师在夜以继日地疯狂工作以保证"全部的产品，全部的专利"。这样不仅在采购环节上占据了优势，而且真正将产品和渠道整合到一起。

在设计过程中，设计师首先得到的是该产品的销售价格，然后在此基础上设计师将从设计样式、设计结构上入手，最后设计师要同能提供该价格体系下的生产商一起协同工作，共同完成选料、打样、定型，直到包装整个工艺流程，这样就保证了宜家产品低成本的优势，一旦推出将绝对在市场中具有极强的竞争地位。

二是在生产管理上，宜家实施全球一体化战略。宜家的采购战略执行核心是价格，以保证认可的质量和环境及社会责任为基础，以最佳采购为原则，并附之与竞争性报价和创造最有利条件以节省成本。

宜家的供应链规模已经相当庞大，发展至今，在55个国家和地区拥有超过1 300家供应商，在9个国家拥有31家宜家独资工厂。某一种产品或原材料可能只由一个国家来供应，也可能同一种商品由不同的国家来供应。无论在上游供应商的挑选或下属区域的采购中，都有其一套独特的方法，采用竞争机制降低产品价格，同时在保证降低成本的前提下，又注重专利保护。两者相辅相成，使企业总能以最低成本获得优质产品。从家居产品的产业链分布看，由原材料供应、产品设计开发、生产加工制造、销售流通、客户服务五个过程，这些过程是按照微笑曲线状态分布的，宜家没有采用传统的"前店后厂"的经营方式，而是抓住了产品设计和销售这两个利润回报最大的环节，同时将服务融入销售环节中去，其余的利润回报较低的环节，像生产制造、物流运输基本采用外包的方式完成产业链的协同。

三是在物流方面，宜家家居从开始产品设计阶段，就布局后面的物流网络，经过对供应商和合作伙伴高门槛的选择，宜家与全球1 400个供应商之间建立起互利双赢的长期合作关系，在现有网络技术支持下，宜家总能以合作降低供应链成本。为了进一步降低物流成本，IKEA把全球近20家配送中心和中央仓库集中于交通要道和集散重镇，以方便与各门店的物流联系。

宜家低成本战略实现了原材料的价格最低化，产品组合的价格最低化和供应链管理带来的低成本。宜家企业自身长久的经营努力，使之成为全球家居行业的典范，更是低成本战略实施的典范。

2. 小米低成本的秘密

在中国智能手机品牌厂商中，有一家企业因史蒂夫·乔布斯而诞生，因而在很多方面始终以苹果为目标，即便是产品包装方面，也坚持自己做，尽最大可能坚持环保包装设计，这家企业正是小米。这种环保设计方法叫作One Paper Box，即"一纸盒"，简单来说就是一个包装盒，不需要借助胶水等辅助材料，只需要使用一张卡纸或瓦楞纸板折叠即可，在方便组装的同时实现包装成本的降低。一纸盒的设计，最高能降低原传统包装成本的40%，避免过度包装造成浪费。

成本领先战略选择是小米公司成功的重要因素。

（1）小米公司生产外包低成本的优势

由于是新创企业，公司资金有限，不能够建立制造工厂，因此，小米公司将硬件研发外包给了英达华，这样降低了公司产品研发和制造的成本。在英达华为小米代工的同时，自身也实现了规模效益，并且还提升了小米产品的质量，提供更加优质的服务。对于小米公司来说，生产外包是小米公司实现快速增长的优势。

（2）小米公司具有运营成本低的优势

小米公司营销模式特殊化创造了运营成本低的巨大优势。小米公司主要通过饥饿营销、微博营销、网络社区营销及口碑营销等模式，以较低宣传成本实现了最大的收益，建立了较好的品牌效应。小米手机的销售与传统观手机销售不同，其规避了各级经销商的加价，这样使手机的营销成本降低。小米公司的饥饿营销模式创造了其低价格优势，具有较大的市场优势。

（3）小米公司具有供应链溢价的优势

小米产品是通过网络订购销售的，这种销售模式使小米公司提前拿到了预付款，持有大额的预付款不仅可以与供应链上游企业谈判，降低产品生产的价格，而且不会出现产品压货的现象。这种营销模式在获取可观利润的同时，随着时间的推移，使小米产品的生产原料价格下降，这再一次降低了小米产品的成本。

  整合促进了小米手机生产成本降低。产品研发成本方面的措施，核心是强化 MIUI 系统开发，加快与相关制造商合作。MIUI 系统与厂商合作创造了巨大的优势，研发 MIUI 系统的核心装置不仅为企业之间合作创造奠定了基础，更降低了小米公司的研发成本，实现了研发的差异化。一方面，深入研究 MIUI 系统的广度和深度。深度定制的安卓系统更加符合消费者的需求，能够占据更广泛的市场，为小米产品打下品牌效应的基础。另一方面，促进相关企业合作，促进 MIUI 盈利能力。通过独立开发、合作研发创造 MIUI 系统与一个游戏平台发展，类似于苹果的 iOS 应用商店。随着移动互联网的发展，未来用户需求付费软件，支付服务将越来越多。通过 MIUI 系统游戏平台，建立一个应用程序商店是重要手段，以促进 MIUI 盈利能力。例如，整合金山、凡客诚品等企业关系合作资源，在 MIUI 系统提供特殊的服务、更优惠的价格等。

◎第十一章
聚合思维

一、聚合思维的含义

这是整合经济学思维的一个鲜明特点。就是仅围绕自己锁定的目标来整合信息、理念、数据及其生产力要素资源。强调注意力高度集中，资源汇聚高度集中。就像聚光镜效应，把太阳光聚集到一个点上，就可以让一张纸从一个聚光点燃烧起来。

1. 概念理解

聚合思维，也称"求同思维"，指的是把各种信息聚合起来思考，朝着同一个方向、得出一个正确答案的思维。求同是聚合思维的主要特点，即聚合思维是利用已有的知识经验或常用的方法来解决问题的某种有方向、有范围、有组织、条理性强的思维方式。

聚合思维是创造性思维的基本成分之一，又叫"复合思维""集中思维""求同思维"，是思维者聚集与问题有关的信息，在思考和解答问题时，进行重新组织和推理，以求得正确答案的收敛式思维方式。与发散思维相对应，聚合思维也是从不同来源、不同材料、不同层次中探求出一个正确答案的思维方法。因此，聚合思维对于从众多具有可能性的结果中迅速作出判断，得出结论是最重要的。

2. 聚合思维的特点

聚合思维具有这样一些特征：

（1）封闭性。聚合思维是把许多发散思维的结果从四面八方集合起来，选择一个合理的答案，具有封闭性。

（2）连续性。发散思维的过程，是从一个设想到另一个设想，具有一定的连续性。聚合思维是一环扣一环的，具有较强的连续性。

（3）求实性。发散思维产生的众多设想或方案，一般来说，多数都是不成熟的、不实际的。我们必须对发散思维的结果进行有效筛选。筛选出来的设想和方案是按照实用的标准来决定的，是切实可行的，这样的聚合思维就会表现出很强的求实性。

（4）聚焦性。这种思维方式会围绕问题进行反复思考，有时甚至停顿下来，使原有的思维浓缩聚拢，形成思维的纵向深度和强大的穿透力，在解决问题的特定指向上思考，积累一定量的努力，最终达到质的飞跃，顺利解决问题。

二、聚合思维的方法

建立了聚合思维模式，只需要聚焦一件事，就是发挥最大的潜能。通过整合，把需要的资源汇聚到这一个核心焦点上来。聚合思维的具体方法有很多，从逻辑学上来分析，常见的方法有抽象与概括，归纳与演绎，比较、类比和分析，定性与定量分析。

1. 抽象与概括

抽象是一种思维过程，通过性状的比较，找出同类事物的相同与不同的性状，把不同的性状舍弃，把本类事物有而其他类事物没有的性状抽取出来。例如，把各种果实拿来比较，相同的地方是都有果皮和种子。可以选取的不同维度是有的能吃，有的不能吃；有的长在地下，有的长在地上；有的果皮坚硬，有的果皮柔软；颜色，五彩缤纷；大小，各有不同。把不同的性状去掉，取出"由坚硬的果皮和种子组成的果实"这一共性特征进行考察就是抽象思维。

概括也是一种思维过程，是在抽象的基础上进行的。例如，对猫、兔子、虎、猴等动物进行比较后，抽象出它们的共同特征是"有毛、胎生，哺乳"，在思想上联合起来就会形成"哺乳动物"的概念。

2. 归纳与演绎

归纳又称归纳推理，是从特殊事物推出一般结论的推理方法，即从许多个别事实中概括出一般原理。例如,在实践中人们经常会接触瓜、豆这等事物,通过反复实践,人们就会逐步认识到"种瓜得瓜,种豆得豆"的真谛,然后经过分析推理就会得到一个一般性的认识:龙生龙,凤生凤,所有的生物都有遗传现象。这个过程就是一个归纳的过程。

演绎又叫演绎推理,是从一般到特殊,即用已知的一般原理考察某一特殊的对象,推演出有关这个对象的结论。例如,所有的生物都有遗传现象。从这个原则出发,就可以引申出老鼠也是生物,所以"老鼠的儿子会打洞"。这是由演绎推理而得出的一个结论。

在认识过程中,归纳和演绎是相互联系、相互补充的。

3. 比较、类比和分析

比较、类比和分析是一种联动性思维,不仅可以激发人们的情感,还启发人们的智慧,提出独特性的方法。要通过对相关知识进行比较、类比和分析综合,按照"发散—聚合—再发散—再聚合"和"感性认识—理性认识—具体实践"的认知过程,培养自己的创造能力。

4. 定性与定量分析

定性分析就是对研究对象进行质的方面的分析,运用归纳和演绎分析与综合,以及抽象与概括等方法,主要凭借分析者的直觉、经验,对获得的各种材料进行思维加工,从而对分析对象的性质、特点、发展变化规律作出判断的一种方法。定量分析就是通过统计调查法或实验法,建立研究假设,收集精确的数据资料,然后进行统计分析和检验的研究过程。

在聚合思维的过程中,可以利用定性和定量的分析方法对单个创意进行分析,也可对一组创意进行评价。

三、微信成功的核心奥秘——聚焦人性

微信的成功有很多人写了不少的文字来研究它。其实,微信的成功,就是整合经济学实践的最伟大成果之一,也可以从整合经济学的层面写一本大书。这里从整合经济学思维的角度,以微信为例来分析聚合思维。

1. 聚焦，把资源整合到人性上来

文学要写人性，产品要研究人的需求，管理要提倡人性化，经济学也是强调研究人的科学。整合经济学思维是从人性出发整合资源，是基本的思维方式。而聚合思维，是把多方面的资源汇聚人性焦点上，这便是商业成功的最大秘诀。

一般的传统行业在5—10年才会发生一次变化，互联网行业在1—2年就可能发生一次变化，而移动互联网在3—6个月就会发生一次变化。做移动互联网端的产品，如果不能快速地把握变化中不变的部分——人性，可能很快就会落伍，很快就会被淘汰。因为移动终端是离人最近的，手机时时都在人的身边，每个细节都体现着人性关注。

微信，是所有产品中最能把握人性的产品。微信的所有产品，甚至每一个细节，都把人性关怀考虑到近乎极致。它版本的多次升级，都来自对人性的紧密把握。

伟大的企业和国家都有一个共同点：可以成就人们内在"自私"的愿望。微信推出了公众号，这让很多企业感觉有了自己的空间，开始大力推广。因为公众号可以满足一般企业触达用户的需求，成就了它们的"私"，充分满足了它们的内在需求，所以各家企业不觉得自己是在为微信工作，而是为自己圈客户。

利用公众账号平台进行自媒体活动，简单来说，就是进行一对多的媒体性行为活动。例如，商家通过申请公众微信服务号，通过二次开发展示商家微官网、微会员、微推送、微支付、微活动、微报名、微分享、微名片等，已经形成了一种主流的线上线下微信互动营销方式。自2012年上线以来，微信公众号的数量迅速地增长，2017年微信公众号数量已超过2 000万。2017年，微信公众号月活跃账号数为350万，同比增长14%；月活跃粉丝数为7.97亿，较2016年增长19%。

在微信平台上写文章、做二维码、引流，无一不是让自己强大。人们用"晒"来形容朋友圈图片，晒饮食、晒旅游、晒小宝宝、晒全家照、晒个美颜照、晒工作成果、晒新居……都是自我表现。微信朋友圈最大程度地满足了人们的自我表现欲。用户可以通过朋友圈发表文字和图片，同时可通过其他软件将文章或者音乐分享到朋友圈。

微信仅设计了这样的机制，几乎把人性需求的一切方面都整合到这个产

品上，激发并成全了大家的"私"，无数的"私"也成就了微信。让人自动、自发，让人感觉是为了自己，这样的方式更值得整合经济学应用实践者的借鉴。

2. 运用情感的力量

这是一位作家的叙述：

"上个月，我参加了微信'为盲胞读书'活动。圆堡式的凤凰新媒体中心被装饰成一方星空背景，一众受邀嘉宾在星空下为来自盲人学校的30名儿童与他们的父母朗诵了希克梅特、费尔南多、北岛的诗歌。你看到的是盲人儿童的眼睛闪闪发光却看不到这个世界，你听到的是诸如'多少人爱慕你那朝圣者的灵魂'这样的经典诗句。此地此景之下，你的内心很容易就被盲胞对光明的渴望与诗歌传递的艺术力量所占据、所影响、所深入、所震撼。你看到的是盲胞，听到的是诗歌，感受到的是人性与关怀，看不到的是承载这一切的微信语音通话功能。"

微信1.0版本推出免费短信，1.2版本推出图片分享，直到2.0推出免费语音通话，才迎来了微信的第一次爆发。对微信而言，语音通话能在内外交织的竞争环境中脱颖而出，别人做的是语音通话，微信做的也是语音通话，唯一的不同可能是，微信给语音通话加了那么一些情感与情怀。产品本身并无灵性，情感、情怀所传递的世界观等才是构建产品与人之间连接的桥梁，也就是我们所说的，时代变迁中不变的人性，直指人心的力量。人性的核心是情怀。微信抓住这一核心，把语音、照片、小视频、小程序、表情包小图标等，统统整合到人性上来，每个因素都带有强烈的感情色彩，形成了汇聚人心的巨大力量。

3. 契合个性化需求

张小龙于2011年在华中科技大学分享，"摇一摇"的设计初衷来源于性暗示和性驱动。那个"咔嚓咔嚓"的配音是来福枪的枪声，"摇一摇"的画面张开又缩回，也是一种很色情的暗示。弗洛伊德认为，人类所有的动机都来自性冲动，这是人们喜欢"摇一摇"的原因或者微信团队的设计初衷。

"摇一摇"的使用场景并非性冲动而是沟通，如认识陌生人或和朋友一起吃饭，这是古代原始人就有的行为。原始人之间希望与对方沟通，就摇一摇手中的棒子；原始人饿了喊家人吃饭，就摇一摇手中的食物。再回想我们使用"摇一摇"的场景，你希望与陌生人沟通，所以摇一摇；你和一群初次见面的朋友吃饭，是拿出手机让对方扫一扫，或者面对面建群。

大家听到了好听的英文歌，在都不知道歌曲名字的情况下，惯性地拿出手机摇一摇来识别歌曲名字。其实用手机浏览器输入歌词也可以查询到歌曲名称，为什么首先想到的会是摇一摇呢？操作更简单是一方面，最根本的还是归结到人类的本能方面。

在人们的习惯中，对一个陌生事物的了解，也是先拿起来摇一摇，看一看。"摇一摇"并非来自微信团队的发明，而是源于人类起源的古老传承，微信只是发现并实现了它。在"摇一摇"推出之后，每个人都会根据自己的特征、场合来确定它的使用方式，来契合自己的使用场景。只要人们频繁地使用"摇一摇"，至于设计初衷是什么，已经变得不重要了。做产品，也是发现人性中的惯性部分和已有部分，发现并挖掘它，使其成为产品功能的一部分。千人千面，个性化的用户自然会产生自己的底层需要。

4. 人性的深化：吸引之后的控制

微信 4.0 版本推出朋友圈，奠定了自己移动端王者的地位，同时也达到了其对人性弱点把握的巅峰：最早发朋友圈的人，可能是女性；最早看朋友圈的人，可能是男性。

女性天然喜欢晒，晒自己照片，博取关注来满足虚荣心；男性天然喜欢美，看美女照片，来获得新鲜和刺激。再后来，发朋友圈和看朋友圈的人越来越多，并且逐渐上瘾：发朋友圈的人，除了晒照片，还会晒自己去哪儿旅游、去哪儿吃饭、天气如何好、内心如何痛苦，围观者的一个个赞更加助长了晒的行为；看朋友圈的人变成了刷朋友圈，通过朋友圈来窥探他人的生活状况，感知这个世界正在发生的变化，成为获得学习知识的一个途径（微信公众号），朋友圈的那个小红点不断地提醒你去了解未知的生活。

"赞"和"小红点"是让人上瘾的万恶之源。二者让"发"和"看"上瘾成为"晒"和"刷"，成了人性中的贪、嗔、痴，给生活造成一种负担。你会发现朋友圈占据了你太多的时间，并且把更多的完整时间割裂为碎片化时间，你越来越难以在一件事情上保持专注。微信团队后续推出的一系列功能，都是在贪、嗔、痴上瘾后，试图控制它，如折叠微信公众号，可以设置朋友圈更新照片不提醒等功能。

释放恶魔容易，再回过头来控制恶魔很难。无数的产品死于信息膨胀后迅速水化，劣币驱逐良币，生态逐渐恶化。微信团队耗费在控制"恶魔"上的精力、人力和时间，应当数倍于自己释放恶魔的时候。一个产品对"贪、嗔、痴"控制的力度，也决定了其生态能否健康运转，以及这个产品的生命力是否长久。

人性是最为诡异和难以理解的。当微信成功之后，倒推过去，分析其把握人性的过程很容易；在微信成功之前，反复琢磨如何实现与人性的结合很难。有人描述见张小龙时用了一句话，"他总是一个人在那儿，对着手机发呆。"除了从音乐摇滚和文化艺术中汲取灵感外，或许拷问内心、质询自己，是洞悉人性的最好方式了吧。[①]

这也是微信成功的最大奥秘——把所有的力量聚焦到一个点上。

---

① 张小湖. 微信背后的人性观 [EB/OL]. (2015-07-01) [2022-07-05]. https://www.sohu.com/a/20799587_115060.

Part 3

第三篇
整合经济学系统

◎第十二章
整合系统总论

整合是一种生活，我们每个人每天都在做和整合相关的事情。随着市场经济的快速发展，各种资源越来越丰富；随着人工智能、大数据、互联网等技术不断优化升级，资源整合的技术已经十分先进。所有产业项目的成功都是和整合资源分不开的，新时代需要更多懂得资源整合的综合性人才。

整合经济学的理论框架大体上分为四个部分：

（1）平台理论。任何一个企业或一个项目，都要为项目的发展搭好一个平台，或者是借助别人的平台，创造适合自己企业项目发展的平台。今天无论是组织还是个人，都已经充分认识到平台的极端重要性，如何认识平台、搭建平台、选择平台、利用平台，整合经济学针对这些问题进行理论研究和探讨，寻找平台的规律性。

（2）思路理论。整合资源从哪里入手？资源在哪里？自己的优势是什么？怎样去整合？这些思路需要从实际出发，从企业发展定位和项目预期目标出发。"思路决定出路"，创新思路是整合经济学的重要内容。

（3）模式理论。整合资源一定要形成一个双赢的模式——合作式优势互补、资源共享的模式。整合理念里有一句话："打败对手的最高境界是整合对手。"整合成功就可以携手同行，共同发展，达到共赢。整合是双方或多方共同运作的过程，人们通常说的"游戏规则"，实质就是一种整合、合作的模式，是整合经济学理论体系中的重要组成部分。

（4）系统理论。我们在项目管理中都需要提出一个"整体解决方案"，这就是系统。整合资源要建立完善的系统。资源来自多方面、多渠道，一般具有碎片化特征，应对其进行精准的整体系统定位。互联网、物联网和区块链，都是建立在严谨科学的系统定位上，同样需要制订企业项目发展和执行的标准、目标、计划路线图、时间表等，专人干专事，系统推进项目才能又好又快地发展。

搭建平台、创新思路、形成模式、构建系统，这既是项目管理在整合实践中的应用，也是传统项目管理在整合时代的创新成果，是整合经济学的核心。

整合资源，首先，要有海纳百川的胸怀和格局，这是一个"大"的概念。建立整合时代的经济学系统生态圈，就是建立经济、商业、产业全产业链可持续发展的大系统。

其次，新时代既是释放个性追求自我价值的时代，又是相互融合、共享共赢的时代。智慧比知识更重要，要在整合中发展自己，要树立自我超越的信心。由于互联网技术的成熟和普及，中国正在出现大量的自由职业者，如个人开网店、网红直播、医生的多点执业等，每个人都是一个独立的经济体，按照规则合作，并通过协作形成共同发展系统，这是新时代的特征。在新时代要树立自我超越的信心，敢于自我创新，用自身实力和才华智慧赢得人脉资源，整合社会资源，获得事业成功。所以，整合经济学与行为心理学相互交叉，从整合经济学理论层面上研究个人创作发展、事业成功的心理素质、整合能力。

最后，学习整合经济学，要掌握整合资源的艺术。例如，人脉资源整合，是整合经济学研究的重要的内容。整合人脉资源与"拉关系"是完全不同的概念，整合人脉资源需要在实践中不断学习领悟。

总而言之，系统整合可以降低风险、降低成本、提高效率、形成标准，实现共建共享共赢。学习整合经济学，要以整合创新发展为动力，通过整合让生活更快乐、未来更美好。

◎第十三章

平　台

一、平台经济及其特征

1. 平台经济

所谓平台，就是为合作参与者和客户提供一个合作和交易的软硬件相结合的场所或环境。平台，在本质上就是市场的具化。

平台经济（Platform Economics）是一种基于数字技术，由数据驱动、平台支撑、网络协同的经济活动单元构成的新经济系统，是基于数字平台的各种经济关系的总称。

平台经济的市场意义是作为一种虚拟或真实的交易场所，平台本身不生产产品，但可以促成双方或多方供求之间的交易，通过收取恰当的费用或赚取差价而获得收益的一种商业模式。

尽管平台经济没有统一、明确的概念，但它是整合经济学、区域经济学、产业经济学、信息经济学及交易成本理论的研究范畴。

一个城市要发展平台经济需要微观基础，就是需要很多大中小型微型平台型企业。通过创新商业模式，政策基金扶持小企业，制造业服务化等促使城市的平台经济发展，带动产业升级，加快城市发展转型的速度。

在整合经济学理念的推动下，以新科技信息技术为支撑，涌现了一大批平台经济企业，包括百度、腾讯、淘宝、京东商城、阿里巴巴、易讯、易购、库巴、当当、亚马逊、新人才、携程、艺龙、途牛、驴妈妈、去哪儿、一枚邮币资讯等。

2. 平台经济的特征

平台经济作为新经济时代的越来越重要的一种产业组织形式，主要具备以下四方面的特征。

一是平台经济是一个双边市场或多边市场。平台企业一边面对消费者，另一边面对商家。平台经济通过双边市场效应和平台的集群效应，形成符合定位的平台分工。在这个平台上有众多参与者，有着明确的分工，都可以做出自己的贡献。每个平台都有一个平台运营商，它负责聚集社会资源和合作伙伴，为客户提供好的产品，通过聚集人气，扩大用户规模，使参与各方受益，达到平台价值、客户价值和服务价值最大化。

二是平台经济具有增值性。也就是说平台型企业要能为消费者和商家提供获得收益的服务。例如，百度通过为广大用户提供搜索服务，聚集流量，来为商家提供更加精准的广告，提高广告效益。平台企业要能立足市场，关键就是要为双边市场或多边市场创造价值，从而吸引用户，提高平台的黏性。

三是平台经济具有网络外部性。平台企业为买卖双方提供服务，促成交易，而且买卖双方的任何一方数量越多，就越能吸引另一方数量的增长，平台经济的网络外部性特征就能充分显现，卖家和买家越多，平台越有价值。同时，平台经济之所以拥有巨大魅力，是因为其具有交叉外部性特征，即一边用户的规模增加会显著影响另一边用户使用该平台的效用或价值。在网络外部性下，平台型企业往往出现规模收益递增现象，强者可以掌控全局，赢者通吃；而弱者只能瓜分残羹，或在平台竞争中淘汰。

四是平台经济具有开放性。平台经济最大的特点就是筑巢引凤，吸引各种资源的加入，这就需要平台对外开放。平台的合作伙伴越多，平台就越有价值。平台的开放性实现多方共赢，从而提高平台的聚焦效应和平台价值。如今，我国互联网企业走上了开放的道路，淘宝、腾讯、京东商城、奇虎360、百度等纷纷加入开放的行列，开放使这些平台型企业更具竞争力。

二、平台经济的时代性

"平台经济"虽说是近几年才出现的新名词，但是其发展迅速，成为一种新的经济形态，也是有规律可循的。

第一，平台经济是以平台企业为支撑，演化出的新的经济形态。当前新出现的并且快速成长的企业大多属于平台型企业，如淘宝、阿里巴巴、1号店等。通过这些平台企业的发展和成功，演化出一种新的商业模式，并形成平台经济。

第二，平台经济的发展以电子信息技术的发展为基础。电子信息技术的发展一方面催生出大量的电子类平台企业；另一方面，通过互联网的发展，使人们的经济行为在很大程度上突破了空间限制，使平台企业可以快速发展壮大，推动平台经济的蓬勃兴起。当前，随着移动通信技术的迅速发展和推广，手机上网的速度和便利性大大提高，也促使手机平台成为平台企业发展的另一主要方向。可以说，没有电子信息技术的快速发展，就不可能出现平台经济这种形态。而电子信息技术的发展方向也影响着平台经济的发展方向。

第三，平台经济实现了制造业与服务业的融合。平台经济通过沟通产业链上下游、生产者与消费者，实现了交易撮合。在这其中，从生产到运输再到消费，都通过平台得以整合，实现了制造业和服务业的融合。以1号店为例，生产者通过1号店网上平台展示其产品，而消费者通过该平台浏览、比较并购买产品。从展示到下单，再到快递运输，以及其中涉及的电子支付，该平台直接沟通了生产、消费、物流、支付等从生产到服务的链条。同时，平台企业本身也会衍生出各种服务，包括咨询、营销等，实现制造业与服务业融合。

第四，平台经济将推动商业模式、经济形态的彻底改变。一是通过平台经济的发展，不仅产生了更多新的经济概念、经营方式（如团购等），还带动了业态创新（如第三方支付的发展）。第三方支付在解决平台经济发展瓶颈的同时，也推动了自身的发展，涌现出一批知名的第三方支付中介公司，如支付宝、快钱、财付通、银联电子支付等。二是平台经济的发展也使企业组织模式发生了变化。在越来越多平台企业出现的同时，一些传统企业也通过搭建平台，成功开拓了新的增长点。如 App Store 作为软件销售平台，使苹果从纯粹的电子产品生产商转变为以终端为基础的综合性内容服务提供商，成为苹果战略转型的重要举措，是苹果重要的盈利模式。此外，平台之上又衍生出新的平台，形成新的商机。例如，返利网把众多网络购物平台整合，成为平台之上的权威平台。可以说，平台经济正推动商业模式、经济形态和人们消费习惯的彻底改变，使整个经济的微观基础发生变化。

三、平台经济的价值

平台经济是推动经济转型发展的重要引擎。从微观角度看,平台具有交流或交易的媒介功能、信息服务功能、产业组织功能和利益协调功能。从宏观角度看,平台经济的发展具有推动产业持续创新,引领新兴经济增长,加快制造业服务化转型和变革工作生活方式等作用,是一种重要的产业形式。

1. 推动产业持续创新

平台通过对产业资源、市场资源的整合,可为企业提供广阔的发展空间,同时驱动企业进行持续创新,以获得和巩固竞争优势。例如,电子商务平台上产品相似的多家企业为赢得更多用户,就必须加强技术、产品、服务与品牌宣传推广等方面的创新。同时,平台企业自身为了实现高附加值和快速成长,也要持续进行技术创新和商业模式创新,而这些创新将会带动整个产业的发展。苹果应用商店模式的创新发展就引来众多企业效仿,从而带动了"硬件制造—软件开发—信息服务"整条产业链的创新发展。

2. 引领新兴经济增长

平台经济属于服务业范畴。实际上,各类服务业的价值链或者价值网络里都有搭建平台的机会。平台一旦建立,就能够吸引各种资源加入,发挥平台的集聚效应,推动整个产业的资源向平台倾斜,创造出巨大价值。平台经济作为创造和聚集价值的桥梁,正日益成为服务经济中最有活力的一部分。谷歌的成功在于其打造了信息汇聚与分享的平台,苹果的成功在于其打造了内容汇聚与交易的平台,而脸书的成功在于其打造了人们会聚与联络的平台,这都充分体现了平台经济的巨大潜在价值。

3. 加快制造业服务化转型

在竞争日益激烈的当下,制造业企业更需要利用有效的中介平台打通制造和流通之间的瓶颈,实现产品制造链和商品流通链的有效衔接。例如,面对行业利润持续走低的局面,家电企业纷纷转向电子商务平台,借助其庞大的用户资源和快捷的销售渠道,创新营销模式,降低运营成本,创造新的盈利点,获取更高利润。可见,平台经济将成为加快制造业服务化转型的重要推动力。

4. 变革工作生活方式

平台经济中蕴含的新的交流和交易模式，正成为人们日常生活模式和社交结构变革的重要推动力。例如，新浪微博等社交网络平台已成为人际交往的重要渠道，淘宝网等电子商务平台已成为人们日常消费的优先选择，而支付宝等第三方支付平台及网络银行的普及为人们带来了更多便捷。特别是随着互联网由以信息为中心转变为以人为中心，社交网络平台、人际关系平台等将现实关系搬到互联网上的新兴平台，加速了人与人之间的交流和信息流动。这种变革直接带来消费方式的改变，使信息消费得到迅猛发展，也使基于信息交换的商务活动、交易活动等成为未来经济活动的主要组成部分。

总体来看，作为一种重要的产业形式和发展模式，平台经济正逐渐成为服务经济的"皇冠"，成为引领经济增长和推动社会发展的新引擎。

四、阿里巴巴：最大的商业经济平台搭建者

平台的本质是创造价值、普惠他人。平台建立在整合资源的基础上，按照整合经济学的理念，搭建平台，用平台来为经济发展服务，为客户资源服务，通过平台聚集更多的资源，形成经济发展的良性循环。阿里巴巴作为目前全球最强大的电商平台，从起步到逐步发展壮大，成功实践了整合经济学的平台理论。

1. 平台是所有利益相关者的合集

"平台"在今天已成为流行词，并影响全世界许多行业。而阿里巴巴则在这种商业模式有名字之前，就一直是一个平台公司。从一开始，阿里巴巴就具有整合经济学的平台思维理念。像许多成功经济模式一样，阿里巴巴在开始时体现的平台思维还不是自觉的。它的创作团队没有从第一天就想到要建一个平台公司。他们的初衷是"让天下没有难做的生意"，帮助中小企业在全球范围寻找买家。他们在坚持使命，容纳社会巨大供给和需求对接的过程中，释放出了平台的能力。

阿里巴巴始终关心如何把互联网的力量应用到真实的商业世界里，帮助入驻平台的客户创造价值。平台经济的核心是能否真正为他人创造价值，正因为能够创造价值，人们才想聚集到一起，然后形成一个平台。阿里巴巴的

创建者始终认为，平台不是阿里巴巴，平台是所有利益相关者的合集，这才是关键。

阿里巴巴的巨大发展，不仅让数十万计的商家，还使物流、支付等商业环节，都成了相关利益方。2018年天猫"双十一"，2 135亿元的社会新消费增量、首超10亿件快递让人们再次看到一个日渐形成的强大国内市场。面对如此大的供需规模，只有共同创造新的商业基础设施，才能让这一切成为可能。阿里巴巴自1999年3月10日成立以来，已汇聚了全球25万商人会员。每天新增会员数达到1 400人，新增供求信息超过2 000条，是全球领先的网上交易市场和商人平台。2018年，仅阿里巴巴国内零售平台提供直接就业岗位就达到1 558万个，还由此带动了上下游的研发设计、生产制造、物流、售后服务等环节，产生了2 000多万个就业机会。实践证明，平台在创造更多合作机会的同时，也能创造更多就业机会。

近几年，越来越多的国外企业在阿里巴巴平台上"扎堆"，通过阿里巴巴实现数字化升级，更好地连接和服务中国消费者。2018年，全球共有21 000多个时尚品牌新入驻天猫，涵盖了包括法国、日本、韩国、爱尔兰、澳大利亚、波兰、德国、俄罗斯、法国、荷兰等国的时尚品牌。数字经济平台在本质上是面向所有消费者、面向全球每一个人、面向每一个小微主体的，努力构建信用、福祉福利、效率和普惠。无论是在就业方面的作用，在国家财政税收和发展中的作用，还是对每一个最小的社会经济实体的扶植，以及履行经济未来可持续友好发展的企业责任，以阿里巴巴为代表的数字经济平台对人类、社会、国家和未来的价值都非常重大。

2. 平台具有普惠价值

普惠对当今社会的重要性已是共识，但真正重要的是如何实现普惠，例如，如何让科技惠及所有利益相关者。平台的领导者最重要的工作是建立机制，让人人能参与平台，这样才能打造一个更具凝聚力和可持续发展的世界。

阿里巴巴提出"让天下没有难做的生意"，就体现了一个平台创造普惠价值的初心。20多年的发展，在阿里巴巴平台上，这种普惠价值既表现在带动税收和就业上，也体现在带动社会创新和履行社会责任上，赋能更多企业成为好公司，为中国社会带来价值增量。超过200万家淘宝、天猫商家通过公益宝贝在阿里平台"边做生意，边做公益"，年捐赠额增幅达47%。

我们通过阿里巴巴2020财年财报来看这一最大商业经济平台的普惠价值。

阿里2020财年财报：营收超1 190亿元。阿里的核心电商、云计算、数字媒体和娱乐，以及创新业务四大业务板块占总营收比例分别为85%、8%、6%和1%。核心电商业务仍是营收的主要来源，达到1 012亿元。

阿里巴巴搭建的数字商业基础设施为新消费创设了增长的阵地。淘宝直播在2019财年带动的成交规模达千亿元。天猫旗舰店2.0为品牌提供了数字化运营的新方案，帮助品牌通过丰富的交互、个性化的内容，以及线上线下一体的场景，向消费者提供精细化的服务。盒马鲜生的全国化冷链物流体系有效提升了生鲜农产品的物流配送效率。菜鸟网络的末端物流截至2019年9月30日，菜鸟驿站每日处理的包裹量同比增长100%。在截至2019年8月的12个月内，菜鸟裹裹年度用户超1亿。

来自阿里巴巴的大数据显示，越来越多的年轻人在乡村里看到了事业的新天地。兴农扶贫，振兴乡村，"90后"开始当家。生于1997年的邓星渝是帮村民卖苹果的"90后"大军中的一员。邓星渝所在的康定壹零公司作为服务商，与阿里巴巴兴农扶贫团队一起，在"双十一"把卓玛奶奶的苹果卖向了全国，三天卖了7万斤苹果。评估显示，每销售2 000斤苹果，就能帮助一名藏族同胞脱贫。

3. 阿里巴巴商业经济平台特点

阿里巴巴平台的定位很明确，它的定位就是它的目标，只有目标明确了，才能更好地把事情做好；假如目标不明确，做起事情来就没有方向。阿里平台的目标就是为中小企业服务，而中小企业需要的服务很多，但是摆在中小企业眼前最头痛的困难就是销售不好，销售不好的关键在于中小企业资金有限，很难开发销售渠道，同时销售方面的信息不多，市场很封闭。所以阿里就是找到中小企业最关键的问题，为中小企业提供销售信息和销售资源，帮助它们更好、更快地找到销售渠道，所以阿里巴巴的口号就是"让天下没有难做的生意"。

作为全球最大的网上贸易市场，阿里巴巴是当之无愧的电子商务的代表。阿里巴巴模式的总体特点是网上交易，网下配送。

商务活动包括四流，即信息流、商流、资金流、物流。以阿里巴巴为代表的电子商务活动在这四个方面都比传统商业活动有着明显的优势。

首先看信息流。传统商业是通过实物传递商品的信息，而电子商务是用电子信息代替实物信息。通过互联网进行信息传递，不受时间和空间的限制。卖家可以在瞬间将某种商品的图案、动画、规格、价格、交货方式等信息传到世界各地。产品优与劣，价格贵与贱，瞬息之间全球都知道，可以与世界各地的用户达成交易。所以，阿里巴巴在短短几年内就拥有全球的210万商人。

其次看商流，即客户之间谈价格、谈质量、谈交易方式、谈付款方式等，直到把生意谈成，把交易合同签订。商流完全是信息流，不仅双方谈话的内容可以通过电子商务实现，就连双方交谈的过程，也可以通过声音、视频传输，以实现远程互动。

再次看资金流。因为互联网技术的发展，网上结算已不再成为我们的问题。交易双方没有必要再通过现金或支票等实物货币进行支付。电子货币代替实物货币，不仅可以节省货币的印制和流通费用，而且因为诸如支付宝的使用，电子货币更加安全可靠。

最后看物流，就是将商品从卖者处运输到买者处。在互联网出现后，不仅信息流、商流、资金流基本都可以在网上传递，商品的部分物流也可以用互联网代替。例如，报纸、音乐、电视节目光盘等。当然，能被互联网取代的物流很有限。多数产品的流通，只有信息流、商流和资金流可以在网上进行，物流则要按传统的方式进行。但互联网将不断改变物流的路线和集散模式，使物流更合理，物流成本更低。

另外，就是阿里巴巴平台的人性化服务，做到了非常精细化的状态。

阿里成功的因素虽然很多，但是它的人性化服务却是很重要的一点，因为网站本身看起来是虚拟的，但是阿里却提供真实的人性化服务，所以人们感觉阿里网站是实在的，是可以产生效益的。人性化的服务是阿里的一大特色，从人性化的页面到人性化的功能操作，以及人性化的论坛，最重要的是人性化的线下和售后服务，同时热情地指导企业进行上网服务。由于很多的企业是第一次进行网上电子商务，有很多企业还不太了解和熟悉怎么样进行网上电子商务和操作，所以阿里的人性化指导服务显得很重要，如电话指导和网上及网下的贸易培训等。通过各种方式，企业在网上取得很大的效益，也防止了一些企业因为不懂网上操作，没有取到效果而严重流失的情况。

◎第十四章

思　路

"思路"作为一个汉语词汇,是指思考的条理脉络,通俗的解释就是心里的想法。在整合经济学里,思路体现在面对资源稀缺性,在整合方式、方法和途径上具有创新性。这是整合经济学系统中一个重要的环节。经济活动贯穿人们生活的全过程,为什么有的人取得成功,有的人却是碌碌无为,很重要的原因在于整合资源的方式、方法,或者说整合谋略上的智慧差异。

一、思路的意义

任何成功最初就是一个思路,任何失败最初也是一个思路。思路决定出路,观念决定行动,我们观念的落后就是可怕的落后。许多企业日复一日地在重复经营与管理上出错,是因为已经习惯了这些错误的观念与方法。

思维决定行为。人的大脑是世界上最先进的"计算机",我们用什么样的思维指导,就会用什么样的行动来实践。行为是船,而思维是灯塔,有正确的指引,人生才不会迷失;行为是武将,而思维是军事,有出人意料的谋略才能克敌制胜,取得佳绩。

人们常说"思路决定出路"。其实生活工作中,没有思路不行;组织管理中,没有思路不行;企业经营中,没有思路不行……在逆境和困境中,有思路就有出路;在顺境和坦途中,有思路才有更大的发展。人们在事业、工作、人际关系、爱情、生活等方面会遇到很多困境和难题,它们影响命运、决定成败。如何解决这些问题,需要正确的思路。明确思路对人们在人生定位、心态、思维模式、职业发展、人际关系、爱情婚姻、做人做事、能力培养、生活习惯等方面存在的重要问题进行剖析,提出解决这些问题的正确思路,以帮助广大读者突破思维定式,提高处理和解决问题的能力,克服困难,从而成就辉煌的事业和美好的人生。

清晰的思路是通往成功的关键。我们不但要有好的想法，更重要的是把这些想法梳理成清晰的可执行的路径。

思路开阔，能让我们在遇到问题时看到的是一片海，而不是一座独木桥；思路开阔也能让我们在遇到问题时形成"非常之法"，进而形成"非常之举"，最终成就"非常之事"，不断推进经济工作迈上新台阶。

二、思路与心态

思路具有指引性。面对同一种资源和同一种现实，不同的心态往往形成不同的思路。显然，在不同思路的指引下，行为不同，结果也不会相同。思路的指引是结果产生的首要条件，也是必要前提。我们做任何事情，都是先要有个想法作为行为指引，才能够为此努力实践，得到好的结果。

我们生活在一个快速发展的社会，每个人都在为某个目标而努力奋斗着，但每个人都会有一段或阶段性的消极情绪扰乱自己原本平静的生活，人一旦有消极心态，就可能会做出一些自己平时不敢做或做不了的事情，会给自己带来困扰，也会给家人带来极大的伤害。面对消极的心态，我们要学会去调节。

有一个小故事说，有位秀才第三次进京赶考，住在一个经常住的店里。考试前两天，他做了两个梦，第一个梦是梦到自己在墙上种白菜；第二个梦是下雨天，他戴了斗笠还打伞。

秀才解不透这两个梦的寓意，第二天就赶紧去找算命的人解梦。算命的人一听，连拍大腿说："你还是回家吧。你想想，高墙上种菜不是白费劲吗？戴斗笠打伞不是多此一举吗？"

秀才一听，心灰意冷，回店收拾包袱准备回家。店老板非常奇怪，问："不是明天才考试吗，今天你怎么就回乡了？"

秀才如此这般说了一番，店老板乐了，"哟，我也会解梦的。我倒觉得，你这次一定要留下来。你想想，墙上种菜不是高种（高中）吗？戴斗笠打伞不是说明你这次有备无患吗？"

秀才一听，更有道理，于是精神振奋地参加考试，结果中了个探花。

在上面的这个小故事当中，算命者的思路是消极的思路，所以他就看到了消极的出路；而店老板的思路是积极的思路，所以他看到了积极的出路。

秀才也不愧为秀才,他选择了积极的思路,所以高中了探花。

人生要有好的出路,最重要的就是要提升自身的素质,培养积极的心态,只要有了积极的心态,也就拥有了积极的思路,自然也就有了令人振奋的出路。

有人曾经对人们在人生定位、心态、思维模式、职业发展、人际关系、爱情婚姻、做人做事、能力培养、生活习惯等方面存在的重要问题进行剖析,并提出了针对很强的"思路突破"——谋求发展与成功的正确思路。由此引导大家,尤其是青年朋友们在现实中突破思维方式,克服心理与思想障碍,确立良好的解决问题的思路,把握机遇,灵活机智地处理复杂和重要问题,从而开启成功的人生之门,谱写卓越的人生乐章。

关于心态的不断调节,许多励志格言说明了这个道理,应用在整合经济学中,指导人们的整合经济行为,同样适用,因为经济学首先是研究人的学问。

有位哲人说:"既然现实无法改变,那么只有改变自己。"改变自己就是调整好自己的心态。我们不能改变天气,但我们可以改变自己的心情;我们不能改变容颜,但我们可以展现自己的笑容;我们不能改变环境,但我们可以改变自己的角度;我们不能控制他人,但我们可以把握自己;我们不能预知明天,但我们可以利用好自己的今天;我们不能决定生命的长度,但我们可以扩展自己生命的宽度。一位伟人说:"要么你去驾驭生命,要么是生命驾驭你。你的心态决定谁是坐骑,谁是骑师。"

良好的心态影响个人、家庭、团队、朋友甚至可以影响社会。一个好的心态,能让你成功;一个坏的心态,能毁灭你自己。

态度决定命运,思路决定出路。生活中,一个好的心态,可以使你乐观豁达;一个好的心态,可以使你战胜面临的苦难;一个好的心态,可以使你淡泊名利,过上真正快乐的生活。

人类几千年的文明史告诉我们,积极的心态能帮助我们获取健康、幸福和财富。《黄帝内经》上说,"天气,清净光明者也。"天的气,是清净光明的,所以运行不止。做人就应该效法天之"清净光明",精神要清净淡然,内心要光明。圣人内心光明,能够映照万物。普通人的心因为私欲和妄念的污染和蒙蔽,昏暗、浑浊,失去了那份光明。

你若光明,这世界就不会黑暗;你若心怀希望,这世界就不会彻底绝望;

你如不屈服，这世界又能把你怎样。虽然走得慢，但从来不会后退，相信自己，坚持，一定能取得成功。

三、案例：翠微大厦创新思路整合商业资源

在整合经济学中，运用创新思路成功整合资源实现发展目标的典型案例，北京翠微商厦是一个早期。

1. 生不逢时恰其时

成立于1997年的北京翠微大厦股份有限公司，在开业之时，正值中国零售业的低谷时期，全市90%以上的大商场效益下滑。这一年，被人们称为大商场的"倒闭年"。人们说，"翠微开业找死，不开业等死"，同情翠微的人们感叹："翠微生不逢时。"

面对巨大的压力，当时的翠微大厦总经理栾茂茹（现为翠微大厦股份有限公司党委书记、董事长）却有另一番高论，"生不逢时"可以转化成"天时"，"生不逢时恰其时，不是时候也正是时候。"在整个市场滑坡时入市不是一定不好，就像冲浪运动一样，下落得越低，浪头打过来才会冲得越高。

翠微在开业前，广泛进行调查研究，取百家之长，避诸士之短，短短几个月内，翠微的工作人员跑遍了全国所有的大中型商场。翠微的工作人员跑市场长着"两双眼睛"，一双"眼睛"看优点，吸纳别人的长处，在普遍中找出个性，以弥补企业定位的不足；另一双"眼睛"看问题，发现和总结行业中普遍存在的不足，研究出破解之策。翠微一开始就意识到，面对国外零售业的巨大冲击，首先应当学习国外先进的经营思想和管理经验，所以他们紧盯国际商业潮流和商业动态，汲取国外先进的经营管理思想，逐步丰富自己的经营理念。洋为中用，翠微人把国外零售业先进的东西首先运用到企业的经营管理中，精心设计创造出独具特色的"翠微管理模式"，在全国零售业引起不小的震动，国家商业主管部门为此专门召开推广会。博采众长的翠微形成了一套较为先进的经营管理理念，把"提升消费者的生活质量和生活品位，传播现代时尚消费文明"作为自己的使命。翠微就是这样信心满怀地迈出了走向成功的第一步。

2. 翠微商圈无硝烟

翠微开业，业界人士说：大树边上长不成大树。翠微人激励自己：独木不成林，到森林里去挤吧！为争一缕阳光，便要强迫自己长得更高、更直，根必须扎得更深、更密。

翠微往东 200 米是当时北京效益最好的大商场之一——北京城乡贸易中心。翠微开业，《中国经营报》发表评论："竞争是不可避免的，洞悉目标对手的劣势，有的放矢，针锋相对。看来翠微商圈将成为'商战'硝烟弥漫的地方。"

翠微领导集体以现代商人特有的胸怀提出：我们考虑的不应该是内部分争，抢占势力范围，而是如何迎接国际商战带来的新挑战。我们已经没有时间再从别人的碗里分一杯羹了。我们必须认清这样一个事实，一个沃尔玛商业集团的销售就达到 2 000 多亿美元，比我们所有大型零售企业集团的销售总额还要高出许多倍。如果我们还在为争一时之高下而打得不亦乐乎，最终结果只有被外来势力逐个击破。翠微大厦与周边商场不是竞争对手的关系，而是合作伙伴，要与周边商场携手共创翠微商圈的繁荣。

于是，翠微人产生了全新的竞争理念——"三维竞争"。将目光投向竞争的第三方——消费者，看在哪些方面满足了目标顾客群的需求；哪些方面还没有满足，如何改进，以获得消费者的认同来增强市场实力。翠微以追求生活品质的人群为目标顾客群，与周边商场错位经营，从而避免了低层次的价格竞争。如今 8 年过去了，周边商场依然红火，翠微经济效益也以每年 30%的速度递增，成为北京发展速度最快的大商场之一。翠微商圈成为地均效益最好的商圈。如今又有人投巨资在翠微商圈兴建大型现代商业设施。"三维竞争"——一个全新的理念带活了一个商圈，创造了一个地域的繁荣。

3. 与消费者需求赛跑

翠微的发展过程是一个不断创新的过程，不断与消费者的需求和时刻变化的市场赛跑的过程。在现代社会，获得商品的实用价值已经不再是消费行为的唯一动机，而以企业品牌为核心的无形资产成为影响消费者行为的一个至关重要的因素。

人们在满足物质需求的选购和消费行为中，更多地融入自己的审美观念、价值取向等代表精神需求的文化消费意识。买商品就是买品牌，这在很大程度上已经成为现代人的一种时尚。翠微人认为：要想提升翠微品牌，很重要的一点就是要引名厂、卖名品、创名店，推出全新的品牌概念，把同类商品中经过市场检验、知名度高、信誉好，并被广大消费者认同的国际、国内知名品牌引进来。8年中，翠微通过持续不断地提升商品品牌，做到了"人无我有"，与周边企业错位经营。如今，在化妆品、服装、鞋、箱包等主力商品中，国际、国内一线品牌荟萃。

商品、环境、服务是构成零售业服务质量的三大要求，翠微始终致力于三要素的和谐统一。商品和环境是硬件，翠微在实现商品品牌化经营，为消费者提供一流商品的同时，根据消费者已由过去的"单纯购物型"转向"休闲享受型"的特点，精心营造温馨如家的购物环境。让消费者走进环境幽雅的翠微大厦，观赏舒心悦目的艺术性布局，领略现代化设施，通过丰富多彩的商品展示、演示，艺术化的商品陈列，服务咨询和广告宣传，使顾客享受高科技，享受新文化，享受时尚与新潮，学到消费知识，便捷地购买所需的商品，体验现代生活的乐趣和意义。

4. 构建大客户思路，整合盈利资源

在喜迎八周年店庆的时候，翠微完全可以无愧地、理直气壮地讲：翠微人八年前的梦想已成真！翠微人为此付出的许许多多的"因"，今天已结成了丰丰硕硕的"果"。许多人问："翠微为什么这么火？""翠微成功的秘诀是什么？"翠微人说："答案有两个，一个很复杂，一个很简单。"

答案之所以复杂，是因为翠微的成功依仗的是由N个因素构成的系统。如果出现任何"N-1"的现象，局面就有可能完全不同。要想把构成这个系统的因素群一一说清楚，绝不是一件容易的事。这里既有属于经营理念层面的原因，也有属于管理技术层面的原因；既有决策力层面的原因，也有执行力层面的原因；既有学人所长、为己所用方面的原因，也有潜心开拓、敢于创新方面的原因等。

要说答案很简单，可以概括为一句话：翠微人是在按企业的规律办企业。作为一个大型百货商场，同其他企业一样，最根本的规律是要有盈利。盈利是投资者设立企业的出发点，盈利是企业生存和发展的基础，盈利也是衡量企业经营质量最显著的标志。翠微人当然熟知这最简单不过的道理。不简单的是，翠微人只把盈利视为经营结果，而更重视作为经营过程的盈利源。翠

微的大顾客观就是在充分认识到"三大盈利源"的基础上形成的。

盈利源之一：消费者

消费者是企业赖以生存和发展的基础，翠微人不仅把这句话牢牢记在心里，更体现在行动中。翠微年年的效益都不错，可年年都要进行经营结构的调整，大大小小的调整难以统计。开始，有些人想不通，"卖得挺好的，瞎折腾什么！"调整的实践证明了：消费需求在变，以不变应万变是行不通的。正因为"与消费需求变化同步"已成为翠微人牢固确立的理念和自觉的行动，才换得越来越"挑剔"的消费者越来越青睐翠微。

盈利源之二：供货商

翠微入市的时期，正是我国流通领域"零供关系"发生许多令人关注变化的时期。从市场并不明朗的开业初期，到业绩越来越好、企业知名度越来越高的今天，"以供货商为顾客"的理念和行动在翠微一直没有改变。翠微没有把供货商当作"摇钱树"，只是把企业当作供货商开发市场和把握商机的平台。翠微人首先思考的是怎样为供货商服务、怎样向供货商反馈市场需求、怎样帮助供货商改进产品设计和生产工艺、怎样为供货商解除后顾之忧等。可以讲，在消费者受益的同时，供货商的利益在翠微获得了充分的体现，这正是供货商无论在什么情况下，都能把最新的、最畅销的商品先供翠微的根本原因。

盈利源之三：员工

企业所有的事都要靠员工去做，科学经营理念的形成和践行、各项规章制度的贯彻落实、进存销等经营性劳动，以及相关的管理、行政后勤保障性的工作等都离不开企业的员工。开业初，"十九个方面军"很快汇合成"一个集团军"；随着一个个"战役"的展开，翠微这个"集团军"越战越勇、越战越强。面对市场中的各种诱惑，翠微人自律；面对前进中的困难曲折，翠微人自尊；面对行业间的竞争挑战，翠微人自强；面对企业未来的发展前景，翠微人自信。这些都是确保翠微成功的不可或缺的"人为"因素。[1]

---

[1] 北京晨报. 翠微百货——思路赢得出路 [EB/OL]. (2005-11-16) [2022-08-01]. https://www.doc88.com/p-667159543982.html?r=1.

◎第十五章
模　式

一、模式与整合经济学系统中的模式

　　模式，本意是尺度、样式的标准。我国古代文化中，模式有可以做为样板、模范、示范的含义。古汉语中"模式"一词最早出自北魏年间，《魏书·源子恭传》："故尚书令、任城王臣澄按故司空臣冲所造明堂样，并连表诏答、两京模式，奏求营起。""模式"当时指一种成熟的建筑样式，这里面的意思是说要求按照前人所建"两京模式"营造"明堂"。后来有宋代张邦基《墨庄漫录》卷八："闻先生之艺久矣，愿见笔法，以为模式。"清代薛福成《代李伯相重锲洨滨遗书序》："王君、夏君表章前哲，以为邦人士模式，可谓能勤其职矣。"所谓模式，就是得到很好研究的范例。在《孙子兵法》中，三十六计，条条都是模式，如"走为上""空城计"都是战争模式。

　　模式在整合经济学中，指整合资源的一种规范、规则和相关各方需要遵守的准则。通常整合经济资源过程中形成的模式具有法律约束性。例如，合作协议、合同书、备忘录、董事会纪要、上市公司的披露公报、年报等文件。我们讲模式的构建，就是在整合经济学系统里，整合资源的各方形成一种行为标准和合作的方式。

　　模式是主体行为的一般方式，包括科学实验模式、经济发展模式、企业盈利模式等，是理论和实践的中介环节，具有一般性、简单性、重复性、结构性、稳定性、可操作性的特征。模式在实际运用中必须结合具体情况，实现一般性和特殊性的衔接并根据实际情况的变化，随时调整要素与结构才有可操作性。

二、商业模式

模式作为整合经济学体系框架中的重要组成部分,是指整合资源行为过程中各方达成共识,形成一种行为标准,合作方式的规范、规则和相关各方需要遵守的准则,是为实现资源优化配置进行要素整合而形成的一个完整高效的运行系统。整合经济学中的"模式"概念,是一般原理与具体条件相结合而形成的资源整合结构的活动形式。如果说整合是两种资源的组合、融合,那么模式就是这两种资源整合的形式、规则。整合过程中形成的模式文件,例如合作协议、合同书、规定条例等,具有法律约束性。

1. 商业模式的由来

整合经济学认为,商业模式是整合资源最主要的模式,是一种资源整合的商业逻辑。其所涉及的财务模式、价值模式、组织模式、约束模式、合同模式等,都是商业模式系统的组成内容。

商业模式已经成为一个挂在创业者和风险投资者嘴边的名词。几乎每一个人都确信,有了一个好的商业模式,成功就有了一半的保证。那么,到底什么是商业模式?它包含什么要素,又有哪些常见的类型呢?

用整合经济学来说,商业模式就是公司通过什么途径或方式整合稀缺资源来实现赚钱的目标。简言之,饮料公司通过卖饮料来赚钱,快递公司通过送快递来赚钱,网络公司通过点击率来赚钱,通信公司通过收话费来赚钱,超市通过平台和仓储来赚钱等。只要有赚钱的地方,就有商业模式存在。

商业模式是一个比较新的名词。尽管它第一次出现在20世纪50年代,但直到20世纪90年代才开始广泛使用和传播。今天,虽然这一名词出现的频率极高,关于它的定义仍然没有一个权威的版本。目前相对比较贴切的说法是:商业模式是一种包含了一系列要素及其关系的概念性工具,用以阐明某个特定实体的商业逻辑。它描述了公司能为客户提供的价值,以及公司的内部结构、合作伙伴网络和关系资本(Relationship Capital)等借以实现(创造、推销和交付)这一价值并产生可持续盈利的要素。

2. 商业模式的概念

商业模式的定义:为实现客户价值最大化,把能使企业运行的内外各要素整合起来，形成一个完整的、高效率的、具有独特核心竞争力的运行系统，并通过最优实现形式满足客户需求、实现客户价值，同时使系统达成持续盈利目标的整体解决方案。[①]

人们在文献中使用"商业模式"这一名词的时候，往往模糊了两种不同的含义：一类作者简单地用它来指公司从事商业活动的具体方法和途径；另一类作者则更强调模型方面的意义。这二者实质上是有所不同的：前者泛指一个公司从事商业活动的方式，而后者指的是这种方式的概念化。

商业模式是一个非常宽泛的概念，通常所说的与商业模式有关的说法很多，包括运营模式、盈利模式、B2B模式、B2C模式、"鼠标加水泥"模式、广告收益模式等，不一而足。新加坡著名企业泰莫斯公司对商业模式的定义是一个完整的产品、服务和信息流体系，包括每一个参与者及其在其中起到的作用，以及每一个参与者的潜在利益和相应的收益来源和方式。在分析商业模式的过程中，主要关注一类企业在市场中与用户、供应商、其他合作伙伴的关系，尤其是彼此间的物流、信息流和资金流。

商业模式的设计是商业策略（Business Strategy）的一个组成部分。而将商业模式实施到公司的组织结构（包括机构设置、工作流和人力资源等）及系统（包括IT架构和生产线等）中去则是商业运作（Business Operation）的一部分。商业运营模式是一种建立在许多资源构成要素及其关系之上，用来说明彼此关联资源整合经济逻辑的概念性工具。商业运营模式可以用来说明资源整合主体之间如何通过创造资源增值效果，建立内部结构，以及与伙伴形成资源平台关系来开拓市场、传递价值，创造资本，获得资源增值利润并在特定市场上建立竞争优势。

商业模式在发展中形成了八大要素：客户价值最大化、整合、高效率、系统、盈利、实现形式、核心竞争力、整体解决。这八个关键词也就构成了成功商业模式的八个要素，缺一不可。其中，整合、高效率、系统是基础或先决条件，核心竞争力是手段，客户价值最大化是主观追求目标，持续盈利是客观结果。

中国的企业在经历了要素驱动与投资驱动两个阶段后，开始向更高境界迈进，现在已经不是企业靠单一产品或者技术就能打天下的时代，也不是靠

---

① 李振勇. 商业模式 [M]. 北京：新华出版社，2006.

一两个小点子或者一次投机就能决出胜负的时代了。企业要想有生存空间并能持续地盈利，必须依靠系统的安排、整体的力量，即商业模式的设计。未来企业的竞争将是商业模式的竞争，商业模式的竞争将是企业最高形态的竞争。

3.商业模式的特征和类型

商业模式具有以下两个特征：

（1）商业模式是一个整体的、系统的概念，而不是一个单一的组成因素。收入模式（广告收入、注册费、服务费），向客户提供的价值（在价格上竞争、在质量上竞争），组织架构（自成体系的业务单元、整合的网络能力）等，这些都是商业模式的重要组成部分，但并非全部。

（2）商业模式的组成部分之间必须有内在联系，这个内在联系把各组成部分有机地关联起来，使它们互相支持，共同作用，形成一个良性的循环。

根据上述理解，可以把商业模式分为两大类：

（1）运营性商业模式。重点解决企业与环境的互动关系，包括与产业价值链环节的互动关系。运营性商业模式创造企业的核心优势、能力、关系和知识。其中盈利模式设计包括：企业从哪里获得收入，获得收入的形式有哪几种，这些收入以何种形式和比例在产业价值链中分配，企业是否对这种分配有话语权。

（2）策略性商业模式。策略性商业模式对运营性商业模式加以扩展和利用。包括：业务模式，即企业向客户提供什么样的价值和利益，包括品牌、产品等；渠道模式，即企业如何向客户传递业务和价值，包括渠道倍增、渠道集中/压缩等；组织模式，即企业如何建立先进的管理控制模型。

每一种新的商业模式的出现，都意味着一种创新、一个新的商业机会的出现，谁能率先抓住这种商业机遇，谁就能在商业竞争中拨得头筹。

商业模式具有生命性。一个世纪前，金吉列通过赠送产品来赢得财富，创造了一种新的商业模式，而今天当各商家都用打折或买一送一的方式来促销时，这就不再是一种商业模式。商业模式具有可移植性。如果今天我们生产剃须刀片的企业仍然通过免费赠送剃须刀的方式来卖刀片，它就不能称之为商业模式，而当新型的网络企业通过各种免费方式赢得关注时，我们就能称这种免费形式为网络企业的新商业模式。在企业的创办过程中，每一个环节上有多种创新形式，偶尔的一个创新也许就能改变企业的整个经营模式，也就是说，企业的商业模式具有偶然性和广阔的衍生性。

4. 商业模式的主要形式

所谓的商业模式是指企业根据自己的战略性资源，结合市场状况与合作伙伴的利益要求，而设计的一种商业运行组织。这种商业运行组织一般会涉及供应商、制造商、经销商、终端商，以及消费者等综合性利益。因此，商业模式是在多赢价值体系下，主导企业的一种战略性构思。商业模式不同于单一的渠道策略，商业模式更多的是一种以利润结构为导向的组织结构性设计，而不是一种简单的渠道铺货策略。

制造商、品牌商、经销商、终端商，都有自己比较独特的商业模式。商业模式主要有如下六种形式。

第一，直供商业模式。主要应用在一些市场半径比较小，产品价格比较低或者是流程比较清晰，资本实力雄厚的国际性大公司。直供商业模式需要制造商具有强大的执行力，现金流状况良好，市场基础平台稳固，市场产品流动速度很快的特点。

第二，总代理制商业模式。这种商业模式为中国广大的中小企业广泛使用。由于中国广大的中小企业在发展过程中面临着两个最为核心的困难，一是团队执行力比较差，它们很难在短时间内构建一个庞大的执行团队，而选择经销商做总代理可以省去很多当地市场执行上的困难；二是资金实力上的困难，中国中小企业普遍资金实力比较薄弱，选择总代理制商业模式，它们可以在一定程度上占有总代理的一部分资金，更有甚者，它们可以通过这种方式完成最初原始资金的积累，实现企业的快速发展。

第三，联销体商业模式。随着大量中小企业选择采取总代理制商业模式，市场上好的经销商成为一种稀缺的战略性资源，很多经销商对于鱼目混珠的招商产生了严重的戒备心理。在这样的市场状况下，很多比较有实力的经销商为了降低商业风险，选择与企业进行捆绑式合作，即制造商与经销商分别出资，成立联销体机构，这种联销体既可以控制经销商市场风险，又可以保证制造商始终有一个很好的销售平台。

第四，仓储式商业模式。仓储式商业模式也是很多消费品企业选择的商业模式。很多强势品牌基于渠道分级成本高，制造商竞争能力大幅度下降的现实，选择了仓储式商业模式，通过价格策略打造企业核心竞争力。

仓储式商业模式与直供商业模式最大的不同是，直供商业模式是企业不拥有直接的店铺，通过第三方平台完成产品销售，企业将货源直接供应给第三方销售平台；而仓储式商业模式是企业拥有自己的销售平台，通过自己的销售平台完成市场配货。

第五，专卖式商业模式。随着中国市场渠道终端资源越来越稀缺，越来越多的中国消费品企业选择专卖式商业模式。例如，TCL 幸福村专卖系统，五粮液提出的全国两千家专卖店计划，蒙牛乳业提出的蒙牛专卖店加盟计划，云南乳业的牛奶专卖店与牛奶总汇等。

专卖式商业模式与仓储式商业模式完全不同，仓储式商业模式是以价格策略为商业模式核心，而专卖式商业模式则是以形象与高端为核心。

第六，复合式商业模式。由于中国市场环境异常复杂，中国很多快速消费品企业在营销策略上也选择了多重形式。复合式商业模式是一种基于企业发展阶段而做出的策略性选择。但是，要特别注意的是，在一般情况下，无论多么复杂的企业与多么复杂的市场，都应该有主流的商业模式，而不能将商业模式复杂化作为朝令夕改的借口，使营销系统在商业模式上出现重大的摇摆。

5. 商业模式技术与创新

竞争日益激烈的商业环境使众多企业纷纷开始寻找新的出路，而到底是技术创新还是商业模式创新，在实际范围内都存在很大争议。在整合经济学新思维的启发下，商业组织更加重视商业模式的构建，追求商业模式上的创新。其根本原因在于中国有一个庞大而低端的消费市场，而且这个市场在绝对意义上说，远远没有饱和，无数商品还没有被寻常消费者享受到，商业并没有得到更广泛的普及。而在短期内，国民收入不会发生大的变化，这也导致中国对高端消费的抑制，这个时候，发现新的需求，并且创造出新的需求模式，显得尤其重要。

新的商业模式不仅表现在 IT 行业，在其他的各个领域，也出现了新的商业模式。如家，改变传统酒店模式，以连锁和简化酒店功能的新型商业模式获得商务人士的广泛推崇；分众传媒，"发现"了楼宇广告，并且开创了户外媒介传播的新方式。

同时，新的商业模式的出现，很大程度上在于未来的不可预知。那些具有异常强烈的商业嗅觉的人，才能够把握商机，迅速崛起，这就是新的商业模式往往由新势力创造，而非由相近领域的传统强大势力创造的原因。在日益激烈的竞争中，新的商业模式也会层出不穷，而这也正是商业社会的魅力所在。也许某一天，从一个不知名的角落里，崛起一个庞大的商业帝国。

三、商业模式的核心原则

商业模式的核心原则是指商业模式的内涵、特性，是对商业模式定义的延展和丰富，是成功商业模必须具备的属性。它包括：资源价值最大化原则、持续赢利原则、资源整合原则、融资有效性原则、组织管理高效率原则、创新原则、风险控制原则和融资有效性原则等七大原则。

1. 资源价值最大化原则

一个商业模式能否持续盈利，与该模式能否使资源价值最大化有必然的关系。一个不能实现客户资源价值最大化的商业模式，即使盈利也一定是暂时的、偶然的，是不具有持续性的；反之，一个能使客户资源价值最大化的商业模式，即使暂时不盈利，但终究也会实现盈利。所以我们把实现客户资源价值最大化作为商业模式设计的基本原则。

2. 持续盈利原则

企业能否持续盈利是判断其商业模式是否成功的唯一的外在标准。因此，在设计商业模式时，盈利和如何盈利也就自然成为重要的原则。当然，这里指的是在"阳光"下的持续盈利。持续盈利是指既要盈利，又要有发展后劲，具有可持续性，而不是一时的偶然盈利。

3. 资源整合原则

整合就是要优化资源配置，就是要有进有退、有取有舍，就是要获得整体的最优。

在战略思维的层面上，资源整合是系统论的思维方式，是通过组织协调，把企业内部彼此相关但彼此分离的职能，把企业外部既有共同的使命又拥有独立经济利益的合作伙伴整合成一个为客户服务的统一体，取得"1+1>2"的效果。

在战术选择的层面上，资源整合是优化配置的决策，是根据企业的发展战略和市场需求对有关的资源进行重新配置，以凸显企业的核心竞争力，并寻求资源配置与客户需求的最佳结合点，目的是通过组织制度安排和管理运作协调来增强企业的竞争优势，提高客户服务水平。

4. 创新原则

创新是国家强盛的源泉，是人类社会进步的根本动力。创新要素的集聚，创新效率的提升，需要成熟的创新资源整合平台来完成。时代华纳公司前首席执行官迈克尔·恩说："在经营企业的过程中，商业模式比技术更重要，因为前者是企业能够立足的先决条件。"商业模式的创新形式贯穿于企业经营的整个过程之中，贯穿于企业资源开发研发模式、制造方式、营销体系、市场流通等各个环节，也就是说，在企业经营的每一个环节上的创新都有可能变成一种成功的商业模式。

5. 融资有效性原则

融资模式的打造对企业有着特殊的意义，尤其是对中国广大的中小企业来说更是如此。我们知道，企业生存需要资金，企业发展需要资金，企业快速成长更是需要资金。资金已经成为所有企业发展中绕不开的障碍和很难突破的瓶颈。谁能率先解决资金问题，谁就赢得了企业发展的先机，也就掌握了市场的主动权。

从一些已经成功的企业的发展过程来看，无论其表面上对外阐述的成功理由是什么，都不能回避和掩盖资金对其成功的重要作用，许多失败的企业就是因为没有建立有效的融资模式。所以，设计商业模式很重要的一环就是要考虑融资模式。甚至可以说，能够融到资并能用对地方的商业模式就是已经成功了一半的商业模式。

6. 组织管理高效率原则

高效率，是每个企业管理者都梦寐以求的境界，也是企业管理模式追求的最高目标。用经济学的眼光衡量，决定一个国家是富裕还是贫穷的砝码是效率；决定企业是否具有盈利能力的也是效率。

从现代管理学理论来看，一个企业要想高效率地运行，首先要明确的是企业的愿景、使命和核心价值观，这是企业生存、成长的动力，也是员工干好的理由。其次要有一套科学的、实用的运营和管理系统来解决系统协同、计划、组织和约束问题。最后还要有科学的奖励激励方案，解决如何让员工分享企业的成长果实的问题，也就是向心力的问题。只有把这三个主要问题解决好了，企业的管理才能有效率。现实生活中的万科、联想、华润、海尔等大公司，在管理模式的建立上都是可圈可点的，也是值得我们学习的。

7.风险控制原则

设计再好的商业模式，如果抵御风险的能力很差，就会像在沙丘上建立的大厦一样，经不起任何风浪。这个风险既指系统外的风险，如政策、法律和行业风险，也指系统内的风险，如产品的变化、人员的变更、资金的不继等。

资源整合是经济行为，涉及到个人、集体、社会组织、企业、行业甚至跨国的经济利益，离不开法律护航。不同模式、不同整合的权利义务、不同整合的法律关系，不同的法律风险、治理与防控都需要从建立法律关系模式开始。

四、商业模式的设计

商业模式是一个企业创造价值的核心逻辑，价值的内涵不仅是创造利润，还包括为客户、员工、合作伙伴、股东提供价值，在此基础上形成的企业竞争力与持续发展力。

整合经济学的商业模式设计，就是怎样建立企业并从中盈利的一整套方法。将战略、策略、战术，即战力打包成盈利的一整套方法，因此商业模式就是战略的应用工具。

品牌是企业的"有形的手"，商业模式是企业"无形的手"。商业模式的核心就是资源的有效整合，其要点为：销售—运营—资本。

商业模式包括以下几类设计要素：

（1）商业模式必须能盈利——几乎没有哪个生意第一天就盈利。问题是，需要多长时间才能盈利？把目标的盈利日期写下来。如果超过很久还没能盈利，需要想办法去解决问题。

（2）商业模式必须能自我保护——这些壁垒包括专利（其实并不像很多人以为的那么有用）、品牌、排他性的推销渠道协议、商业秘密（如可口可乐的配方），以及先行者的优势。

（3）商业模式必须能自启动——创业者最容易陷入的陷阱之一就是试图创造一种不能自启动的商业模式。

（4）商业模式必须可调整——依赖大量客户或合作伙伴的商业模式远没有可以随时调整的商业模式灵活。

（5）商业模式要有财务退出策略——能创立一个企业，然后把它卖掉或上市，就能从公司净值中套现。

◎ 第十六章

系　统

一、系统

1. 系统的概念与特性

系统一词源于英文"System"的音译，即若干部分相互联系、相互作用，形成的具有某些功能的整体。中国著名学者钱学森认为，系统是由相互作用、相互依赖的若干组成部分结合而成的，具有特定功能的有机整体，而且这个有机整体又是它从属的更大系统的组成部分。①

一般系统论创始人贝塔朗菲给出的定义是"系统是相互联系相互作用的诸元素的综合体。"② 这个定义强调元素间的相互作用及系统对元素的整合作用。

系统具有三个特性：

一是多元性，系统是多样性的统一，差异性的统一。

二是相关性，系统不存在孤立元素组分，所有元素或组分间相互依存、相互作用、相互制约。

三是整体性，系统是所有元素构成的复合统一整体。

在严格科学意义上，现实世界的"非系统"是不存在的，构成整体却没有联系性的多元集是不存在的。只不过一些群体中元素间联系微弱的系统可以忽略这种联系而已。

系统是普遍存在的，从基本粒子到河外星系，从人类社会到人的思维，

---

① 钱学森. 论宏观建筑与微观建筑 [M]. 杭州：杭州出版社，2001.
② 程世平. 系统论视野中的大学生马克思主义宗教观教育原则 [D]. 乌鲁木齐：新疆师范大学，2007.

从无机界到有机界，从自然科学到社会科学，系统无处不在。按宏观层面分类，系统大致可以分为自然系统、人工系统、复合系统三类。

2. 系统的科学内涵

尽管"系统"一词频繁出现在整合经济、社会生活和学术领域中，但不同的人在不同的场合往往赋予它不同的含义。长期以来，系统概念的定义和其特征的描述尚无统一规范的定论。一般定义为"系统是由一些相互联系、相互制约的若干组成部分结合而成的、具有特定功能的一个有机整体（集合）。"

我们可以从三个方面理解系统的概念：

（1）系统是由若干要素（部分）组成的。这些要素可能是一些个体、元件、零件，也可能其本身就是一个系统（或称之为"子系统"）。例如，运算器、控制器、存储器、输入/输出设备组成了计算机的硬件系统，而硬件系统又是计算机系统的一个子系统。[1]

（2）系统有一定的结构。一个系统是其构成要素的集合，这些要素相互联系、相互制约。系统内部各要素之间相对稳定的联系方式、组织秩序及失控关系的内在表现形式，就是系统的结构。例如，钟表是由齿轮、发条、指针等零部件按一定的方式装配而成的，但一堆齿轮、发条、指针随意地放在一起却不能构成钟表；人体由各个器官组成，单个器官简单地拼凑在一起不能称其为一个有行为能力的人。

（3）系统有一定的功能，或者说系统要有一定的目的性。系统的功能，是指系统在与外部环境相互联系和相互作用中表现出来的性质、能力和功能。例如，信息系统的功能是进行信息的收集、传递、储存、加工、维护和使用，辅助决策者进行决策，帮助企业实现目标。

与此同时，我们还要从以下几个方面对系统进行理解：系统由部件组成，部件处于运动之中；部件间存在着联系；系统各主量和的贡献大于各主量贡献的和，即常说的"1+1＞2"；系统的状态是可以转换可以控制的。

系统在实际应用中总是以特定系统出现，如消化系统、生物系统、教育系统、经济系统、产业系统等，其前面的修饰词描述了研究对象的物质特点，即

---

[1] 周懿. 过程型机械系统计算机辅助方案设计技术研究[D]. 杭州：浙江大学，2020.

"物性",而"系统"一词则表现所述对象的整体性。对某一具体对象的研究,既离不开对其物性的描述,也离不开对其系统性的描述。系统科学研究将所有实体作为整体对象的特征,如整体与部分、结构与功能、稳定与演化等。①

3. 系统的哲学理解

在哲学的意义上,系统就是由若干相互联系、相互作用、相互依赖的要素结合而成的,具有一定的结构和功能,并处在一定环境中的有机整体。

世界观和本体论意义上的系统是一个全面体现系统本质和特征的具体(辩证)概念。

系统的性质:

(1)整体性是系统最基本与本质的特征。系统是多方面复杂因素的综合。

(2)系统与要素的双向构建性。系统与要素间的相互规定的相互作用,使它们都获得了整体意义上的全新规定性。

(3)整体规律性。系统整体的存在方式具有一定的规律性。

(4)层次结构性。系统的结构是由不同层次的子系统(要素)组成的,并且各层次间互相制约和影响。

4. 系统科学

系统科学是以系统为研究和应用对象的一门新兴的科学技术体系。如同自然科学、社会科学、数学科学等一样,它是现代科学技术体系中的一门重要的学科。

中国科学家钱学森为建立和发展系统科学作出了重大贡献。钱学森从应用系统思想、观点和系统方法去研究整个客观世界的角度出发,在总结、概括已有系统研究成果的基础上,于20世纪70年代末首先提出了系统科学和系统科学部门内的层次结构。②

系统科学是由三个层次、很多门学科与技术构成的:

(1)直接用于改造客观世界而处在工程技术层次上的是系统工程。系统工程是组织管理系统的技术,因系统类型不同而有各类系统工程,如工程系

---

① 付东鹏. 心灵与计算——关于计算机主义的哲学研究 [D]. 武汉:华东师范大学,2013.
② 韩永学. 钱学森工程管理思想研究 [D]. 杭州:浙江工商大学,2020.

统工程、经济系统工程、社会系统工程等。

（2）直接为系统工程提供理论基础而处于技术科学层次上的有控制论（如工程控制论、生物控制论、经济控制论、社会控制论等）、运筹学和信息论。

（3）揭示系统普遍性质和一般规律而处在基础科学层次上的是系统学，这是一门正在建立的新学科。系统科学通向哲学的桥梁是系统论（或称系统观），它属于哲学范畴。

5. 系统工程

实现系统最优化的科学是系统工程，它于1957年前后正式定名，在1960年前后形成体系。这是一门高度综合性的管理工程技术，涉及应用数学（如最优化方法、概率论、网络理论等）、基础理论（如信息论、控制论、可靠性理论等）、系统技术（如系统模拟、通信系统等），以及经济学、管理学、社会学、心理学等各种学科。

系统工程的主要任务是根据总体协调的需要，把自然科学和社会科学中的基础思想、理论、策略、方法等在横向联系起来，应用现代数学和电子计算机等工具，对系统的构成要素、组织结构、信息交换和自动控制等功能进行分析研究，以达到最优化设计、最优控制和最优管理的目标。

系统工程大致可分为系统开发、系统制造和系统运用等三个阶段，而每一个阶段又可分为若干个小的阶段或步骤。系统工程的基本方法是系统分析、系统设计与系统的综合评价（性能、费用和时间等）。系统工程的应用日趋广泛，到20世纪70年代已发展成多个分支。

创新生态系统是由多种不同主体相互交织形成的开放的、多维的、共同演进的复杂网络结构。其中的每一个生态系统都是一个开放的、与社会有着全方位资源交换而且不断作内部调整的动态系统，因而具有自身所在系统未有的特性和功能。创新生态系统研究的对象逐渐从个体扩展到种群范围，最后扩展到种群之间的关系层次。

二、整合经济学的系统化思维

我们在讨论一个提案的时候，经常会说"不够系统，有些凌乱"。这里的系统就是在整合经济学中要求的系统化思维。整合经济学是研究资源整合的谋略，整合的目标就是要建立一个科学、高效、运作有序的系统。任何项目运作如果形不成系统是不能成功的。

1. 系统化思维

系统化思维，简单来说就是对事情进行全面思考，不只就事论事，而是把想要达到的结果、实现该结果的过程、过程优化，以及对未来的影响等一系列问题作为一个整体系统进行研究。

系统化思维是原则性与灵活性有机结合的基本思维方式。只有运用系统化思维，才能抓住整体，抓住要害，才能不失原则地采取灵活有效的方法处置事务。客观事物是多方面相互联系、发展变化的有机整体。系统化思维就是人们运用系统观点，对对象的互相联系的各个方面及其结构和功能进行系统认识的一种思维方法。整体性原则是系统化思维方式的核心。这一原则要求人们无论干什么事都要立足整体，从整体与部分、整体与环境的相互作用的过程来认识和把握整体。领导者在思考和处理问题的时候，必须从整体出发，把着眼点放在全局上，注重整体效益和整体结果。只要结合整体和全局的利益，就可以充分利用灵活的方法来处置。①

2. 系统化思维的五大特征

整合经济学要求的系统化思维方式，主要表现为整体性、结构性、立体性、动态性、综合性五大特征。

（1）整体性

系统化思维方式的整体性是由客观事物的整体性决定的，整体性是系统化思维方式的基本特征，它存在于系统化思维运动的始终，也体现在系统化思维的成果之中。整体性是建立在整体与部分的辩证关系的基础上的。整体与部分密不可分，整体的属性和功能是部分按一定方式相互作用、相互联系形成的，而整体也正是依据这种相互联系、相互作用的方式实行对部分的支配。

坚持系统化思维方式的整体性，首先必须把研究对象作为系统来认识，即始终把研究对象放在系统中加以考察和把握。这里包括两个方面的含义：一是在思维中必须明确任何一个研究对象都是由若干要素构成的系统；二是

---

① 刘萍，刘炜，李红星. 行政管理学 [M]. 北京：经济科学出版社，2008.

在思维过程中必须把每一个具体的系统放在更大的系统之内来考察。例如，解决城市交通问题，就要把城市交通问题作为一个由若干要素构成的系统来考察，不仅要考察系统内部车辆、客流量、道路等参数（要素），还要考察车辆的运行情况；同时，还要把交通问题这个系统纳入城市市政建设的大系统中来考察。只有从市政建设的整体角度考察城市交通这个子系统问题，才是解决问题的根本的、有效的方法。

坚持系统化思维方式的整体性，还必须把整体作为认识的出发点和归宿。就是说，思维的逻辑进程是这样的：在充分理解和把握整体情况的基础上提出整体目标，然后提出满足和实现整体目标的条件，再提出能够创造这些条件的各种可供选择的方案，最后选择并实施最优方案。在这个过程中，提出整体目标，是从整体出发进行综合的产物；提出条件，是在整体目标的统摄下，分析系统各要素及其相互关系而形成的；方案的提出和优选，是在系统分析的基础上重新进行系统综合的结果。由此可见，系统化思维方式把整体作为出发点和归宿，通过对系统要素的分析这个中间环节，再回到系统综合的出发点。

（2）结构性

系统化思维方式的结构性，就是把系统科学的结构理论作为思维方式的指导，强调从系统的结构去认识系统的整体功能，并从中寻找系统最优结构，进而获得最佳系统功能。

系统结构与系统功能紧密相连，结构是系统功能的内部表征，功能是系统结构的外部表现。系统中结构和功能的关系主要表现为系统的结构决定系统的功能。在一定要素的前提下，有什么样的结构，就有什么样的功能。问题是在于，与人相联系的系统的结构才决定其功能，表现为优化结构和非优化结构同功能的关系。优化结构就能产生最佳功能，非优化结构不能产生最佳功能，这是结构决定功能的一个具有方法论意义的观点。

（3）立体性

系统化思维方式是一种开放型的立体思维。它以纵横交错的现代科学知识为思维参照系，使思维对象处于纵横交错的交叉点上。在思维的具体过程中，系统化思维方式把思维客体作为系统整体，既注意进行纵向比较，又注意进行横向比较；既注意了解思维对象与其他客体的横向联系，又能认识思维对象的纵向发展，从而全面准确地把握思维对象的规定性。

在立体思维中，纵向思维和横向思维不再是各自独立的两种思维指向形式，而是有机地统一在一起，形成一种互为基础、互相补充的关系。纵向思维以横向思维为基础，就是说，要在横向比较中进行纵向思维，而且只有经过横向比较之后才能准确地确定纵向思维目标。例如，我们要推出一个新产品，总要先进行调查论证，了解市场的供求关系，了解什么商品畅销，在横向比较的基础上，才能较为准确地选定某种新产品为纵向思维的目标。横向思维的优点就在于能跳出自己的小圈子，把事物置于普遍联系和相互作用之中，通过与其他事物的比较来认识和度量自己，进而认识事物运动的特点和规律。

立体思维是开放思维，而且一切方面在整体上都是开放的。因为主体思维的纵向方面与时间的一维性相符合，与事物的纵向发展相一致，因而在纵向方面是开放的。主体思维的横向方面与空间的三维性相符合，与事物的横向联系相一致，因而在横向方面也是开放的。这样，主体思维无论是在纵向方面还是在横向方面都是开放的，是全方位的开放，是彻底的开放。根据系统开放性原理，主体的思维要达到有序，其首要条件是必须敞开"思维大门"，加强与来自不同方面的思维信息的交流，善于吸取有价值的思维成果。可见，这种彻底开放型的思维，最有利于主体从整体上全面地把握客体的本质。

（4）动态性

系统的稳定是相对的。任何系统都有自己的生成、发展和灭亡的过程。因此，系统内部诸要素之间的联系及系统与外部环境之间的联系都不是静态的，都与时间密切相关，并随时间的推进不断地变化。这种变化主要表现在两个方面：一是系统内部诸要素的结构及其分布位置不是固定不变的，而是随时间变化而不断变化的；二是系统都具有开放的性质，总是与周围环境进行物质、能量、信息的交换活动。因此，系统处于稳定状态，并不是说系统没有变化，而是系统始终处于动态之中，处在不断演化之中。

人们完全可以根据自己的需要和价值取向，创造条件打破系统的有序结构，使之进入向新的有序结构过渡的无序状态，也可以创造条件消除对系统的各种干扰，使系统处于有序状态，保持系统的稳定。这里的关键是要把握系统演化过程中的控制项，对系统实现自觉的控制。控制项不仅能够破坏系统的旧的稳定结构，而且还能使其过渡到新的系统结构。只要人们能够正确地把握控制项，就能使系统向演化目标方向发展。

（5）综合性

综合，本身是人的思维的一个方面，任何思维过程都包含着综合和综合的因素。然而，系统化思维方式的综合性，并不等同于思维过程中的综合方面，它是比"机械的综合""线性的综合"更为高级的综合。它有两方面的含义：一是任何系统整体都是这些要素或那些要素为特定目的而构成的综合体；二是任何系统整体的研究，都必须对它的成分、层次、结构、功能和内外联系方式的立体网络作全面的、综合的考察，才能从多侧面、多因果、多功能、多效益上把握系统整体。系统化思维方式的综合已经是非线性的综合，是从"部分相加等于整体"上升到"整体大于部分相加之和"的综合，它对于分析由多因素、多变量、多输入、多输出的复杂系统的整体是行之有效的。

系统化思维方式的综合，要求人们在考察对象时，要从它纵横交错的各个方面的关系和联系出发，从整体上综合地把握对象。传统的"分析程序"是分析—综合，二者被划分为先后相继的两个环节，因而是一种单向思维。而"系统综合程序"是综合—分析—综合，相互之间存在着反馈，是双向思维。它要求从整体出发，逻辑起点是综合，要把综合贯穿于思维逻辑进程的始终，要在综合的指导和统摄下进行分析，然后再通过逐级次综合而达到总体综合。它要求摒弃孤立的、静止的分析习惯，使分析和综合相互渗透，"同步"进行，每一步分析都要顾及综合、映现系统整体。这样才能使人们站在全局的高度上，系统地、综合地考察事物，着眼于全局来认识和处理各种矛盾问题，达到最佳化的总体目标。

运用系统化思维方式综合地考察和处理问题，是现代化大经济、大科学发展的客观要求。当今许多工业化国家都把发展以各种新工艺为基础的综合性自动化生产，建立综合性无废料生产当作更新生产力的、合乎规律的方向。许多农业先进国家已经将生态系统的原理用于规划、设计、建设和组织农业生产系统和农村生活系统以至农业政策系统，产生了农业生态系统综合化的趋势。这种把农业技术系统同农业生态系统有目的地实行综合，是现代化系统化大农业发展的趋势。至于现代的信息产业、宇宙工业、海洋开发等新兴产业，更是应用系统科学理论对单科单项技术进行综合配套和综合调控的产物。

三、项目的系统化管理

1. 项目管理体系

项目管理体系是以企业项目管理现状为出发点，依据项目管理体系化建设理论，从项目管理本质着手，对企业项目管理整体运行进行研究，保证体系的完整性、可执行性和持续改进性特点。项目管理体系既要考虑单项目运行的要求，又要从企业整体角度进行多项目管理设计，提炼项目的核心业务特点，把握项目正常运作的规律。

项目管理是项目过程与管理过程相结合的产物，具体组织的项目管理要结合其从事项目的过程特点及组织管理结构来进行。而在项目推进的过程中，出于对项目范围、质量、时间进度和费用控制的考虑，需要对项目有所控制。为便于项目的执行与控制，根据项目推进的时间顺序，项目管理将项目抽象为五个管理过程，即项目启动过程、计划过程、执行过程、控制过程和收尾过程，针对项目的五个过程，定义项目在各过程应完成的主要工作。项目管理系统化就是将这些管理技术应用于具体的项目过程中。在任何组织中，项目经理、项目管理层和项目客户出于各自利益考虑，都会对项目范围、进展、质量和费用进行监控。而这些角色的"责、权、利"便构成了组织的项目管理控制体系。

2. 项目管理多级控制体系

（1）项目管理的责任体系。项目管理的核心问题就是对项目范围、进度和费用的折中控制，而项目管理多级控制体系的核心也就是项目范围、进度和费用控制权限在不同角色之间的分配。在客户驱动型的组织中，客户应该位于体系的最高位，其次是项目管理办公室（PMO）、项目经理，质量管理部门和职能部门应该位于项目经理和项目管理办公室同一级。另外，在项目管理多级控制体系中，应明确各层控制角色在项目不同阶段的主要职责及控制方式，即通过怎样的途径参与对项目的控制。

（2）注重项目过程控制。项目过程控制是项目控制的统称，基本包括以下内容：

第一，项目阶段控制是指项目启动、项目计划、项目实施（包括项目执行和项目监控）及项目收尾四大阶段的阶段审批。只有通过项目的阶段审批，项目才能进入下一个阶段。阶段审批的级别在不同组织中，可以表现在不同的决策层面上，组织内部审批在项目管理层PMO，组织外部审批在客户端。

第二，项目里程碑审批是指根据组织项目管理流程要求，对设置在项目各阶段上的项目控制点的一种审批。项目里程碑审批根据项目性质与规模的差异可能有较大的差异，根据项目控制点的重要程度可以有多个审批层次。

第三,项目变更管理是在执行过程中,出现与项目计划不符的项目范围、进度和费用的变化是正常现象,组织的项目管理流程应该规定如何处理这些变更,清楚地规定项目变更申请、审批控制流程,以及项目管理控制人员的控制权限,并确定项目计划变更信息发布方案。

第四,项目绩效评估是将项目实际费用花费与项目推进计划相比较,用于分析项目的健康状况,并可分析项目未来走势。项目绩效评估可以通过项目定期报告、项目阶段审批、里程碑控制与项目随机检查中获得这些数据。

第五,项目风险控制是项目实施过程中一项重要的控制工作,也是目前被很多人忽略的一项工作。项目风险控制不但要求项目计划阶段进行风险分析,而且要求在项目实施过程中不断根据项目风险的动因,及时修正风险控制列表。一旦发现风险,及时采取防范措施,尽可能减少项目损失。

总之,项目过程控制涉及项目管理的方方面面,项目过程控制是项目取得成功,避免失败的重要保证。为便于项目过程控制,提高项目管理效率,组织需要明确各项目控制角色的责任和权力。并尽可能简化控制关系,做到对项目绩效、范围、进度和费用的合理控制。提高项目成功率,降低可能的项目风险。

3. 项目管理信息系统

为获得可持续性项目管理发展,项目管理必须融入企业的激励机制内并与之相匹配。可以通过建立项目管理办公室(PMO),并赋予项目管理管理办公室的相关工作职责来达到这个目标。通过项目管理办公室的对资源的组合管理,实现公司资产的组合管理(公司依靠其来实现战略目标)。针对企业情况,可以做以下几个资源组合管理。

(1)测量信息系统

通过该系统,我们可以获取或计算工作活动的计划值和实际值、实际成本、成本和进度偏差、竣工估算成本、估算竣工时间及完工百分比和趋势。挣值测量信息系统可以提供充足的信息,回答项目现在的状态,以及项目未来的结果这两个问题。

这个系统的建设过程是长期的,不断完善的。通过对信息收集和计算的比对,逐步完善我们的系统,形成一个可供将来项目参考的信息库。

(2)风险管理信息系统

风险管理信息系统(RMIS)储存与风险相关的数据并允许进行数据的检

索。该系统可以为报告的编制提供输入信息，它肩负着存放与项目风险相关的所有的当前信息和历史信息的重要作用。其中存放的信息包括风险识别文件（通过使用模板文件）、风险定性和定量评估文件、合同可交付成果（如果适用），以及其他风险报告。项目管理办公室将使用该系统的信息，编制提交给高层管理层的报告并检索日常项目管理需要的信息。通过使用风险管理模板文件，每个项目都可以编制一套标准的报告，用以定期汇报使用，并且能够针对特殊要求编制特殊报告。该信息与经验教训信息系统息息相关。

（3）经验教训信息系统

在项目申请完工时或者在申请下一个阶段开始时，经验教训审查就应该是其中一部分内容。为便于汇报每个项目的结果，我们需要建立一个适用于整个公司的标准格式和数据库。在这个报告中应该包括事后分析（项目完成之后的总结分析）和经验教训的记录等。如果这些信息集中汇总在项目办公室，那项目管理办公室必须形成和掌握事后分析的技能。召开项目完成之后的总结分析会时，必须针对一些关键问题进行提问和归纳总结。

我们可以针对每层（从客户满意度、过程方法，到可交付的成果）的每项活动形成一套问题清单，用于识别关键成功因素。其中，第三层是业务单位的评估，该评估过程着重两个层面：客户满意度和未来的业务机会。

（4）信息发布

信息发布包括项目管理指导和培训，信息共享的一种方式是通过以网络为依托的经验教训数据库来实现的。然而，更好的一种方法是在每个项目完成之后由项目办公室牵头准备经验教训案例分析。这些案例分析可以用作未来培训的资料并以局域网为依托实现共享。

（5）生产能力规划

项目管理办公室通过对信息的搜集和分析处理，可以向高层提供公司可以承担多少额外工作量（何时承担、哪里承担），而又不会给现有劳动力增加过度负担，为公司的战略规划提供信息参考。高层管理层可以根据实际需要通过项目管理办公室提供的信息，了解每个项目的状态，而无须与团队进行亲身接触。

4. 项目管理考核机制

（1）项目经理考核机制

通过对项目经理的考核来促进项目经理重视项目管理过程，从而推进和持续改进项目管理模型、规范、流程。在考核机制中，除了进行项目管理规范、流程的考核外，还需要加入沟通、激励、团队建设、授权管理等。考核体制的建立应该是一个闭环的，项目管理办公室要求项目经理提交项目管理状态报告，并根据这些报告，给予项目经理一份建议。通过这种循环可以快速提高整体项目管理水平，建立并完善项目管理体系。

（2）业绩和能力的考核

由于环境的压力，我们在考核时往往更为重视业绩。组织的长远发展战略应该留住有能力的人，而不是只有业绩的人。在目前社会环境下，业绩往往具有一定偶然性，而能力却是长期存在，只要条件成熟就能转化为业绩的。

在公司不同的发展阶段，培养和考核的侧重点应该是有所不同的。初期阶段为了生存需要有成绩的员工来支撑自己的发展，在企业具有一定的规模后培养和考核的重点应该是在能力上，有能力的员工才是公司长期发展之本。为了有效地平衡能力与成绩，满足有能力者与有成绩者的心理平衡，能力的高低可以通过工资来体现，业绩的多少可以通过奖金来体现。

5. 项目管理流程与规范

项目管理流程与规范是组织内部项目管理运作的指导性文件。它不但确定项目应完成的主要工作，以及它们之间的关联关系，而且确定完成各项工作应遵循的项目规范。而项目过程模型是制定组织项目管理流程与规范的基础。

项目过程模型是具体应用领域项目内在运作规律的一种体现，它既是制定项目流程与规范的基础，又是建立组织项目监控体系的依据。项目过程模型与项目管理技术的有效结合是项目管理的价值所在。

项目管理流程是在项目过程模型的基础上，结合组织内部的机构设置与职责分工，将项目管理工作落实到具体角色上。项目管理流程一般包括以下内容：

- 确定项目各阶段的依托关系。
- 确定项目各阶段交付物。
- 明确项目控制的里程碑。
- 明确项目各阶段的任务分工（项目组内外分工）。
- 明确各阶段应完成的主要工作及参考标准。

- 项目管理控制机制。

项目管理规范是在项目管理流程的基础上,具体确定项目细分工作应完成的具体内容及应达到的标准。它是组织内部项目管理知识与经验积累的表现,也是项目管理成熟度的重要指标。组织内部的项目管理规范很难一步到位,项目管理流程与规范有一个逐步完善与成熟的过程。从某种程度上讲,项目管理规范工作反映了组织项目管理知识与技能水平。

6. 项目领导的作用

人是项目执行的主体,人员对项目的成功起着重要的作用。项目行为是团队行为,而不是个人行为。除了人员知识与技能这些硬性条件外,项目中人们行为方式的协调与否直接影响着项目的绩效,直接关系着项目的成败。

与项目领导相关的因素包括项目的团队建设、沟通技巧、人员激励和领导能力,重视项目领导的作用是确保项目成功不可或缺的条件。

客户导向的团队协作文化。组织无论性质如何、规模大小,总会有一个价值取向,这个价值取向直接或间接影响着项目团队成员的行为方式。项目是一种团队行为,项目的成功是团队协同努力的结果,所以应特别注重培养项目成员间的协作意识。同时,为适应组织竞争的需要,组织也应树立一种"客户至上"的企业文化,确保客户满意。建立一个客户导向的团队协作文化是项目领导的作用得以充分发挥的基础。

注重运用项目领导技巧。项目团队在不同时期具有不同的特点,充分了解项目团队建设规律,就可以有的放矢地采取措施,充分调动每一个团队成员的积极性,提高项目绩效。而掌握必要的沟通技巧,有利于建立一个良好的团队协作氛围;也更有利于项目团队与项目管理层和客户沟通的顺畅,便于争取资源、消除误解,提高员工的工作积极性,确保提高客户的满意度;同时也可以为公司培养和积累人才。

人员激励更是项目成功的重要保证,每个人都有其不同的个人需求,如何在满足项目目标的同时,更好地满足项目团队成员的个人目标同样重要,掌握人员激励规律,便于组织采取最为合适的手段达到最佳的激励效果,有利于项目的成功与组织的长远发展。领导能力是任用项目经理的重要衡量因素之一,项目成功不但需要严格科学的管理,而且需要项目经理优秀的领导技巧与能力。

项目领导是项目成功的重要纬度之一，也是组织项目管理体系的重要组成部分。

四、系统执行力的三要素

一个成功的项目运作离不开执行层面的时间表、路线图、任务书。系统要求上通常有三个要素：时间的要素——完成的时间要"快"；程序的要素——完成的过程要规范；目标的要素——明确职责任务及其完成后的结果要达到预期目标。在形成系统化过程中，通常是列出时间表，下达任务书，绘出路线图。

1. 时间表

时间表是管理时间的一种方式。它是将某一时间段中已经明确的工作任务清晰地记载和表明的表格，是提醒使用人和相关人按照时间表的进程行动，有效管理时间、保证完成任务的简单方法。编制的方法是：

- 根据需求确定编制时间的周期。
- 收集并列出该阶段所有工作、活动或任务。
- 发现活动有矛盾，主动与负责人协商，及时调整。
- 按照时间顺序将任务排列清晰。
- 绘制表格，标明日期、时间和适合的行、列项目。
- 用简明的文字将信息填入表格，包括内容、地点等必要信息。

时间表一般根据项目系统的计划，分为年度时间表、季度时间表、月时间表、周时间表、日时间表。

2. 路线图

路线图源于技术领域，即技术路线（Technology Roadmap）是使用特定技术方案帮助达到短期或者长期目标的计划，用于新产品、项目或技术领域的开发，并协助公司在动荡局势中生存下来。

技术路线图是指应用简洁的图形、表格、文字等形式描述技术变化的步骤或技术相关环节之间的逻辑关系。它能够帮助使用者明确该领域的发展方向和实现目标所需的关键技术，厘清产品和技术之间的关系。它包括最终的结果和制订的过程。技术路线图具有高度概括性、高度综合性和前瞻性的基本特征。

技术路线图是一种结构化的规划方法，我们可以从三个方面归纳：第一，它作为一个过程，可以综合各种利益相关者的观点，并将其统一到预期目标上来；第二，作为一种产品，横向上它有力地将目标、资源及市场有机结合起来，并明确它们之间的关系和属性，纵向上它可以将过去、现在和未来统一起来，既描述现状，又预测未来；第三，作为一种方法，它可以广泛应用于技术规划管理、行业未来预测和国家宏观管理等方面。

20世纪90年代后，经济管理部门和企业对于技术路线图的兴趣空前高涨，技术路线图被迅速应用到各个领域，而技术路线图作为一种工具和方法也在不断发展、完善。目前，技术路线图已经是公认的技术经营和研究开发管理的基本工具之一。[①]

路线图概念应用于经济管理和整合经济学系统，是将市场、人员、技术、管理、环境等要素紧密结合的有效手段，可以形成对人力的有效管理，提升竞争力。因此，技术路线图可以作为知识管理的工具之一，实现企业的知识环境、战略、技术开发、人力资源等最佳组合，建立企业中人与人、人与信息之间的联系。技术路线图的各个组成单元与知识管理的核心内容构成了一个封闭循环。技术路线图在提供了一个工具的同时也描述了一个过程，促使在某一特定环境下获取、理解、组织甚至创造知识，有利于提高决策能力并实现知识共享，促成有利于组织成长的学习氛围。

另外，在科研和企业技术开发过程中，路线图也使不同层面的人相互理解，增强知识管理的效果。在个人层面，所有科研参与者都可以从该路线图绘制过程中获益匪浅；在团队层面，研究人员共享该主题范围内的所有信息，而且知道他为团队贡献了什么；在组织层面，核心团队之间可以相互沟通、彼此理解。它将分散的信息整合到一个平台上供大家共同使用，更主要的是它不仅可以捕捉现有专家的知识，还可以知道专家的知识未来会被应用

---

① 丁云龙，谭超. 作为技术预见工具的技术路线图及其应用前景 [J]. 公共管理学报，2006, 3(4): 42.

在哪里。

路线图可以将市场、产品及技术的演变信息在一张图中展示出来，既可以看到不同层之间的相互关系，也可以看到不同层的横向发展。正因如此，它已经广泛地应用于政府管理、企业经营、科学研究、技术研发等方面。绘制技术路线图，需要关注其关键组成要素：时间规划、层次关系和重要突破点等。

借用信息分析的手段，从战略信息资源（如期刊论文、会议录、报纸等）中分析抽取出具有时间性提示、趋势性提示和关系性提示的典型观点，然后将这些观点进行分类、整理、统计，按路线图的层次性提炼出整合资源的描述性认识；并根据不同观点的统计数据，排列出不同资源的重要程度和先后顺序；依据关系性提示信息，建立不同层之间、不同观点之间的相互联系，依据时间性提示，粗略地确定出不同观点的时间预测，然后通过资源整合技术，明确具体的时间规划，最后绘制出路线图。

3. 任务书

整合经济学的任务书，重点是强调专人做专事，明确岗位职责和标准、效果、目标。项目的执行任务在限定时间内保质、保量完成。

作为公司，项目任务书是下达给项目组的任务，也是检验项目完成情况的标准，同时也是回报给项目经理和项目组的依据。

作为整合系统管理，项目任务书是项目实施的依据，是项目实施的目标，也是衡量价值体现的标准。因此，项目任务书对于双方都很重要，要特别强调任务书的约束性。

一般来说，任务书应该包含如下几方面的内容。

项目概述（描述项目的背景情况）包括：

- 主要任务和目标（描述项目的工作范围和基本要求）。
- 约束条件（包括进度、成本、质量、资源等方面的约束）。
- 验收标准（项目交付的条件）。
- 项目主要资源（包括人员职责、开发环境要求）。
- 项目奖励标准（包括项目奖励的条件和额度标准等）。
- 项目任务书应该有管理方和执行方的双方签字认可。

在整合经济管理中，许多企业实行KPI目标责任书管理制度。KPI目标责任书一般包括KPI指标、目标值必达、挑战性、权重、指标定义和说明、考核周期、计算方法、数据来源八项内容。

KPI是指企业关键绩效指标（Key Performance Indicator），它是通过对组织内部流程的输入端、输出端的关键参数进行设置、取样、计算、分析，衡量流程绩效的一种目标式量化管理指标，是把企业的战略目标分解为可操作的工作目标的工具，是企业绩效管理的基础。KPI可以使部门主管明确部门的主要责任，并以此为基础，明确部门人员的业绩衡量指标。建立明确的、切实可行的KPI体系，是作好绩效管理的关键。关键绩效指标是用于衡量工作人员工作绩效表现的量化指标，是绩效计划的重要组成部分。

Part 4

第四篇
整合经济学实践

◎第十七章
跨界经济

一、整合经济学跨界新解

1. 跨界（Transboundary）释义

跨界，是从某一属性的事物进入另一属性的运作。其主体不变，事物属性归类变化。进入互联网经济时代，跨界更加明显、广泛。特别是在跨界营销方面，各个独立的行业主体，不断融合，渗透，也创造出很多新型且发展强劲的经济元素。

跨界的基础：科技的发展，让人们的生活进入互联网时代，特别是移动互联网的普及让人们有更多的信息链接。供求信息的流通达到空前的释放，需求与供应在不断地被丰富、完善。

跨界的本质：整合和融合。通过自身资源的某一特性与其他表面上不相干的资源进行随机的搭配应用，可放大相互资源的价值，甚至可以融合一个完整的独立个体面世。

跨界的应用：跨界已渗透各个行业应用。每个行业，大到全球大企业，小到个人，都在通过自己的方式，演绎不同的跨界故事。

2. 跨界经济

跨界经济是整合经济学领域研究的一种经济现象，指的是超出所在领域的经济投资行为。例如，马云本来从事IT行业，跨界去做金融；本来是做互联网的，现在跨界做了很多生物学、医疗、仿生学的项目；恒大集团本来是做地产的，现在投资医疗行业……

跨界经济合作，现在是比较流行的。因为在某些领域里特别成功的企业或者个人，手中会握有一定当量的资本。对这些资本如何进行有效地投资，这些企业和个人有自己独到的看法。很多人都喜欢投资一些新兴的、前卫的，但缺乏资金的项目。这些经济项目往往不是其擅长的领域，或者是非传统的新兴产业，但因为潜在回报率高，所以仍然能吸引很多跨界投资。

3. 跨界经济思维

跨界思维是一个新兴的概念，一直受到很多学者专家的关注，尤其是在近些年，很多学者在经济领域提出了跨界思维，提出要利用互联网技术的特点，将跨界思维运用到经济、产业、投资领域中去。

跨界与思维结合形成跨界思维。用于经济领域的跨界思维，就是用宏观的、大世界大眼光，并且吃多角度、多视野看待经济问题和提出系统化解决方案的一种思维方式，释义为交叉、跨越。它不仅代表着一种整合的经济人生态度，更代表着一种尖锐的大世界大眼光、思维特质。

但是，如果从整合经济学的层面上，跨界思维仅讲多角度、多视野看待问题和提出解决方案还不够，因为这并没有跳出"横看成岭侧成峰"的传统解释，也没有脱离所谓"头脑风暴"策划谋略。实际上，在整合经济学引入跨界思维，类似于化学上的同分异构体。化学上的同分异构体是一种有相同分子式而有不同的原子排列的化合物，而在跨界经济中，这种同分异构体是常常出现的。

在经济学的发展中，从重商主义开始就注重探讨商品的价值问题，但直到出现边际学派，才较好地解决了这个问题。边际学派的经济学家，借鉴了心理学家的主观满足程度，提出了主观效用论，分析一个商品对消费者的价值就是给予这个消费者的效用（即对消费者的满足程度）。而在此之前，也有经济学家提出过类似的概念，但都是孤立地运用心理学去解释，他们认为在经济学领域，价值是由生产决定的，而在心理学领域中却又决定于心理。显然，边际学派之前的学者并没有综合这两个领域，而是孤立地去分析问题。当然，他们分析问题是多角度的，但并没有做到跨界思维的"跨"，所以谈不上是跨界思维。相反，边际学派同时将心理学的理论，以及数学上的方法，同时综合在一起，运用到经济学中，较好地解释了前人解释不了的问题。而边际学派的理论和方法，一直沿用到今天，影响了众多流派，并且几乎成为经济学中的"公理"。所以可以看出，跨界思维并非单纯指多个领域，而重要的是其中的"跨"，要看是否综合了不同领域，仅仅是孤立地分开用不同的领域里的方法去分析同一个问题，那不叫跨界思维，只是思维的简单加总。

因此，跨界思维应当是运用不同领域中的技术和方法来分析解决某一领域内的问题，在运用这些技术方法的同时，要注意到跨学科、跨领域的特殊性，使之能适应该领域的特点，只有做到这样，才叫跨界思维。

跨界思维除了行业跨界，还要在观念上跨界。不同的领域，必然有不同的特点，综合在一起，必定会存在矛盾，如何接受某些矛盾的存在而推动其发展，重点在于跨越观念之界。所以跨界思维就是综合运用不同领域的技术和方法，去分析解决问题的一种思维方式，其中最重要的就是要做到克服在跨界中不同观念间的矛盾。经济学非常需要跨界思维，运用多学科的方法和思维去解释经济现象，打破传统经济学的枷锁。

二、互联网科技下的跨界经济

1. "互联网+"时代经济特点

所谓"互联网+"，就是将"互联网+"的创新成果更广泛地与经济和社会发展的各个领域形成深度融合，并能够创造出互联网基础设施和创新要素的新形态。新形态、新业态是"互联网+"的成果，也是"互联网+"发展的目标。互联网在中国有20多年的发展历史，其间经历了基础初创期、产业形成期和快速发展期，目前已经进入了"互联网+"时期，也叫作"互联网+"融合创新期。

"互联网+"是知识社会创新2.0推动下的一种互联网形态的演进及其催生的一种经济社会发展的新形态，是网络思维随着时代的进步而进一步发展的实践成果。互联网思维代表了社会上的一种先进生产力，并推动着社会经济形态不断地向前，直至量变导致质变发生，从而带动整体的社会实体经济的生命力，并且为创新、改革及发展提供了广阔的机会及网络平台。"互联网+"简单来讲就是"互联网+各个传统行业"，但是需要清楚的是，二者之间的关系并不是公式上的简单相加，而是要求转型的企业充分利用好各种网络、信息技术，并且达到让传统的行业与互联网行业进行深度融合的最终目的。目前看来，"互联网+"已经潜移默化地改造和影响了原有的多个传统行业，如当前的互联网金融、电子商务、在线的旅游、影视等行业都是"互联网+"的杰作。

2. "互联网+"时代背景下跨界经济

近几年，传统企业与互联网行业的紧密融合催生了一股跨界潮，小米进军家装业，360要制造手机等。跨界融合一直以来都是一个庞大的课题，在不同的时期，跨界融合的重点也会有所不同。随着传统产业转型升级和新兴产业的迅速发展，企业的跨界融合再一次达到高潮。进入整合时代，跨界融合发展最快的是以"互联网+"引领的一系列跨界与融合，形成任何一种产业形态几乎都不能脱离互联网的趋势，在信息化时代下，行业之间的界限变得模糊，跨界、跨行业成为社会经济发展的新常态。

现在企业创新积极，并且都在利用新的互联网技术进行转型和发展，因为我们正在进入一个万物互联的时代。在这样的时代，大到对国家，小到个人都会有很大的变化。当万物互联的使用越来越广泛的时候，现在的企业出现的很多新商机是以前的业务模式和市场没有的。所以企业正在抓住新的机会来获得新的市场机会，通过一些技术创新，从传统企业实现真正的跨界。

实现"互联网+"下的跨界与融合，开启了中国经济转型和升级的序幕，从而由"中国制造"迈向"中国智造"，激活新的经济增长点。国际市场和国内市场疲软，消费带动经济增长的动能在减弱。在经济新常态下，必须不断挖掘新动力，通过"互联网+"计划与包括传统产业在内的所有行业和所有领域进行深度融合，改变传统业态，打造新型生态，从而推动实体经济，特别是制造业加快转型和升级的步伐。随着跨界越发频繁，融合越发紧密，将会创造出更多新的经济增长动能。

实现"互联网+"下的跨界与融合，不仅突破传统属地管辖的局限，还能充分了解市场诉求，实现供给侧和消费侧的全天候互动。随着工业革命4.0的步伐日趋加快，"互联网+"政务是未来政府提升治理水平的重要途径，因此各地政府纷纷响应"智慧城市"计划，力推电子政务，建设数字政府。一方面，通过各类政务服务App可以解决办事难、办事慢的问题。在简政放权的过程中，借助信息手段打破属地管辖的地域，更加高效便捷地为公众提供服务；另一方面，借助官方微信等渠道可以更加及时地了解市场诉求，从而提升政府服务市场经济的能力和水平。

"互联网+"在创造机遇的同时，也带来不少挑战，需要应用整合经济学新思维去解决新问题，特别是加强跨界整合顶层设计。不论是传统的大数据拥有者如电信、联通、移动等，还是近年来正引申出的诸多涉及生活各方面业务的云服务。"互联网+"实现互联网与传统产业的跨界与融合，形成经济发展新动能，催生经济新格局。

3. "互联网+"的本质是跨界

"互联网+"借助互联网对传统企业进行技术改造，提升传统企业的竞争力；利用信息技术手段提升内部管理水平和客户体验，加强产业链上下游的协同；利用新技术，提高企业效率。如今，越来越多的企业利用自身优势和互联网技术力量开展跨界融合，例如，阿里巴巴进军汽车、金融、文化、医疗、智能家居等产业。

"互联网+"的本质是跨界，利用互联网技术和平台，使互联网和各行各业进行深度融合。小米入股美的，万达与腾讯、百度合资成立电商公司，乐视与北京汽车的战略合作，阿里入股海尔电器，绿地集团与阿里巴巴及平安集团共同推出专业地产金融服务平台"地产宝"……如今，以互联网为纽带的产业跨界融合正在加快，跨界合作、结盟、并购十分活跃，跨界成为传统企业和互联网公司进行产业布局、打造生态系统的重要手段。

以现代服务业为例，通过"互联网+"的深度融合，就形成了一个以共享经济为特征的服务形态。最典型的就是交通领域里面出现的网运专车、顺风车、拼车，还有国际上出现的优步（Uber）等，它们就是用互联网的平台，整合线下的富裕资源，提高了资源的利用率，满足了供需，从而形成一种跨界融合经济新形态。

三、跨界经济的企业价值

1. 跨界是企业价值的品牌延伸

对于传统产业来说，跨界是为了迎合市场，进行产业升级，实现新经济形势下从传统产业到新型产业的转型，以及企业的多元化。

在传统地产行业中，万科跨界教育领域，联手深圳中学共建的万科梅沙书院于万科总部落地。另外，深圳万科还建设了麓城小学及万科天誉学校。教育产业成为万科转型战略中的重要领域。除了教育以外，万科也开始涉足家装领域，用跨界完成了企业产业链的延伸。

除了地产业跨界外，许多传统行业上市公司瞄准娱乐业，选择并购影视公司,仅 2014 年沪、深两市与媒体行业相关的并购事件就发生 284 起,涉及广告、出版、广播、电影、娱乐等子行业,交易金额约为 1 514 亿元。其中影视与娱乐板块有 103 起,约占四成。

2. 资本市场与实业界结合互联网跨界转型

传统行业的跨界由来已久,然而在众多企业发展的过程中属于个别行为。而在互联网发展下的今天,传统行业跨界互联网,已经成为企业发展转型的潮流,可以说全行业互联网化是未来的发展趋势。"跨界"这个词在资本市场与实业界出现的频率越来越高,在这个过程中互联网与传统产业的跨界与融合使二者相互渗透,最终引起生产力的变革。

苏宁转型电商了,万达要做"O2O",互联网公司、电信运营商纷纷进军互联网金融领域,传统金融机构纷纷"触网",以跨界融合推进企业互联网化转型。

从产业发展的外部来看,互联网与零售、金融、教育、医疗、汽车、农业等传统产业的跨界融合正在加速,产业边界日渐模糊。一方面,传统产业积极向互联网迈进,传统企业纷纷与互联网公司合作,向互联网领域转型;另一方面,互联网企业加速向传统行业进军,阿里巴巴、百度、腾讯等纷纷进入金融、教育、文化、医疗、汽车等行业,互联网教育、互联网娱乐、互联网医疗等正呈现快速发展之势。随着大数据、云计算、移动互联网的发展,互联网与传统经济、传统产业的融合更加深化。不仅如此,互联网技术之间的融合也在加速。移动互联网有前所未有的传播速度,云计算有超强的存储和计算能力,大数据有强大的挖掘能力,它们均向生产、生活领域深度渗透,成为我国经济转型升级的新引擎。

3. 企业"跨界"影视文化领域

企业通过跨界融合逐步实现升级或是转型的同时,也让跨界成为企业营销的主要阵地。

阿里巴巴"双十一购物节"在天猫"双十一"晚会的强力催化下,各路网间数据一路如火箭飙升。在这个由商家造出的节日里,电商平台办晚会,赚足了消费者的眼球。

除了企业经营的跨界外,众企业家的个人跨界也给企业增加了曝光度,

2015年，在超过百亿点击量的电视剧《克拉恋人》中，通灵珠宝CEO沈东军以联合出品人和演员的双重身份本色出演，此后这位"钻石总裁"又接连出演都市职场爱情剧《最佳前男友》，沈东军的荧屏表现也让通灵珠宝的知名度大大提升。

另外一个不仅过了戏瘾又帮企业赚了钱的企业家是搜狐公司董事局主席兼CEO张朝阳。号称暑期档"最挣钱电影"的《煎饼侠》，让投资占比50%以上的搜狐成了最大的赢家。张朝阳对《煎饼侠》也是鼎力支持，不仅在该片中友情客串了一把，本色出演搜狐CEO，还亲自为电影站台，成为抢先完成大银幕首秀的国内互联网大佬。张朝阳也表示投资《煎饼侠》只是一个尝试，搜狐视频借势进军电影。

在整合经济推动下，经济与文化跨界整合，一体化已成为一种社会发展趋势，文化跨界实体经济行业。在第十二届中国（深圳）国际文化产业博览交易会上，哈尔滨文化产业展馆内，从全球大热的VR（虚拟现实）技术到赋予时尚创意的传统工艺，持续产生"吸睛"效应，在项目招商推介签约会上，项目签约43.17亿元，为文化跨界融合开辟出更宽领域。

四、网易养猪，跨界七年

1. 跨界源于理想

很多人曾疑惑甚至质疑，作为一家中国顶尖的互联网公司，网易跨界传统的农业领域，投身养猪业，究竟会以怎样的模式运作？是否真的会给这个古老的领域带来变革？

中国上万年的养猪史上，从来没有一群读书人像网易一样不计投入，扑心扑肝在养猪这份事业上，渴望探索一条全新的科技养殖道路。网易团队花了近六年的时间来给出这份答案。

2009年，网易带着一份责任和使命投身养猪业。为了更好地了解国内养猪业的实际情况，他们一开始便走访了国内几十家猪场，拜访了几十位行业专家，调研的结果令网易的决策者倍感意外。

目前国内的养殖水平和环境普遍不够理想，猪群长期生活在不足1平方米的猪均空间里，拥挤不堪；猪舍内部无法实现休息、进食、排泄的区隔，猪随地排便，病菌滋生；禁锢的环境导致猪只每天焦虑不安，攻击同伴，伤痕不断……

猪的生活环境不好，容易生病，就离不开药物的治疗，大家吃到嘴里的猪肉自然不会有品质和安全可言。

为改善这个现状，网易花了两年时间遍访全世界20多个国家寻找技术解决方案，投入的资金不计其数。最终发现，通过技术革新让猪生活得舒适幸福，才能产出高品质的肉。对猪好，归根到底就是对人好。这是网易跨界品牌"味央"养殖理念和一切技术创新的关键所在。

几经探索，几多波折，2014年，网易"味央"在浙江安吉的味央现代农业产业园1.0版竣工。2016年，在这一基础上升级改良的2.0版也开始投产。网易"味央"独创的第四代养殖模式，正式上线了。

2. 从科技到人

网易用七年时间调研、考察、选址、论证，建造一座全球领先的猪场。看起来简单，但背后的技术打磨与创新却充满了挑战。2009年，专家组带着一份900分制的考评表，在充分考察了几十块地后，将"味央猪"的居住地定在了被称为"竹海之乡"的森林覆盖率高达71.1%的浙江安吉。

（1）造一个幸福的猪场

好的猪场从来都不应以人的视角来建造，也并非简单而起的堆砌。这里面的学问他们摸索了很久，网易味央的猪场每一个技术环节都以猪为本，为环境考量。

为了让猪充分地沐浴阳光，享受天然紫外线杀菌，味央猪场的每一间猪舍高度和屋顶倾斜度都经过精心测算，猪舍屋面每隔6米就有一个采光板，猪舍保持夏季室内外温差在7℃以上。

每只"味央猪"都拥有超大的活动面积，相比多数猪场1平方米以下的猪均面积，"味央猪"活动自如，可以在其中自由打闹、交流、跑步。看遍全球先进养猪场的台湾养猪大王杨志宏，参观后都忍不住感叹"猪舍很空旷，有点浪费"。

事实上没有一头猪是天生就脏兮兮的，在持续清洁的环境中它们一样会保持卫生。网易自主创新的全球唯一猪用厕所获得了国家专利，解决了猪舍拥挤、脏臭等问题，猪生活得健康，自然也就不需要抗生素了。

（2）猪更快乐，人才更安心

网易养猪团队关注猪就像关注自己的小孩，在意它们的饮食起居甚至胜过自己。从它们出生的一刻起，就制订300多天的饮食计划。小猪断奶时，在它的食物中添加了更好吸收的发酵豆粕，以及促进它的肠道发育的小麦水解蛋白。

从出生到长大，味央定制了5种以上营养方案，让猪吃得更营养更健康。计算下来每头味央小猪每天的伙食费就要40多块钱，比业界高出了近40%。

"味央猪"饮用深层地下水，杜绝了水源被污染的可能，而且水中含有微量矿物质元素。

猪和人一样，有丰富的食物喜好。养猪团队把番薯、牧草、板栗等季节性食材加入到猪的饮食中，配合智能精准的液态猪粮，让猪吃得更开心，营养也更加科学全面。

国内养殖业的微生物专家对味央的饲喂体系非常赞同："现在国内的养猪业，很难看到有哪一家是重金属不超标或者不含重金属的，但是味央做到了"。

不同于其他农场，所有"味央猪"不剪牙，不断尾，每天听音乐，享受表达天性的愉悦。很多员工都戏称："味央猪"才是网易最具幸福感的成员。

生活得如此优渥，"味央猪"自然要拥有终身唯一、世界唯一的电子身份证，这也确保了大家吃到的每一块味央猪肉都有清楚的来源，安全品质更经得起追溯。

3. 跨界在于创新

网易味央珍视每一寸土地和每一方空气，在环保处理技术研发上投入了巨大的精力，处理后的污水已经超过饮用水标准，这也是一项养殖业的重大突破。

如果只是重复传统的劳作模式，那网易投身养殖业的意义将不复存在。因此他们始终坚持高效农业的道路，味央6个人管理2万头猪的运营效率已经堪称业界领先。

网易相信自然对时间的定义，不同于普通商品猪180天左右的出栏时间，"味央猪"经过300天的谷饲慢养，时间天赋的风味物质在肉中得到充分沉淀，屠宰后充分地排酸和熟化后，猪肉的口感风味进一步升华。

网易味央猪肉在肉质、口感、风味等方面都有独特的优势，肉香更浓郁，更有大家口中小时候的猪肉味。《舌尖上的中国》总导演品陈晓卿品尝过后大赞："猪肉的口感特别好，胶质特别多，吃完上下嘴唇张不开。"

2016年网易的"味央"牌猪肉一经面市，就成为养殖界、美食界、互联网界的现象级产品。"黑五"拍卖首头27.7万的拍卖价以及"双十二"1分钟售罄的现货无不体现着大家对于"味央"猪肉的期待与信赖，同时，也让网易跨界养猪的团队多了不同以往的责任。

网易养猪业成为整合经济学跨界经济的一个经典的代表。

五、跨界营销

1. 跨界营销的含义

跨界营销是指根据不同行业、不同产品、不同偏好的消费者之间的共性和联系，把一些原本毫不相干的元素进行融合、互相渗透，进而彰显出一种新锐的生活态度与审美方式，并赢得目标消费者的好感，使跨界合作的品牌都能够得到最大化的营销。

随着市场竞争的日益加剧，行业与行业的相互渗透、相互融会，已经很难对一个企业或者一个品牌清楚地界定它的"属性"。跨界（Crossover）现在已经成为国际最潮流的字眼，从传统到现代，从东方到西方，跨界的风潮愈演愈烈，已代表一种新锐的生活态度和审美方式的融合。

可以建立"跨界"关系的不同品牌，一定是互补性而非竞争性品牌。从市场营销上讲，这里所说的互补，并非功能上的互补，而是用户体验上的互补。

2. 跨界营销的意义

西方经济学里商品"互补性"通常是指在功能上互为补充关系的，如相机和胶卷、计算机硬件与软件等。而"跨界"营销行为需要界定的互补关系，不再是基于产品功能上的互补关系，而是基于用户体验的互补关系，在营销思维模式上实现了由产品中心向用户中心的转移，真正确保了用户为中心的营销理念。

"跨界"在营销界早已不是什么稀奇的事情，只是到了如今，营销人士对于"跨界"营销的重视,已经远远超越了以往。越来越多的著名品牌开始借助"跨界"营销,寻求强强联合的品牌协同效应。

审视跨界现象的发生,不难发现跨界的深层次原因在于,当一个文化符号还无法诠释一种生活方式或者再现一种综合消费体验时,就需要几种文化符号联合起来进行诠释和再现,而这些文化符号的载体就是不同的品牌。

第一,跨界营销意味着需要打破传统的营销思维模式,避免单独作战,寻求非业内的合作伙伴,发挥不同类别品牌的协同效应。跨界营销的实质是实现多个品牌从不同角度诠释同一个用户特征。

第二,跨界营销策略中对于合作伙伴寻找的依据,是用户体验的互补,而非简单的功能性互补。可以肯定,跨界营销与近年来逐渐盛行的以用户为中心的营销理念暗合,并非偶然。

第三,跨界营销面向的是相同或类似的消费群体,因此企业在思考跨界营销活动时,需要对目标消费群体进行详细深入的市场调研,深入分析其消费习惯和品牌使用习惯,作为营销和传播工作的依据。

第四,跨界营销对相互合作的企业而言,在营销能力上提出了很多挑战。以往企业的营销战略,只需要考虑如何使用好企业自身的资源,而由于联合,企业需要考虑如何通过战略上的修正,在与合作伙伴的互动中获得资源利用上的协同效应。

第五,需要注意的是当品牌成为目标消费者个性体现的一部分的时候,这一特性同样需要和目标消费者身上的其他特性相协调,避免重新注入的元素和消费者的其他特性产生冲突,造成品牌印象的混乱。

3. 国际企业跨界营销实践

(1) 仅在2005—2006年,凯迪拉克就与国际顶级私人物品展Top Marques、国际顶级男装品牌Zegna、纯正贵族威士忌品牌Mccallan、负有盛名的豪华游艇等,发生着千丝万缕的关系。2005年10月20日,全球最奢华、最顶尖的盛事国际顶级私人物品展Top Marques移师中国上海,举行为期4天的盛典。凯迪拉克超级豪华跑车XLR,在正式展示活动之前的新闻发布会上作为首发车亮相。其锋芒毕露的震撼外观,创新的"Z"形折叠硬顶,势不可挡的强劲性能和雍容奢华的驾乘感受,成为吸引参加"Top Marques Shanghai"超级买家最闪亮的明星展品。

2005年11月26日，在位于中信城市广场首层的凯迪拉克深圳驰赫展厅，上演了一幕由两大顶级品牌共同汇演的"锋尚汇"。多年来，Zegna品牌一直是众多社会名流青睐的对象，不追求新奇的款式和华丽的色彩，以其完美无瑕、剪裁适宜、优雅、古朴的个性化风格风靡全球。活动期间，专业模特在凯迪拉克跑车身边分别展示了Zegna极具代表性的正装和休闲装，并分别由驰赫和Zegna的有关负责人从到场嘉宾们里面评选出"最具凯迪拉克精神奖"和"最佳着装奖"。

在深情演奏的经典爵士乐中，纯正贵族威士忌Mccallan的酒香弥漫，这是"凯迪拉克辉耀百年"红酒品鉴酒会的经典景象。凯迪拉克欲以此举，让所有来客在醉人香醇的红酒，以及经典回忆的凯迪拉克Eldorado的陪伴下，尽情享受着凯迪拉克带来的经典文化、艺术和高品位的生活享受。

2006年4月，凯迪拉克鼎力赞助亚洲规模最大的船艇类展览会——第十一届中国国际船艇及其技术设备展览会，再度演绎豪华车和奢侈品的跨界合作。事实上，在最新一辑的凯迪拉克平面广告中，顶级敞篷豪华跑车凯迪拉克XLR和一艘豪华游艇，就已为我们展现了一幅引人入胜的奢华场景。而在本次游艇展中，凯迪拉克在中国市场的全线车型尽数到场。其中XLR与SRX作为室内和室外的静态展示车，同时还有3辆CTS和SRX供展会现场的VIP嘉宾使用。

（2）与凯迪拉克相比，奔驰的步伐同样矫健，其与奢侈品的合作亦堪称典范。尤其是与著名意大利时装设计师乔治·阿玛尼的完美合作，更是将这一跨界营销模式，提升到一个全新的高度。

这种经典式合作开始于2003年秋天的米兰时装周。在2004年的巴黎车展上，奔驰展示了由乔治·阿玛尼设计并赋予了个性化特色的高级特别版CLK敞篷跑车。这款阿玛尼版高级CLK敞篷跑车，采用暖砂色系的特殊油漆和高品质内部材料相搭配，使这款车散发出豪华、动感和阳刚的气度。

公众对这款车的热烈反应让合作双方意识到仅将它摆放在展厅中绝对不是个好主意，于是他们决定限量生产100台乔治·阿玛尼CLK，"用最好的材质和特殊的涂料，按照顾客的喜好定制。"当然，仅有这些是不够的，乔治·阿玛尼对内饰、车身色彩的处理及细节的设计才是这款车最为与众不同之处：浅砂石色的哑光车身，棕色马鞍皮革结合灰色三维纺织面料的座椅，做旧处理的金属部件和散布在各处的黑色操控按钮。这样的搭配恰当地表达了他们对这款车最初的设想：高雅、精致、不容易过时。

乔治·阿玛尼本人成为该款车的第一个拥有者。新车融合了阿玛尼的"少即是多、注重舒适"的设计哲学。乔治·阿玛尼说："我们很快就找到了共同语言。我看到梅赛德斯－奔驰如何将我的设计理念转化为现实，并且极为注重细节，这简直太吸引人了。"

（3）早在1999年，德国的运动服饰品牌彪马（Puma）就提出了"跨界合作"的概念，与德国高档服饰品牌Jil Sander合作推出高端休闲鞋。到2003年，彪马联手宝马Mini，双方签订合作市场推广协议，彪马专门设计出一款黑色的驾驶用鞋Mini运动二分鞋（Mini Motion 2 part shoe）。

服装品牌与汽车品牌的"跨界"并非偶然，因为衣食住行构成了消费的大部分内容，也构成了生活的基本元素。某种程度上，在衣食住行上的风格，也体现出个体之间及不同社会群体之间的差异。由于个性与差异，将相同或类似消费群体定位为目标消费群体的品牌，就有机会走到一起，从各自的侧面来诠释目标消费群体的特征。

德国大众汽车旗下的著名跑车品牌"兰博基尼"正在销售一款限量版的诺基亚手机、华硕制造的一款笔记本电脑，以及欧洲Hydrogen牌服装，它还与时尚品牌范思哲（Versace）进行合作，设计了Murcielago LP640跑车的内饰。据说兰博基尼还在与范思哲讨论制造非汽车贴牌商品。

兰博基尼将其周边商品划分为三个细分市场。其最低定价的商品以狂热者为目标，并以"买得起、买得到"的"爱好者系列"出售，包括贴牌T恤和帽子。还有"旁系品牌"运动系列，其中有T恤等商品。而其"高雅系列"则以拥有或可能购买兰博基尼汽车的人为目标，其中包括品质较高的产品，如皮夹克、行李箱和真丝马球衫。这些产品在使用兰博基尼品牌商标时更为谨慎，定价也更高。

◎第十八章
融合经济

一、如何理解融合经济

融合经济是以培育产业主体和支柱产业、实现区域经济优势为目标，打破行政隶属关系，融合各方优势，实行一体化运行的经济机制和发展模式。

1. 融合经济的优势

融合经济打破行政隶属、行业隶属等关系的束缚，以有利于经济发展为核心，融合各方优势。这种融合机制和模式体现出以下几个优点：

一是由于行政隶属关系被打破，区域内各自独立的经济单元之间由外部经济变为内部经济，可以大大降低交易成本。

二是通过产业结构调整，实现区域内的同类产业和相似产业的联合，变过度竞争为一体化运行，降低竞争费用。

三是拆除区域内各经济单元之间的相互封锁，降低保护成本。

2. 融合经济的时代意义

（1）发展融合经济是建立社会主义市场经济体制的客观要求。

当代的世界是开放的世界，当代的市场是开放的市场。任何一个地区、部门或行业，如果把自己封闭起来，只会使自己处于被动的、吃亏的地位。所谓开放，就是打破地区、部门和行业的界限，在国家宏观经济政策的指导下发展与外单位、外企业和外地的经济联合。任何一个地区、一个部门、一个行业都既有自己的优势，也有自己的劣势。发展融合经济有利于降低地区经济发展的成本。在新旧体制并存的背景下，一方面，经济规律、价值规律作用受到一定制约；另一方面，部门和地区之间的利益摩擦产生内耗。在各种因素的制约下，使本来发展就十分缓慢的偏远落后地区付出更多的代价。发展融合经济，通过共建市场，建立市场秩序，规范市场交易行为，共同兴办产业，发展经济，有利于减少内耗，互通有无，互相交流和服务，实现共同发展。

（2）只有发展融合经济，实行区域内各方联合，才能打破封锁，实现共同发展。

发展融合经济，不仅是市场经济条件下，区域内经济组织寻求发展的迫切要求，也是增强整个区域实力的有效途径。在计划经济体制下，由于条块分割，各自为政，各地、各部门、各单位为了自身利益，画地为牢，封锁市场，限制资源外流，搞地方保护主义；企业自成体系，搞大而全、小而全，实行封闭式经营；区域内各方之间一直处于一种相互封闭、分割的状态，形成了区域内各方之间在产业布局、经济发展、原料供应等方面各自为政的格局，造成各种"原料大战"不断，内耗严重；由于缺乏沟通，致使重复建设项目很多，形成了谁也吃不饱，谁也兴旺不起来的局面，而且还造成了人才、资金、技术、设备、资源等方面的浪费。此外，区域内的行业设置门类齐全，但都比较弱小。在经济发展中形不成规模和优势，严重制约区域内各方自身的发展。因此，只有实行区域联合，发展融合型经济，并以此来规范区域内各经济组织的行为，形成"区域发展我发展"的思想共识，才能打破封锁，彻底拆除区域内经济发展的"篱笆墙"，才能相互渗透，相互促进，形成合力，共同发展。

（3）只有发展融合型经济，才能实现共同富裕。

激烈的市场竞争，需要携手并进，共同发展。建立社会主义市场经济体制，必须打破市场经济中的行政性壁垒，建立起全国统一、开放、竞争、有序的大市场。

二、产业融合

1. 产业融合的含义与分类

产业融合是指在时间上先后产生、结构上处于不同层次的农业、工业、服务业、信息业、知识业在同一个产业、产业链、产业网中相互渗透、相互包含、融合发展的产业形态与经济增长方式，是用无形渗透有形、高端统御低端、先进提升落后、纵向带动横向，使低端产业成为高端产业的组成部分、实现产业升级的知识运营增长方式、发展模式与企业经营模式。产业融合以第五产业知识产业为主导，以第一产业农业为基础，以第二产业工业为中介，以第三产业服务业为核心，以第四产业信息业为配套，是在产业层面通过资源优化配置实现资源优化再生、推动产业升级的系统工程。产业融合以第三产业服务业为核心，既体现了以人为中心的发展观，又能多维度提高产业、产品的附加值，不断形成新的经济增长点，是通过资源优化配置实现资源优化再生的智慧经济与科学发展观的重要组成部分。现代化经济体系通过产业融合实现产业升级。产业融合是城乡融合、区域融合的本质，是城乡融合以及区域融合的核心、纽带与催化剂。[①]

从产业角度，产业融合可分为产业渗透、产业交叉和产业重组三类。

（1）产业渗透是指发生于高科技产业和传统产业在边界处的产业融合。

（2）产业交叉是指通过产业间功能的互补和延伸实现产业融合，往往发生在高科技产业产业链自然延伸的部分。

（3）产业重组主要发生在具有紧密联系的产业之间，这些产业往往是某一大类产业内部的子产业。

2. 产业融合的意义

理论分析表明，产业融合是在经济全球化、高新技术迅速发展的大背景下，产业提高生产率和竞争力的一种发展模式和产业组织形式。它产生的效应是多方面的，主要有：

（1）有助于促进传统产业创新，进而推进产业结构优化与产业发展

由于产业融合容易发生在高技术产业与其他产业之间，产业融合过程中产生的新技术、新产品、新服务在客观上提高了消费者的需求层次，取代了某些传统的技术、产品或服务，造成这些产业市场需求逐渐萎缩，在整个产业结构中的地位和作用不断下降；同时产业融合催生出的新技术融合更多的传统产业部门，改变着传统产业的生产与服务方式，促使其产品与服务结构

---

① 光明网. 陈世清：对称经济学术语表 [EB/OL]. (2019-08-28)[2022-07-05]. https://wenku.baidu.com/view/08b9e2d6514de518964bcf84b9d528ea81c72fc9.html.

的升级，促使市场结构在企业竞争合作关系的变动中不断趋于合理化。当前的市场结构理论认为，如果有限的市场容量和各企业追求规模经济的动向结合在一起，就会造成生产的集中和企业数目的减少。而在产业融合以后，市场结构会发生更复杂的变化。产业融合能够通过建立与实现产业、企业组织之间新的联系而改变竞争范围，促进更大范围的竞争。产业融合使市场从垄断竞争向完全竞争转变，经济效率大幅度提高。

（2）有助于产业竞争力的提高

产业融合与产业竞争力的发展过程具有内在的动态一致性。技术融合提供了产业融合的可能性，企业把融合过程融入各个运作层面，从而把产业融合的可能性转化为现实。不同产业内的企业间的横向一体化加速了产业融合进程，提高了企业竞争力、产业竞争力。同时，产业融合对企业一体化战略也提出了新的挑战。产业融合中企业竞争合作关系发生变革，融合产业内的企业数量不断增加，企业间的竞争加剧，企业创新与灵活性被提升到新的战略高度。在这场技术革命与产业变革中，创新能力弱、灵活性差的企业会以更快的速度被淘汰。

（3）有助于推动区域经济一体化

产业融合能够提高区域之间的贸易效应和竞争效应，加速区域之间资源的流动与重组。产业融合将打破传统企业之间和行业之间的界限，特别是地区之间的界限，利用信息技术平台实现业务重组，产生贸易效应和竞争效应。产业融合将促进企业网络的发展，提高区域之间的联系水平。产业融合带来企业网络组织的发展将成为区域联系的主体，有助于打破区域之间的壁垒，增强区域之间的联系。产业融合扩大了区域中心的扩散效应，有助于改善区域的空间二元结构。

3. 产业融合的途径

20世纪末21世纪初国际经济发生深刻变化，产业之间的渗透融合日益清晰地向人们展现出了21世纪的发展趋势。在不同的产业领域内，产业融合以不同的方式演进，最终将促成整个产业结构的高度化、合理化，并构架出融合型的产业新体系。

产业融合的途径主要有三种：

一是高新技术的渗透融合。即高新技术及其相关产业向其他产业渗透、融合，并形成新的产业。如生物芯片、纳米电子、三网融合（即计算机、通信和媒体的融合）；信息技术产业及农业高新技术化、生物和信息技术对传统工业的改造（如机械仿生、光机电一体化、机械电子）、电子商务、网络型金融机构等。又如发生在20世纪90年代后的信息和生物技术对传统工业的渗透融合，产生了诸如机械电子、航空电子、生物电子等类型的新型产业。还如电子网络技术向传统商业、运输业渗透而产生的电子商务与物流业等新型产业；高新技术向汽车制造业的渗透将产生光机电一体化的新产业等。高新技术向传统产业不断渗透，成为提升和引领高新技术产业发展的关键性因素，高新技术及产业发展有利于提升传统产业的发展水平，加速了传统产业的高技术化。主要体现在促进传统产业的高附加值化，促进传统产业推出新品种和新产业，促进传统产业装备现代化。

二是产业间的延伸融合。即通过产业间的互补和延伸，实现产业间的融合，往往发生在高科技产业的产业链自然延伸的部分。这类融合通过赋予原有产业新的附加功能和更强的竞争力，形成融合型的产业新体系。这种融合更多地表现为服务业向第一产业和第二产业的延伸和渗透，如第三产业中相关的服务业正加速向第二产业的生产前期研究、生产中期设计和生产后期的信息反馈过程展开全方位的渗透，金融、法律、管理、培训、研发、设计、客户服务、技术创新、贮存、运输、批发、广告等服务在第二产业中的比重和作用日趋加大，相互之间融合成不分彼此的新型产业体系。如现代农业生产服务体系、工业中服务体系、工业旅游、农业旅游等。

三是产业内部的重组融合。重组融合主要发生在具有紧密联系的产业或同一产业内部不同行业之间，是指原本各自独立的产品或服务在同一标准元件束或集合下通过重组完全结为一体的整合过程。通过重组型融合而产生的产品或服务往往是不同于原有产品或服务的新型产品或服务。例如，第一产业内部的种植业、养殖业、畜牧业等子产业之间，以生物技术融合为基础，可通过生物链重新整合，形成生态农业等新型产业形态。在信息技术高度发展的今天，重组融合更多地表现为以信息技术为纽带的、产业链的上下游产业的重组融合，融合后生产的新产品表现出数字化、智能化和网络化的发展趋势，如模糊智能洗衣机、绿色家电的出现就是重组融合的重要成果。

4. 推动产业融合的四大力量

产业间的关联性和对效益最大化的追求是产业融合发展的内在动力。从当今世界产业融合的实践看，主要由四大力量推动产业融合。

（1）技术创新是产业融合的内在驱动力。

技术创新开发出了替代性或关联性的技术、工艺和产品，然后通过渗透、扩散融合到其他产业之中，从而改变了原有产业的产品或服务的技术路线，因而改变了原有产业的生产成本函数，从而为产业融合提供了动力。同时，技术创新改变了市场的需求特征，给原有产业的产品带来了新的市场需求，从而为产业融合提供了市场空间。重大技术创新在不同产业之间的扩散导致了技术融合，技术融合使不同产业形成了共同的技术基础，并使不同产业的边界趋于模糊，最终促使产业融合现象的产生。例如，20世纪70年代开始的信息技术革命改变了人们获得文字、图像、声音三种基本信息的时间、空间及其成本。随着信息技术在各产业的融合及企业局域网和宽域网的发展，各产业在顾客管理、生产管理、财务管理、仓储管理、运输管理等方面大力普及在线信息处理系统，使顾客可以随时随地获得自己需要的信息、产品、服务，使产业间的界限趋于模糊。技术创新和技术融合是当今产业融合发展的催化剂，在技术创新和技术融合基础上产生的产业融合是对传统产业体系的根本性改变，是新产业革命的历史性标志，成为产业发展及经济增长的新动力。

（2）竞争合作的压力和对范围经济的追求是产业融合的企业动力。

企业在不断变化的竞争环境中不断谋求发展扩张，不断进行技术创新，不断探索如何更好地满足消费者需求，以实现利润最大化和保持长期的竞争优势。当技术发展到能够提供满足需求的多样化手段后，企业为了在竞争中谋求长期的竞争优势便在竞争中产生合作，在合作中产生某些创新来实现某种程度的融合。利润最大化和成本最低化是企业的不懈追求的目标。产业融合化发展，可以突破产业间的条块分割，加强产业间的竞争合作关系，减少产业间的进入壁垒，降低交易成本，提高企业生产率和竞争力，最终形成持续的竞争优势。企业间日益密切的竞争合作关系和企业对利润及持续竞争优势的不懈追求是产业融合浪潮兴起的重要原因。

（3）跨国公司的发展成为产业融合的巨大推动力。

一般说来，只有超巨型的国际直接投资，才有实现并支持跨国生产经营的实力与能力。因此，每一个跨国公司的产生和发展，实际上就是国际金融资本的融合、产业融合的发展史。跨国公司根据经济整体利益最大化的原则参与国际市场竞争，在国际一体化经营中使产业划分转化为产业融合，正在将传统认为的"国家生产"产品变为"公司生产"产品。可以说，跨国公司是推动产业融合发展的主要动力。

（4）放松管制为产业融合提供了外部条件。

不同产业之间存在着进入壁垒，这使不同产业之间存在着各自的边界。为了让企业在国内和国际市场中更有竞争力，产品占有更多的市场份额，一些发达国家放松管制和改革规制，取消和部分取消对被规制产业的各种价格、进入、投资、服务等方面的限制，为产业融合创造了比较宽松的政策和制度环境。通过将管理创新、技术进步、放松管制结合起来，使产业融合变为现实。例如，正是政府放松了对电信业的经济性管制，使得电信业、有线电视业之间的产业边界模糊，导致了"三网融合"产业融合现象的出现。

三、城乡融合

1. 城乡融合经济

城乡融合是城市与乡村关系中的一个历史概念，它又是一个社会、经济概念，指城乡之间在一切领域（社会、经济、文化科学技术和生态环境等方面）的一体化。城乡融合经济则指从经济上实现城乡间的融合关系，即城乡经济在生产关系上的融合，在生产力发展上的融合以及在消灭"三大差别"上的融合。

随着生产力的发展，城乡关系由结合到分离、对立，再到更高级层次的结合和融合，是历史发展的必然趋势。在未来社会中，城乡对立的消灭不仅是可能的，而且城乡融合是工农业生产发展、公共卫生事业发展及生态环境保护需要的结果。

中国经济体制改革以来，城乡关系上出现的新趋势呈现出复合性、对向性、协同性、交融性、互促性、整体性、直接性和多层次性等特点，适应这些特点，整合经济学关于城乡融合经济加强对城乡关系从对立到通开，再到协调，再至统一的全过程中各个发展阶段上的融合、交叉和一体化规律的研究。

2. 城乡融合经济的研究内容

城乡融合经济主要研究四个方面的内容：

（1）城乡融合经济全观体系。主要从全观或整体的角度出发，阐明城市经济和乡村经济融合的形成与发展规律，探索城乡融合经济的生产力与生产关系，确立城乡融合经济的模式，预见未来的总体趋势，以形成一个整体规律性体系。

（2）城乡融合经济结构体系。主要从城乡融合经济的结构着重研究工业与农业的融合，生产与流通统一的关系，城乡经济结构的协调与剩余劳动力转移的关系等，以促使各种生产要素形成最佳组合，发挥综合优势。

（3）城乡融合经济运行机制体系。主要研究城乡融合经济的发展动力和运行机制，阐明市场开放与市场体系的完善、经济技术协作与经济联合、有计划的商品经济与各种运行机制的调节，使城乡融合经济的运行机制呈良性循环，形成凝聚力和推动力。

（4）城乡融合经济发展体系。主要展示城乡融合经济发展的前景与途径，以建立一个对内搞活、对外开放，实现城乡融合，消灭"三大差别"，进入社会主义高级阶段的城乡经济新体系。

3. 城乡融合经济的新特点

中国新时代的城乡融合发展是一个国家宏观发展战略的重要组成部分。从整合经济学的层面上，我们做相对具象化的经济资源整合分析，不做国家战略层面的广泛阐述，因为那是需要专门论著的。

从整合经济学的层面上，城乡融合经济实质上同样是对稀缺资源的整合，通过把城市和乡村不同的资源进行整合，优势互补，形成区域性的经济发展新优势。结合国家深化改革背景下，城乡融合经济发展的过程呈现以下几个特点：

（1）城乡发展空间的统一性。

城乡融合经济不是形成新的地区分割，而是按照商品流通的规律，建立条块结合的合理经济关系，统一生产和流通、城乡融合经济学实现两个市场的结合，以提高综合经济效益。解决城乡发展不平衡，是着力解决当前我国社会主要矛盾的题中应有之义。解决城乡发展不平衡问题，就要补齐农村发展短板，摒弃单向的农村服务于城市、农业服务于工业的做法，建立城乡融合发展"一盘棋"的新理念，在经济建设、政治建设、文化建设、社会建设、生态文明建设上加大对农村的支持力度，着重促进农村发展。只有从空间上把城乡都发展好，才能确保城乡融合发展，同步发展。

（2）城乡融合发展方法的创新性。

城乡融合经济不是简单的相加关系，而是要使城乡融合为一体，使各种经济结构、生产布局和生态环境都优于现有系统，形成更多、更大的综合功能与和谐关系。这就是说，要从单纯抓工业、抓农业转变为工农业一起抓；从单纯物质支援转变为城乡结合、工农结合，互为基地、互为市场、互相依存上来，从城乡对立、互不协调转变为共同繁荣、缩小差距，城乡融合的新型关系上来。

实现城乡融合发展，在体制机制和政策体系上谋创新，在人、地、物上下功夫，依靠创新来推动。首先，建立新的体制机制，保障城乡居民享有权益。例如，保障在城市工作生活的未落户农村人口能够平等享受城镇基本公共服务，鼓励社会人才到乡村创业、就业投身乡村建设，通过制定激励措施实现城乡人口有质量、有尊严地流动；其次，探索创新各项制度，释放改革动能。各地在稳定农村基本经营制度基础上，根据实际推进农村土地制度改革、农村集体产权制度改革、农垦改革等各项改革，同时鼓励地方创新，尊重基层创造，为城乡融合打下制度基础；最后，在改革基础上建立新的运行机制，营造融合发展的氛围。通过破除制度壁垒，畅通资源要素进城下乡的通道，让城乡各类资源能够互通有无，实现城乡资源要素合作经营，为城乡融合发展打下基础。

（3）城乡融合发展资源的互补性。

城乡融合经济不是"大而全""小而全拧"，而是依托大中型城市，以农业为基础，从双方优势出发，因地制宜地建立各有特色的、合理的网络体系。城市和乡村各有资源禀赋，各具优势。坚持以工补农、以城带乡，推动形成工农互促、城乡互补、全面融合、共同繁荣的新型工农城乡关系。一般而言，城市在资金实力、生产技术、经营理念等方面比农村更胜一筹，但农村也有着广阔肥沃的土地、良好的生态环境及绵延几千年的农耕文明等优势。充分发挥城市和乡村的优势，认识并利用好乡村的经济价值、生态价值、社会价值和文化价值等，运用现代信息技术、新的经营方法促进农村的一二三产业实现深度融合，不断丰富其模式，使农村广大土地上的现代农业、乡村休闲旅游、文化体验、养生养老、农村电商、服务加工等呈现蓬勃发展之势，才是真正迎来了城乡融合发展的春天。

（4）城乡融合发展过程的长期性。

城乡融合发展是一个长期的过程。城乡融合经济的核心是工农结合的关系，其根本目的是要以城市的优势带动乡村的发展，使工农业差距日益缩小，真正实现农业现代化、乡村工业化、农村城市化，进而达到消灭"三大差别"的目标。我们国家在提出统筹城乡经济社会发展后，城乡发展一体化取得了很大成就，农民收入增加，城乡居民医疗和养老制度开始并轨。然而，城乡各方面差距仍然较大。2018年9月，国家制定了《乡村振兴战略规划（2018—2022年）》，各省市也陆续出台了乡村振兴战略规划，这些都是补齐乡村短板，实现城乡融合发展的重大契机。我国有14亿多人口，目前农村居住人口近6亿，即使城镇化发展进一步提高，从长远看，仍然会有几亿人生活在农村，做好城乡融合工作必不可少。当前，各地发展基础不同，融合发展的进程不可能一蹴而就，成就的取得也不会一劳永逸，唯有坚定信心、务实推进才能实现城乡融合发展。

四、融媒体——传媒文化融合

随着互联网、大数据、人工智能、移动互联信息化科技的发展，最快、最大的融合经济领域就是传媒经济的大整合与百年未有之大变局。所有的媒体人都不可避免地进入这个大融合文化产业。

1. 媒介融合的概念

媒介融合这一概念最早由美国马萨诸塞州理工大学的伊契尔·索勒·普尔教授提出，其本义是指各种媒介呈现出多功能一体化的趋势，主要指的是电视、报刊等传统媒介融合在一起。其概念应该包括狭义和广义两种，狭义的概念是指将不同的媒介形态"融合"在一起，会随之产生"质变"，形成一种新的媒介形态，如电子杂志、博客新闻等；而广义的"媒介融合"则范围广阔，包括一切媒介及其有关要素的结合、汇聚甚至融合，不仅包括媒介形态的融合，还包括媒介功能、传播手段、所有权、组织结构等要素的融合。也就是说，媒体融合是信息传输通道的多元化下的新作业模式，是把报纸、电视台、电台等传统媒体与互联网、手机、手持智能终端等新兴媒体传播通道有效结合起来，资源共享，集中处理，衍生出不同形式的信息产品，然后通过不同的平台传播给受众。

美国新闻学会媒介研究中心主任纳切松将"融合媒介"定义为"印刷的、音频的、视频的、互动性数字媒体组织之间的战略的、操作的、文化的联盟"，他强调的"媒介融合"更多是指各个媒介之间的合作和联盟。媒介技术的进步使传统媒介之间的界限日渐模糊，新媒介形式层出不穷，媒介终端可实现的功能逐步强大，这是媒介融合发展的基础。

2. 媒介融合的特点与表现形式

媒介融合作为新闻传播业的一种发展趋势，呈现出三个显著特点：

（1）媒体间的合作性。无论是传统媒体之间，还是新媒体之间，或者新旧媒体之间，合作是融合的外部条件，包括技术合作和内容合作等全方位的合作将在媒体间展开。

（2）媒体与受众的互动性加强。媒介融合必将把传播者和接收者之间的互动发挥到极致，从目前媒体的运作来看，互动已成为不可或缺的环节，而在媒介融合中，互动将更为明显。

（3）媒介融合是在技术的支持下实现的。网络技术、数字技术等的运用使媒介融合的水平和层次不断得到提升，而且其前景无限，例如，自网络技术发展以来，短短数年间传媒环境发生了巨大变化。因此，媒介融合以技术为依托，将随着技术的发展而发展。

媒介融合就其表现形式而言，主要有两种：

一是在传媒业界跨领域的整合与并购，并借此组建大型的跨媒介传媒集团，打造核心竞争力，应对激烈的市场竞争。

二是媒介技术的融合，将新的媒介技术与旧的媒介技术联合起来形成新的传播手段，甚至是全新的媒介形态。

3. 促进媒体融合经济的动力

（1）技术因素——媒介融合的先决条件

媒介的诞生、发展与科技的创新有着天然的联系。每次技术创新都催生新媒介形态的产生，带来媒介格局的重新建构，引导媒介发展的大趋势。

首先是数字技术可以实现媒介融合的资源共享。数字技术出现前，平面媒体的文字、图像信息与电子媒体的影像、语音信息形态之间存在固有边界。数字技术的应用意味着所有的信息都可以通过"0"和"1"的数字形式进行处理存储,传统媒介边界逐渐消解,各种信息内容实现共享具有可能。数字技术同时带来了信息终端数字化,媒介内容得以在电视、计算机、手机等各种具有兼容性的数字化媒介终端上实现流动共享。

其次是网络技术衍生媒介融合的多媒体平台。数字技术为信息的内容共享提供了支撑,而网络技术则实现了一个多媒体平台,文字、图像、声音、影像等各种形式的信息得以在这个平台上汇聚。特别是 Web2.0 的发展催生了博客、播客等媒体形态的兴盛,媒介融合形态进一步扩大。网络技术的发展促进各种媒介信息平台,包括固定电话网络、有线电视系统、局域网络等围绕互联网趋于融合,从而建立了一个"网络社会",受众在无处不在的以网络技术为支撑的互联网连接的各种终端上,获取着传统媒介时代无法想象的各项服务。

(2)竞争因素——媒介融合的直接推力

首先是拥有技术优势的网络媒体与拥有内容优势的传统媒介在竞争的基础上实现共同发展的需要。传统媒介虽然具有信息内容的资源优势,但由于其信息形式单一、信息传播范围狭小,以及信息传播方式的单向性,已经越来越无法满足受众的需求,新兴媒介的技术优势带来的即时效应、交互性和便携性的特点正好弥补此缺陷。而新兴媒介的内容则缺乏信息来源或信息源真实性不可靠,因而新兴媒介要建立良好的公信力和品牌度,必然要借助具有内容优势的传统媒介。

其次是媒介企业的竞争形成媒体间融合的动力。任何企业活动的最终目的都是实现效益最大化,传媒企业亦如此,通过降低生产成本和交易成本来实现参与者的效益增值。各产业组织通过融合方式形成资源共享,投入资源的联合使用创造的产出大于每种资源分别生产创造的产出之和,节约了生产成本。

(3)政策因素——媒介融合的外在助力

大众传媒对社会的强大影响力及媒介资源的稀缺,必然带来政府的严格管制。但是伴随着数字技术与网络技术的发展,新的媒介形态产生,大众媒介的地位开始下降,数字新媒介的形成打破了原有的时空限制,政府在对媒介产业的规制上开始放松。政府对媒介产业的内容生产的管制放松,积极鼓励内容的生产,媒介信息产品也走向多样化、个性化。同时,政府对于广播电视、电信行业的规制也渐渐放松,"三网融合"成为全球整个信息通信行业的发展方向。

(4)受众因素——媒介融合的内在驱动力

"媒介是人的延伸",媒介活动的根本在于吸引受众的注意力,受众是传媒市场活动的核心。受众需要是一切媒介活动的起点、出发点,也可以说,是一切传媒经济活动的归宿。媒介融合的内在原因正是在于人类需求的不断提高。

首先是便捷性需求要求媒介内容的共享。移动互联技术发展,使受众对信息需求的及时性日趋增长,需要媒介的信息传播必须破除时间和空间的限制,这就要求原先各自独立的媒介内容实现媒体间的共享,使受众能通过某一媒介获取所需的任何信息。例如,手机通过互联网的融合获得其他媒介的信息,从而随手获取信息,手机报纸、手机电视等满足了民众适应快速变化的社会生活及对各类信息的方便快捷的需求。

其次是多样性需求要求多媒体信息的实现。社会快速发展,社会物质财富极大丰富,人们开始追求更高层次的精神和文化享受。媒体受众不仅要求信息消费省时、省力,更要求品质、享受,希望达到文字、声音、图像等多种信息形式带来的全方位感官体验,促使媒介进一步调动各种传播手段和途径,从而进一步促进媒介融合。例如,报纸、杂志单纯的文字、图片形式已无法满足受众,于是电子报纸、电子杂志应运而生,受众享受到多方位的信息形式。

最后是个性化需求要求媒介产品的组合再分化。现代社会大众化的生产和消费形态渐渐淡化,市场步入一个分众化时代。媒介传播满足客户个性化的需求是媒体融合的动力。受众的分化形成了许多受众群落的碎片,媒介的信息传播效果的实现,必须重视每一个细分的个性化族群的特征,以及每一位单一消费者的个性和心理需求。这就要求不同媒介形式和传播平台的产品组合,在融合中实现个性化。①

五、融合经济的典型案例

融合经济不是加法经济,而是在资源融合中的四则混合运算。在实现融

---

① 何娅妮. 媒介融合形成因素解析 [J]. 科教文汇(上旬刊), 2009(08).

合的过程中,有所取、有所舍,有所倍增,也有所分解。融合经济是一个在融合平台上形成新定式的过程,类似于高炉炼钢,钢水是融合了多种元素的动态物质,经过融合冷却,形成了钢锭产品。在整合经济时代,形成了城乡融合、媒介融合、产业融合、文旅融合、医养融合、军民融合、产城融合等多种融合经济形式,融合发展已经成为世界经济发展的一大趋势,也涌现出许多成功的典型案例。

1. 发展乡村旅游促进产业融合——北京市房山区

（1）基本情况

房山区十渡镇位于北京西南,距市区96千米,镇域总面积192平方千米,辖21个行政村,6 152户,11 346人,其中农业人口8 282人。十渡镇为山区乡镇,镇域内沟域众多,重点沟域有新十渡沟域、老沟沟域、马安沟域、红叶大峡谷沟域、檀香仙谷沟域、太平沟域等。基于沟域丰富的天然优势,该镇注重推动农业与加工业、民俗旅游、文化创意等产业的融合,实现由单一观光型旅游向休闲度假旅游转变,由旅游资源大镇向高端旅游产业强镇转变,成为北京市唯一的旅游专业镇,同时拥有房山世界地质公园的核心园区、国家AAAA级旅游景区、国家地质公园、全国特色景观名镇、市级水生野生动物自然保护区等多种称号。

（2）创新做法

第一,发挥资源优势,夯实产业融合的基础。在自然资源方面,十渡镇属于暖温带半湿润大陆性气候,冬暖夏凉,气候宜人,拒马河穿境而过,植被覆盖率高达82%,空气相对湿度大,有"天然氧仓""自然空调"之称,同时,十渡镇生物资源丰富,拥有一百多种野生动物,其中褐马鸡、黑鹳、水獭和中华鳖等都是国家级保护动物。在文化资源方面,十渡镇具有深厚的文化底蕴,有渡口及佛教文化、餐饮及住宿文化、红色文化等。此外,十渡镇地质遗迹众多,有各类地质遗迹和十二大地质奇观。基于丰富的自然资源和文化资源优势,在"十二五"时期,十渡镇依托专业资质研究机构,高起点规划沟域经济,深入落实生态小流域治理、水环境治理工程,改善生态环境资源,大力发展休闲旅游产业,为功能拓展型（沟域经济）农村产业融合模式发展奠定了坚实基础。

第二,鼓励企业带动,强化产业融合的主体。作为房山区的试点示范镇,十渡镇注重发挥新型农业主体的带动和引领作用，由龙头企业和领军企业带动农村产业融合发展。一方面，重点支持十渡镇的旅游龙头企业，运用直接投资、参股经营、签订长期合同等方式整体改造民俗村现有的经营模式和环境面貌，引领农户和农村合作社发展休闲农业旅游，采取"保底收益、按股分红"的分配方式，将股权量化到户，实现龙头企业与农民合作社深度融合，保障村民长期分享资产收益。另一方面，2016年，房山区政府与知名企业签署《房山区十渡国际旅游度假区整体合作开发框架协议》，由该集团对十渡镇所有的沟域进行统筹规划，整体提升，推动十渡镇风景名胜区范围内农村产业融合的发展。例如，目前正在推进的平西古寨项目，即对马安沟域进行整体开发，通过建设特色古镇商业街、独院、特色民宿等形式，发展高端旅游产业，较好地实现农业与休闲旅游、文化创意产业的深度融合。

第三，实行产业联动，优化产业融合业态。在以沟域经济为特色的功能拓展型农村产业融合模式发展过程中，十渡镇不仅注重将当地的第一产业与旅游休闲等第三产业相融合，同时积极发展当地工业加工业，实现农村一二三产业联动机制。一是推出特色旅游。例如，位于十渡镇北部的西太平村拥有一处库容量17万方的山泉水库，西太平村充分发挥水库资源优势，建设山泉冷水鱼垂钓谷，培育特色养殖业态和休闲养生业态，为都市人群提供宁静的健身、垂钓、休闲度假场所，在推动当地村庄产业融合发展的同时，为当地牧民提供退牧后就业增收新渠道。二是形成种养一体新农业。依托中心景区餐饮市场，在王老铺、栗元厂等山顶村养殖野猪、野鸡、肉鸽等，种植柴胡、黄芩、沙参等名贵药材，带动特色产业的发展，推动种植业、养殖业融合发展。三是助力加工企业发展。基于种养一体新农业和旅游业，大力发展当地加工企业，将特色农产品加工成特产，满足游客购物需求，延伸农业产业链，提高了十渡景区的知名度，促进了地方经济发展。

（3）主要成效

通过功能拓展型产业融合模式的发展，十渡镇已成为北京近郊的旅游专业镇。全镇从事各类旅游业的农户达2 380户，占十渡镇总农户的60%以上。在"十二五"期间，十渡镇旅游综合收入年均复合增长率超过10%，全面促进十渡镇整体经济社会发展良好发展。增加了农民就业，促进农民增收，以沟域经济带动的乡村旅游业属于劳动密集型产业，可为当地提供大量的工作岗位，提高当地农民的就业率，促进农民增收。通过产业融合的发展，间接提高了当地农村基础设施和配套服务设施水平，乡村道路及大型商场、酒店、旅馆等配套服务设施不断增加，便利农民生活，改善乡村面貌。

2. 美国畜牧业三次产业融合案例

（1）美国畜牧业发展及案例选择

美国草场辽阔，丰富的草料资源为其发展畜牧业提供了基础，使美国成为世界上最大的畜牧产品生产国之一。由于土地和资本的逐渐集中，美国畜牧业生产经营的趋势是农场之间不断兼并，导致农场规模扩大和数量减少。美国大规模牧场长期获得经济利润，而规模较小的牧场则长期处于亏损状态，因此向大农场化发展是必然趋势，而规模大的农场更有利于产业融合。这里选取美国中北部的一家规模较大且在产业融合发展方面较为成功的畜牧农场——菲尔奥克斯农场作为案例研究对象，数据资料主要来源于两部分：一是赴美交流期间对该农场的调研；二是参考该农场的官方网站及相关报道。

（2）案例农场的三次产业融合过程

菲尔奥克斯农场建于1999年，位于美国印第安纳波利斯和芝加哥城市中间，由12个家庭农场组成，是美国最大的农场之一。农场大致可分种植区、奶牛养殖区、生猪养殖区、废弃物处理区、乳制品加工区、餐饮区、娱乐区等。农场有36 000多头奶牛，猪场每年向外界供应7.8万头育肥猪。投资建立了大型的废弃物沼气和能源转化工程，并将生产设备和运输工具的动力设备全部改为天然气动力系统，实现循环式、生态化的发展模式。农场除了传统的种、养、加项目之外，还拓展了农业教育、休闲旅游、农事体验、节日派对等项目，其中牛奶场探险、猪场探险和农作物探险项目等深受游客喜爱，农场配有专用巴士搭载游客按规定路线参观，还设有农户餐厅、咖啡馆和户外娱乐园，很多游客从北美各地慕名而来。

前文谈到产业融合的主要方式有三种：一是新技术的渗透融合，二是产业内的重组融合，三是产业间的延伸融合。从菲尔奥克斯农场的产业融合情况来看，农场在发展过程中通过上述三种融合模式，逐步实现了种养结合、排泄物利用和能源转化、饲料和肥料生产、食品加工、物流配送和休闲观光等产业的横向合并和纵向延伸。

第一，新技术的渗透融合。高新技术在菲尔奥克斯农场的应用非常多，是农场经济增长和可持续发展的根本。农场利用生物高新技术提高疾病控制能力,解决饲养过程中使用抗生素带来的问题。精细化配制饲料营养,利用技术改善养殖和生产设施条件,提高畜牧业生产效率和动物福利。农场奶牛每天产生大约43万加仑的粪肥,农场加大对微生物技术研发力度,并对农场机械设备和运输卡车等进行技术改造,将其动力统一改成由农场粪肥生产出的压缩天然气(CNG)。

第二,产业内的重组融合。菲尔奥克斯农场的畜牧产品主要有奶牛、生猪等,为解决养殖环节对饲料及粪肥处理的需要,农场种植玉米、土豆等饲料作物在一次产业内部基于生物链进行资源要素重组和整合,玉米及秸秆等可以为奶牛、生猪养殖提供优质饲料,而养殖产生的废弃物经微生物发酵和干湿分离处理后可以成为优质有机肥,实现生态环境优化和提高种养业的品质和效益。据农场联合创始人之一的迈克·麦克罗斯凯介绍,未来农场还将养殖污水进行处理后专门打造一片人工湿地,里面会种植一些浮萍等高蛋白的水生植物,既美化环境又能提供高蛋白饲料。

第三,产业间的延伸融合。菲尔奥克斯农场除了发展种养业外,发展过程中沿着产业链向第二产业延伸包括建立饲料加工厂、乳制品加工厂、养殖排泄物处理(Stool-to-Fuel),还在农场建立一座更大的肥料厂和啤酒厂。向第三产业延伸包括完善物流配送、销售服务等环节,其中最为突出的是农场充分拓展农业的多样性功能,将农业与生态、教育与旅游等元素相融合,开设牛奶场探险、猪场探险和农作物探险等寓教于乐的农业体验和休闲观光项目。通过农场观光巴士在各个展区间穿梭,游客可以在作物种植区、牲畜饲养区、游乐区、公众学习区等全方面接触农场日常的一切,还可以在专门的观光通道和观景平台观看牲畜的育种、分娩、哺乳、进食等全过程,观看作物的机械化生产操作等。农场还针对亲子家庭和年轻人开设攀岩、蹦床气垫等娱乐项目,并设有农家餐馆和咖啡吧为游客提供餐饮服务,所用食材均产自农场。此外,农场还定期举办南瓜节、音乐节等派对活动以吸引游客。

(3)案例农场产业融合的经济分析

第一,降低生产成本。菲尔奥克斯农场由12个家庭农场组成,资源要素在空间集聚并进行优化配置,不仅使养殖废弃物处理、生产加工和物流仓储等环节的成本大幅降低,也为三次产业融合发展带来了契机,加上技术融合带来的产业技术性壁垒,以及政府规制放松带来的政策性壁垒的削弱,有效促进了产业的跨界与融合,农场还发展了观光休闲、农事教育、餐饮娱乐等多个项目，其多元化经营及完善的利益联结机制有效提高了设施设备等要素资源的共用性，这也说明农场的三次产业融合由于存在范围经济而提高了资源使用效率。

第二，节约交易费用。整合经济学认为产业纵向一体化有利于降低交易费用。菲尔奥克斯农场在发展畜牧养殖时向产业上游的饲料生产加工和下游的乳、肉制品加工销售、物流配送等环节延伸融合，将外部业务内部化，有效降低了同上下游企业签订业务的成本和违约风险。农场原本想将天然气用于发电接入当地电网，但因当地公共部门支付的费用不抵成本而作罢，农场又尝试将天然气提炼为99%的甲烷再出售，也因市场价格波动太大无利可图而放弃。最后，农场自建了2个天然气站并改装了农场所有车辆和机械设备的动力系统。

第三，扩大市场势力。菲尔奥克斯农场在三次产业融合过程中，通过主体联合、产业联动、资源共享、业务联通等手段，构建了多元化产品的生产和经营体系，并不断调整和创新模式以迎合多样化的市场需求，拓展了农场经营边界和市场空间，有效增强了市场势力，加上技术创新驱动的投入融合与市场需求驱动的产出融合的协同作用，以及产品之间形成的较强互补性，较大程度上延长了产业的生命周期，使产品和服务在市场上具有较大的竞争优势，并不断通过技术和商业模式创新等手段来强化优势，从而形成绝对的市场势力。

第四，促进绿色发展。美国政府对农场生产环境和食品加工等规制较为严格，加上环保和动物权益组织对畜牧生产的监督，促使菲尔奥克斯农场不断投入资本和技术来减少污染等外部性问题和提高动物福利。为了向公众证明农场具有良好的生产环境及自我规制能力，2004年，农场创新性地提出了向社会开放的举措，这必然要求农场的管理能力、养殖环境、疾病控制、污染治理、生态保护和动物福利等各方面水平必须满足标准，以便经得起消费者检验。农场开放首年就吸引了5万人次前来参观，2015年更是达到了50万人次并仍逐年攀升，2017年门票为29.95美元，仅门票一项收益就达到上千万美元。

（4）美国案例对中国农业、畜牧业产业融合的启示

美国是一个非常重视农业规制作用的国家，其合理运用规制调控作用促进产业融合发展的经验非常值得我国借鉴。

美国的农业合作历史较早，专业化分工、组织化生产、集约化经营和社

会化服务水平都较高,其多元化主体能高效地配合得益于完善的利益联结机制。因此,要加快培育我国多元化主体融合,就要完善利益联结机制,使不同经营主体之间形成"利益共享、风险共担"的利益格局。鼓励畜牧龙头企业发挥资本和技术优势,重点发展能源转化、畜牧产品精深加工、储存和冷链物流、电商销售和品牌打造等畜牧业生产社会化服务能力,创新"龙头企业+专业合作社(基地)+农户"等多种合作模式,通过直接投资、土地入股、订单养殖、畜牧托养等多种形式强化经营合作,带动普通农牧户与现代畜牧业有机衔接。鼓励新型经营主体以相互参股的方式来增强利益联结,共同推进畜牧产业向二次、三次产业延伸。

美国等国家较早就进行了农业多功能开发与实践,发展了生态有机农场、休闲观光农场等多种业态,拓宽了产业收益边界。我国农业多功能拓展起步虽然较晚,但近年来互联网和信息技术在农业领域的渗透应用,以及消费层次的提升为我国拓展农业功能和实现融合发展提供了有利条件。就畜牧业而言,要引导畜牧业与生态、文化、科教、旅游、健康等元素融合,整合并优化配置资源,加快畜牧业从食物保障、原料供给、就业增收等功能向生态调节、旅游休闲、农事体验、牧场民宿等新功能拓展,将传统畜牧业改造成集生产、生活、生态于一体的现代畜牧业,形成新的增长极。[①]

---

① 胡伟斌,黄祖辉.畜牧业三次产业融合:基于美国典型案例的研究及启示[J].中国畜牧杂志,2018(10).

◎第十九章
循环经济

循环经济是整合经济学研究资源稀缺性条件下科学、高效、最大价值利用资源的经济实践,是解决资源稀缺性难题的有效途径和经济学实践。

一、循环经济的定义

1. 基本含义

循环经济又称"资源循环型经济",是以资源节约和循环利用为特征,与环境和谐相处的经济发展模式。强调把经济活动组织成一个"资源—产品—再生资源"的反馈式流程。所有的物质和能源能在这个不断进行的经济循环中得到合理和持久的利用,把经济活动对自然环境的影响降低到尽可能小的程度,其特征是低开采、高利用、低排放。循环经济本质上是一种生态经济,它要求运用生态学规律来指导人类社会的经济活动。

2. 循环经济的渊源

"循环经济"(Circular Economy)一词是美国经济学家波尔丁在20世纪60年代提出"生态经济"时谈到的。波尔丁受当时发射的宇宙飞船的启发来分析地球经济的发展,他认为飞船是一个孤立无援、与世隔绝的独立系统,靠不断消耗自身资源存在,最终它将因资源耗尽而毁灭,唯一使之延长寿命的方法就是实现飞船内的资源循环,尽可能少地排出废物。同理,地球经济系统如同一艘宇宙飞船。尽管地球资源系统大得多,地球寿命也长得多,但是也只有实现对资源循环利用的循环经济,地球才能得以长存。

循环经济思想萌芽可以追溯到环境保护思潮兴起的时代,首先是在国外出现,经历了近十多年的发展。在20世纪70年代,循环经济的思想只是一种理念，当时人们关心的主要是对污染物的无害化处理。20世纪80年代，人们认识到应采用资源化方式处理废弃物。20世纪90年代，特别是在可持续发展战略成为世界潮流的时期，环境保护、清洁生产、绿色消费和废弃物的再生利用等才整合为一套系统的，以资源循环利用、避免废物产生为特征的循环经济战略。

"循环经济"这一术语在中国出现于20世纪90年代中期，学术界在研究过程中已从资源综合利用的角度、环境保护的角度、技术范式的角度、经济形态和增长方式的角度、广义和狭义的角度等不同角度对其进行多种界定。当前，社会上普遍推行的是国家发展和改革委员会对循环经济的定义："循环经济是一种以资源的高效利用和循环利用为核心，以减量化、再利用、资源化为原则，以低消耗、低排放、高效率为基本特征，符合可持续发展理念的经济增长模式，是对大量生产、大量消费、大量废弃的传统增长模式的根本变革。"这一定义不仅指出了循环经济的核心、原则、特征，同时也指出了循环经济是符合可持续发展理念的经济增长模式，抓住了当前中国资源相对短缺而又大量消耗的症结，对解决中国资源对经济发展的制约作用具有迫切的现实意义。

3. 循环经济的特点

循环经济作为整合经济学研究的一种科学的发展观，一种全新的经济发展模式，具有自身的独立特征，主要体现在以下五个方面。

（1）新的系统观

循环是指在一定系统内的运动过程，循环经济的系统是由人、自然资源和科学技术等要素构成的大系统。循环经济观要求人在考虑生产和消费时不再置身于这一大系统之外，而是将自己作为这个大系统的一部分来研究符合客观规律的经济原则，将"退田还湖""退耕还林""退牧还草"等生态系统建设作为维持大系统可持续发展的基础性工作。

（2）新的经济观

在传统工业经济的各要素中，资本在循环，劳动力在循环，而唯独自然资源没有形成循环。循环经济观要求运用生态学规律，而不是仅仅沿用19世纪以来机械工程学的规律来指导经济活动，不仅要考虑工程承载能力，还要考虑生态承载能力。在生态系统中，经济活动超过资源承载能力的循环是恶性循环，会造成生态系统退化，只有在资源承载能力之内的良性循环，才能使生态系统平衡地发展。

（3）新的价值观

循环经济观在考虑自然时，不再像传统工业经济那样将其作为"取料场"和"垃圾场"，也不仅视其为可利用的资源，而是将其作为人类赖以生存的基础，是需要维持良性循环的生态系统；在考虑科学技术时，不仅考虑其对自然的开发能力，而且要充分考虑到它对生态系统的修复能力，使之成为对环境有益的技术；在考虑人自身的发展时，不仅考虑人对自然的征服能力，而且更重视人与自然和谐相处的能力，促进人的全面发展。

（4）新的生产观

传统工业经济的生产观念是最大限度地开发利用自然资源，最大限度地创造社会财富，最大限度地获取利润。而循环经济的生产观念是要充分考虑自然生态系统的承载能力，尽可能地节约自然资源，不断提高自然资源的利用效率，循环使用资源，创造良性的社会财富。在生产过程中，循环经济观要求遵循"3R"原则：资源利用的减量化（Reduce）原则，即在生产的投入端尽可能少地输入自然资源；产品的再使用（Reuse）原则，即尽可能延长产品的使用周期，并在多种场合使用；废弃物的再循环（Recycle）原则，即最大限度地减少废弃物排放，力争做到排放的无害化，实现资源再循环。同时，在生产中还要求尽可能地利用可循环再生的资源替代不可再生资源，如利用太阳能、风能和农家肥等，使生产合理地依托自然生态循环；尽可能地利用高科技，尽可能地以知识投入来替代物质投入，以达到经济、社会与生态的和谐统一，使人类在良好的环境中生产生活，真正全面地提高人民生活质量。

（5）新的消费观

循环经济观要求走出传统工业经济"拼命生产，拼命消费"的误区，提倡物质的适度消费、层次消费，在消费的同时就考虑废弃物的资源化，建立循环生产和消费的观念。同时，循环经济观要求通过税收和行政等手段，限制以不可再生资源为原料的一次性产品的生产与消费，如宾馆的一次性用品、餐馆的一次性餐具和豪华包装等。

二、循环经济的法治化

1. 制定政策法规需遵循的基本原则

传统经济是一种由"资源—产品—污染排放"构成的物质单向流动的经

济。在这种经济中，人们以越来越高的强度把地球上的物质和能源开发出来，在生产加工和消费过程中，又把污染和废物大量地排放到环境中去，对资源的利用常常是粗放的和一次性的，通过把资源持续不断地变成废物来实现经济的数量型增长，导致了许多自然资源的短缺与枯竭，并酿成了灾难性环境污染后果。与此不同，循环经济倡导的是一种建立在物质不断循环利用的基础上的经济发展模式，它要求把经济活动按照自然生态系统的模式，组织成一个"资源—产品—再生资源"的物质反复循环流动的过程，使整个经济系统及生产和消费的过程基本不产生或者只产生很少的废弃物，只有放错了地方的资源，而没有真正的废弃物，该模式的特征是自然资源的低投入、高利用和废弃物的低排放，从而根本上消解长期以来环境与发展之间的尖锐冲突。

循环经济体系是以产品清洁生产、资源循环利用和废物高效回收为特征的生态经济体系。由于它将对环境的破坏降到最低程度，并且最大限度地利用资源，因而大大降低了经济发展的社会成本，有利于经济的可持续发展。对于我国而言，大力发展循环经济，是走新型工业化道路的题中应有之义。各级政府作为建立循环经济社会机制的主体，应抓紧制定相关的法规和政策，逐步建立健全适应循环经济发展要求的管理体制和机制。尽管我国各地区的经济发展水平有一定的差异，但在制定相关法规政策时应遵循以下四条原则：

（1）注重技术标准而不是具体技术

政府在制定适应循环经济要求的法规政策时，应当注重规定最终产品的指标含量，以及在生产过程中排放的废弃物的指标含量，而不是直接规定企业必须使用某种具体的节能环保技术。只有这样，才能使不同的企业发挥自身优势，各展所长，创造出一个广阔的技术创新平台。否则就容易限制企业多路径的创造力。

（2）控制标准尽量贴近最终用户，同时鼓励上游行业创新

贴近终端用户的标准规定能使企业在产品设计、生产和分销渠道上有很大的创新空间，从而有助于实现对各种中间废弃物的循环再利用。而且避免废弃物污染的工作从上游入手，往往会减轻下游的很多压力。因此，应当多制定一些鼓励上游企业实施技术创新、减少环境污染的政策法规。反之，如果从下游入手解决环境污染问题，由于上游各个生产环节对产品和部件或多或少地规定了其材质属性及产品构造，就会对下游企业的污染治理工作形成许多复合型的约束条件，使下游企业的治理或改造成本增加，难度提高。

（3）考虑产业投资循环节奏，多阶段加以推进

产业投资循环有其自身的规律性节奏，即投资—经营—回报—积累—再投资。政府在制定相关法规政策时，应当考虑到相关行业的产业投资循环节奏，而不应一味地要求企业迅速应用高标准的环保技术，甚至不顾及其应用成本。如果考虑产业投资循环节奏，就可以针对循环中的不同环节，制定相应的导向性政策，例如，在投资环节，设立设计和建设方面的环保标准；在经营环节，设立生产、运输和回收利用方面的环保标准；在回报与积累环节，设立提留环保基金比例的政策；在再投资环节，设立更高的设计与建设方面的环保标准，从而使企业能够在长期的投资、生产、经营循环中持续地进行技术创新。同时，由于制定的相关法规会随着时间的推移而不断提高对企业技术标准的要求，这就使技术创新竞争在未来的企业市场竞争中成为一个主要的竞争点，能够促使企业加大技术创新的力度。相反，如果制定的法规很急迫地要求企业迅速应用高环保标准的生产技术或高标准的污染治理技术，而不考虑产业投资循环节奏，就可能会使企业将精力集中在如何规避这些法规上，而不是如何创新与变革现有的技术，这最终会导致企业没有任何技术创新。

（4）整合协调有技术关联的法规政策

制定鼓励技术创新的法规政策，应避免把行业作为主要的划分标准，而应当把技术性质作为主要的划分标准。这是因为就我国的国情来看，实现循环经济的最重要环节是变革许多现行的生产技术和经营技术，而行业之间的技术影响往往不是垂直而是交叉扩散的。例如，塑料工业的发展会直接影响冰箱、电视、空调、洗衣机、家庭日用品等许多行业的发展，通信行业的技术发展会直接影响证券、航空、军工等行业的发展。因此，以技术性质为主要划分标准来制定鼓励技术创新的法规政策，是实现循环经济的内在要求和必然选择。

2. 循环经济的"3R"原则

循环经济是较为全面地分析投入与产出的经济，它是在人口、资源、环境、经济、社会与科学技术的大系统中，研究符合客观规律的经济原则、均衡经济、社会和生态效益，其基本工具是应用系统分析，包括信息论、系统论、控制论、生态学和资源系统工程管理等一系列新学科。

传统经济将自然生态系统作为"取料场"和"垃圾场"，完全是一种不合

理的线性经济。循环经济是一种生态型的闭环经济，形成合理的封闭循环，它要求人类经济活动按照自然生态系统模式，组织成一个"资源产品—再生资源—再生产品"的物质反复循环流动的过程，所有的原料和能源要能在这个不断进行的经济循环中得到最合理的利用，从而将经济活动对自然环境的影响控制在尽可能低的程度。在循环经济里没有真正的废弃物，只有放错了地方的资源。循环经济要求社会的经济活动应以"减量化、再使用、再循环"为基本准则。

（1）资源利用的减量化（Reduce）原则

减量化原则是循环经济的第一原则，它要求在生产过程中通过管理技术的改进，减少进入生产和消费过程的物质和能量。换言之，减量化原则要求在经济增长的过程中为使这种增长具有持续的和环境相容的特性，人们必须学会在生产源头的输入端就充分考虑节省资源，提高单位生产产品对资源的利用率，预防废物的产生，而不是把眼光放在产生废弃物后的治理上。对生产过程而言，企业可以通过技术改造，采用先进的生产工艺，或实施清洁生产减少单位产品生产的原料使用量和污染物的排放量。此外，减量化原则要求产品的包装应该追求简单朴实，而不是豪华浪费，从而达到减少废弃物排放的目的。

（2）产品生产的再使用（Reuse）原则

循环经济的第二个原则是尽可能多次及尽可能多种方式地使用人们购买的东西。通过再利用，人们可以防止物品过早地成为垃圾。在生产中，要求制造产品和包装容器能够以初始的形式被反复利用，尽量延长产品的使用期，而不是非常快地更新换代；鼓励再制造工业的发展，以便拆卸、修理和组装用过的和破碎的东西。在生活中，反对一切一次性用品的泛滥，鼓励人们将可用的或可维修的物品返回市场体系供别人使用或捐献自己不再需要的物品。

（3）废弃物的再循环（Recycle）原则

循环经济的第三个原则是尽可能多地再生利用或循环利用。要求尽可能通过对"废物"的再加工处理（再生）使其成为资源，制成使用资源、能源较少的新产品而再次进入市场或生产过程，以减少垃圾的产生。再循环有两种情况：第一种是原级再循环，也称为原级资源化，即将消费者遗弃的废弃物循环用来形成与原来相同的新产品，如利用废纸生产再生纸，利用废钢铁生产钢铁。第二种是次级再循环或称为次级资源化，是将废弃物作用生产与其性质不同的其他产品的原料的再循环过程，例如，将制糖厂产生的蔗渣作为造纸厂的生产原料，将糖蜜作为酒厂的生产原料等。原级再循环在减少原材料消耗上的效率要比次级再循环高得多，是循环经济追求的理想境界[①]。

循环经济的根本目的是在经济流程中尽可能减少资源投入，并且系统地避免和减少废物，废弃物再生利用只是减少废物最终处理量。循环经济"减量化、再利用、再循环"——"3R"原则的重要性不是并列的，它们的排列是有科学顺序的。减量化属于输入端，旨在减少进入生产和消费流程的物质量；再利用属于过程，旨在延长产品和服务的时间；再循环属于输出端，旨在把废弃物再次资源化以减少最终处理量。处理废物的优先顺序是：避免产生—循环利用—最终处置。即首先要在生产源头——输入端就充分考虑节省资源、提高单位生产产品对资源的利用率、预防和减少废物的产生；其次是对源头不能削减的污染物和经过消费者使用的包装废弃物、旧货等加以回收利用，使它们回到经济循环中；只有当避免产生和回收利用都不能实现时，才允许对最终废弃物进行环境无害化处理。环境与发展协调的最高目标是实现从末端治理到源头控制，从利用废物到减少废物的质的飞跃，要从根本上减少自然资源的消耗，从而也就减少环境负载的污染。

三、循环经济发展的途径

发展循环经济的主要途径，从资源流动的组织层面来看，主要是在企业小循环、区域中循环和社会大循环三个层面来展开；从资源利用的技术层面来看，主要是通过资源的高效利用、循环利用和废弃物的无害化处理三条技术路径去实现。

1. 发展的三个组织层面

从资源流动的组织层面来看，循环经济可以从企业、生产基地等经济实体内部的小循环，产业集中区域内企业之间、产业之间的中循环，包括生产、生活领域的整个社会的大循环三个层面来展开。

（1）以企业内部的物质循环为基础，构筑企业、生产基地等经济实体内

[①] 王克强，赵凯，刘红梅. 资源与环境经济学[M]. 上海：复旦大学出版社，2015.

部的小循环。企业、生产基地等经济实体是经济发展的微观主体，是经济活动的最小细胞。依靠科技进步，充分发挥企业的能动性和创造性，以提高资源能源的利用效率和减少废物排放为主要目的，构建循环经济微观建设体系。

（2）以产业集中区内的物质循环为载体，构筑企业之间、产业之间、生产区域之间的中循环。以生态园区在一定地域范围内的推广和应用为主要形式，通过产业的合理组织，在产业的纵向、横向上建立企业间能流、物流的集成和资源的循环利用，重点在废物交换和资源综合利用，以实现园区内生产的污染物低排放甚至"零排放"，形成循环型产业集群，或循环经济区，实现资源在不同企业之间和不同产业之间的充分利用，建立以二次资源的再利用和再循环为重要组成部分的循环经济产业体系。

（3）以整个社会的物质循环为着眼点，构筑包括生产、生活领域的整个社会的大循环。统筹城乡发展、统筹生产生活，通过建立城镇与农村之间、人类社会与自然环境之间的循环经济圈，在整个社会内部建立生产与消费的物质能量大循环，包括了生产、消费和回收利用，构筑符合循环经济的社会体系，建设资源节约型、环境友好的社会，实现经济效益、社会效益和生态效益的最大化。

2. 发展的三条技术路径

从资源利用的技术层面来看，循环经济的发展主要是通过资源的高效利用、循环利用和无害化生产三条技术路径来实现。

（1）资源的高效利用。依靠科技进步和制度创新，提高资源的利用水平和单位要素的产出率。在农业生产领域，通过探索高效的生产方式，集约利用土地、节约利用水资源和能源等。例如，推广套种、间种等高效栽培技术和混养高效养殖技术，引进或培育高产优质种子种苗和养殖品种，实施设施化、规模化和标准化农业生产，提高单位土地、水面的产出水平；通过优化多种水源利用方案，改善沟渠等输水系统，改进灌溉方式和挖掘农艺节水等措施，实现种植节水；通过发展集约化节水型养殖，实现养殖业节水。

（2）资源的循环利用。通过构筑资源循环利用产业链，建立起生产和生活中可再生利用资源的循环利用通道，达到资源的有效利用，减少索取的自然资源，在与自然和谐循环中促进经济社会的发展。在农业生产领域，农作物的种植和畜禽、水产养殖本身就要符合自然生态规律，通过先进技术实现有机耦合农业循环产业链，是遵循自然规律并按照经济规律组织有效的生产。包括：种植—饲料—养殖产业链，养殖—废弃物—种植产业链，养殖—废弃物—养殖产业链，生态兼容型种植—养殖产业链，废弃物—能源或病虫害防治产业链。

（3）废弃物的无害化排放。通过对废弃物的无害化处理，减轻生产和生活活动对生态环境的影响。在农业生产领域，主要是通过推广生态养殖方式，实行清洁养殖。运用沼气发酵技术，对畜禽养殖产生的粪便进行处理，化害为利，生产制造沼气和有机农肥；控制水产养殖用药，推广科学投饵，减轻水产养殖造成的水体污染。探索生态互补型水产品养殖，加强畜禽饲料的无害化处理、疫情检验与防治；实施农业清洁生产，采取生物、物理等病虫害综合防治，减少农药的使用量，降低农作物的农药残留和土壤的农药毒素的积累；采用可降解农用薄膜和实施农用薄膜回收，减少土地中的残留。

四、循环经济的实践案例

尼桑汽车公司是日本第二大汽车制造厂家，该公司于1933年在神奈川县横滨市创立，拥有包括日本在内的分布于全球20个国家与地区的生产基地，为160多个国家与地区提供商品及相关服务。尼桑公司以"丰富人们的生活"为公司愿景，除了通过提供产品服务来创造价值，还希望通过全球的所有事业活动，为公司的持续发展作出贡献，且其在保护地球环境中的措施值得我们借鉴。

"人、车、自然共生"是尼桑公司描绘的理想社会蓝图。尼桑公司一直努力实现着1992年发布的环境理念，深知汽车或企业活动给地球环境带来的负荷，因此也一直在努力地解决这些问题。为了给地球未来尽可能减少痕迹，尼桑公司将"在企业活动或车辆的整个寿命中，将环境负荷或资源利用控制在自然可吸收的水平"作为企业的终极目标。通过分析尼桑汽车公司的循环经济案例，主要得出以下四个方面的启示。

1. 环境保护的根本之道：理念的贯穿

尼桑公司作为一家车企，一直体现着环境保护的理念。传统的经济模式是从资源到产品再到治理，以企业利润最大化为根本目标，而对于出现的环境问题,只是在出现的时候治理,这是一种事后效应。而要真正去做好循环经济,不能只是当问题出现时再着手处理,需要的是事前的规划。尼桑公司将环境保护作为其终极目标,并将这种思想一直贯穿在计划、产品开发、产品生产、销售、回收利用的整个过程。从车型的设计、生产中废弃物的排放等到尼桑公司参与的社会层面的环境保护工作,可以说尼桑公司将环保从自身的企业层面扩展到了社会层面。这种理念是根本,有了这种理念的支撑,企业才能真正地做好循环经济,保护地球的环境。

2. 从小到大的环保设计:从零件到整体机型的可回收性设计

在开发阶段,尼桑公司运用可回收性设计,包括运用可回收材料的选用及开发便于回收的结构。从大的车型到小的一个零件结构,尼桑公司都很注重循环经济。在材料的选用上,尼桑公司在很多结构设计上,都选用的是可回收材料,同时细化到很小的零件上。例如,仪表盘运用的是单一的 PP 材料,便于回收利用。在设计上,我们可以看到尼桑公司设计的很多汽车是方形的,而在中国市场上很难看到这样的设计。方形的汽车首先比普通汽车大的空间,同时利于回收。尼桑公司的可回收汽车,循环利用率高达 95%。对比我国现在的企业,很多时候我们会分清主次,在大体上进行循环,而忘记了小到一个零件的设计及材料也可以对环境保护作出重大贡献。

3. 废弃物的分类回收处理:建立车间分类回收的典型流程

垃圾废弃物的分类一直是日本的亮点。无论是家庭的垃圾还是企业的废弃物,都对其进行分类回收。尼桑公司倡导着"混在一起是垃圾,分开就是资源"的理念,建立了车间分类回收的典型流程。从休息场所的分类(生活垃圾)与装配线上的分类(工程垃圾),将分好类的垃圾通过专用搬运台车运到资源站,最后在运到公司以外的回收点。通过对废弃物的分类回收处理,尼桑公司将其资源化率从 1990 年的 71.1% 提高到了 2007 年的 100%。

4. 从企业层面到社会层面的升华:代理店的环保活动

尼桑公司作为一家大型车企,不仅在生产制造汽车的过程中贯穿着保护环境的理念,同时也积极组织参加着环境保护工作。尼桑汽车代理店举行环保活动,并采用"日本绿色店认可制度"。

从尼桑公司的循环经济案例中我们可以看到,企业不仅应该注重自身利润的最大化,还应该追求社会价值的最大化。在创造利润的同时,应该关注对社会和环境的效果,并始终秉持着这样的理论,把其带到日常的生产实践中,才能真正做到循环经济。很多时候我们往往认为作为微观个体的个人或企业,我们的贡献没有办法达到社会层面,然而,正是每一个微观个体的协同配合,才能真正将环境保护从小做到大。正如尼桑公司带给我们的启示一样,从企业层面上升到了社会大层面。

通过尼桑公司的案例分析,以及对比中国目前的循环经济,我们发现在中国的循环经济发展中还存在很多问题,需要更多的实质性解决方案。从公民到企业再到社会大层面,都需要贯彻循环经济理念。公民个人及企业应该树立环境保护意识,摒弃最初的传统经济模式,不要等到环境已经被破坏无望时再治理;在社会层面,需要提升目前的科技水平,用清洁能源代替传统能源,以及发展改善企业的生产流程、废弃物处理技术等;同时,在立法上,应该出台相应的法律法规,在循环经济上做到有法可依。

企业要生存发展,追求利润的最大化是必然的。因此,只有让企业自身感受到循环经济带来的效益,才能从根本上吸引企业参与发展循环经济。而这种效益,需要会计系统来体现。我们应该建立健全循环经济会计信息系统,让循环经济带来的效益在报表中得以体现。这样,我们离一个循环经济高度发达的社会就不遥远了。

◎第二十章
共享经济

整合经济学是研究在资源稀缺性条件下人的整合经济行为及其规律。共享是资源价值最大化的途径。在资源稀缺性里实现资源共享,需要资源的整合,而且要在整合中发挥整合思维谋略,创造经济的奇迹。

一、共享经济含义及其起源

1. 共享经济的含义

共享经济是指拥有闲置资源的机构或个人有偿让渡资源使用权给他人,让渡者获取回报,分享者利用分享自己的闲置资源创造价值。

作为新技术革命的产物,共享经济通过网络平台消除个人之间的信息障碍,促进闲置资源要素的流动和实现供需高效匹配,使资源利用效率最大化。共享经济是对传统消费模式的创造性颠覆,它不仅重新定义了我们消费的内容,同时也颠覆了我们的消费方式。

共享经济是一种优化资源配置、高效社会治理的新经济模式,是基于互联网等现代信息技术,由资源供给方通过技术平台将暂时闲置的资源(或技能服务)有偿提供给资源的需求方使用,需求方获得资源的使用权(或享受服务),而供给方则获得相应报酬的市场化模式。通过技术平台的整合,达到资源的有效配置、城市的有效治理、市民更方便地获得城市社会服务的目标。

"共享经济"从狭义来讲,是指以获得一定报酬为主要目的,基于陌生人且存在物品使用权暂时转移的一种商业模式。这其中主要存在三大主体:商品或服务的需求方、供给方和共享经济平台。共享经济平台作为移动互联网的产物,通过移动 LBS(Location Based Service,基于位置的服务)应用、动态算法与定价、双方互评体系等一系列机制的建立,使供给方与需求方通过共享经济平台进行交易。与传统的酒店业、汽车租赁业不同，共享经济平台公司并不直接拥有固定资产，而是通过撮合交易获得佣金。这些平台型的互联网企业利用移动设备、评价系统、支付、LBS 等技术手段有效地将需求方和供给方进行最优匹配，达到双方收益的最大化。

共享经济有五个特点：

一是基于互联网、物联网、大数据、云计算、人工智能等技术；二是广泛的数据应用；三是通过共享实现海量、分散、闲置资源的优化配置；四是市场化方式高效提供社会服务，满足多样化的社会需求；五是具有准公共产品的特征。

2. 共享经济的缘起

"共享经济"这个术语最早由美国得克萨斯州立大学社会学教授马科斯·费尔逊和伊利诺伊大学社会学教授琼·斯潘思于1978年发表的论文《社区结构与协同消费：一种日常活动的方法》(*Community Structure and Collaborative Consumption: A Routine Activity Approach*) 中提出。共享经济现象却是在最近几年流行的，其主要特点是，包括一个由第三方创建的、以信息技术为基础的市场平台。这个第三方可以是商业机构、组织或者政府。个体借助这些平台，交换闲置物品，分享自己的知识、经验，或者为企业、某个创新项目等筹集资金。

新时代整合经济学研究共享经济，首先一个具体对象是以优步（Uber）为代表的打车软件。Uber 自 2009 年成立以来，以一个颠覆者的角色在交通领域掀起了一场革命。Uber 打破了传统由出租车或租赁公司控制的租车领域，通过移动应用，将出租车辆的供给端迅速放大，并提升服务标准，在出租车内为乘客提供矿泉水、充电器等服务，将全球的出租车和租车行业拖入了新的竞争格局。

与 Uber 类似，爱彼迎（Airbnb）是由两位设计师创始人在艺术展览会期间出租自己的床垫而引申出来。"Airbnb"，意为在空中的"bed and Breakfast"（床和早餐），旨在帮助用户通过互联网预订有空余房间的住宅（民宿）。同样由于供给端的迅速打开，以及 Airbnb 提供的各具特色民宿，Airbnb 在住宿业内异军突起，预订量与房屋库存开始比肩洲际、希尔顿等跨国酒店集团。

据统计，2014 年全球共享经济的市场规模达到 150 亿美金。预计到 2025

年，这一数字将达到 3 350 亿美金，年均复合增长率达到 36%。[①]

事实上，共享概念早已有之。在传统社会，朋友之间借书或共享一条信息，包括邻里之间互借东西，都是一种形式的共享。但这种共享受制于空间、关系两大要素，一方面，信息或实物的共享要受制于空间的限制，只能仅限于个人所能触达的空间之内；另一方面，共享需要有双方形成信任关系才能达成。

2000 年之后，随着 Web2.0 时代的到来，各种网络虚拟社区、网络论坛（BBS）开始出现，用户在网络空间中开始向陌生人表达观点、分享信息。但网络社区以匿名为主，社区上的分享形式主要局限在信息分享或者用户提供内容（UGC），而并不涉及任何实物的交割，大多数时候也并不带来任何金钱的报酬。

2010 年前后，随着 Uber、Airbnb 等一系列实物共享平台的出现，共享开始从纯粹的无偿分享、信息分享，走向以获得一定报酬为主要目的，基于陌生人且存在物品使用权暂时转移的"共享经济"。

3. 共享经济的基本特征

作为互联网技术推动下的创新实践，共享经济的出现不仅更好地利用了闲置资源，直接提升了消费者的福利水平，也对企业价值创造方式产生了重要影响。

共享经济具有以下六方面的特征：

一是去中介化。共享经济中，供需双方不再需要依附于传统商业组织，而是直接进行匹配，更高效，更精准。

二是平台化，即再中介化。共享经济平台利用位置共享、大数据算法等技术实现供给方和需求方互助互利，不仅提高供给方资源的利用效率，而且为需求方提供个性化、定制化服务。通过公共网络平台，人们对企业数据采取的是一种个人终端访问的形式。员工不仅能访问企业内部数据，还可将电脑、电话、网络平台全部连通，让办公更便捷。智能终端便携易用、性能越来越强大，让用户使用这些设备来处理工作的意愿越来越明显。例如，房屋

---

① 中银国际证券.共享经济：下一个万亿级市场，缘起+动力+未来[EB/OL] (2018-03-13) [2022-03-13]. https://max.book118.com/html/2017/0505/104481562.shtm.

出租网架起了旅游人士和家有空房出租的房主合作的桥梁，用户可通过网络或手机应用程序发布、搜索度假房屋租赁信息并完成在线预定程序。

三是分布化。传统的商业模式是从厂家、代理商、零售商到客户，呈现的是中心、垂直的链式过程。但是，共享经济以互联网为依托，采取现代信息技术，如区块链，按照时间顺序将数据区块以顺序相连，构建分布式数据库，呈现出去中心化、开放性、自治性等特征。目前，共享经济越来越朝着分布化方向发展。

四是开放性。共享经济打破了生产者和消费者的界限，形成自由职业合作关系，消费者可以自由地转化为共享商品或服务的供给者和生产者，社会分配更加公平合理。在共享经济中，所有的供给者和消费者都拥有平等地位，通过共享经济交易平台形成规模效应和进行供求匹配，从而吸引更多优质的供给者和需求者，形成自我完善的生态系统。

五是以闲置资源使用权的暂时性转移为本质。"共享经济"将个体拥有的作为一种沉没成本的闲置资源进行社会化利用。共享经济倡导"租"而不是"买"。物品或服务的需求者通过共享平台暂时性地从供给者那里获得使用权，以相对于购置而言，用较低的成本完成使用目标后，再将其使用权移转给其所有者。

六是以物品的重复交易和高效利用为表现形式。共享经济的核心是通过将所有者的闲置资源频繁易手，重复性地转让给其他社会成员使用，这种"网络串联"形成的分享模式把被浪费的资产利用起来，能够提升现有物品的使用效率，高效地利用资源，实现个体的福利提升和社会整体的可持续发展。

二、共享经济的整合经济学意义

1. 共享经济的经济效益分析

首先我们以中银国际证券 2005 年 10 月 9 日发布的《共享经济报告》提供的一个私家车共享为例，分析共享经济给供需双方带来的收益。

假设私家车车主以 50 万元购买车辆，每年车辆维护保养费用为 3 万元。假设车辆使用寿命为 10 年，每年平均驾驶里程为 5 万米，车主每年自身驾驶里程仅为 2 万千米，剩余 3 万千米为闲置资源。目前市场上出租车价格为 3 元/千米（扣除燃料费），若该车主定价为 2 元/千米（扣除燃料费）。不考虑车主对共享经济平台所需支付的佣金，那么，每年闲置的3万千米可为车主带来额外的6万元现金流。与仅个人使用相比，在车辆使用的10年内，车辆共享带来的净现值收益为36.9万元。而对于需求方乘客而言，出租车价格为3元/千米，高于私家车的出租价格2元/千米。假设乘客每年乘坐出租车的需求为3万千米，则需求者乘坐私家车代替市场上的出租车，每年可节约3万元。在10年时间内，乘客乘坐私家车的净现值收益为18.4万元。

共享经济的本质就是这样通过整合线下的闲散物品或服务者，让他们以较低的价格提供产品或服务。对于供给方来说，通过在特定时间内让渡物品的使用权或提供服务，来获得一定的金钱回报；对需求方而言，不直接拥有物品的所有权，而是通过租、借等共享的方式使用物品。

由于供给方提供的商品或服务是闲散或空余的，而非专门为需求方提供的，供给方从商业组织演变为线下的个体劳动者。因此，需要有一个平台对数量庞大的需求方和供给方进行整合。因此就产生了共享经济的平台公司。

与传统的酒店业、汽车租赁业不同，共享经济平台公司并不直接拥有固定资产，而是通过撮合交易，获得佣金。正如李开复所说的，"(Uber、阿里巴巴和Airbnb三家)世界最大的出租车提供者没有车，最大的零售者没有库存，最大的住宿提供者没有房产。"这些平台型的互联网企业利用移动设备、评价系统、支付、LBS等技术手段有效地将需求方和供给方进行最优匹配，达到双方收益的最大化。

2. 共享经济的意义

随着共享经济的兴起，个别的、细微的消费行为的变化经过集聚整合最终将会带来巨大的商业变革和社会变革。

（1）共享经济扩大了交易主体的可选择空间和福利提升空间。

在传统商业模式下，人们主要是被动地接受商家提供的商品信息，个别人对商品的体验评价被压缩在熟人圈子内，而基于网络平台的共享经济模式却使供求双方都能够通过互联网发布自己能够供给的分享物品或需求物品，增加了特定供给者或需求者可选择的交易对象，并具备了掌握交易对象更多的信息的可能，这就避免了欺诈性不公平交易和交易成本浪费，从根本上提高了交易质量，有利于促进双方福利的增加。

（2）共享经济改变人们的产权观念，培育了合作意识。

共享经济将更多的私人物品在不改变所有权属的基础上让更多的人以较低的价格分享，从而压缩了个人用品中私人专用物品的相对空间，扩充了公共物品概念的内涵。这有助于促进集体经济的发展，也要求政府在国家层面更广泛地渗透和干预居民的私人生活，推动着社会共有形式的跃迁。借助网络平台，出租或借用东西给自己不认识的人，从根本上扩大了人们分享的人际圈，教会人们如何分享，互相丰富生活，使分享成为社会交往中的不可逃避的重要因素。

（3）共享经济改变了传统产业的运行环境，形成了一种新的供给模式和交易关系。

传统生产方式是企业家组织生产要素，提供产品，在生产环节的组织化程度很高，消费者是分散的。而网络平台提高了消费者的组织化程度，将每一个顾客的消费需求变得更加精确，"柔性生产"和"准时供给"成为普遍性的生产方式，预示着精细生活时代的到来。从整个社会供给来看，共享经济减少了社会供给总量，推动了绿色革命，有可能开启下一轮产业革命，共享经济将成为过度消费的终结者。

（4）共享经济改变了劳资关系。

共享经济改变了企业的雇用模式和劳动力的全职就业模式，给那些富有创造力的个人提供一种全新的在家谋生的工作方式，人们可以自由选择自己感兴趣和擅长的任务，自己安排工作时间和直接获得工资报酬。事实上，大多数参与分享业务的人，都拥有自己的本职工作，只是将这些分享服务看成额外的收入。从公司的角度看，这种模式能够保证公司自身灵活地调整规模，避免裁员和招聘的痛苦，也不用考虑职工奖金、保险、退休金及工会之类的烦琐事务。这种工作模式，对于个人和公司都是非常有利的，从而使社会成员成为自由职业者和兼职人员的混合体，使全社会成为一个全合约型社会。

（5）共享经济有助于解决社会公共供给不足的难题。

交通拥堵、生态资源紧张、劳资矛盾、收入分配不公和邻里冷漠是制约多数城市发展的普遍难题。在共享经济理念下，地方政府间可以开展广泛的发展合作，通过城市间信息共享、政策协调、人力资源共用，缩小城乡差距和缓解区域不平衡问题。共享自行车和汽车改变了城市旨在改善交通的政策，共享汽车还能减少尾气排放，共享私人住宅还能平衡城市住房供需关系，共享经济甚至还可以通过稳定社会网络来降低城市犯罪率。共享模式切入政治程序，成为民主化进程的重要促进因素。例如，很多国家流行的参与式预算管理，就是一个城市或社区的所有居民共同参与城市预算管理，讨论并决定公共开支项目。

三、共享经济对企业价值创造的影响

共享经济不仅改变了消费方式，也改变着生产者的价值创造方式。例如，荷兰的孚鲁图（Floow2）公司为厂商提供供应链各环节闲置资源的分享匹配服务，厂商可以分享厂房、机械设备、生产线、办公用品等一切可分享的资产，不同厂商可以将自身资源"挂靠"于虚拟生产线上，通过人、财、物的全方位协作，厂商生态群可以完成整体业务。

由于共享经济体现的整合经济学实践意义，在共享经济的平台上，供给端的创造力被大大激发，他们更倾向于提供非标准化的产品和服务，以形成个人产品独特的品牌。

在传统经济中，企业价值创造的重要特点在于占有核心资源，资源的非连续性与企业价值创造的矛盾尤为突出，若某些资源难以为企业取得，企业拥有的其余资源也难以完全实现价值。而在共享经济中，企业可以只消费部分资源，而将闲置或冗余的资源与其他企业共享，提升资源的使用效率。而其他企业借助共享经济获取了稀缺资源，也实现了价值创造的提升。例如，就智力资本中的关系资本而言，在与合作伙伴的信息交流中，企业仅仅利用了其中部分信息，而其余信息虽然对该企业无用，却可能成为其他企业决策、创新的重要依据。在共享经济中，拥有关系资本的企业充分开发利用了关系资本，而没有关系资本的企业则实现了重要信息的获取，并因此盘活了其他资源。

在传统经济中，企业的关键性技术可以通过并购、专利授权等途径从外部获取，也可通过研发的方式从内部获取。我们将这种获取稀缺资源的方式统称为"传统市场"。而在共享经济出现后，企业还可通过共享经济获取稀缺资源，我们将此称之为"共享市场"。在共享经济中，企业既可以通过传统市场获取完整的稀缺资源，也可以通过共享市场获取部分稀缺资源。中型企业与小企业可以利用共享市场将部分通用资源置换为稀缺资源，提升通用资源价值，而大企业则可以在共享市场中充分利用闲置的稀缺资源。对于中型企业与小企业而言，在市场由封闭转向开放后，企业创造了更大的价值。在传统经济中，企业不掌握稀缺资源，难以实现价值创造；而在共享经济中，企业通过共享市场获取稀缺资源，并实现了价值创造。对大企业而言，在市场开放前后均能实现价值创造，但在开放市场中，企业得以更为灵活地调整自身资源投入，通过资源的共享创造更大的价值。

共享经济的出现拓宽了市场边界。在传统经济中，企业只能通过传统市场这唯一方式来获取稀缺资源、实现资源价值，而一旦交易成本过高、资源难以细分等原因阻断企业获取资源的途径，则该企业就无法实现价值创造。而在共享经济中，企业通过资源共享，使稀缺资源与通用资源都得到了更为有效的利用。加之稀缺资源本身的使用效率提高，被稀缺资源盘活的通用资源也是企业价值创造和提升的关键。

因此，我们将共享经济这一新兴的经济现象纳入整合经济学分析框架之中，为企业价值创造方式的转变提供微观基础。主要结论与启示如下：

第一，在传统经济中，在企业价值创造活动中使用的某些资源不可细分，即具有最小购买与使用单位的限制。共享经济消除了资源的非连续性，并通过优化资源配置、实现资源开发两种途径提升了价值创造。共享经济的出现不仅提升了价值创造的总量，也提升了各类型企业自身的利润水平，符合企业利润最大化的经营逻辑，对社会而言也实现了稀缺资源最优化改进。

第二，限制小企业市场进入的规制政策可能减少市场中的小企业的比例，提升市场进入的固定成本。这类政策将减少共享经济中关键资源提供者的利润，对于小企业自身的影响则具有不确定性。为了促进共享经济发展，适当放宽市场进入有助于提高市场参与者的积极性，鼓励更多企业在共享经济中进行资源分享。

四、共享经济的实践案例

1. 旅游业的共享经济实践分析

共享经济依托互联网、大数据、云计算等现代技术，将旅游地的碎片化闲置资源进行整合，实现了旅游产品的大规模业余化生产和服务的高效率多样化供给。例如，闲置的个人房产可以通过第三方平台共享到网络上，为游客提供个性化的住宿；旅游地的居民也可以将个人的车辆、知识及经验分享出来，在赚取额外收入的同时，为游客提供个性化的深度旅游体验。我们通过对共享旅游平台网站上的旅游产品进行分析，发现相比传统的 OTA（Online Travel Agency，在线旅游）网络平台，共享型旅游平台网站上的旅游产品更加多样化，而且更倾向于引导游客融入当地社区，体验非传统的旅游项目，为游客提供深度的旅行体验。

共享经济也对旅游行业的就业市场产生了一定的影响。旅游共享经济可以帮助旅游地碎片化地解决部分闲置劳动力的就业问题，为旅游目的地的居民提供了更多的就业和创收机会。此外，尽管共享住宿为社会提供了大量新的工作，它对于传统的酒店行业也产生了不小的影响。研究表明，共享住宿对传统酒店业的营业额会产生8%—10%的负面影响，尤其是对于低端的经济型酒店的影响较大。低端酒店的部分岗位会被共享住宿取代。但考虑到共享住宿部分房东并不会聘请员工，所以共享住宿对于传统低端酒店从业人员的替代效应会越来越低。

受限于信息不对称，在传统的旅游模式中，大量的旅游信息被大型在线旅游企业、旅游代理商、旅游景区等企业垄断，游客和旅游终端的信息沟通不顺畅，交易过程缺乏信任感。旅游共享经济的出现打破了这一信息垄断的局面，引发了社会生产关系的巨大变革。共享经济这种"P2P"的商业模式使游客与旅游终端可以进行直接对话，游客可以通过其他游客的评价提前了解相关的旅游产品和服务，也可以在体验后对旅游产品及服务进行评价，提出改善建议。消费者也同时扮演着生产的参与者和销售者的角色。这种全民参与、共建共享的消费模式更有利于建立消费信任，提升主客关系，同时也是实现全域旅游建设全民参与、全民共享这一目标的有效途径[①]。

共享经济催生了一大批兼职旅游从业人员，他们将自己的闲置房屋、时间、技能、资源等拿出来与游客共享，同时获得一定的收益。旅游共享经济也催生了众多的共享型平台，这些共享型平台提供的旅游产品更加多样化。一是引导游客选择更加小众的非热门旅游区；二是有组织的旅游目的地当地活动的产品非常丰富，且大多具有很强的互动性；三是为游客提供了更多的当地社区的共享型住宿产品。

---

① 李晓雪，赵亮. 浅析共享经济视角下全域旅游的发展趋势[J]. 当代经济，2016(31): 17—19.

2. 好活：共享用工赋能平台

好活平台成立于 2015 年 11 月，一直致力于以灵活用工为主的人力资源共享。2018 年，企业实现平台服务升级，完成了政府、企业和创客三方全程电子化服务。截至 2018 年年底，平台服务企业 11 000 多家，覆盖灵活用工人员 216.5 万人，平台交易额超过 10 亿元。2018 年，平台重点推动灵活务工人员向创客的转化，并实现了全程的电子化在线办理，全年转化了 2 万多家创客。

（1）创新实践

一是创客电子化服务。2018 年，好活平台全力打通政府职能部门数据接口，研发个体工商户办理在线产品，并与地方政府合作进一步简化个体工商户办理流程，个人通过微信小程序，即可提交本人身份证照片、小视频等材料，相关数据直接对接工商审核系统，个体工商可快速获得电子营业执照。

二是企业电子化服务。平台为传统企业赋能，优化企业需求发布流程，简化结算流程，实现"传统企业+互联网"，将原有的计时工作标准转变计件工作，并通过平台与创客对接。

三是政务电子化服务。平台与政府共建的大数据协同监管平台进一步完善，在工商、税务数据接口打通的基础上，对接公安、人力资源与社会保障等政府职能部门，横向打通各相关政府职能部门的信息，也为共享经济服务提供者的身份认证提供支撑。同时，通过平台技术升级，为政府提供可视化的统计服务，平台数据一目了然，政府监管更加便捷。

（2）主要成效

对创客的作用：帮助将共享经济服务提供者转化为个体工商户（创客），使其拥有自主缴纳社保的资格，同时享受国家相关的免征增值税的优惠政策，让创客既提高了收入，又可享受国家社会保障福利，还帮助解决行业中常遇的劳资纠纷。

对企业的作用：打破了企业灵活用工中的劳动关系壁垒和高额的劳务个税壁垒，降低企业用工成本。

对政府的作用：通过与政府合作建立大数据协同监管平台，帮助创客变被动接受管理、规避管理为主动申报、接受指导，也为政府提供新业态的监管思路，将政务服务快速触达企业和创客，助力深化"放管服"改革。

◎第二十一章
品牌经济

品牌经济的实质是以品牌为核心整合各种经济要素资源，带动经济整体运营的一种市场经济的高级阶段形态，是整合经济学重点研究的经济实践。

一、品牌经济概说

1. 基本概念

所谓品牌经济，就是以品牌为核心整合各种经济要素，带动经济整体运营的一种经济形态。它是企业经营的高级形态，也是市场经济的高级阶段形态、一种新高度的经济文明。品牌经济具有市场经济的基本要素，又具备市场经济初级阶段不具备的新经济要素乃至新文化要素，具有一系列新的结构、规范、秩序。品牌经济可以分为单个企业的品牌化运营、市场总体的品牌化运营体系即市场经济的高级阶段形态、区域品牌化运营体系三个组成部分。

2. 品牌经济的形成

人类社会经济形态经历了由自给自足的自然经济形态，到半自给型自然经济形态，到小商品市场经济形态，再到大商品市场经济形态的发展过程。在自然经济形态与小商品市场经济形态下，由于交易规模、种类有限，交易频率低，尤其是持续交易很少，交易规则与价值度量微弱，品牌问题不突出。自工业革命开始，人类社会进入大商品市场经济社会，出现了四种情况：

一是大企业、大批量、多种类、多规格、标准化的产品日益增多，市场交易规模、边界空前扩大。

二是竞争的制度约束、规则、契约提上议事日程，且要求越来越高。

三是价值要素（创造产品价值的内在要素）发生差异、"溢价"收益因素增多，谁能在交易性、生产规模、工艺、技术分工、标准化、产业化/企业化、差别化、生命周期等价值要素中创造出较多的要素，达到较高的水平，谁就能获得较高的"溢价性"。

四是用户关系、文化使命、社会责任提上议事日程，并与创利能力发生一体互动。

由于这四种情况，企业为了在竞争中获胜，自觉或不自觉地强化了区别性，并在区别性内涵上附加信守规则、契约、忠于用户、忠于社会的内容，寻求尽可能多和水平尽可能高的价值要素"溢价性"。强化区别性的品牌与围绕品牌集中文化要素和价值要素的品牌经济应运而生。

二、品牌经济的构成

品牌经济形态是成熟的市场经济形态中的高级形态、主体形态、核心形态；在不成熟的市场经济中品牌经济形态是先导形态、优势形态。在较为成熟的市场经济中，大多数的企业都采取并融入品牌经济模式，只有少数、非主流的经济仍然是非品牌经济。品牌经济是成熟的市场经济的主体与核心的经济模式，也是企业参与市场竞争乃至控制市场的主导形式。

1. 单个企业的品牌化运营

单个企业的品牌化运营大致包括以下三个方面。

第一，品牌标识设定与所含品牌定位、品牌命名、标识设计。

第二，围绕品牌的相关层面进行品牌化运营，包括：

- 物质层面的产品与服务、技术研发、设备、环境、货币、资本等品牌化要求的运营。
- 知识智能层面的专有知识、技术、智力、能力、信息的品牌化要求的运营及无形资产的运营。
- 行为制度层面的组织、管理、营销、公关、研发、生产行为及规章制度、员工行为方式的品牌化要求的运营。
- 文化精神层面的企业文化、价值观、企业目标、经营理念、凝聚力等的品牌化要求的运营。

- 人力资源层面的领导者及各类员工的素质、智能、工作状态的品牌化要求的聚集与培养。
- 市场用户层面的用户体验、认知、忠诚、购买等方面的品牌化要求的运营，以及知名度、美誉度的营造。
- 效益规模层面的市场占有率、创利、发展规模、社会效益、社会评价等品牌化要求的运营。

第三，品牌自身的运营，包括：

- 品牌总体体系构成、核心价值、核心竞争力与总体个性、风格养成。
- 品牌形象战略、品牌驰名战略（含传播推广）。
- 品牌扩张、延伸、输出及品牌无形资产的积累和运营。
- 品牌国际化运营。

2.市场总体的品牌化运营体系

单个企业品牌化运营融入市场和社会后，至少发生了六种关系：单个企业品牌化运营与用户、社会的关系；与非品牌经济的关系；实行品牌化运营的企业之间的关系；与国家、地方政府及行业相关组织的关系；对文化，包括价值观、企业宗旨、伦理、社会理想等因素的吸纳；对新经济因素，如知识经济、信息经济、网络经济的吸纳。

这些关系相互作用的结果形成了市场总体的新格局、新规范、新秩序，从而推动市场经济进入高级形态——品牌经济形态。品牌经济形态作为市场经济的高级阶段形态具有与初级阶段的市场经济不同的特征与构成，主要有：

第一，以品牌为核心对众经济要素进行重新组织，并吸纳了知识经济、信息经济、网络经济等新经济因素及文化、伦理、社会理想因素，导致经济形态的整体提升并成为一种新的经济文明。

第二，以品牌市场机制代替产品市场机制，提升市场经济总体效率，催生市场经济新秩序，保证遵守先进的合理的规则、契约。

第三，代表了市场经济的成熟阶段控制市场乃至全球经济的最高形式。市场经济的初级阶段是产品输出控制、资本输出控制；市场经济的高级阶段发展为知识输出控制、品牌输出控制。例如，耐克公司可以一双鞋不做而用品牌控制全球鞋市场；可口可乐老板说，如果把他的固定资产全部烧光，他可以立刻凭品牌的无形资产而重生；迪士尼前行政总裁奥维兹甚至说："工商界中无论谁，其全部未来都维系在他的品牌资产及有关的一切之上。"

第四，最大限度促进现代企业制度成熟，提高经济效益与社会效益，提供性能卓越、质量可靠、技术精湛的产品与服务，满足市场和消费需求，带动创造社会财富与增进人类福祉。

第五，在文化、价值观、伦理上的承诺向相互忠实的人类关系乃至社会公正、全球公正靠近，为"取之于社会，用之于社会"的最终境界预留了可能性。当然目前全球品牌经济体系还远远不是理想的，可以分为现状的品牌经济体系及理想的品牌经济体系来研究，甚至可以结合后品牌经济形态来加以更富远见地考虑。

3. 区域品牌化运营体系

尽管全球一体化正在形成，但全球经济在很大程度上还是由国家或区域经济组成。进入品牌经济阶段也不例外，由于地缘、文化与民族、地区利益的原因，总会形成自觉的或事实上的国家或区域的品牌经济战略与体系。区域品牌化运营体系的内容包括：

- 国家或区域内单个企业的品牌化运营。
- 国家或区域政府的组织、驱动及经济与政策支持。
- 区域品牌经济主体化与新经济化推进。
- 区域品牌经济规范、秩序的建立与管理。
- 区域品牌经济链（品牌产品、品牌服务、品牌企业、品牌及品牌市场、品牌管理、品牌营销）。
- 区域品牌产业柔性集群与合作网络（供应商、生产商、销售代理商、顾客及企业、政府、大学、研究机构、金融机构、中介服务、咨询组织）。
- 品牌组合（如在青岛组建为海尔提供配件的企业，这些企业实行品牌化运营，与海尔品牌组合并借海尔品牌提升组合品牌）。
- 品牌消费包括养成消费品牌产品的习惯与支持本地品牌的消费。
- 区域品牌经济跨域化与国际化。

三、品牌经济的培育

品牌资源价值的最大化，在于沟通交流和互动认知。

1. 持续交流

品牌的建立不是一朝一夕的，而是一个长期、持续不断地与市场和社会大众群体沟通交流的过程。品牌就是找到或通过找到市场需求的痛点，将产品的卖点归纳整合之后，讲给消费者听，从而打动消费者；品牌就是与消费者充分互动，既说也听，互诉衷肠，互相成就。

优势品牌的打造不是一蹴而就的事情，它既是一件花钱的事情，也是一件长期的事情，品牌经济都是长时期地培育一个品牌，积少成多，才形成了优势品牌。成功的品牌经济就是不断探索品牌的发展规律，包括善于总结成功的经验和失败的教训。在中国经济中，曾风靡一时的秦池白酒、太阳神口服液、爱多电器、健力宝等，最终都成为短命的"优势"品牌，是因为缺少打造优势品牌的意识和对其需要长期付出的创建规律的清晰认识。

没有任何品牌在一夜之间就能变成全球品牌，总是会从当地的基础、从他了解的市场开始，一步步往外走，直至成为全球品牌。例如，日本制造企花了 20 年时间才摆脱了垃圾产品形象，成了高质量产品的代名词。韩国企业也一样——15 年前，三星不像现在这么有名，现代在汽车行业也没有良好声誉，但通过关注质量、关注设计、不断努力，他们构建起了优秀的品牌形象。

2. 全域沟通

品牌是企业与消费者的全域沟通。品牌经济是围绕企业传播核心开展的全域沟通。

全域沟通就是多媒介的沟通，多渠道的沟通，多平台的沟通，随时随地、每时每刻的沟通；就是粗放和细腻相结合的沟通，就是重点和非重点相结合的沟通，就是让消费者在任何时间、任何地点，都能碰触到品牌的点点滴滴。

全域沟通，追求的是沟通的全面性、沟通的多触点性，以及沟通的高频性。在这种全域沟通中，品牌着力于寻求消费者的情感认同，寻求消费者的理智接受，寻求消费者对品牌的充分好感，从而在多角度、多场景，对企业品牌进行说明，以潜移默化、润物细无声，而又处处见青山的方式进入消费者的生活,从而达到所谓妇孺皆知、家喻户晓的程度。

品牌与消费者沟通,是通过内容来实现的,是依托平台来实现的。通过对消费者制作精准画像,设计消费者的接触元,框定消费者的基本特质,品牌就会明白自己的消费者会出现在哪里。移动互联时代,人工智能(AI)技术的快速发展,大数据分析的精准独到,可以解决企业在对消费者画像时的迷茫和失准。正是有了这样的前提条件,消费者在哪里,品牌的触角就可以到哪里。

当品牌沟通面对的消费者非常集中时,品牌沟通的参与者就会变得更加广泛。当品牌的触角对准集中起来的消费者的真情实感进行发力的时候,品牌沟通的成效自然就会高出许多倍。好的沟通,如同好的触角一样,可以改变消费者的感受,可以带给消费者更好的体验,可以令消费者觉得这个沟通价值非凡。而沟通本身,就成了品牌印象。

品牌在与消费者深度接触中,刷新其记忆结构,改变其选择功能,让消费者向品牌靠拢,让消费者相信品牌的力量,从而获得品牌输出的能量,并获得产品销售业绩的提升。

新媒体时代,消费者可以自己去寻找他们需要的、感兴趣的产品,可以在他们想要的时间,通过他们喜欢的方式,主动获取他们想知道的信息,而不是企业想要他们知道的信息。消费者已经完全控制了整个市场。消费者可以相信广告,也可以不相信,掌控权在消费者那里,而不是在营销人员那里。而且,消费者自己也在创造社会网络,而且这种社会网络是一个闭环,企业并不了解这个闭环是什么样的。因此,企业必须知道如何跟消费者互动,如何跟消费者建立更好的联系,必须要跟消费者进行对话,让他们告诉你他们需要什么,而不是以前那种宣传和广告的形式。

这个时代,品牌经济在选择传播媒体时,也必须要把传统媒体和新媒体结合起来,要充分考虑到各种媒体的差异性和不可替代性。这就必须把它们整合在一起,不仅是要进行市场层面的整合,组织层面也要进行整合,并且要学会换位思考,从消费者的角度而不是从自己角度来考虑问题。

3. 整合传播

品牌经济的培育和形成离不开传播。整合传播是在信息时代传播途径多元化的条件下,全面整合传媒资源,聚焦品牌焦点上,让多元的传播载体发出同一个品牌的声音。

品牌整合传播是指对品牌形象要素进行优化组合，通过媒体宣传推广的一站式综合服务。品牌整合传播的首要价值在于它提供一种全过程的管理，用以协调品牌资源，维持和促进企业发展。整合传播以统一的传播目标，运用和协调各种不同的传播手段，使不同的传播工具在每一阶段发挥出最佳的、统一的、集中的作用。品牌整合传播的目的是协助品牌建立与消费者之间维系不散的长期关系。品牌核心要素与灵魂必须在所有传播中得到一致性的运用。

品牌整合传播是基于整合的原则，这种观念认为，从单一的战略平台上整合地使用各种媒体工具，会比以往独立地使用媒体工具进行传播带来更大的投入回报。一种整合了多种传播活动的整体传播战略，包括公关、广告、投资者关系、互动或内部传播——用以管理公司的宝贵资产——品牌。品牌整合传播源自品牌价值管理，它的核心理念是通过品牌管理实现价值最大化。

品牌整合传播的起点是经济实体的企业，而不是营销传播。品牌整合传播开始于明确商业模式中品牌所扮演的角色，决定怎样借助品牌的作用促进和维持企业的成长。当然，这首先意味着必须将品牌视为一种财务资产，并识别出驱动品牌价值提升的关键因素，用以通过整合传播上的努力，来影响、控制和评估这种资产。品牌整合传播需要将战略、财务和营销传播整合到一起管理，以实现价值最大化。

四、品牌经济系统构成

1. 品牌成本、品牌收益与品牌利润

品牌成本分为个别品牌成本和社会品牌成本。个别品牌成本指创造单个品牌的物力和人力消耗所产生的相关的费用，主要包括设计和宣传品牌所耗费的各种材料费用和工资。社会品牌成本指社会予以承认和补偿的成本。品牌收益指品牌带给产品和服务的附加值。假定品牌市场供需平衡，价格等于价值，品牌价值即品牌收益。品牌收益－品牌实际成本（个别成本）=品牌利润。品牌个别成本过高会减少品牌利润甚至使品牌利润为负。

品牌经济的原则是尽量降低品牌成本，扩大利润空间，实现品牌利润最大化。

2. 品牌战略系统

品牌经济从系统论角度研究品牌战略，除了准确界定各战略主体的责任，还考虑到相互之间的联系性与协同作战。企业品牌战略在品牌战略系统中处于基础地位，对品牌发展起着至关重要的作用，其战略方针和决策措施必须切实可行。

地方品牌战略是地方政府为培育企业品牌所做的规划安排，因而在制定时应认真调研市场和了解品牌发展需要，使其规划与企业品牌战略内容相衔接，充分发挥作用。国家名牌战略的主要作用是通过扶持和发展品牌提高民族经济竞争力，做强民族经济。

3. 品牌发展的内在因素

质量、管理创新、科技创新和企业扩张属于品牌发展的内在因素，其状况决定品牌的素质水平。质量是品牌的生命，是品牌立足的基点；管理创新是品牌的灵魂，是品牌之树常青的秘诀；科技创新是品牌活力的源泉，品牌竞争力的大小取决于品牌的科技含量；企业是品牌的载船，规模巨大的船舰，即企业扩张能令品牌扬帆远航。品牌经济强调内在因素对品牌发展的决定性作用，致力于纠正忽视品牌内涵，以及过分夸大品牌"名"效应的错误理论。例如，有些品牌学论著过分强调名牌对商品有神奇的影响，认为"一件不起眼的商品，只要贴上名牌标签，立刻变得身价百倍"。该错误理论造成的实践误导激发和助长了一些企业的浮躁情绪。品牌经济理论中，名牌是杰出品牌，"名牌"一词的含义包含两个"高度"：高知名度、高美誉度。高知名度是现象，反映人群对品牌悉知的广度；高美誉度才是名牌的实质，是社会和消费者对品牌的认可和赞美。而品牌高美誉是基于产品的高品质而实现的。打造名牌是一个漫长复杂的过程。国际著名品牌都有少则十几年，多则几十年、上百年的发展历史，经历了市场变幻莫测的种种考验和不断更新的社会消费时尚的反复检验。有名无实的名牌不是真正的名牌。这种"名牌"被吹捧得越高，失败得也会越惨。

4. 影响品牌的外部因素

品牌经济认为，品牌形象设计和广告是品牌发展的外部因素。当今社会商品千门百类，供大于求，竞争异常激烈。一种品牌或产品如不加以宣传推广，纵使十分优秀，也会被汹涌澎湃的商品大潮淹没。品牌形象设计和广告的作用在于传播品牌及品牌产品信息，帮助人们认知品牌或品牌产品，影响或改变人们的既定消费偏好和购买意愿，从而提升品牌产品的市场占有率，是品牌推广和品牌产品促销的必不可少的工具。但无论是品牌形象设计还是广告都要讲求经济效益，这正是品牌经济学研究的侧重点。

5. 品牌管理与经济体制

品牌管理与经济体制是品牌发展的宏观条件。品牌经济把品牌放在宏观经济的大环境中进行研究，十分注重宏观环境条件对品牌的影响，这是与一般品牌学相区别的一大特征。品牌的发育需要社会护理。品牌管理研究的中心内容正是如何采用法律、行政手段及公众舆论力量排除不正当竞争，规范市场秩序，保证品牌健康成长。现代市场经济采用宏微观双向调节机制，品牌管理对品牌发展研究来说是题中应有之义。发达国家积累了不少成熟经验，可为我国汲取。但经济体制与品牌发展关系的研究对我国却具有较为特殊的意义。我国社会处在转型时期，两种并存的经济体制会影响人们的思维方式、办事作风，进而影响品牌的培育效果。按行政管理思路培育的品牌是行政垄断的产物，这种品牌不能适应市场需要。市场经济体制鼓励品牌依据市场规律自然生成发展，类似品牌具备顽强的生命力和市场竞争能力。

现代企业制度是市场经济体制的微观基础，其清晰的产权归属制度、明确的法人治理结构和科学高效的经营管理效率给品牌注入"助长剂"。加快建立现代企业制度，有利于从根本上推动体制改革进程，为品牌经济的发展创造和谐宽松的宏观环境。

五、品牌经济的魅力——耐克从来没有一间属于自己的工厂

耐克是知名度最高的全球运动品牌之一，2009年销售额为191亿美元，超过了原来同行业的领袖品牌——阿迪达斯和锐步，被誉为"近20年来最成功的消费品公司之一"。

耐克是一个不折不扣的中间商品牌，从来就没有一间属于自己的工厂。如此大的销售额，全部是在全球寻找条件最好的生产商贴牌生产实现的，以前主要是在日本和东南亚，现在主要是中国拿到耐克的订单。耐克选择生产

商的标准包括成本低、交货及时、品质有保证等，为了掌握合作的主动权，耐克与生产商的签约期限都不长，这一点正好形成了耐克的竞争优势，巧妙地规避了制造业的风险，可以专心于消费者研究及新产品开发，大大缩短了产品的生命周期，可以快速推出新款式。

耐克为了挖掘自身的品牌精髓，发起了一场大规模的反思活动：耐克是什么？耐克品牌的本质是什么？最后达成了这一共识——即无论是年轻人还是老年人，甚至包括儿童，无论是专业运动员还是门外汉，无论是每天坚持跑步的人还是只在周末锻炼的人，在耐克的世界里都有一席之地，也就是"真正的运动品质"。

梦想和理念植根于人的脑海深处，为了方便表达与沟通，需要一个视觉标识，它可以是象征性的符号，也可以是象征性的颜色，但绝对不能模糊，这就是超级品牌的特征。Nike是希腊神话中最崇高的胜利女神，她有一对能飞的翅膀，充满活力，据说宙斯将她送到人间来，目的就是为胜利者加冕。而超越自我、赢得胜利是每个运动员内心的渴望，是耐克品牌核心理念的最好诠释。从20世纪80年代到20世纪90年代，200名NBA（美国职业篮球联赛）球员、275位美式职业橄榄球球员和290名职业棒球球员全部穿耐克鞋。18—25岁的美国男孩中，有77%认为耐克是最理想的运动鞋，可见耐克营销策略的威力。

耐克的创始人之一鲍尔曼认为："只要你拥有身躯，你就是运动员。而只要世界有运动员，耐克公司就会不断发展壮大。"另一位创始人奈特认为，体育没有终点，只有将永不停息的个人奋斗精神、不断创新的精神贯穿于企业经营，才能将"体育、表演、洒脱、自由"的运动员精神作为耐克追求个性的品牌文化核心。

耐克对产品创新不遗余力，公司组建了由足科医生、教练、运动员、矫正专家等人构成的用户调查顾问委员会，定期讨论设计、材料、原理等问题，根据人体工程学理论设计鞋样和结构。为了得到产品最终的检测反馈信息，耐克多年坚持开设专门的零售商店，不断征求顾客意见，介绍最新产品，及时了解市场行情变化，以便进一步研究和开发。

在耐克所有的广告里，淡化产品、突出精神成为一贯的风格。耐克凝聚了员工的事业梦想，更像一个拥有共同梦想的大家庭，在共同奋斗过程中不断加深友谊。任何一个企业员工都是传递品牌精神的一个载体，任何一个企业行为都是品牌精神与理念的一种直接表达。耐克品牌的意义超越了一双运动鞋，成为让每个人紧紧联系在一起的精神追求，因此得到了万千顾客心灵的回应。

耐克提高"人类的生活品质"的梦想，成为一种被物化了的体育精神，也成为人类征服自然、超越自我的象征。一直支撑耐克的是"达到运动巅峰"的热情，那是吸引运动员的东西。它在运动和生命之间画上等号，挖掘出了受众渴望生活、珍惜生命的心理需求和期盼。优秀的创意赋予了产品一种能够满足目标顾客心理、视觉美感和情感的附加值。

耐克利用青少年崇拜的偶像如迈克尔·乔丹等进行传播，还利用电子游戏设计耐克的专用游戏。每当新款式推出之后，就请乐队来进行演奏，传播一种变革思想和品质。耐克的传播策略使其品牌知名度迅速提升，建立起高度认同的品牌资产价值。

◎ 第二十二章

数字经济

作为整合经济学概念的数字经济是人类通过大数据（数字化的知识与信息）的识别、选择、过滤、存储、使用、引导、实现资源的快速优化配置与再生，实现经济高质量发展的经济形态。数字经济是当代最大的资源整合，其规模、广度、深度可谓跨越时空，突破一切的条件限制。数字经济的发展对包括竞争战略、组织结构和文化在内的管理实践造成了巨大的冲击。随着先进的网络技术被应用于实践，原来的时间观念和空间观念受到了真正的挑战。

一、数字经济释义

1. 含义

数字经济通过不断升级的网络基础设施与智能机等信息工具，以及互联网、云计算、区块链、物联网等信息技术，使人类处理大数据的数量、质量和速度不断提升，推动人类经济形态由工业经济向信息经济、知识经济、智慧经济形态转化，极大地降低社会交易成本，提高资源优化配置效率，提高产品、企业、产业附加值，推动社会生产力快速发展，同时为落后国家后来居上实现超越性发展提供技术基础。数字经济也称"智能经济"，是工业4.0或后工业经济的本质特征，是信息经济—知识经济—智慧经济的核心要素。

数字经济是一个经济系统，在这个系统中，数字技术被广泛使用并因此带来整个经济环境和经济活动的根本变化。数字经济也是一个信息和商务活动都数字化的全新的社会政治和经济系统。企业、消费者和政府之间通过网络进行的交易量迅速增长。数字经济主要研究生产、分销和销售都依赖于数字技术的商品和服务。数字经济的商业模式本身运转良好，因为它创建了一个企业和消费者双赢的环境。

2. 数字经济的本质

数字经济的本质在于信息化。信息化是由计算机与互联网等生产工具的革命引起的由工业经济转向信息经济的一种社会经济过程。具体来说，信息化包括信息技术的产业化、传统产业的信息化、基础设施的信息化、生活方式的信息化等内容。在信息产业化与产业信息化中，信息的生产和应用两大方面是其中的关键。信息生产要求发展一系列高新信息技术及产业，既涉及微电子产品、通信器材和设施、计算机软硬件、网络设备的制造等领域，又涉及信息和数据的采集、处理、存储等领域；信息技术在经济领域的应用主要表现在用信息技术改造和提升农业、工业、服务业等传统产业上。

当今世界正发生着人类有史以来最为迅速、广泛、深刻的变化。以信息技术为代表的高新技术突飞猛进，以信息化和信息产业发展水平为主要特征的综合国力竞争日趋激烈。信息化给经济发展和社会进步带来的深刻影响，引起世界各国的普遍关注。发达国家和发展中国家都十分重视信息化，并把加快推进信息化作为经济和社会发展的战略任务。

数字革命创造的信息产业是一种战略性产业，它既可进行制造业活动，又可提供服务性业务，或者因同时从事两种活动，成为制造业与服务业的混合物而被称为"液态混合体"。20世纪90年代后期，世界经济的年均增长率在3%左右，而信息技术及相关产业的增长速度是经济增长速度的2—3倍。在许多发达国家中，信息产业已成为国民经济的第一大产业。有研究成果表明，1998年，信息技术和信息产业对世界经济增长的贡献率为14.7%，考虑到产品和服务价值下降的因素，实际贡献率超过25%；1999年，全球信息产业的并购交易总额达到了1万亿美元，年增长率达到200%。这也表明，对于信息技术和信息化的投入，是数字经济发展的重要动力。

3. 数字经济的特点

（1）将数字技术作为其经济活动的标志和驱动力（对包括生产、运作、交换、分配、消费在内的经济活动各环节实行数字化）。

（2）采用现代创新引擎"互联网+创新2.0"改造传统工业经济，重构智能型数字经济新业态。

（3）塑造开源型（具有协同共享基因）的经济范式，或采用现代创新引擎改造传统工业经济，重构开源型数字经济新业态。

（4）具有数字化、网络化、全球化、知识化、智能化、开源化的特征。

（5）在经济范式、运行机制、价值取向、产权归属、激励机制上突破旧框架注入新概念。

（6）与其他经济范式（如市场经济）可以共存互补。

二、数字经济发展规模

1. 全球数字经济发展

根据联合国贸易和发展会议发布的《2019年数字经济报告》，数字经济的经济地理没有显示出传统的南北鸿沟。它一直由一个发达国家和一个发展中国家共同领导：美国和中国。例如，这两个国家占了区块链技术相关专利的75%，全球物联网支出的50%，以及全球公共云计算市场的75%以上。或许最引人注目的是，它们占全球70个最大的数字平台市值的90%。而欧洲在其中的份额为4%，非洲和拉丁美洲的总和仅为1%。因此，在许多数字技术发展方面，世界其他地区，尤其是非洲和拉丁美洲，远远落后于美国和中国。

在过去十年中，全球通信技术服务和可数字化交付的服务出口的增长速度远高于整体服务出口的增长速度，反映了世界经济日益数字化的倾向。2018年，可数字化交付的服务出口达到2.9万亿美元，占全球服务出口的50%。在最不发达的国家，此类服务约占服务出口总额的16%，在2005—2018年，增长了两倍多。

这份《2019年数字经济报告》指出，数字平台在世界经济中越来越重要。2017年，市值超过1亿美元的平台公司的总价值估计超过7万亿美元，比2015年增长了67%。一些全球数字平台在某些领域取得了非常强劲的市场地位。例如，谷歌拥有大约90%的互联网搜索市场。脸书占据了全球三分之二的社交媒体市场，是全球90%以上经济体排名第一的社交媒体平台。亚马逊在全球在线零售活动中占有近40%的份额，其亚马逊网络服务在全球云基础设施服务市场中也占有类似的份额。在中国，微信（腾讯所有）拥有超过10亿活跃用户，其支付解决方案与支付宝（阿里巴巴）合起来几乎占领了中国整个移动支付市场。与此同时，据估计，阿里巴巴拥有中国电子商务市场近60%的份额。

2. 中国数字经济的发展规模

（1）数字经济持续快速发展。2018年，我国数字经济规模达到31.3万亿元，按可比口径计算，名义增长20.9%，占GDP的比重为34.8%。各地数字经济发展成效显著，广东省规模最大，规模超过4万亿元；贵州省增速最快，增速超过20%；北京市占比最高，占比超过50%。

（2）数字产业化结构优化。2018年，数字产业化规模达到6.4万亿元，占GDP的比重为7.1%。其中，软件和信息技术服务业、互联网行业增长较快，收入同比分别增长14.2%和20.3%。信息消费、数字经济领域投资、数字贸易等需求活力不断被释放，助力数字产业化发展。

（3）产业数字化深入推进。2018年，产业数字化规模超过24.9万亿元，同比名义增长23.1%，占GDP的比重为27.6%。工业、服务业、农业数字经济占行业增加值比重分别为18.3%、35.9%和7.3%。地方转型实践案例不断涌现，在离散型行业中，如北京、浙江等省市的计算机、通信和其他电子设备制造业，江苏、重庆等省市的汽车制造业；在流程型行业中，如浙江、广东等省市的化学原料和化学制品制造业；广东、四川等省市的医药制造业，利用数字技术进行数字化转型，有效降低企业交易成本，提升运营效率。

（4）数字化治理能力全面提升。长期以来，我国政府秉持着鼓励创新、包容审慎的原则，为数字经济的活跃发展提供了宽松环境。同时，数字经济的发展，也推动着数字化治理实践不断适应和完善。我国数字化治理已逐渐形成多方共治格局，依法治理、协同治理能力不断提升，营造出规范有序、包容审慎、鼓励创新的发展环境。

（5）数字经济吸纳就业能力显著提升。2018年，我国数字经济领域就业岗位数量为1.91亿，占当年总就业人数的24.6%，同比增长11.5%，显著高于同期全国就业总规模增速。其中，第三产业劳动力数字化转型成为吸纳就业的主力军；第二产业劳动力数字化转型吸纳就业的潜力巨大。

3. 数字经济产业化

数字经济产业化呈现区域性集群化、资源整合共享的明显趋势。近年来，京津冀地区协调发展，加快推进，《京津冀协同发展规划纲要》《京津冀协同发展交通一体化规划》《关于加强京津冀产业转移承接重点平台建设的意见》

《北京市推进京津冀协同发展2018—2020年行动计划》等政策相继出台，为推动区域协调发展引路领航。京津冀大数据综合试验区建设顺利推进，三地已经签署了诸多细项合作协议。这种合作不仅是硬件更新的初级阶段，还构建统一、共享的区域城市服务平台，带动更多行业与企业开放数据、利用数据、共享数据，真正释放数字经济的新动能。

在物联网、大数据、云计算等数字技术和资本力量的共同催化作用下，互联网行业业务不断创新拓展，共享经济、数字支付、跨境电商等新兴业态不断孕育发展壮大，激发居民消费需求加快升级，对经济社会发展的支撑作用不断增强。从总体上看，我国互联网业务收入保持较高增速，2018年规模以上互联网和相关服务企业完成业务收入9 562亿元，同比增长20.3%，互联网业务收入总量居前三位的广东、上海、北京的互联网业务收入分别增长26.5%、20%和25.2%。[①]

我国数字经济持续高速增长，在推动经济高质量发展中的战略地位和引擎作用不断凸显。数字产业化保持稳定增长是全球共同的发展规律，21世纪以来，经济合作与发展组织（OECD）国家数字产业化与GDP增长基本同步，占GDP的比重稳定维持在4%—8%。近年来，我国数字产业化占GDP的比重基本维持在7%左右。产业数字化快速增长，作为数字经济增长主引擎的地位不断凸显，2018年产业数字化规模达到24.9万亿，远超数字产业化，对数字经济增长的贡献度高达79.5%。2005年以来，产业数字化年均增速超过25%，远超同期GDP增速。新一代信息技术是创新最活跃的领域之一，其与传统产业深度融合，产业数字化转型正在拓展出无穷无尽的新空间，迸发出源源不断的新动能。[②]

三、数字经济平台与资源整合

数字经济中创造价值的两个主要驱动因素：一个是数字数据；另一个是数字平台。

[①②] 中国信通院. 中国数字经济发展与就业白皮书(2019年)[R/OL]. (2019-04-18) [2022-07-04]. http://www.caict.ac.cn/kxyj/qwfb/bps/201904/P020190417344468720243.pdf

1. 数据流量

全球互联网协议流量作为数据流的替代值，有了显著增长。1992年，每天大约有100 GB 的流量；到2017年，流量已飙升至每秒45 000 GB。然而，世界仅仅处于数据驱动经济的发轫之始。到2022年，全球知识产权流量预计将达到每秒150 700 GB。①

数据流量的激增反映了使用互联网的人数的增加，以及对前沿技术的吸收，如区块链、数据分析、人工智能、3D 打印、物联网、自动化、机器人和云计算。一个全新的"数据价值链"已经形成，包括那些支持数据搜集，利用数据生成见解，进行数据存储、分析和建模的公司。

2. 数字平台

构建数字平台的企业在数据驱动型经济中具有巨大优势。通过充当中介和基础设施，它们能够记录和提取与用户进行的在线操作、互动和交易相关的数据。

据联合国贸易和发展会议统计，全球市值最大的20家公司中，有40%拥有基于平台的商业模式。

目前全球七大"超级平台"——首先是微软，其次是苹果、亚马逊、谷歌、脸书、腾讯和阿里巴巴，占有前70大平台总市值的三分之二。2017年，市值超过1亿美元的平台公司的总价值估计超过7万亿美元，比2015年增长67%。

在中国，微信（腾讯旗下）拥有超过10亿活跃用户，其支付解决方案和支付宝（阿里巴巴旗下）几乎占据了整个中国移动支付市场。与此同时，阿里巴巴约占中国电子商务市场60%的份额。

这些公司正在雄心勃勃地巩固其竞争地位，包括收购潜在竞争对手，向互补产品或服务领域扩张，游说国内和国际决策圈，以及与汽车、半导体和零售业等传统行业的主要跨国公司建立战略伙伴关系。

全球数字平台的主导地位和其对数据的控制，以及其创造和获取伴生价值的能力，一味强调集中和整合，而不是解决国家之间和国家内部的不平等。

---

① 联合国贸发会. 2019年数字经济报告 [R/OL]. (2019-10-27) [2022-07-05]. https://wenku.baidu.com/view/8b5b130cc9d376eeaeaad1f34693daef5ff71331.html.

发展中国家面临的风险是只能充当原始数据的提供者，同时必须为利用它们的数据生成的数字情报付费。如果问题得不到解决，连接不足的国家和高度数字化的国家之间的差距将拉大，不平等将加剧。打破这种恶性循环需要创新性思维，一种办法是找到一种数字经济的替代配置，以实现更平衡的结果，并更公平地分配来自数据和数字智能的收益。

3.数字经济资源整合

数字经济是指以数字化的知识和信息为关键生产要素，以数字信息网络为重要载体，以数字通信技术的有效使用为效率提升和经济结构优化的重要动力的一系列经济活动，涵盖共享经济、平台经济和电子商务等多种应用形态，表现为整合资源的广泛性。

第一，数字经济是引领全球科技革命、产业变革的重要力量。它不仅推动传统经济模式向形态分工更优化、结构更合理的现代生产模式转变，而且能加速全球商业模式重塑，为全球创新主体的联合提供更为便捷、广泛的平台，进而驱动资本、劳动力、技术等生产要素的集约化整合、协作化开发、高效化利用与网络化共享。

第二，数字经济是实现全球价值链整合延伸的关键。数字经济具有高度的开放性、兼容性，可以通过自下而上的方式培育各国的经济融合、政治互信，推动单一价值链向价值系统、价值网络跃升。同时，通过实现数据信息的全方位、零时损共享，加快构建数字化、智能化的全球价值链，实现规模经济效应与数字经济驱动的全球化新机制。

第三，数字经济是推动全球经济合作共赢的重要窗口。基于云计算、人工智能、区块链等新型技术，数字经济能为应对价格歧视、跨国信用危机等问题提供更有效的解决方案。部分数字经济体还能跃升成为新型全球性商业基础设施，并通过自主合作来推动国际合作交流。这种非官方的合作有助于提升全球经济发展的弹性和韧性，为缓解全球贸易冲突提供新路径。

第四，数字经济是实现全球经济均衡协调发展的关键一环。作为数字经济核心驱动力的信息技术，具有突变式、边际应用成本递减等特征。这一发展特点及巨大的溢出效应，能够为发展中国家提供产业升级和实现跨越式发展的机会。同时，数字经济以新兴技术为依托，能够加快形成统一、透明、公正、合理的交易监管机制，进而推动全球经济治理代表权和话语权的合理再分配，为新兴经济体和中小企业提供更多的发声机会。

根据我国数字经济发展的实际，在推动数字经济资源整合平台建设中，将政府行政管理和企业自主动力相结合尤为重要。

第一，树立创新、协调、开放、共享的发展理念。数字经济作为技术创新的结果，是技术发展累积后的集中突破。因此，必须坚持创新发展的理念，积极布局新兴产业前沿技术研发，以技术的群体性突破来支撑和引领数字经济的发展。由于数字经济使社会分工更加细化、社会协作更加紧密，因而也要强化协调发展的理念，促进横向体系、纵向生态的有效调和。

同时，数字经济对于市场的开放度有较高的要求，因此要坚持开放发展的理念，形成更大范围、更宽领域和更深层次的开放格局。数字经济是实现全球普惠发展的新型路径。因此，也要坚持共享发展的理念，努力实现数字经济的共建共享。

第二，构建内嵌型、技术辅助型和多元参与型的治理机制。提高数字经济治理精准化、智能化、专业化和社会化水平，全面把握数字经济治理问题，从制度和技术两个方面推进治理体系升级，降低数字经济企业跨域运营的成本与潜在风险。

同时，创新对监管数字经济的方式，加大对市场不正当竞争行为的打击力度，明确多元化治理主体的权责，进行并行、分类监管研究，进而形成以国家治理为核心，行业自律、平台治理和社会监管广泛参与的立体化治理体系。

第三，营造效率、公平兼容的产业发展生态。加大数字经济资源的整合力度，助力培育数据驱动型企业，塑造有利于数字经济发展的营商环境；及时清理、调整不适应数字经济发展的制度政策，采取既具弹性又有规范的管理措施，为新业态、新模式提供试错空间。

加强数字经济产业创新共享交流平台建设，培养数字经济主体之间的互动性、数字经济创新链内的承接性、数字经济产业链与创新链的衔接性；全面提高数字经济安全水平，建立可控的产业生态体系和风险管控机制，着力防范可能出现的区域性、系统性新风险。

四、数字经济在中国抗击新冠肺炎疫情中的应用

中国在 2020 年抗击新冠肺炎疫情中，以数据生产要素为基础的数字经济

平台，依托新技术，充分利用各自优势，发挥了信息聚合、数据共享、资源调配、物资流转、技术支撑、金融支持、交流沟通、精准定位、搜索追踪等作用。数字经济平台还为企业复工复产、网上办公、稳就业、保民生，进而为取得抗击新冠肺炎疫情的最终胜利发挥了支撑作用。

1. 抗疫中数字经济平台作用凸显

在新冠肺炎疫情防控阻击战中，数字经济平台发挥了积极作用，具体总结为以下六大类数字经济平台。

一是电商平台数字生态体系。各电商平台在运行过程中，逐渐形成一种由电子商务核心交易企业、金融服务企业、物流服务企业、政府等组织机构构成的数字生态系统，其成员之间可以信息共享、协同进化。

二是数字信息交互平台。面对新冠肺炎疫情防控成千上万的信息流、资讯流，这类数字经济平台充分发力，依托大数据、云计算、人工智能、物联网、区块链、5G等先进技术，一边连接抗疫一线的数据信息，另一边连接决策者与广大人民群众。

三是数字定位出行平台。出行类数字定位平台充分发挥自身掌握的地理信息与相关数据优势，为物资配送指明方向，为人员调配保驾护航，积极参与社区新冠肺炎疫情防控，通过对用户迁徙数据的分析，寻求数据之间的相关性，为新冠肺炎疫情防控阻击战提供坚实的后勤技术保障。

四是数字金融平台。我国的广大金融企业从捐资捐物助公益、扶持小微渡难关，到保障医务生命线、金融服务保民生等多措并举，结合普惠的能力和科技的效率，坚决支持配合国家打赢这场特殊战役。

五是在线远程服务支撑数字平台。远程医疗、远程办公、在线教育等各类线上服务数字平台确保了新冠肺炎疫情期间的看病、工作、学习等各方面正常运行，平台也高效有序地组织了社会各类资源，进行协作分工。

六是技术支撑数字平台。一些技术支撑数字平台还提供多种技术支持。如"健康码"，以真实数据为基础，由市民或者返工返岗人员通过自行网上申报，经后台审核后，即可生成属于个人的二维码。该二维码作为个人在本地区出入通行的一个电子凭证，实现一次申报，全市通用。

2. 数字经济平台的主要特点

数字经济平台之所以能在抗疫时发挥重要作用，主要因为它们具有以下特点。

第一，数字经济平台是以数据生产要素为核心的融合企业和市场功能的一种新型经济组织。数字经济是区别于传统工业经济的新经济形态，数字经济平台即数字经济的主体。在数字经济新时代，数字经济平台逐渐融合企业和市场的功能，成为占主导地位的经济组织形态，对资源调配和经济组织起到更为重要的作用。在区块链、人工智能、大数据、物联网、云计算等新技术条件的引领下，数字经济平台终将站在舞台中央。

数字经济平台的核心是对人工智能、区块链、云计算、大数据等技术的运用，这将引起经济体系的颠覆式创新。依托于高速发展的移动互联网、大数据、云计算、搜索引擎、社交网络、区块链等互联网技术能在更广泛的范围内方便快捷地将需求者与供给者联系起来。数字经济不是简单地在经济中加入数字因素，技术的进步只是新经济业态的基础，更为重要的是具有开放、平等、共享等属性的新的数字经济业态将彻底改变生产和消费的面貌，塑造新的经济格局。

第二，数字经济平台具有较为特殊的公共属性，兼具政府、公益组织和行业协会等部分功能。互联网平台经济是新的生产力组织方式，在数字经济多维渗透的当下已经具有相当多的公共数据。在数字经济时代，平台与政府、公益组织和行业协会开展多层次合作，为促进民生发展发挥了举足轻重的作用。平台本身不直接生产产品，而是依靠技术支撑促成双方或多方供求之间交易。政府、公益组织和行业协会往往通过平台实现其部分职能。

发挥平台速度快、规模大、成本低等优势能够帮助某些公益组织更加高效、透明、安全地完成相关工作。数字信息交互平台多措并举，以社交平台为载体，助力信息的及时沟通，处理来自社会各界的庞大的信息流，做到即使不去单位，也能帮助个体和众多企业组织实现及时有效复工，为网上办公提供了良好的条件，从而为实现信息共享、加强正能量传播、加强舆情管理、疏解群众情绪起到重要作用。

第三，数字经济平台是对国民经济整体起到支撑性、稳定性作用的新型基础设施。数字经济平台通过线上线下的联通，对于稳定经济形势，阻止经济下行可能造成的负面影响起到支撑性、稳定性作用，尤其是确保就业稳定和民生保障。例如，在抗击新冠肺炎疫情期间，一些互联网平台围绕不同场景，实现商家与用户之间的互动。一方面，助力新冠肺炎疫情防控工作有序有效开展；另一方面，维持商家与消费者之间交易的稳定进行。随着在线零售行业为"共享员工"抛出橄榄枝，"共享模式"在各行业不断产生新突破，逐渐从线上零售行业推广至物流、制造业等行业，从一线城市向二线城市、三线城市扩展，进一步稳定了特殊时期的就业。

第四，中国数字经济平台具有法律方面优势。中国数字经济平台能够在关键时刻充分发挥优势与2019年1月1日实施的《中华人民共和国电子商务法》有着密切关系。该法是全世界第一部确立数字经济平台法律主体地位的法律，也是世界首部规定电子支付平台是具有双边市场特性的新型数字经济平台的法律，中国也因此成为全世界第一个通过法律确定数字经济平台法律地位的国家。正是在《中华人民共和国电子商务法》对创新措施的保驾护航下，数字经济平台才能在此次抗疫中发挥如此巨大的作用。

基于上述理解，可将数字经济平台界定为一种利用互联网、大数据、算法等技术，打破时空限制，链接各类主体，构建联动交互数字经济生态，并充分采集、共享、利用等各类主体的数据，充分发挥数据生产要素潜能，提高交易效率，制定交易规则，维护交易秩序，对国民经济起到支撑性、稳定性作用的系统重要性新型基础设施。

3. 进一步发挥数字经济平台的优势

2020年，在抗击新冠肺炎疫情的同时，统筹经济社会发展，中国政府提出重点加强"新基建"的指导思想。这里的"新基建"，实质就是建立在整合经济学基础上的数字经济，主要内容是5G、人工智能、工业互联网、物联网等"新型基础设施建设"；在中央政府工作报告中也提出"加强新一代信息基础设施建设"的定位内容。进一步加强数字经济建设，发挥数字经济平台优势，恢复全国抗击新冠肺炎疫情造成的损失，以"新基建"为动力，推动经济社会发展。

（1）5G建设

5G基站是数字经济的硬件基础。2020年，5G基站建设成为热门的投资方向。中国移动、联通、电信三大运营商及多个地方政府都制订了数量可观的5G建设计划。

三大运营商方面，中国移动在 2020 年的目标是建设 30 万个 5G 基站，并将在全国地级以上城市建设 5G 网络。中国电信和中国联通则表示，在 2020 年上半年完成 47 个城市的 10 万个基站建设，并在 2020 年前三季度完成全国 25 万个基站的建设目标。

地方层面，8 个省市在年度政府工作报告中明确规划了 2020 年内计划新建 5G 基站的数量，合计超过 30 万个。2020 年，广东省信息通信行业工作会议明确提出，广东预计在 2020 年三季度末完成 5 万座 5G 基站建设，力争 2020 年全年建设 6 万座。

据中国信息通信研究院预测，到 2025 年 5G 网络建设投资累计将达到 1.2 万亿元。同时，"5G ＋ 工业互联网"将推动工业企业开展内部网络化、信息化改造。仅网络化改造未来 5 年的投资规模就有望达到 5 000 亿元。此外，5G 网络建设还将带动产业链上下游及各行业应用投资，预计到 2025 年将累计带动超过 3.5 万亿元投资。

（2）数据中心建设

中央在部署"新基建"的相关内容中，提出把"数据中心"作为一项重点。

数据中心（IDC），是为有互联网需求的用户提供了集中存放计算、存储以及网络设备的场所。IDC 除提供最基本的场地之外，还需要提供互联网基础服务，如稳定高速的互联网接入带宽、稳定充足的电力供应、恒温恒湿的机房环境、实时有效的集中监控等。

2019 年，中国 IDC 市场规模达到 1 560.8 亿元，同比增长 27.1%，远高于世界平均水平（约 11%），增长潜力十足，成长空间较大。IDC 市场格局以运营商数据中心为主，凭借其网络带宽和机房资源优势，中国三大运营商市场份额占比约达 65%；其以第三方 IDC 为主，主要满足核心城市 IDC 需求，弥补供需缺口，具有一定的资源壁垒。

（3）"新基建"七大领域

与传统基建不同，"新基建"被赋予新的科技内涵，主要包括 5G 基建、大数据中心、人工智能、工业互联网、特高压、高铁、新能源汽车充电桩等七大领域，是对整个国民经济具有乘数效应和撬动效应的"杠杆"，"新基建"是开启新一轮经济周期的必经之路，是一切改革转型的基础。

"十四五"规划期是中国 5G、物联网、工业互联网等技术大规模部署的关键时期，在政策利好与市场驱动的双重作用下，"新基建"作为产业发展的新动能，加速产业转型升级、赋能数字经济发展。

一是新基建投资加码，拉动基础网络建设步伐。在新冠肺炎疫情的冲击下，投资要义不容辞地担起拉动经济增长的大任，而包括5G、数据中心在内的"新基建"成为重点。"新基建"包含的多个主线中，5G产业链是涉及领域最多、涵盖范围最广的。从未来承接的产业规模，还是对新兴产业所起的技术作用来看，未来重点发展的各大新兴产业，如工业互联网、车联网、企业上云、人工智能、远程医疗等，都需要以5G为产业支撑。

二是新基建更着眼于"新"，为数字经济发展注入新动能。数字经济已成经济增长的新引擎。新基建作为新业态、新技术，代表着轻资产、高科技含量、高附加值的发展模式，是新兴战略产业的重要内容。

三是"无平台不经济"，5G等"新基建""新消费"站上风口。新冠肺炎疫情期间，消费需求加速向线上倾斜，5G、工业互联网等"新基建"行业迎来绝佳的发展窗口期。无论是身处传统行业，还是已经成为互联网经济的一部分，整个经济的"在线"进程正在加速。这也意味着对5G、人工智能、大数据、工业互联网、物联网等的新消费需求正极速扩展。

在政策"红包"及市场万亿投资的驱动下，"新基建"既是基础设施，又是新兴产业，一头连着巨大投资与需求，另一头牵着不断升级的强大消费市场，"新基建"正成为产业转型升级、数字经济发展的新引擎。

◎第二十三章
创新经济

创新经济建立在资源汇集、优势互补的基础上,是突破因循守旧,在扬弃中发展,不断推陈出新的过程。创新离不开资源整合,整合经济学研究的创新经济,就是在整合资源的过程中形成新的生产力,形成新的资源优势,创造新的资源价值和经济力量。

一、创新、技术创新与泛创新

1.创新

"创新"是一个汉语词语,一指创立或创造新的,二指首先。"创新"最早出自《南史·后妃传上·宋世祖殷淑仪》:"据《春秋》,仲子非鲁惠公元嫡,尚得考别宫。今贵妃盖天秩之崇班,理应创新。"创新,顾名思义,是指创造新的事物。《广雅》:"创,始也";新,与旧相对。"创新"一词出现很早,如《魏书》有"革弊创新",《周书》中有"创新改旧"。和"创新"含义近同的词汇有"维新""鼎新"等,如"咸与维新""革故鼎新""除旧布新""苟日新、日日新,又日新"。

创新是指人类为了满足自身需要,不断拓展对客观世界及其自身的认知与行为的过程和结果的活动。或具体讲,创新是指人为了一定的目的,遵循事物发展的规律,对事物的整体或其中的某些部分进行变革,从而使其得以更新与发展的活动。

"创"是始的意思,所以创造不是后造,而是始造。创造和仿造相对,通常说创造,含有造出了一个前所未有的事物的意味。说创新,大致有两种意味,一种意味是创造了新的东西,这和创造实际是同一个意思;另一种意味是本来存在一个事物,将它更新或者造出一个新事物来代替它,在这种意味下，创新中包含了创造。但创造不可能凭空而起，新的创造一般是建立在原有的事物或其转化的基础上，包含了对原有事物的创新，因此创造中又包含了创新。人类的创造创新可以分解为两个部分：一是思考，想出新主意；二是行动，根据新主意做出新事物，一般是先有创造创新的主意，然后有创造创新的行动。创造和创新还有一种特定的含义，即创造创新在学术界主流的定义：创造是指想新的，创新是指做新的。

在西方，英语中"Innovation"（创新）这个词源于拉丁语。它的原意有三层含义：第一是更新，就是对原有的东西进行替换；第二是创造新的东西，就是创造出原来没有的东西；第三是改变，就是对原有的东西进行发展和改造。

2. 整合经济学意义上的创新

创新是企业家首次向经济中引入的新事物，这种事物以前没有从商业的意义上被引入经济之中。创新概念进入经济学领域，一开始就带着浓郁的整合资源的色彩。

1912年，约瑟夫·A.熊彼特（1883—1950年）在《经济发展理论》一书中首次提出"创新理论"（Innovation Theory）。创新者将资源以不同的方式进行组合，创造出新的价值。这种"新组合"往往是"不连续的"，也就是说，现行组织可能产生创新，然而大部分创新产生在现行组织之外。因此，他提出了"创造性破坏"的概念。熊彼特界定了创新的五种形式：开发新产品，引进新技术，开辟新市场，发掘新的原材料来源，实现新的组织形式和管理模式。①

彼得·F.德鲁克（1909—2005年）提出，创新是组织的一项基本功能，是管理者的一项重要职责。在此之前，人们普遍认为管理就是将现有的业务梳理得井井有条，不断改进质量、流程、降低成本、提高效率等。然而，德鲁克将创新引入管理，明确提出，管理是每一位管理者和知识工作者的日常工作和基本责任。在经济和社会领域生产、采用、同化和开发一种增值新产品，更新和扩大产品、服务和市场，发展新的生产方法，建立新的管理制度。它既是一个过程，也是一个结果。

创新是指以现有的思维模式提出有别于常规或常人思路的见解为导向，利用现有的知识和物质，在特定的环境中，本着理想化需要或为满足社会需

---

① [美]约瑟夫·熊彼特.经济发展理论[M].郭武军,吕阳,译.北京:华夏出版社,2015.

求而改进或创造新的事物、方法、元素、路径、环境，并能获得一定有益效果的行为。

整合经济学认为，创新就是利用已存在的自然资源或社会要素创造新的矛盾共同体的人类行为，或者可以认为是对旧有的一切进行的替代、覆盖。

3. 技术创新概念及其发展

创新从一般的经济学意义深化集中到技术创新，这是创新概念进入经济领域的产业阶段。20世纪60年代，新技术革命迅猛发展。美国经济学家华尔特·罗斯托将"创新"的概念发展为"技术创新"，把"技术创新"提高到"创新"的主导地位。1962年，由伊诺思在《石油加工业中的发明与创新》一文中首次直接明确地对"技术创新"下定义："技术创新是几种行为综合的结果，这些行为包括发明的选择、资本投入保证、组织建立、制订计划、招用工人和开辟市场等"。伊诺思的定义是从行为的集合的角度来明确的。

美国国家科学基金会也从20世纪60年代开始兴起并组织对技术的变革和技术创新的研究。迈尔斯和马奎斯作为主要的倡议者和参与者，在其1969年的研究报告《成功的工业创新》中将"创新"定义为技术变革的集合。报告认为技术创新是一个复杂的活动过程，从新思想、新概念开始，通过不断地解决各种问题，最终使一个有经济价值和社会价值的新项目得到实际的成功应用。

20世纪70年代和80年代开始，有关创新的研究进一步深入，开始形成系统的理论。著名学者弗里曼从经济学的角度考虑创新。他认为技术创新在经济学上的意义只是包括新产品、新过程、新系统和新装备等形式在内的技术向商业化实现的首次转化。他在1973年发表的《工业创新中的成功与失败研究》中认为，"技术创新是技术的、工艺的和商业化的全过程，其导致新产品的市场实现和新技术工艺与装备的商业化应用"。

我国在20世纪80年代以来开展了技术创新方面的研究，主要侧重在企业方面。当时一些学者从企业的角度对"技术创新"下的定义是企业家抓住市场的潜在盈利机会，以获取商业利益为目标，重新组织生产条件和要素，建立起效能更强、效率更高和费用更低的生产经营方法，从而推出新的产品、新的生产（工艺）方法，开辟新的市场，获得新的原材料或半成品供给来源或建立企业新的组织，它包括科技、组织、商业和金融等一系列活动的综合过程。也有人从企业的角度为技术创新下了定义："企业技术创新是企业家对生产要素、生产条件、生产组织进行重新组合，以建立效能更好、效率更高的新生产体系，获得更大利润的过程。"

进入21世纪，在信息技术的推动下，知识社会的形成及其对技术创新的影响进一步被认识，科学界进一步反思对创新的认识：技术创新是一个科技、经济一体化过程，是技术进步与应用创新"双螺旋结构"（"创新双螺旋"）共同作用催生的产物，而且在知识社会条件下，以需求为导向、以人为本的创新2.0模式进一步得到关注。技术创新是各创新主体、创新要素交互复杂作用下的一种复杂涌现现象，是技术进步与应用创新的"双螺旋结构"共同演进的产物；信息通信技术的融合与发展推动了社会形态的变革，催生了知识社会，使传统的实验室边界逐步"融化"，进一步推动了科技创新模式的嬗变。

4. 创新概念全面进入经济社会领域

经过对创新2.0模式的深化研究，人们发现人类所做的一切都存在创新，创新遍布人类的方方面面，如观念、知识、技术的创新，政治、经济、商业、艺术的创新，工作、生活、学习、娱乐、衣、食、住、行、通信等领域的创造创新，而不只是技术领域的事情，尽管技术创新对人类的生产生活有决定性意义。

企业全方面创新分为四方面内容，一是作为构成企业有机体的软系统的创新，包括战略创新、模式创新、流程创新、标准创新、观念创新、风气创新、结构创新、制度创新；二是作为企业不可或缺的基本要素的硬系统的创新，即人、财、物、技术、信息及其相关体系和管理的创新，如职责体系、权力体系、绩效评估体系、利益报酬体系、沟通体系的创新；三是通用管理职能的创新，包括目标、计划、实行、检馈、控制、调整六个基本的过程管理职能的创新和人力、组织、领导三个基本的对人管理职能的创新；四是企业业务职能的创新，如技术、设计、生产、采购、物流、营销、销售、人力、财务等专业业务职能的创新。由于科技的普遍适用性、连续进步的显著性和发展的长期累积性，科技创新是推动人类进步的根本性驱动力，所以研发通常指技术研发。研发是创新成模的过程，研发功能是专门从事创新的功能。企业创新不仅是产品技术的创新，还是各个方面的创新，那么企业的研发也不仅是产品技术的研发，还是涵盖各个方面的研发。

二、创新经济

1. 创新经济的概念形成

美国学者迈克尔·波特认为，经济发展具有阶段性，在不同的发展阶段，驱动经济增长的力量是不一样的。国家竞争优势的发展可分为四个阶段，即要素驱动（Factor-Driven）阶段、投资驱动（Investment-Driven）阶段、创新驱动（Innovation-Driven）阶段和财富驱动（Wealth-Driven）阶段。

随着科学技术的飞速发展，越来越多的国家开始从要素驱动阶段、投资驱动阶段逐渐进入创新驱动阶段。与此相对应，21世纪的区域经济发展模式也逐步转变为创新经济发展模式。此时，区域经济优势已不再严重依赖于自然资源和劳动力资源的状况，而是依赖于国家和企业的技术创新构想和技术创新能力。

自从英国政府在1998年正式提出"创新驱动型经济"这个概念以来，发展创新经济已经成为各个国家优先考虑的战略目标。但是关于"创新经济"的含义，学术界还没有形成统一的定义。目前，在国内比较权威的解释主要有两种：一个是南京大学洪银兴教授的定义；另一个是浙江大学吴晓波教授的解释。

洪银兴教授认为，创新经济是指体现资源节约和环境友好的要求，以知识和人才为依托，以创新为主要推动力，以发展拥有自主知识产权的新技术和新产品为着力点，以创新产业为标志的经济。它的基本特征是科技创新和产业创新相结合，知识创新主体和技术创新主体的合作创新，经济增长由主要靠物质投入（资本、劳动、土地）推动转变为由创新（知识、技术、制度）驱动，形成具有自主创新能力的现代产业体系，企业成为技术创新的主体，大学和科研机构介入技术创新体系。

吴晓波教授则认为，创新经济是指以信息革命和经济全球化为背景，以知识和人才为依托，以创新为主要推动力，持续、快速、健康发展的经济。第一，不同于单纯依靠劳动力投入或资本的增加，以严重消耗资源为代价的"增长型经济"，创新经济是以现代科学技术为核心，以知识的生产、存储、分配和消费为最重要因素的可持续发展的经济。第二，不同于单纯依靠引进设备和技术，以照搬外来技术为主要推动力的"模仿型经济"，创新经济是注重培育本国企业和R&D机构的创新能力，发展拥有自主知识产权的新技术和新产品，以自主创新为目标和主要推动力的经济。第三，创新经济不仅强调企业和国民经济的发展,也重视创新带来的居民生活水平的改善,追求社会与经济的和谐统一。

综上所述,尽管人们对创新经济还有不同的认识和理解,短期内也很难达成一致意见,但是对创新经济内涵的认识,至少在以下三个方面应该是没有异议的。

(1)创新已经从驱动经济增长的一种要素成为经济发展的核心,并扩散到整个经济体系,从而改变了经济增长方式和发展模式。因为创新决定了社会资源的利用效率,进而影响社会的资源配置方式,从而产生了任何其他因素都难以比拟的对经济社会发展的推动力。

(2)知识和人才是创新经济最重要的两个支撑要素,知识是创新的源泉,人才是创新的主体,创新就是二者的有机结合,或者说创新是知识的积累与人的创意和创造的融合。

(3)创新经济本质上是"人本经济",它体现了对人的自由和价值的尊重,核心理念是促进人与自然、经济与社会和谐统一的可持续发展。[1]

2. 创新经济的特征

(1)新的更高的劳动生产率越来越依赖于以高新技术为基础的知识信息的产生和其在经济、社会领域中广泛应用。长期以来,在社会经济领域,特别是生产部门的社会劳动生产率的提高,往往是通过增加资本和劳动力的量的投入实现的,随着世界经济变得越来越复杂,发展变化越来越迅速,市场竞争越来越激烈,再加上社会经济领域中部门之间相互依赖程度越来越高,知识信息的创新、加工、处理和传播势必成为发展经济、提高劳动生产率和社会进步的中心环节,整个社会经济生产过程将围绕着创新的知识信息流来组织实施。

(2)在创新经济中,知识信息的创新及加工处理在生产中占据主导地位,并逐步变成主要工作。因此,明确创造性信息的获取方式和提高创新性信息的应用效率将成为具有战略意义的大事。

(3)随着创新经济的发展,社会生产活动的组织与管理模式将发生根本变化。以电子计算机为基础的管理信息系统,将使社会生产组织的管理机构

---

[1] 李建波.论创新型经济的涵义、特征与发展趋势[J].前沿,2011(7).

更具灵活性、适应性，使其中的每个成员对决策过程的参与成为必要与可能，社会生产管理将进一步科学化、规范化，创新经济与创造力进一步教育化、市场化。

（4）创新经济进一步呈现国际性。以信息技术为标志的创新经济突飞猛进，尤其是近年发展起来的信息高速公路加强了世界各国之间的联系，使超越国界的投资、生产管理、市场营销劳动和技术交流成为不可阻挡的世界潮流。这种潮流在20世纪末更趋强劲，各国的经济发展会越发显示国际化的趋势。创新经济的发展促进经济生产国际化，使在创新知识和信息的采集、处理和使用方面占优势的国家处于经济竞争中的有利地位。新的国际劳动分工将更多地依赖加工、处理和迅速应用创造性信息的能力。

（5）创新经济使人类的生产、生活方式发生结构性的变化。创新的科学技术不仅通过对生产力诸要素的渗透和改造，促进生产力的发展，形成新的生产设备、生产过程和新的产品，同时还开创新的工艺，从而成为推动社会生产发展的重要源泉。创新经济引起了产品结构、产业结构、就业结构、生产组织和管理手段的变革，也促进了人类思想文化的发展，改造着人们的思想观念和精神面貌，致使就业者层次发生了变化。

（6）创新经济使创造性的科技知识成为重要的生产要素。整合经济学的创新经济实践告诉我们，知识投资具有高回报率，它能有效地促进生产方式转变、产品换代和服务改善，因此知识已成为重要的生产要素。当然，科技知识成为生产要素必须有一定的前提条件，即全社会具有知识的创造、传播、转化、吸收和应用的能力。正因为此，创新经济与创造力教育如飞机两翼，它们的关系只能是技术创新与科技产业化相辅相成、推挽前进，二者缺一不可。

综上所述，从21世纪创新经济发展的主要特征出发，充分认识提高人们创新能力的重大历史作用。人类的创新意识推动了创新经济的发展，而创新经济的发展又促使人们向更高的创新层次发展。[①]

三、基于整合的创新经济战略

广告、电梯、楼宇，这三个东西都在现实中存在了很长的时间，但是把

---

① 李南征. 技术创新与科技产业化[M]. 北京：中国经济出版社，1999.

广告挂在楼宇电梯的门口，的确是分众传媒独特的视角，这显然是一种创新，这是基于整合的创新，由此形成了分众传媒的创新经济。

1. 分众传媒

分众传媒诞生于 2003 年，在全球范围首创电梯媒体，分众传媒的创始人是江南春。2005 年，分众传媒成为首家在美国纳斯达克证券交易所上市的中国广告传媒股，并于 2007 年入选纳斯达克 100 指数。

今天 4 亿城市人口，每天 3 亿看分众。电梯电视主要安放在电梯口，滚动循环播出，覆盖超过 90% 的中高端办公楼，日均触达 5 亿人次城市主流人群，覆盖 70%—80% 都市消费力。电梯电视 71% 的受众年龄在 20—45 岁，68% 的受众家庭收入在 1 万元以上，是中国财富最主要的创造者和消费者。分众电梯电视在屏幕上加装 Wi-Fi 和 iBeacon，推动分众屏幕与用户手机端的互动。

电梯海报主要位于社区电梯内，在必经的封闭狭小的电梯空间内形成强制性收视，在乘坐的无聊时间形成极高的广告关注度。电梯海报在 2015 年正式推出云战略。2009 年，分众传媒基于物业数据如社区楼龄、楼价、商圈分析等，建立物业云。2015 年，分众传媒引进了百度云，通过对搜索词的分析研究不同楼的不同消费需求和品牌偏好。2016 年，分众传媒开始研究电商云，通过与电商合作，可以获悉哪些楼宇都购买过哪些快消品，从而判断不同楼宇对不同快消品的品牌偏好和购买倾向。

截至 2019 年 6 月 30 日，分众传媒拥有超过 230 个直营城市，拥有超过 195.4 万块自有版位，覆盖国内 52 个城市和地区，每天精准触达超过 3 亿白领、金领及商务人士，占据中国 95% 以上的电梯电视市场，以及韩国、印度尼西亚等国的近 20 个主要城市加盟。

分众传媒的价值体现在以下三个方面：

（1）分众传媒最独特的价值是在主流城市的主流人群必经的电梯空间中每天形成高频次有效到达，从而形成强大的品牌引爆的能力。

（2）移动互联网的时代，消费者可以随时随地取得信息，并且成本几乎为零，但对品牌传播而言，选择太多是个困境。这反而使电梯媒体的价值凸显。对绝大多数城市主流消费者来说，人总要回家，总要上班，人总要等电梯。分众传媒抓住了电梯这个核心场景。

（3）电梯是城市的基础设施，电梯代表着四个词：主流人群、必经、高频、低干扰。而这四个词正是今天引爆品牌的最核心及最稀缺的资源。

2. 英特尔：应用外部资源

英特尔开放式创新的方法，是在创新过程中应用外部资源。英特尔的研发战略由四项构成：大学研究赞助、大学周边的开放式合作研究实验室、公司内部研究项目，以及公司收购。

整个流程始于扫描环境和有潜力的研究领域。有意向的研究项目通过赞助、实验室研究、内部研究或者英特尔投资发起，直到能够看清成果时再决定是否将这项产品、技术进行商业化。

英特尔赞助了五百多家大学，并且将其开放性合作实验室布局在相关领域的大学周围。这样的实验室一般有 20 个英特尔的研究人员和 20 个来自大学的研究员。尽管这种实验室是英特尔所有的，但是研究的环境相当开放，并且部分项目是公开的。英特尔更加看重从大环境中快速学习，获得大量的新想法并获得知识产权。当然它也有自己的内部研究活动来获得有前景的发明。英特尔鼓励实验室从英特尔内部和各个业务单位角度出发提出有价值的创意。英特尔公司每两年会更新一次研究开发的战略规划，以此来保护未来的发展。此外，实验室中基本一半的研究员都是学生。

英特尔在过去十年内大幅增加研发投入，每年发布的专利数都在增长，2005 年，英特尔在全世界获得的专利数量大约为 5 000 项。这表明，英特尔的探索性研究战略取得了成功。

3. 思科：并购实现整合

思科的创新策略是内部开发、战略联盟与收购相结合。在创新型企业中，它是活跃的收购者和投资者。思科的一个重要战略是收购。1993 年以来，思科共收购了 108 家公司，30% 的收入来自收购和开发活动；另外一个重要战略就是合作，在 20 世纪 80 年代和 90 年代，它的收购和合作策略在高技术产业中比较独特，这一战略使它更快地获得了新技术和新解决方案。

一家公司壮大到一定程度后，一些员工就会发现，即便有好的想法，在公司里推动它的阻力也很大。于是，很多员工一旦有了好的想法，就倾向于出去创业。对于这种人才的流失和再利用，思科的办法值得很多公司借鉴，即如果公司有人愿意创业,公司又觉得他们做的东西是好东西,就由公司投资支持他们创业。这些公司一旦创业成功,思科有权优先收购,如果小公司没办好失败了,思科除了赔上一些风险投资以外也没有额外的负担。

思科的收购是为了获得稀缺的智力资产,基本上是人力资源。在思科,人们经常会遇见"二进宫"或"三进宫"的同事。为了确保收购的成功,思科确定了每次收购必须达到的三个目标:员工保持率、新产品开发的延续和投资回报。

对于潜在收购对象,思科有特定的筛选标准:近25%的收购初始投资都不大,收购必须为思科和被收购企业提供短期和长期的双赢局面;被收购企业必须与思科拥有共同的愿景和融合意愿,而且其位置要与思科靠近。思科用情景规划方法来决定是否收购,以及怎样快速收购。

就这样,思科几乎所有的生产都采用了外包的形式,并且通过内部风投扶持创业和收购的方法,思科基本上垄断了互联网路由器和其他重要设备的技术。

4. 特斯拉:开源与企业创新联盟

特斯拉的成功被业界归为互联网思维的成功,而马斯克的开放专利之举,也正是体现了互联网"自由、平等、开放、分享"的精神,但他真的就是"活雷锋"吗?

特斯拉开源所有专利的目的就在于让更多的人或企业,在一个较低的门槛上,就可以站在巨人的肩膀上,投入世界电动汽车发展和普及的浪潮当中。开放专利从表面上看,是让竞争对手占了便宜,然而此举却无形中提高了特斯拉技术的普适性,使它在未来标准制定中抢占了有利的地位。

因此,隐藏在这背后的效应便是倘若特斯拉专利开源达到一定规模,其技术盟友成长到一定体量之时,他们就不得不兼容特斯拉的充电标准。显然,如果特斯拉建立了一个以特斯拉技术为支持的产业联盟,那么相信超级电池工厂的富余产能将会被特斯拉的盟友消化,这时特斯拉不仅是一个电动汽车的制造者,更是上游核心电池资源的掌控者。

2015年1月23日,马斯克现身底特律北美车展。这一次,马斯克说到特斯拉真正面对的敌人未必是传统厂商和经销商,而是已经习惯了内燃机车的用户,以及根植于传统业态的庞大产业惯性。要打破这个桎梏,联盟是最好的手段。

因此，特斯拉欢迎其他汽车商进入电动汽车行业，是想形成一个电动汽车的"矩阵"，而不再单打独斗，这样一来，整体的电动汽车行业就会有更大的势能，在市场培育、政策突破、技术积累、电动汽车产业链的形成等方面，就会形成群体生态效应，增大电动汽车体量。

所以，特斯拉需要盟友，而不是敌人。此前特斯拉开放专利，也是出于这一目的。特斯拉的支持者认为，特斯拉有望组建类似 Open Handset Alliance（开放手机联盟）的联盟机构，当初 Google、三星等公司就是靠这个联盟从苹果口中夺走大部分"披萨"的。

正如马斯克所说，电动汽车要想成功，需要汽车行业之外的其他很多领域的技术，这种整合、创新的能力，特斯拉比其他任何传统汽车制造商更擅长。特斯拉是个很好的例子，告诉我们通过开放与合作的形式，可以获得一个产业生态圈的发展，可以建立企业技术创新联盟，从而带动整个电动汽车行业的创新。

5. 海尔：搭建开放创新平台

在与阿尔斯蒂尼的对话中，张瑞敏曾经说："现在，我们变成一种开放式创新，在和用户交互的过程当中，不断迭代，并把各种资源都整合进来。迭代过程是一个试错的过程，重要的是用户要参与，如果没有用户参与，不管是渐进的还是突破性的创新，可能都没有太大的意义。"

仔细分析海尔 2014 年的智能家居产品海尔星盒、空气魔方、无压缩机酒柜等，无一不是开放式创新的产品。例如，海尔空气魔方是全球首款可以模块化组合的智能空气产品，实现了加湿、除湿、净化、香薰等多个模块的自由组合，为每个家庭带来了可定制的专属"空气圈"。空气魔方的最特别之处在于，它是海尔基于开放式创新理念研发成功的一款智能产品。

空气魔方不是企业基于自身能力在实验室里规划和研发出来的产品，而是基于海尔开放创新平台组成的来自 8 个国家的内外部专家和学者团队的 128 位成员，历时 6 个月与全球超过 980 万不同类型用户交互意见，利用大数据分析，最终筛出 81 万粉丝最关注的 122 个具体的产品痛点需求成为空气魔方核心功能研发的初衷。

在互联网时代，海尔的理念便是"世界是我们的研发中心"，研发的过程要让用户参与进来，也要让全球创新者参与进来。基于此，海尔开放创新平台于 2013 年 10 月正式上线，在 2014 年 6 月进行了改版升级，新增的海尔生活创意社区也将成为用户全流程参与研发设计的线上互动平台。

海尔开放创新平台遵循开放、合作、创新、分享的理念，整合全球一流资源、智慧及优秀创意，与全球研发机构和个人合作，为平台用户提供前沿科技资讯及超值的创新解决方案。最终实现各相关方的利益最大化，并使得平台上所有资源提供方及技术需求方互利共享。截至 2014 年，在海尔开放创新平台上成功达成的技术合作已有 200 余项案例。

6. 乐高：分布式共同创造

乐高创意平台（LEGO IDEAS）于 2008 年在日本推出，2011 年推出全球版。在网站上，用户可以方便地注册，提交方案说明（通常提交的方案是需要非常详细，包括图片、说明）。粉丝对业余设计师的新套件创意进行投票。任何获得 10 000 张选票的创意都会进入审核阶段，然后乐高会决定哪些可以进入生产阶段。所以前期的方案征集的过程也是产品上市前的用户互动、市场调研和预热工作。

乐高也积极地和外部合作，如 MIT Media Lab（麻省理工学院媒体实验室），借助外部的研发力量缩短开发时间。而促成更大幅度的开放式创新，则不得不提到"破坏规则者"这个顾客族群。当时乐高公司与 MIT 合作开发的 MINDSTORMS 机器人玩具推出没多久，就被这类型的顾客公开程序代码，起初乐高公司暴跳如雷，但后来乐高公司选择开放平台，果然创造出更多更有创意的点子。

自那之后，乐高公司便利用这类型的顾客进行新点子或机会的探索，同时也成立乐高 MINDSTORMS 的交流社群，也积极与老师们共同开发课程，现在 MINDSTORMS 已经是许多学校老师教学的教材，借以启发学生更多的创意。由乐高、MIT 和使用者社群共同形成了一个包含供应者、合作伙伴顾问、外围制造商和教师等的完整生态体系。而乐高也借助利润共享、智财保护等配套措施完善了开放式创新。

乐高还建立了"design by me"的设计平台，让顾客通过下载软件，也可将自己的创意上传到乐高的平台中，然后再经过顾客票选，胜出的概念可进入乐高的新产品开发中，最后进行商品化，上市销售。"design by me"是一个利用群体智慧集结创作的平台，配合开放式创新的政策与相关的知识产权保护，让每一个人都有可能成为产品设计师。乐高运用开放式的顾客共创平台，成功地缩短产品开发时间，由原来的 24 个月降至 9 个月，同时也大大地提升顾客的满意度。

同时，乐高开放创新也有利润共享模式，并且成功应用在多个项目中。为了保证利润共享模式的顺利实现，乐高采用了知识产权保护等配套措施。通过分布式共同创造的形式，建立把志趣相投的各方力量汇聚起来的创新模式，乐高公司是这种创新模式的典型代表。

四、创新经济在城乡融合发展中的应用——"崂山模式"

1. 崂山旅游遇到新难题

1979 年 7 月 30 日，邓小平在考察崂山时指出："这个地方很好，就凭这几棵大的古树，就可以招引很多人，应该照原样加以修复，有条件地安排开放，发展旅游业。崂山要把自己的牌子打出去，要充分利用自己的优势。"从此，掀开了崂山发展旅游的大幕。

1982 年，崂山成为国务院首批审定公布的国家重点名胜风景区，与泰山同步入列，成为山东旅游版图中的重要标识，也是滨海城市——青岛向世界旅游城市迈进的一张名片和重要的引流核心吸引物，当"去青岛必去崂山"成为旅游体验共识，崂山就担当起一座旅游城市的旗帜和引擎。

1992 年，崂山被国家林业部批准为国家森林公园；2011 年被评定为国家 AAAAA 级旅游景区；2016 年，崂山入选全国首批全域旅游示范区创建单位，崂山旅游紧随改革开放和中国旅游大发展的浪潮，大步前行。以崂山命名的崂山区，也在这股浪潮中，从一片渔村迅速成长为一座青岛经济文化高度活跃的现代化新城区。

然而，声名显赫的崂山在发展中，面临生态保护与开发的博弈——国家 5A 级名胜风景区，既是崂山的荣誉招牌，也是崂山在新时期发展旅游的底线——崂山社会经济的发展，必须严守生态和文化保护的"红线"。这也就时刻警示着崂山，不能像别的区域一样，以"发展的名义"填海造田、毁山造地、落地大项目、建设大工程、布局新业态，崂山的发展，必须在有限的空间内，寻求无限的价值延展。

崂山实践证明，在有限的空间是可以舞蹈的，而且能够舞出精彩，舞出独特。在 395.8 平方千米的土地上，这座位列山海间，山海绕城，因山而名的新城，传承千年文脉，永葆创业激情，经过城乡互动实现空间资源的高效配置，以高新技术、金融、旅游三板斧开辟了创新型城市的发展路径，为中国风景名胜区的创新发展，开创了一条集约化发展的模式。

崂山模式是依托山海相依，景城融合的资源基石，充分发挥了旅游业发展起步早、市场基础稳、品牌影响大、民众参与度高的优势，提出"崂山全域皆景区"的发展理念，在生态和文化保护的有限空间内，重视技术、金融与旅游的融合，创新业态，推动全域空间资源的优化配置，从而实现"山城人海"在城景融合、城乡互通的联动中，突破局限，创造无限的全域旅游创新发展模式。

2."崂山突破"的路径选择——创新经济发展

生态是崂山区得天独厚的资源基础，在城市建设、产业集聚、人才会聚上具有不可替代的竞争优势，但自然环境突出的城市都不可避免地存在一个问题，就是保护与开发的博弈。作为国家级风景名胜区、省级自然保护区，崂山风景区的发展代表着崂山区的发展质量和水平，同样对于开发强度和规划的控制，也在制约着城市化进程。随着青岛城市化不断扩张，崂山风景区逐渐从近郊到与青岛市区相连，引发了城乡接合与景区发展的内部矛盾。

在崂山风景区周边存在大大小小 130 多个村庄，多数村民成为开发崂山的旅游从业者，形成了"全民皆从旅"的自发意识，这让崂山区早期旅游发展有了较好的民众基础，但同时也产生了另一个问题，农民就业对旅游的依赖程度过高，自发性的商业行为导致产品同质化、产业低端化，扰乱市场秩序，粗放式的旅游服务难以形成区域价值性成长。

站在"打造山海品质新城"，融入青岛国际时尚城市的新起点，崂山区创新经济，以整合经济学思维实施"上山下海""美丽崂山""精品旅游"战略推进转型升级，从速度到质量体现崂山全域谋发展的"转型逻辑"。

（1）以机制创新实现角色转变

2017 年 1 月，崂山区政府从崂山的主要区域形态还有农村的资源特点出发，以乡村的空间拓展城市受限土地，成为产业的承接地和辐射地，重构城乡格局，逐步实现城乡一二三产的融合发展。

崂山区提出要建设宜居宜业的现代化山海品质新城。其中，举全区之力推动全域旅游示范区创建，是实现这一目标的重要支撑。为此，崂山高起点组织编制《崂山区全域旅游发展规划》，为了实现全区环境的整体优化和空间资源价值的高效配置，该规划提出将全域旅游发展规划与城市发展、产业发展、土地利用、生态保护等规划相结合，实现"多规合一"，做到全区空间规划"一张蓝图"，升级打造崂山风景区、主城区、乡村旅游与滨海旅游度假等功能区，释放资源存量，打造效益增量。

同时，创新管理机制体制，以"综合产业综合抓"的大旅游格局，从改革旅游管理体制入手，建立全域旅游工作领导小组协调机制，领导小组组长由区委、区政府的主要领导担任，常务副组长由旅游发展委员会主任担任，全域旅游创建工作上升为"一把手工程"，并将工作职能、人员编制及平台全部整合，实现统筹推进、综合协调和服务监管。在辖区街道办事处设立旅游服务中心，由此形成街区联动、无缝对接的旅游工作机制。

为了规范旅游市场环境，建立全区旅游秩序整治工作联席会议制度，创新旅游市场监管和旅游司法保障机制，通过专项整治行动，崂山风景区内"黑车""野导""欺客宰客"等市场重点关注的问题得到有效治理。特别是与公安部门合作，借助"天眼"系统监控，有效遏制了景区长期存在的非法招揽游客的现象，其开创的特色旅游执法和综合监管体制，对加速全域旅游发展具有重要意义。

探索新型的旅游企业运营模式，从过去以景区旅游门票经济为主，转变为全域多元化经济，一系列优惠政策吸引优质项目落地。强化资本驱动，助力崂山旅游集团上市，全面推动崂山旅游向高端化、集群化发展。

（2）以理念创新促进全域融合

产城融合——解决崂山区空间制约，谋求发展的新路径。宝贵的土地资源，受保护的森林、海洋资源既是未来的财富之地，也是当下的生产之所。"品质崂山"的理念以有限的空间创造无限的价值，高水平推进自身发展的同时也融入青岛发展的大局之中。

依托大河东文旅小镇、石老人观光园、凉泉理想村建设，打造高端城市公园、国家健康旅游示范基地、共享庄园、休闲农场和田园综合体等一批战略性新兴产业、金融产业、文化旅游产业、大健康产业落地生根。

景村融合——山海相依、山城一体是崂山区特有的资源禀赋，是高质量发展的基石，推动"景村融合"双联动正是从高标准、可持续的发展理念出发,促进生态资源保护、维护旅游秩序、实现乡村振兴的推进手段。通过广泛开展"景村一家人"系列活动,打造"暖心崂山"的民生工程,发挥崂山风景区旅游商会协调、服务功能,助力商会成员与经营业户改变低层次运作、低价格竞争局面,探索"品质崂山"服务体系。

在崂山区王哥庄街道何家社区主街,聚集了200多家馒头生产企业,一条街生产同一种产品该如何发展?通过社区专业化运作,制定了《王哥庄街道特色产品奖励政策》,促进生产企业规范化、产业化、规模化生产。以文化为亮点融入馒头花式系列产品开发,在王哥庄大馒头民俗体验基地,不仅可以参观馒头生产制作过程,游客也可以参与其中,感受传统民俗文化,体验其中的乐趣。王哥庄街道在政策与资金上全方位、全覆盖扶持馒头产业,实现了生产销售近亿元的经济效益。

3."品质崂山"的价值再造

经过40年的发展积淀,崂山旅游亟待破解"山、城、人、海"的分割问题,成长中的崂山需要速度与激情,也面临着空间制约和生产升级的问题,以优势为导向的旅游业,作为推进新旧动能转换的重要引擎,以全域旅游打开了城市发展新格局。让有风景的地方,有新经济、新产业、新业态;有人文的地方,有新美学、新生活、新样板;有特色的地方,有新消费、新体验、新支点。

(1)新经济、新产业、新业态

对于劈海前行的崂山而言,创新基因和传统早已有之。依托崂山区旅游、金融、科技、文化等优势资源,国内首创文旅融创示范基地,以培育扶持中小文创、设计、研发公司为目标的创意产业孵化基地;以旅游投融资集团、旅游设计研发机构、虚拟旅游开发、旅游大数据与智慧旅游产品开发机构等新业态为主的高端新兴旅游业态聚集区,助推旅游产业扩容、增值。

将技术的创新嫁接到产业链的打造上,构筑起农旅、工旅、文旅相结合的新产业载体和绿色生态空间。休闲农业园、特色乡村成为青年国际乡村双创优秀实践地;海尔工业园、华东葡萄酒庄园等工业旅游项目有效释放产业动能;如是书院、绿石博物馆等镌刻着崂山文化印记,打造文化名家、名品、名企、名牌聚集地。

(2)新美学、新生活、新样板

崂山之美,美在山水有灵,千年的历史文脉和气脉也让这里有了"山高水远,恬淡自然"的人与自然的和谐之美。人居环境、生态底色、功能融合、景观设计成为城市公共空间的优美造型。

总长10.5千米的前海一线景观,建成石老人海水浴场"城市客厅",成长中的"客厅"将继续沿海岸线往东拓展,打造成国际级岸线新地标,有14处"口袋公园"和44处人文街景小品。滨海步行栈道、生态廊道和景观轴线的大尺度空间脉络,加上如珍珠般规划布局的郊野公园,勾画出城市与乡村交融的田园风光,形成了"全域皆风景"的空间架构。

在崂山区沙子口街道东麦窑村中,一幢幢带着回忆的石砌老房,改造成为具有区域特色的主题民宿,在这里,一套民居、一种风格,讲述一个故事。此外,在青山、晓望、雕龙嘴打造了一批特色旅游村,打响了具有样板效应的"仙居崂山""微澜山居""乐活美宿"高端民宿品牌,成为崂山神韵感染力和文化品位的有力支撑。

(3)新消费、新体验、新支点

在消费升级和休闲体验需求的推动下,发挥"旅游+"的聚集效应,打造"上山下海"的全域体验,持续激发创新产品供给。

全方位挖掘崂山文化资源,通过举办"崂山论道""太清宫方丈升座庆典"活动及"崂山武术"表演活化非物质文化遗产,引入人文交流新空间——崂山书房开发文创产品,打造太清道苑酒店,丰富文化体验消费。2017年,崂山十二景中的"太清水月"被央视评为中国最美赏月地;2018年,举行首届"太清水月·山海雅集"崂山中秋赏月晚会,探索崂山夜游,为崂山区夜游经济提供思路。佛教与道教在崂山有着此消彼长的历史,其中位于崂山被称"世界第二大窟"的那罗延窟,为世界佛教所推崇。

近几年,结婚旅拍成为时尚消费的一个缩影。崂山圣罗尼克庄园"以海为媒"打造蜜月度假、婚礼庆典、婚纱摄影、亲子乐园等婚恋、家庭主题产品。作为崂山发展婚庆旅游市场的一个重要支点,该庄园每年吸引全国旅拍游客六七万对,不断丰富和延伸的婚庆旅游产业链在未来将成为崂山旅游的一张靓丽名片。

在新消费上,总投资13.8亿元打造飞"阅"崂山通用航空旅游产品,开启山东省内第一个系统化运行的低空观光项目。围绕农渔体验、工业旅游、文创旅游、主题民宿等产业融合构建一个新消费生态圈,助力旅游产业发展。

五、创新经济在县域经济整合发展中的应用

县域经济是属于区域经济战略范畴，创新经济对于处于我国经济社会生活中宏观和微观接合部的县域发展，是我们解决"三农"问题的切入点。基于创新经济的基本内容，结合整合经济学的基本内容和特点，来讨论创新经济运用于县域经济的发展。

1. 拓宽资源整合与配置的思路创新

发展壮大县域经济，目的就是加快经济增长，增强县域经济竞争力，提高居民的收入水平和生活质量，为此要拓宽资源整合与配置的思路。因为，县域经济虽然是在县级行政区划的基础上形成的，但它又不同于县级行政区划，不是封闭的"诸侯经济"。随着市场经济的发展，县域经济要遵循市场经济规律，突破县级行政区划的约束，通过对内对外开放，在更大的区域内进行资源整合配置，获取竞争优势。开放是县域经济发展的最大潜力，借助外力求发展是推动县域经济实现跨越式发展的重要途径。在开放对象上，既对内开放，又对外开放，既对境外的政府和企业开放，又对民间组织开放，要利用各种关系，大胆拓展开放空间；在开放内容上，既引进资金、设备，又引进知识、技术、人才；在开放领域上，既要有第二产业，还要有第一产业和第三产业；在开放主体上，既发挥企业的开放主体作用，又要动员各级各部门各界人士参与开放。作为县级行政区域，在开放过程中，既要认真研究国家相关政策，又要认准自身优势，围绕农业结构调整、财政增收和提高人民生活水平，以农业产业化项目、工业化项目、基建项目和市场项目为重点，抓好招商引资。通过引资金、引技术、引人才，增加县域经济总量，调整县域经济结构，发展壮大县域经济。

2. 解决"三农"问题方法的创新

"三农"问题是经济社会发展中的焦点问题，实现乡村振兴战略是国家的重大战略部署。全面繁荣农村经济，切实解决"三农"问题，实现乡村振兴不能把目光仅仅局限于"三农"领域，必须统筹县域经济的发展，整合县域内外资源，跳出"三农"的框架解决"三农"问题，把着力点放在"三农"之外。因为我国农业和农村沉淀了大量剩余劳动力，这成为了解决一系列问

题的沉重包袱。大力推进工业化和城镇化,使农业的剩余劳动力能够较大规模地转入工业部门和城镇的工作岗位,通过城乡融合发展、一二三产业融合发展,实施乡村振兴发展战略是解决"三农"问题的重要前提和根本出路。

3. 经济发展动力的创新

制度创新是整个经济发展的动力。20世纪80年代初期,家庭联产承包责任制的制度创新,以及20世纪90年代前期乡镇企业迅速发展带来的制度创新,都使县域经济经历了一个较快的发展过程。在新的发展阶段,发展壮大县域经济同样需要制度创新。在国家乡村振兴战略的推动下,县域经济制度创新又进入活跃期,包括土地流转、农业产业化、订单农业、农民户籍制度改革和乡镇企业产权制度改革等,这些领域的制度创新必将带来县域经济生产力新的解放。

4. 产业优势的创新

发展壮大县域经济必须突出自身特色,从自身实际出发,充分利用特色资源、区位、技术等经济要素,发挥比较优势,选准角度、找准空间,选择和培育好具有区域特色的主导产业。发现、发掘和培育优势尽管有一定的困难,但一个县域范围内,总能找到具有比较优势的资源。有的县域矿产资源比较丰富,有的县域旅游资源独具特色,有的县域农业生产条件优越,有的县域企业存量资产较大。在市场经济条件下,资源总是可以交换的,利用自身优势生产要素换取短缺的生产要素,就可以达到以有换无、取长补短、变潜在优势为现实优势的功效。例如,可以出让部分优势资源的开发权,以换取短缺的资金;出让更多的市场份额来引进技术;出售已有的路、桥的经营权或企业的存量资产,以换取增量投入;出售部分企业的产权,以换取资金投入现有企业的技术改造和开发新的产品等。只有运用整合经济学理论,将参与市场的要素进行交换和资源整合,县域经济发展才会活跃起来。

5. 经济主体的创新

在经济发展的主体方面,要突出"民"字,即在经营方式上,以民营为主体;所有制结构方面,以非公有制经济为主导。非公有制经济是县域经济中最具活力和最具潜力的增长点,县域经济的发展壮大,很大程度上要靠个体私营经济的发展来实现。因此,要积极鼓励和支持城乡个体私营经济的发展。在政策上,彻底消除对非公有制经济的歧视问题;在领导干部中,解决不平等对待各种经济成分的问题,解决工作和力量不到位的问题;在个体私营经济者中,解决小富即安、小进即满、不求长远发展的问题;在广大群众中,进一步消除对个体私营经济的偏见,只要诚实劳动、合法经营,都应得到社会的尊重。

6. 县级政府部门定位的创新

所谓政府的合理定位,是相对于目前政府经济管理存在的"越位""错位"和"缺位"而言的,就是政府要逐步转变职能,从直接参与生产经营活动、代行企业和市场职能,转变到提供"公共产品"和"公共服务",建立和维护市场秩序,为微观经济主体创造良好的发展环境上来。这种创新需要整合人才资源,改革、发掘体制机制资源优势,从多方面入手:一是推进县乡管理体制改革,提高政府工作效率和服务质量;二是减轻企业和农民负担,取消对企业和农民的不合理收费,切实创造良好的生产经营环境;三是塑造良好的投资环境,使投资者获得较高的投资回报;四是重视市场体系建设,实现城乡联动,建立农业和农村经济与城市大市场之间的畅通联系。①

---

① 杨正权,杨建林.县域经济发展论纲[M].昆明:云南大学出版社,2006.

◎第二十四章
网红经济

网红经济立足于整合经济学理念,将直播、社交电商、新零售、区块链、共享经济"一网打尽",整合产业资源、网络技术资源、人才资源、销售平台资源、融媒体传播资源,实现上下游产业链的整体布局。网红经济是整合经济学研究的最年轻的对象,也是最具新时代时尚经济色彩的经济现象。

2020年,受新冠肺炎疫情的影响,线上市场焕发新机,网红经济迎来了空前的发展。全行业直播卖货,全民争当网红的发展势头,给网红经济的知名企业创造收益的同时也带来了压力。行业在爆发式增长后,便是规范化、标准化、精细化发展,届时网红经济整合与品牌之间的精准匹配、营销效果甚至供应链效率的提升需求,都很容易压垮基础不牢的企业。

一、网红经济的含义和内容

1. 网红经济的概念

网红,即网络红人,是指在现实或者网络生活中因为某个事件或者某个行为而被网民关注而走红的人。网红经济,是指依托互联网,特别是移动互联网传播及其社交平台推广,通过大量聚集社会关注度,形成庞大的粉丝群和定向营销市场,并围绕网红IP衍生出各种消费市场,最终形成完整的网红产业链的一种新经济模式。网红经济的本质是注意力延伸出的经济行为:以用户变现为方式的直接经济行为(打赏、道具、付费问答等)和间接的经济行为(广告、品牌、代言等)。

2. 网红经济的内容

在中国,要成为一个名副其实的网络红人,单单在社交平台上拥有大量的粉丝是不够的，还要有一间商品热销的淘宝店铺。例如，在2014年5月成为淘宝店主的董小飒，是直播平台的网络主播，每一次线上直播都能获得百万人次的围观。在粉丝的支持下，仅仅一年多的时间，董小飒的淘宝店每个月的收入可以达到六位数以上。在2015年"618"大促中，销量TOP10的淘宝女装店铺中有7家是网红店铺。甚至在网红店铺中，还出现了网红店铺开店仅两个月就成为五钻店铺的案例，堪称淘宝奇迹。

网红经济带来的是供应链的变革。供应链的常规模式一般为选款、上新、平销、流量，而网红模式则为出样衣拍美照、粉丝评论反馈、挑选受欢迎的款式打版、投产、正式上架。在有现成面料的情况下，这个周期为一个星期左右，粉丝就可以穿上网红同款。年轻消费者追捧网红，进行冲动消费和感性消费，因为这可以让她们得到在一般网店得不到的购买体验和感受。网红通过社交媒体来诠释产品，在打造自己个人魅力之余也为产品赋予了灵魂。在开放的互联网时代，他们相当于消费者的意见领袖，并把这种粉丝文化转化为销售数字。

在网红经济渐渐兴起时，淘宝平台上已经出现了网红孵化公司。这些孵化公司原本是比较成功的淘宝商家，但在跟网红的合作中，网红负责和粉丝沟通、推荐货品，孵化公司则将精力集中在店铺日常运营和供应链建设及设计上。孵化公司与签约网红多按照利润模式六四分成，即公司承担风险，赚钱也拿大头，只有少数几个顶级红人的分成比例能高于这个数字，占到六成以上。在签约之初，公司会投入几十万甚至上百万资金为网红进行宣传推广，或是买广告位导流，或是制造热点话题吸粉，这部分费用会以成本的形式分摊到网店当年的经营成本上，导致网红利润分成减少甚至为负。

二、网红经济的形成

2016年papi酱的600万粉丝变现，被真格基金、逻辑思维、星图资本等以1 200万元融资并以过亿估值名噪一时。网红现象迅速发展成为网红经济并在2016年成为一种经济形式。他们依托自身平台套现、投放广告，跨入互联网淘宝、游戏、微信等平台，与资本结合，成为如火如荼的经济链条上的一环。这一切是商业资本作秀也罢，实至名归也好，在一定程度上都预示着网红经济时代的到来。社会学告诉我们，权力就是对信息的控制，网红走俏的真正意义在于素人崛起，素人通过新媒体完成自下而上的自我赋权，"以人为本"也不再是一句空话。网红经济是价值观货币化，"网红＝价值观""经济＝货币化""价值观＋货币化＝网红经济"，这也是网红经济的内在公式。

网红经济产生的原因，概括起来就是移动互联网的发展成熟为网红经济的发展提供了技术支撑；商业资本的跟投为网红经济提供了良好的网红人才与商业环境，"孤独群舞"的互联网原住民成为网红经济的第一批消费者，商业变现模式的越发成熟为网红经济的发展提供动力。

1. 移动互联网技术的成熟

"硬件即服务，软件即服务，平台即服务"，人与互联网连接的本质在于服务，特别是移动互联网技术的发展，以及硬件与软件平台化的崛起。移动互联网的特性契合"人人即网红、人人自媒体、人人即明星"的思想，体现网民"自我赋权"的时代精神。技术的发展导致网红的诞生。当下盛产网红的平台有斗鱼、映客、虎牙、YY 等直播平台，以及自媒体平台如罗辑思维、papi 酱的 papitube 等。

网民的社交和娱乐的表现形式越来越多样和全面。短视频和视频直播的流行、电子竞技市场的火爆、网络综艺、网络电影电视剧等网生内容的蓬勃发展，这些信息传播技术的成熟和普及，为网红诞生提供土壤和舞台，为网红吸引粉丝及变现提供多元化平台，大力推动了网红经济的发展。

（1）便捷性。移动互联网的基本载体是移动终端。这些移动终端不仅包括智能手机、平板，还有智能眼镜、手表、服装、饰品等各类随身物品。它们最终发展为人体的一部分，正如马歇尔·麦克卢汉说："媒介即人的延伸。"这一切奠定了网红诞生的硬件基础，网民可以自由地利用这些移动终端进行内容创造和自我价值观的输出，不断发行属于自身的"社交货币"。另外，VR 技术的兴起助力移动直播行业的发展。虽然不乏噱头的嫌疑，但仍不妨碍其成为下一代技术革命的硬件基础。

（2）即时性。人们可以利用生活中的碎片化时间来接受和处理信息，特别是 5G 的发展导致网络成本大幅度下降，成熟的网络环境使 24 小时在线的随时随地直播成为可能。而网红更是将此发挥到极致，化妆、吃饭、睡觉、喝酒、打游戏、写作业等都进行直播，甚至是无聊发呆的状态也进行直播。例如，小米与 B 站合作直播实验"小米 MAX 超耐久无聊待机直播"，共历时七天，在直播实验进行第六天，将"无聊"发挥到了极致，办起了"天下第一发呆大会"——直播发呆。

（3）定向性。基于LBS位置定位服务，不仅能够确定移动终端所在的位置，打通线上与线下服务，甚至可以预测移动终端的走向。这使网红从室内的演播室走到户外直播成为可能，地铁、公交车、候车厅、餐厅等公共场所成为直播的"演播室"，同时LBS技术打通了单纯的线上互动模式，O2O闭环互动与线下商业模式成为可能。例如，"陪我"是一款陌生人电话聊天App，主播通过"钓鱼"让附近的粉丝线下给其送鲜花或礼物。

2. 风险资本的跟投

自2015年以来，国内直播行业进入快速发展阶段，巨额资本加持，从YY、斗鱼，到花椒、熊猫TV，再到百度、阿里巴巴、小米的纷纷入局，国内资本市场似乎遵从着一个共同的认知：宁可错投，不可错过。

投资方大致分为四大类：投资机构、大体量企业、上市公司和明星投资人。到2016年，116家直播平台，90%的直播平台还处于A轮融资及A轮之前，30%左右处于天使轮，共有近50家投资机构，其中IDG布局较早，投资最多。特别是对PGC的投资，各大直播平台不吝斥巨资邀请明星或者知名主播入驻以拉拢人气。

网红经济吸引风险投资，主要原因是：

第一，有流量的地方就有价值。社交媒体的发展使我们每一个人都有机会轻松地得到大家的关注，而这种变化是不可逆的，网红或者KOL（关键意见领袖）未来会越来越多地占据我们的视线，甚至影响我们的消费决策。

网红群体会越来越庞大，其掌握的巨大流量的价值也会越来越凸显。显而易见的是广告价值，根据艾瑞咨询的数据，2015年中国的互联网广告达到2 000亿。电商价值可能更大，刚刚过去不久的"双十一"，网红明星直播基本成为各家的标配了。

第二，去个人化。网红内容制作公司在去个人化的时候，有两种路径：一种是网红本身就是虚拟形象；另外一种是在节目设计的时候就削弱了个人对节目观赏性的影响，典型的案例是暴走漫画和米未传媒。

有些网红在红之前就巧妙地设定了一个虚拟形象，如同道大叔等。这样做的好处就是消除了个人的不确定性，而且还增加了节目的多样性。虚拟形象对于一个想要持续运营的公司非常重要，目前 HelloKitty、阿狸、白雪公主等具有持续影响力的形象都是虚拟的，许多明星再有名，终将会过时，更何况网红呢？

米未传媒的《奇葩说》和《饭局的诱惑》由于是网络综艺，每一期的嘉宾有很多，而且每个嘉宾都有自己独特的看点，而不像 papi 酱的频道或者罗辑思维这样完全是个人秀。

第三，可规模化。网红节目制作公司是公司化的运作，可以实现规模化的生产内容，典型的如米未传媒，除了《奇葩说》，还有《饭局的诱惑》《拜拜啦肉肉》等一系列非常成功的网综。可规模化的一个结果就是，米未传媒在网络综艺领域的地位就好比慈文传媒在电视剧领域的地位，没准也可以上市。网红节目拥有个人光环是不可避免的，但只有很少一部分的网红可以做到规模化生产网络节目，这也是我们判断一个网红是个人网红还是网红节目制作公司的标准。

中国的商业投资，又称"风投"，不是风险投资，而是跟风投资，疯狂投资。它在一定程度上降低视频直播行业的门槛，吸引更多投资方加入，为网红经济的发展提供优良的商业环境，但要同时提防盲目跟风引起的恶性竞争或者"泡沫"。

3. 网民孤独的群舞心理爆发

"80 后"和"90 后"的年轻人是目前的消费主流，也是互联网新文化的塑造者和追随者。他们一出生就浸泡在互联网环境里，充满好奇，极具个性。而网红本身就有一个个鲜明而独特的性格和人格，十分符合年轻人对于自我的定义和认同。相比明星，年轻人更喜欢网红。因为网红贴近生活，呈现喜怒哀乐，让粉丝感同身受其生活方式和价值观。物质得到满足后，网民一方面，不想与外界接触，追寻真实的自己；另一方面，又寻求别人的认同，想找到属于自己的圈子，这种在网络上被放大的心理可被称之为"孤独的群舞"，即"孤独是一个人的狂欢，狂欢是一群人的孤独"。直播行业的火爆由供给与需求共同决定，互联网原住民对网红的"情有独钟"可从用户心理可以窥见一二。

首先，孤独和无聊是网络社会的"第一生产力"。人们的温饱问题解决之后，孤独和无聊就上升为"第一生产力"。直播间作为相对封闭的小圈子，在深夜孤独感最盛时，粉丝在这里打发时间，寻求尊重与关注。有的土豪粉丝为了博得主播关注，一晚砸下 100 多万。甚至某知名主播在直播时无意间睡着，非但没有掉粉，围观群众一路飙至 30 万。

互联网带来的信息爆炸，让用户更容易接触产品信息，但用户选定产品的时间成本却急剧增加。用户渴望值得信任的人来引导，即共享其知识和经验。用户依靠网红，快速地和碎片化地获取自己真正需要的，可以帮助解决问题的知识和经验。用户在获取信息的同时，满足更高情感层次的需求：共鸣和认可。这种心理需求的满足反过来加深用户对网红的黏性。

其次，圈子内的认同感决定"社交货币"的发行。互联网原住民的精神世界与物质世界发生断层，网红在某种层面上很好地弥补了它。在互联网时代，人们被细分到各个亚文化圈子当中，圈子文化的归属感要求每个人要不断地寻求认同，因此产生"社交货币"。"社交货币"可以衡量用户分享品牌相关内容的倾向性，利用人们乐于分享的特质来塑造自己的产品或思想，从而达到口碑传播的目的。总体来看，文字、音频、视频是其"社交货币"发行的媒介形式，从近距离口述回归到口述时代是其发展的必然趋势。人与人之间的交流就是不断在圈子中交换彼此的"社交货币"以获得认同感。发行"社交货币"的主体由网红充当，因为这些网红往往是圈子或者社群中的意见领袖，他们不断地输出自己的生活方式、人格特质及价值观。

4. 商业模式的逐渐成熟

传统营销可以通过线下营销和线上广告。线下扩张成本越来越高，实体店品牌的号召力下降，店铺打折的吸引力锐减，大牌明星出场费屡创天价。线上通过淘宝电商平台导流或百度搜索引流的效率逐渐下降。传统的线上和线下营销面临困境，品牌商急需重新寻找新的高效率方式。通过网红，品牌商找到了一种高效推广宣传自身产品的全新方式。网红利用自身在社交网络积累的大量社交资产及其精准营销的优势，通过意见领袖导购的方式大大提升了其宣传的有效性和转换率。

商业变现的模式和网红的类型是息息相关的，不同类型的网红有着不同的变现途径。马斯洛的需求层次理论将人们的需求分为五大类：生理需求、安全需求、归属需求、尊重需求、自我实现需求。那么从需求决定供给的角度，网红的分类也可相对应分为五类。越往上，网红对应的基数也相对减少，但是覆盖的人群也更为广泛。基于马斯洛需求层次理论建构的五大网红类型，位于底层的网红提供的需求越容易满足，可替代性就越强，价值相应就越小；位于顶层的网红提供的需求越难以满足，可替代性就越弱，价值就越大。总之，不同类型的网红提供的价值是依据他们所能提供的需求的层次决定的。

（1）颜值型网红：满足人们最基本的审美与审丑需求，活跃在各大网络直播平台与社交网站，人群基数也是最大，主要变现模式是平台分账（版权、稿酬、广告分成）和粉丝支持（打赏、购买代言品、众筹、购买出版物和衍生品等）。

（2）情绪型网红：能够满足人们的喜好，为这些喜好代言，并提供一个安全的宣泄通道，主要变现模式是品牌投放（植入、冠名、贴片、硬广）和粉丝支持（打赏、购买代言品、众筹、购买出版物和衍生品等）。

（3）达人型网红：提供独特的生活方式与理念，能够演绎某种专长与技能来提供稀缺性的服务，进而满足人们自身归属感的需要。同时是细分领域的专家达人，不断地为人们提供高质量的内容输出，主要变现模式是自建电商平台和内容付费。

（4）领袖型网红：不断地向人们输入自己的价值观，善于从价值观的制高点来辐射受众，满足用户的精神需求，一般表现为行业或社会上的意见领袖。主要变现模式是自身的品牌溢价。

（5）IP型网红：传达的是价值观的彻底符号化，不单是一个网红，自身已经作为一个符号广为人知，具有符号的显性，具有跨民族性。主要变现模式是靠价值观认同、符号溢价。

5. 支付交易便捷化简化了变现路径

支付交易的便捷化和网红精准化销售简化了变现路径。由于科技进步和通信设备的发达，消费交易通过移动社交电商如支付宝、微信转账瞬时完成，促进了网红经济的繁荣发展。随着生活节奏的加快和消费者时间的碎片化，越来越多的顾客流量开始由社交媒体导入，而网红因其关注度引发的对粉丝点对点的直接推销大大提升了宣传精准度。传统电商平台搜索推送功能被弱化，网银支付基本被取代，网红对接粉丝的精准营销模式日益兴盛。

三、网红经济的发展规模

2016—2020 年,我国网红经济产业规模持续增长,从 638 亿元增长至 3 419 亿元,增加了 2 781 亿元。由于网红的经济效益提升,导致整个产业链越来越齐备、完善,已经形成了一个从培育、成熟、商业化发展的一个资源整合产业链。2020 年网红经济的公司机构有 28 000 家,同比增速 91.3%。

1. 网红人数及粉丝规模均大幅增长

(1)粉丝规模

2015 年,我国视频直播行业付费客户仅有 770 万,到了 2019 年增长到 3 610 万,年复合增长率达到 47.2%,用户付费率也上升到 9.6%。网红粉丝总人数保持了不断增长的势头。

(2)性别比例

在网红整体人群中男性网红占比达到 49.9%,已经几乎与女性网红数量持平。从地域来看,网红地域分布广泛,虽然过半数依旧集中在一线、二线城市,但同时在三线、四线及以下城市,以及港澳台、海外地区也有大量分布。

在网红人数与粉丝规模持续双增长的加持下,网红经济市场规模及变现能力也随之增强;网红人数和粉丝规模的双增长也为其产业链的发展及完善提供了强大的动力。

(3)年龄和学历

随着互联网在中国普及的时间越来越久,互联网主要用户群体的年龄也在不断增长,网红群体的年龄也随之不断趋于成熟。据统计,"80 后"微博网红已占总群体的 54%,紧随其后的是"90 后"群体,占 31.8%。同时,与 2017 年相比,网红群体的学历水平也不断攀升,拥有本科以上学历的人数占比达到 77.6%,其中硕士以上学历的人数占比更是达到了 13%。

网红年龄的增长体现出网红已不再是年轻人才会接触到的名词,而是正在全年龄段化地普及,同时学历水平的增长也推动了内容制作水平的提升,从而加速了网红产出内容的专业化及多样化。

(4)领域分布

伴随着网红数量的大幅增加,其涉及的领域也在不断扩大,从早期的娱乐内容作品创作及美妆到接下来的知识科普、信息分享,再到现在的美食、财经等亟待挖掘的新兴垂直领域，都在不断发展成为孕育新生代网红的土壤。传统的文娱领域依旧占据网红所在领域的主导位置。在排名靠前的领域内，泛娱乐类领域数量最多，达到了5个，且排名均靠前，总占比也达到了29.7%。

与传统领域一起成长的还有许多新兴领域，其增长的主要动力来自粉丝对相应垂直领域的关注度上升，以及市场对于网络营销手段的认可。

新兴领域的成长动力同时也来自其与用户日常生活的高关联性，如运动和美食是人们每天不可缺少的两环。需求的产生和增加推动了相关行业的发展，在相关领域也随之产生了更多的网络红人。

2. 网红经济内容不断丰富

（1）短视频

网络短视频自2016年以来持续保持着高速增长的态势，同时产业结构也更加清晰，虽然仍处于因各类短视频平台大量涌现而造成的平台同质化竞争的阵痛期，但不同级别的平台通过不同的定位，聚集了一定数量的粉丝，并以此为依托形成了以广告为主的商业变现模式。

相比于传统传播方式，短视频特有的生产成本低、传播速度快及社交能力强的特点受到了网红的青睐，因此大量的网红以短视频为自身作品的表现形式。而粉丝对于短视频更多的关注热情也使短视频的播放量得到大量的增长，进一步推动短视频成为网红作品的核心展示方式。

（2）微博问答

随着我国居民生活水平逐渐提高，生活质量逐渐改善，大众需求逐渐从物质层面向精神文化层面转移。相应地，用户的兴趣也从传统的美妆、服饰类的推荐及销售向知识文化的传播方向转变。因此越来越多的行业的专业人员也开始通过分享专业知识来提升自己的影响力，同时从中获取一部分收入。

微博针对此现象推出了一种新兴互动形式，即微博问答。微博问答的发展十分令人瞩目。据微博数据显示，微博问答参与人数及话题数量均保持增长。

（3）热点资讯与娱乐内容主导

在网红内容上，热点资讯新闻吸引更多注目，娱乐类领域仍占多数。在粉丝关注的领域中，热点资讯方面的内容更能吸引人们的注意，而同时娱乐类领域的总体关注度依然处于领先位置。关注度前五名类别中有三名与娱乐相关,分别是搞笑幽默、娱乐明星和帅哥美女,三者占比的总和达到了23.4%。

在最受粉丝关注领域的前十名中,美食、财经类内容作为新兴领域的代表分别排在第八位、第十位,其中美食类更是超越了美妆,占比达到4.2%,而排在美妆之后的财经领域的占比也已达到3.2%,与美妆领域仅有0.3%的差距。

3. 变现手段多元化

网红变现方式逐步多元化,电商、广告、直播打赏、付费服务及演艺代言培训等其他变现手段都取得了可观的增长。不同的内容形式均出现了从一两种主要变现手段向其他方式扩展的趋势,例如,视频作者现在可以在直播平台开设直播间,轮播曾经的作品,并通过直播及相关渠道获取收入。另外,网红与商家的合作更加深入,在模式的选择上更加注重粉丝端的感受,不断改善用户体验,提升合作效果,形成长期高效的互利关系。

(1)直播从多方面带来新收入渠道

我国的泛娱乐直播行业一直处于快速增长的状态。2017年,国内泛娱乐直播市场规模达到453.2亿元,较2016年增长63.6%。在2020年泛娱乐直播市场规模达到1 120.9亿元,同比增长25.4%。

随着越来越多的网红涌入直播行业,直播及其衍生出的收入方式如打赏及与平台之间的签约费也为网红带来可观的收入。据统计,直播、签约费及粉丝打赏带来的收入占比已经达到38.4%。

(2)网红电商交易规模持续扩大,前景良好

随着网红经济产业的不断发展完善,各式变现方式也层出不穷,而电商作为传统变现手段之一,表现十分亮眼。网红电商GMV(商品交易总额)年度增长率高达62%。在各细分领域之中,服饰类作为龙头,其GMV占总规模超过70%。

在知识科普领域方面,其垂直领域通过电商的收入表现也十分令人瞩目。母婴育儿的GMV占整体知识科普领域收入的55%。而其他领域虽然占比不及母婴类,但仍保持了较高的年增长率,其中数码类、教育类和健康医疗类GMV增速均超过了500%,分别达到759%、661.7%及509%。

（3）内容付费——新形式带来新收入增长

同样快速发展的新变现形式还有内容付费，该形式让用户在获取自己感兴趣的内容之前进行支付。在居民精神需求逐渐增加的时代，更多的人愿意为从行业专家处获取的与自身兴趣相关的知识支付一定的费用，因此内容付费这个全新的交互方式为具有某领域专业知识的网红带来了可观的收入。

（4）网红广告

随着网红经济的发展，通过网红推销自身品牌或产品的方式逐渐受到各大广告商的青睐。数据显示，开始与广告商签约的网红人数占比达到57.53%。而广告收入也成为网红收入的重要来源。

更值得关注的是，愿意借助网红发布自身品牌广告的广告商已经从传统的美妆等行业扩展至汽车、餐饮等领域。同时广告商的预算也在不断提高。

四、网红经济产业链整合

网红经济引发的产业革命正在扩大和增强。MCN（Multi-channel Networks，多频道网络）机构，不再是单纯地签约网红、生产内容、执行品牌推广任务充当一个中介平台，而是以网红身份为切入点深入各个领域，有的扶持网红做起了服装品牌，也有的推出网红营销内容做起了知识付费，还有从自营模式转向平台模式为品牌赋能，可见MCN机构有着多样的变现渠道和独特的生存法则。

1. 网红经济产业链趋于完善

经过多年的探索和发展，网红经济产业链逐步趋于完善，各环节角色定位及功能也逐渐清晰，而其中又以MCN机构为核心，在为众多网红提供更多的流量和曝光机会的同时，也为广告商带来了更高效、更灵活的投放方式，带动了全产业链的发展。

通过MCN机构，网红经济整体商业模式可以得到有效的优化。MCN机构在确定广告商及自身需求后，对已有资源进行分配，向供应端下达订单需求，或向服务端购买所需要的服务（如一键分发、创意构思等），并将任务发放至签约网红，之后再通过自身流量渠道分发作品，并从与网红、平台的合作分成、广告商提供的广告费及粉丝的相关消费中获得收入。而相应地，网红除了能从 MCN 机构处获得分成，也可以直接从平台及粉丝端获得收入。

2. MCN 机构成为网红经济核心

MCN 原是依托于 YouTube 平台机制而创造出的商业模式。MCN 机构与平台合作，为签约网红提供推广营销、流量变现等多种商业化服务，并按规则取得收入分成。MCN 模式在被引入中国后，迅速发展壮大，成为网红经济中极为重要的一环，有力地促进了网红经济整体产业的发展。

MCN 机构职能：

（1）有针对性的引导及曝光机会。根据网红生产出的内容，MCN 机构可对目标受众进行针对性的投放，同时为网红提供契合度较高的商业活动以提高其知名度。

（2）专业的商业化服务。MCN 机构可为签约网红提供相关的商业化服务，而其中又以帮助红人变现最为主要的服务。

（3）高质量的内容开发和分发渠道。对于网红擅长的领域，MCN 机构可对其生产内容进行指导，保证网红作品的质量。

（4）定制化的专业技能培训。对于不同类型的网红，MCN 机构会根据其自身优势及领域，为其制定全方位的课程及培训。

随着 MCN 机构产业链在国内的不断完善，其在网红发展成熟的过程中带来的助益也日益明显。对于网红而言，MCN 机构在内容制作、流量曝光上的支撑最为关键。就 MCN 机构而言，其自身拥有更多的广告和电商资源及更高的议价能力，可以让 MCN 机构为网红带来更优质的商业变现机会和选择，也提高了网红与机构之间的合作意愿。

MCN 机构与网红合作的主要方式是：

（1）红人挖掘。通过与各大高校及培训机构合作，MCN 机构可以挖掘到有潜力的红人，同时也有一部分红人来自各大平台。

（2）签约合作。发掘到愿意合作的网红后，MCN 机构与之进行签约，并确定合作模式及合作内容。

（3）能力培养。签约网红后，MCN 机构针对网红的优势领域及机构自身擅长内容形式对网红进行针对性培养。

（4）内容制作。聘请专业演出、后期及制作等团队，根据客户需求及当下热点事件，MCN 机构在网红创作的过程中提供创意、内容形式、制作方法上的建议和帮助。

（5）流量曝光。通过技术手段提高传播效率，推荐签约网红参加线下商业活动，在内容相符的各平台对创作内容进行针对性的投放，同时以大带小，通过自家头部网红进行宣传，并为网红提供线下曝光机会。

（6）商业变现。为各大品牌、各项活动进行广告推广，参与影视剧拍摄及制作，为签约网红提供恰当的商业机会，包括在广告、电商及商业演出等方面的合作，让网红带来的流量转化成收入。

3.市场规模可观，未来发展潜力空间较大

作为网红产业链条中的核心角色，MCN机构近年的发展速度十分迅猛。与美国的MCN机构不同，MCN机构在进入中国后迅速进行了本土化，行业整体规模继续快速发展，产业链初具雏形，形成了多领域、多平台的经营模式。此时电商也逐步赶上广告，成为MCN机构另一项主要收入来源。

随着头部MCN机构开发优质IP能力的增强，流量收割能力随之提升，行业壁垒将开始出现，行业内的"二八效应"也将日益加剧，拥有头部网红及优秀IP的机构将有更大的议价权和更大比例的营收。而内容IP化带来的收入也将与电商和广告一起，成为MCN机构未来收入的"三驾马车"。

对于MCN机构而言，大型的、较早进入市场的机构通过时间和体量上的优势汇集了大批早期网红，并有针对性地继续巩固自己特有的优势，如垂直领域型MCN机构，旗下相应领域的网红的数量可达数百人，带来的互动能力更是能达到上亿级别，大量的红人聚集产生的流量"护城河"正在逐步形成。

对于新兴MCN机构而言，由于入行时间短、公司资源不足、议价能力低，因此多数处于盈亏平衡点以下。但通过加强自主研发、避免恶性竞争、孵化自有现象级IP，仍可带来大量关注度，发展前景依然可期。

4.行业快速发展吸引资本注入

资本的嗅觉是敏锐的，哪儿有市场"蓝海"，哪儿就有竞争。目前，网红经济仍处于红利爆发期，网红电商领域是MCN机构重点关注的掘金地。

2018年，是MCN机构大幅成长的一年，整个行业也获得了大量的投资。众多投资机构也纷纷加大投入，来网罗业内的优秀资源、提高自己在行业内的占有率。其中不乏互联网巨头如腾讯和知名投资机构如广发信德，可见

MCN机构的发展和盈利能力已经获得了广泛的认可。同时产业链中的上下游机构也对MCN机构进行了投资,从而加强与MCN机构的合作,为自身企业争取更大的利益。

哪里风口,哪里就有资本。2019年7月,淘宝直播发布"启明星计划";京东宣布投资10亿元推出"红人孵化计划";时尚电商蘑菇街也表示将孵化100个千万级的电商主播。2022年6月,新东方在线直播在抖音爆红,资本市场上,短短4个交易日,股价从4.45港元/股,飙升到16.56港元/股,累计上涨超过207%。表现出了资本对网红经济的青睐。

5. 注重特有基因,纵向深挖发展

随着整体市场的不断扩大,未来MCN机构也将保持快速的发展,然而在快速发展的同时,如何避免大量相似机构的恶性竞争,从众多竞争者中脱颖而出,将是摆在每一个MCN机构面前的重大挑战。

相较于跨行业拓展业务,更多的MCN机构倾向于对自身所处领域进行深挖。对于MCN机构而言,根据自身签约网红所长,明确自身特有基因,不断巩固自身优势将成为未来发展的大趋势。在多样化的发展之中开发出适合自身运营模式的变现渠道,可以在避免行业内的恶性竞争的同时促进行业良性循环。

不同类型的MCN机构的商业化模式有以下四种情况。

(1)影视工业型MCN:网络大电影+影视宣发。

(2)节目制作型MCN:TVC类型内容供应。

(3)广告型MCN:大量签约网红,进行商业赋能,分发广告。

(4)电商型MCN:通过内容推销产品与基于内容开发商品同时开展。

6. 合作关系日益密切,开启共赢模式

MCN机构与平台之间的合作日益紧密。平台通过对机构进行扶植与帮助,为其提供更多的流量及更高效的宣发渠道,使机构可以将更多的精力放在内容的产出上,提高了内容质量。同时优秀的内容也为平台带来了更多的用户,形成良性循环。

在MCN与其他第三方服务机构的合作中,第三方机构通过提供专业的人才挖掘、网红培训、产品宣发及供应链管理等MCN机构自身可能并不擅长的服务来提升自身的品牌价值与知名度。而MCN机构也可以从中获得更专业的

帮助，以减少不必要的开支。

作为"中国网红电商第一股"、阿里巴巴集团唯一入股的 MCN 机构，如涵已经与微博、抖音、快手、B 站等平台达成战略合作，致力于为更多品牌实现品效合一。

五、网红经济的发展趋势

创造一个网红电商达人并不简单，既要有流量、有名气，也要有卖货实力。而在 2020 年，"网红"已经不是新鲜的词，网红红利期也早已过去，勤劳致富的法则在网红界很难再应验。原本单打独斗、红不红靠运气的行业规则，也变成了平台化、规模化、标准化的网红孵化模式。新冠状肺炎疫情期间，全民开启直播模式，服饰、美妆、卖菜、卖房、卖车……无一遗漏；网红电商达人李佳琦，他们的卖货传奇，给直播电商市场按下了快进键。

2016 年，网红经济诞生初期，直播平台、MCN 机构的盈利主要依靠粉丝打赏和广告收入。2019 年，网红电商（指直播形式）爆发，网红盈利模式变得多元化，加速了流量和内容变现。可以预见，未来几年网红经济盈利模式会更加规范化、规模化，进而哺育网红社交电商产业，更会养活一大批直播平台、短视频平台、MCN 机构。

1. 网红内容方向逐渐增加

随着互联网技术的发展及用户对新奇事物的不断渴求，粉丝逐渐把注意力从真实存在的人转移到虚拟创造的"人"和形象上，而这些新的形象，也在逐渐崛起为新一代的网红。

相比于现实人物，虚拟人物以其特有的可塑性和趣味性大大增加了自身的传播速度和认知程度。而其自身形式和内容的多样性也赋予了其强大的营销能力，博得了广大广告商的青睐。

例如《一禅小和尚》是由苏州大禹网络原创的一部网络 IP，主人公一禅是一个 6 岁的小男孩儿，通过各种形式的内容为观众呈现出人性的美好和善良。其微博粉丝数达到 350 万，动画全网播放量超 3.5 亿，漫画在有妖气点击数高达 1 500 万。

例如小爱同学。作为小米首款 AI 音响的唤醒词，小爱同学在去年成功获得了自己的二次元虚拟形象，并在小米相关设备上线，截至2020年5月已有超过3 000万人使用过小爱同学。因其"本体"为人工智能，所以凭借超强的互动性及智能性吸引了许多粉丝的关注。

例如身为中国虚拟人物第一人，洛天依以15岁、单纯冒失的形象进入人们的视线，随后爆红于全网络，成为现象级虚拟偶像，并成功登上2016—2017年湖南卫视跨年晚会。

2. 网红职业化趋势加大

伴随着网红经济的逐步专业化及MCN机构产业的完善化，网红与MCN机构签约成为专职网红成了一种新趋势，专职网红成为一大职业选择。

头部网红对MCN机构的青睐，彰显了MCN机构带来的全方位的帮助在网红竞争中的重要性。签约MCN机构的网红人数逐渐增加，这意味着越来越多的用户把网红当成自己的正式职业和工作，职业网红的人数将不断增加。而MCN机构在为网红带来诸多裨益的同时，通过更精准的流量引导及更多元的分发渠道，也将赋予网红更有效、更丰富的商业变现方式。

3. 多平台化成为主流

内容形式引领平台选择增多，同时运营多平台势在必行。随着互联网的不断发展，不同的内容领域衍生出了众多的平台，也因此导致曾经的扎根于单一平台的走红方式无法跟上市场的节奏，在适合自身优势及内容的多个平台同时上传作品，以吸引使用习惯不同的粉丝成为了如今网红提升自身知名度及吸引流量的新方式。

以知名的游戏主播Miss为例，其作品多为直播以及游戏相关视频，因此在斗鱼、优酷、哔哩哔哩等直播及在线视频网站和平台上均能搜索到她的作品。其子频道总播放量更是达到了6.5亿。同时，为了获得更多的关注，在以微博为典型的社交平台上传自己的作品也是网红的不二选择，以Miss为例，其微博粉丝数已达940万人，超过了其直播平台上757万关注数。

Part 5

第五篇
整合经济学与新型业态

◎第二十五章
新零售商贸业

一、新零售商贸业的兴起

1. 新零售概念

所谓新零售，是指企业以互联网为依托，通过运用大数据、人工智能等技术手段，对商品的生产与流通过程进行升级改造，并对线上服务、线下体验及现代物流进行深度融合。简单来说，新零售就是以大数据为驱动，通过新科技的发展和用户体验的升级，改造零售业形态，进而重塑商贸零售业态结构与商贸物流生态圈。

新零售是消费升级的产物，是一种更先进、更人性化的商业文明。从整合经济学研究的角度，新零售商贸业就是"线上＋线下＋物流"，或者延伸产业链整合："生产＋商品＋线上＋线下＋物流＋消费者"。

未来，电子商务平台消失，线上线下和物流结合在一起，才会产生新零售。线上是指云平台，线下是指销售门店或生产商，新物流消灭库存，减少囤货量。电子商务平台消失指的是现有的电商平台分散，每个人都有了自己的电商平台，不再入驻天猫、京东、亚马逊等大型电子商务平台。

新零售就是重塑零售的所有要素。新零售将从渠道、供应链、运营、营销等方面进行零售重塑。"传统'O2O'模式＋大数据＋传统零售＝线上＋线下＋物流＝新零售"，其核心是以消费者为中心的会员、支付、库存、服务等方面数据的全面打通。新零售是广义模式下"O2O"的全面升级，与传统"O2O"模式的区别在于：

（1）传统"O2O"模式侧重于"Offline to Online"（流量为王），新零售侧重于"Online to Offline"（注重体验）。

（2）传统"O2O"模式线上、线下的融合多数停留在较为初级的单向阶段，核心驱动因素是线上的价格优势；新零售强调线上线下数据、供应链更深层次的网络打通，满足消费者更为个性化的体验性需求。

（3）传统"O2O"模式的研究核心是商品；新零售的研究核心是消费者。

创建新零售，需要满足以下需求：

- 域名
- 云平台
- 云市场
- 全域营销

2.新零售的提出

2016年10月13日上午，在杭州举行的阿里云栖大会上，阿里巴巴董事局前主席马云在演讲中第一次提出了新零售的概念。

他说："今天电子商务发展起来了，纯电商时代很快会结束，未来的十年、二十年，没有电子商务这一说，只有新零售这一说，也就是说线上线下和物流必须结合在一起，才能诞生真正的新零售。线下的企业必须走到线上去，线上的企业必须走到线下来，线上线下加上现代物流，才能真正创造出新的零售。物流公司的本质不是要比较谁做得比谁更快，而是要真正消灭库存，让库存管理得更好，让企业库存降到零，只有达到这个目的，才能真正实现物流的本质。"

马云还说："现代都市里，很多传统零售行业受到了电商或者互联网的巨大冲击，我个人觉得是他们没有把握未来的技术，没有看到未来，只看到昨天。他们也不知道如何适应这个新的技术，如何与互联网公司进行合作，如何与现代物流进行合作，如何利用好大数据。打造新零售。原来的以房地产模式为主的零售行业一定会受到冲击，今天不冲击，你活的时间也不会太长。新零售的诞生，也会给纯线下也会带来冲击，这是我们提出的第一个新零售。"

2017年4月，马云在IT领袖峰会再次提及新零售，并对新零售进行了比较详细地阐述。他谈到，线下与线上零售深度结合，再加智慧物流，以及服务商利用大数据、云计算等创新技术，构成未来新零售。在此基础之上，众多学者和经营者对于"新零售"的概念和含义进行了讨论和解读,新零售研究风生水起。新零售的产生,有其特定的背景基础——"双升"驱动,即在技术升级与消费升级的驱动下,新零售应运而生。

马云是国内第一个提出"新零售"概念的人。实际上,在马云提出这个概念之前,以阿里巴巴为代表的电商经济已经在探索线上、线下相结合的零售商贸业的新产业模式。自此概念被提出以来,已经有包括阿里巴巴、腾讯、百度、京东、小米、网易等众多企业开始了新零售的探索之路。其中比较出名且从一开始就完全按照新零售模式操作的,有阿里巴巴的"盒马鲜生"、腾讯京东系的"超级物种"、小米公司的"小米之家"、网易公司的"网易严选"等。接下来国内传统零售业的著名企业苏宁、国美等也开始拓展线上商贸业务,成立了"苏宁易购"和"国美电商"。新零售成了商贸业的大趋势、大潮流。

二、新零售商贸形成的经济背景

新零售作为一种新商贸产业,和其他产业一样,其不是哪一个人提出一个概念就随之产生,而是经济发展的规律和客观实际推动的结果。

1. 电商增长已经到了"天花板"

经过近年来的全速前行,传统电商由于互联网和移动互联网终端大范围的普及带来的用户增长及流量红利正逐渐萎缩,传统电商面临的增长"瓶颈"开始显现。国家统计局的数据显示,国内网购增速放缓以每年下降8%—10%的趋势延续。传统电商发展的"天花板"已经依稀可见,对于电商企业而言,唯有变革才有出路。

2. 线上电商短板凸现

传统的线上电商从诞生之日起就存在着难以弥补的明显短板,线上购物的体验始终不及线下购物是不争的事实。相对于线下实体店给顾客提供商品或服务时所具备的可视性、可听性、可触性、可感性、可用性等直观属性,线上电商始终没有找到能够提供真实场景和良好购物体验的现实路径。因此,在用户的消费过程体验方面要远逊于实体店面,它不能满足人们日益增长的对高品质、异质化、体验式消费的需求将成为阻碍传统线上电商企业实现可持续发展的"硬伤"。特别是在我国居民人均可支配收入不断提高的情况下，人们对购物的关注已经不再是局限于价格低廉等线上电商曾经引以为傲的优势，而是越发注重对消费过程的体验和感受。因此，探索运用新零售模式来启动消费购物体验的升级，推进消费购物方式的变革，构建零售业的全渠道生态格局，必将成为传统电子商务企业实现自我创新发展的又一次有益的尝试。

3. 新技术推动电商转型

移动支付等新技术开拓了线下场景智能终端的普及，以及由此带来的移动支付、大数据、虚拟现实等技术革新，进一步开拓了线下场景和消费社交，让消费不再受时间和空间制约。

技术升级是新零售的"发动机"。云（云计算、大数据）、网（互联网、物联网）、端（PC终端、移动终端、智能穿戴、传感器等）构建起"互联网+"下的新社会基础设施，为新零售的发展提供了必要的条件。一直以来，零售商依赖于数据塑造与顾客之间的互动，通过信息技术推动商业向顾客深度参与的方向发展。

第一阶段，将POS系统（销售时点信息系统）引入店铺，获得基础数据，并在此基础之上发展会员制度。

第二阶段，利用互联网的发展，通过移动端和社交媒体获取有效的消费者信息。

第三阶段，伴随近场感应终端、应用场景定位、虚拟试衣镜、传感器、大数据、移动终端等技术，完善商户线下应用场景，实现设备与人之间的实时互联。

第四阶段，通过远程无线技术（LoRa）搭建物联网，并通过物联网将信息实时传输给有关系统和终端用户，使消费者无论身在何方，都在智能设备访问范围之中，从而使零售商能够从互联的零售系统和设备之中采集数据，并通过智能系统驱动优化操作。

我国目前的零售业发展正在跨过第二阶段，很多企业进入第三阶段：通过场景服务运营商提供整套"互联网+"的解决方案，实现Wi-Fi覆盖和iBeacon应用进行场景定位，并通过近场感应终端、传感器等技术，实现对消费者购物轨迹的全流程追踪。

伴随着物联网技术的成熟及其在零售领域的应用，零售业对技术的应用将进入第四阶段,即"物联网+零售",零售行业的服务边界进一步扩展。以天猫为代表的新零售平台,通过其云计算、大数据、人工智能等互联网底层技术能力,链接品牌商、供应商、分销商、服务商等零售业生态伙伴,向着自助化、智能化方向发展,形成全新的商业基础设施,全面赋能合作伙伴,与消费者产生全新的链接和互动。技术发展为新零售的产生提供了土壤,新零售沿着如上轨迹诞生、发展、成熟。

4. 传统零售业困境加剧

自从线上电商蓬勃兴起,传统零售业便进入了每况愈下的困境,并且在困境中越陷越深,转型升级非做不可。传统商业在历史大浪潮的推动下进入全面调整时期,充分认识到与线上电商结合的有利形势,开始了转型、创新的阶段,并立足全视角进行脱胎换骨的变革,在经营理念、技术手段、运营模式等方面力求革新,尤其是在服务消费方面积极探索转型。

21世纪初期,当传统零售企业还未能觉察到电子商务对整个商业生态圈可能产生的颠覆性作用时,以淘宝、京东等为代表的电子商务平台却已破土而出,电子商务发展到今天,已经占据中国零售市场的主导地位,这也印证了比尔·盖茨所言:"人们常常将未来两年可能出现的改变看得过高,但同时又把未来十年可能出现的改变看得过低。"随着新零售模式的逐步落地,线上和线下将从原来的相对独立、相互冲突逐渐转化成互为促进、彼此融合,电子商务的表现形式和商业路径必定会发生根本性的转变。当所有实体零售都具有明显的"电商"基因特征时,传统意义上的"电商"将不复存在,而人们现在经常抱怨的电子商务给实体经济带来严重的冲击也将成为历史。

5. 消费升级为新零售提供市场需求动力

(1)消费购买力日益攀升

居民消费购买力日益攀升,消费主体个性化需求特征明显,消费主权时代到来,对商品与消费的适配度提出了更高的要求,同时对零售升级产生了巨大的牵引力。消费购买力提升。收入是影响消费的主要因素,居民收入水平的变动直接影响着居民消费倾向和消费结构的变化。经济水平发展到一定阶段,居民收入水平的提高、大量新兴消费品和服务不断涌现,会促使居民消费倾向增强。

相关研究表明，当人均GDP达到1 000美元之后，居民消费率开始上升，消费对经济增长的作用不断增强；当人均GDP超过3 000美元之后，由于居民收入水平提高为消费结构升级创造了购买力条件，休闲消费、品质消费等进入大众化阶段；当人均GDP超过5 000美元时，消费升级速度加快。

（2）消费结构进入快速升级阶段

近几年，我国经济快速发展。我国人均GDP达到了8 000美元以上，与此对应，我国消费结构进入了快速升级阶段。消费主体更加个性化。目前，18—35岁的新生代和上层中产及富裕阶层构成了我国的消费主体。他们更加注重商品和服务的品质、品牌，以及生活质量与效率。消费的档次被拉开，消费的"羊群效应"逐渐消失，排浪式消费基本宣告终结。同时，个性化、多样化消费需求大规模兴起，并渐成主流。消费者更加看重商品的个性特征，以期展示自我，而不只限于满足对物的需求。

个性化消费需求有三个特点：注重心理满足，追求个性、情趣；强调商品或劳务内在的质的要求，如商品的时尚性、独特性和安全性；关注消费的文化内涵，如商品的欣赏价值、艺术价值和文化特质等。多样化消费需求主要体现在两方面：一是不同个体表现出越来越多样的消费需求；二是同一个体在不同生活场景或领域的消费需求可能存在较大差异。总体上，其特点可概括为广泛性、个体性、情感性、多样性、差异性、易变性和关联性。

（3）新零售本质上是零售的服务品质升华

零售是一种直接面对消费者的商品交易方式，是基于解决交换双方的"双向契合"困境而产生的，即零售商介入买卖之间的迂回交换，使交易双方消除了在产品、时间、地点、数量等方面的"欲望双重一致性困境"，同时降低了流通费用，提高了流通效率，以更大的优势满足消费者的需求。

新零售的本质内涵并未改变，依然是充当了商业中介，促进交易的"双向契合"，其根本目的是更有效率地解决供需困境，更有效率地实现交易，更大程度地满足消费需求，提供更好的产品、更有竞争力的价格、更优质的服务。阿里研究院提出的新零售的特征——以人为本，无限接近消费者内心；企业内部与企业间流通损耗无限接近于"零"，重塑价值链——概括起来就是满足需求、降低成本。

（4）新零售导入了多维创新

商品交易涉及商品交易的主体、客体、载体及商业关系等内容，对应到零售交易中是零售活动的参与主体，零售活动的产出，零售活动的基础设施，零售组织与上游供应商、下游消费者、行业内竞争者之间的关系。传统零售行业中，乃至传统电商中的创新主要表现为由零售技术和需求变革共同驱动的业态创新，这种创新只是针对某个方面的创新和变革。而新零售的"新"表现在由技术变革和需求变革共同驱动的对零售业全要素、多维度、系统化的创新与变革，新零售实现了交易活动中的商业关系、利益关系、组织方式、经营形态、零售产出及经营理念等多方面的变革。

新零售革新的内容在不同的阶段会呈现出不同的表现形式，例如，当前表现为数据驱动，未来可能是人工智能主导；当前表现为跨界，未来更多的是表现为无界；当前为了满足消费者体验需求，未来可能会满足消费者其他的心理需求。零售革新速度之快，让我们对新零售无法下具体的定义，只能给出一个泛化的概念，即新零售是以消费者为核心，以提升效率、降低成本为目的，以技术创新为驱动，要素全面革新进化的商品交易方式。

三、新零售区别于传统零售的"五新"特点

1. 零售主体的新角色

新零售下，"组织者"和"服务者"成为零售主体的新角色。在传统零售活动中，零售商的角色就是专业化的商品交换媒介，从事的是面向消费者的商品转卖活动——零售商向上游供应商（品牌商或经销商）采购商品，向下游消费者销售商品，零售商赚取中间差价。尽管一些零售商完成触网，利用互联网采销商品，但并没有改变其作为传统零售的本质特征。

在这种情况下，零售商作为商品的经销者，是整条产业链中的终端商业中介。在我国零售业的发展过程中，零售商作为商业中介的经销职能有的部分被弱化，零售商不具备经营能力，而成为品牌商与消费者进行交易的平台或通道，典型的如联营模式下的购物中心和百货店。此时，零售商为供应商和消费者的直接接触提供平台，零售商向供应商收取相应的费用。

在新零售情境下，零售主体在商品交易活动中的角色产生了变化。天猫这样的新零售平台不仅以中间商或者平台的角色出现，还成了整条产业链中商品交易活动和商务关系的组织者和服务者。对于下游消费者，新零售平台走进消费者的生活方式，了解消费者的潜在需求，为消费者提供满足其需求

的商品和一系列商业服务的组合，成为消费者的组织者和采购者；对于上游供应商，天猫等新零售平台利用自身在终端掌握的大数据资源，为供应商提供精准的消费者需求信息，从而走进供应商的价值链，为供应商的生产研发活动和市场推广活动提供服务和帮助，成为上游供应商的服务者。

因此，在新零售情境下，组织商品交易的顺利完成只是零售主体的部分角色，零售主体"组织者"更在于成为消费者大数据资源的开发者，并利用自身强大的大数据分析处理能力和计算能力，为产业活动的参与者提供一体化的服务。可以说，成为产业链活动的"组织者"和"服务者"是新零售赋予零售商的新角色。

2. 零售产出的新内容

在新零售情境下，零售商的产出具有新的内容，建立持续互动"零售商—消费者"关系，强化多场景购物体验，提供消费数据服务。

零售组织的经济职能在于为消费者提供显性的商品和隐性的服务，"商品+服务"的组合共同构成了零售产出。传统零售活动中，交易围绕着"商品"展开，零售商的经营活动以"商品"为核心，并通过低买高卖攫取中间利润。在新零售情境下，零售产出的内容更加丰富、更加新颖。

首先，零售商的分销服务成为零售产出的核心内容，由商品的销售者转变为"商品+服务"的提供者。新零售更加关注消费者的体验，零售活动不再是简单的"商品—货币"关系，而是持续互动的"零售商—消费者"关系。

其次，线上、线下的全渠道融合为零售产出的"分销服务"增加了新的内容。譬如在环境服务、交付服务、品类服务等方面，天猫新零售通过商品数字化、会员数字化、卖场数字化等方式构建起以大数据分析为支撑的线上、线下相融合的购物新平台。新零售平台将上述数据与上游供应商进行共享，为供应商提供消费者的需求画像，帮助供应商进行按需定制和更为精准的市场营销活动场景，强化了消费者全渠道、多场景的购物体验。

最后，为上游供应商提供消费者画像的数据服务成为零售产出的新内容。传统零售的零售产出只针对下游消费者，而新零售的零售产出则是针对完整商品交易活动的全部参与者。基于对终端大数据的分析，新零售平台可以掌握消费者的各种场景数据，实现消费者生活场景的还原及形成消费者画像。

3. 零售组织的新形态

新零售中出现了复合型、集合型、满足即时购买需求的经营形态。

零售业态的本质是零售组织的经营形态。对于构成零售经营形态的商品、服务、环境等内容不断进行边际调整，就形成了零售业态的持续演进和变革。新零售中，构成零售业态的各要素均实现了数字化的变革，这本身就推动了原有零售业态的转型和创新，而零售商通过大数据分析，更加清晰地了解消费者的需求"痛点"，并以此为核心对构成零售业态的各要素再次进行边际调整，从而形成了新的零售组织经营形态。

新零售以更加精准、全面的消费者需求信息为基础，进行零售经营要素的调整，形成了具有多样性、多内容、多触达点和多维度的具有复合型商业特点的新型零售经营形态。"盒马鲜生"的组织经营形态不是以商品的组织为出发点，而是以消费者的具体需求为逻辑起点，零售经营各要素的调整也是围绕该需求主题展开的，这使零售商经营形态的创新具备了更多可能性和可塑性，由此形成的零售经营形态不同于传统零售中的零售业态，而是复合型、集成型、满足即时购买需求的经营形态。

4. 零售活动的新关系

新零售活动中的商业关系是供需一体化的社群关系。

在传统零售活动中，零售活动涉及的各商业主体之间的关系都简化为"商品—货币"的交易关系，这种交易关系的背后是产业链上各产业主体之间利益关系的对立。传统零售中，零售商与供应商的关系是冲突的、相互博弈的；零售商与消费者的关系是独立的、单一的商品交易关系；整条供应链是由生产端至销售端层层推压的推动式供应链。

新零售中，零售商对供应商进行赋能，零供关系成为彼此信任、互利共赢的合作关系。零售商将商业的触角进一步延伸至消费者的需求链，与消费者实现深度互动和交流，零售商成为消费者新生活方式的服务者和市场需求的采购者，成为消费者的"代言人"，零售商与消费者之间形成深度互动的社群关系，供应链转变为以消费者需求为初始点的拉动式供应链模式。因此，在新零售中，商业关系被重新构建，"商品—货币"关系转变为其背后的人与人之间的关系，供给与需求被重新打通，各主体之间形成了以信任为基础的供需一体化的社群关系。

5. 零售经营的新理念

新零售重构商业主体的价值排序，为消费者创造价值，成为零售经营的出发点。

零售经营的理念与市场供求关系相关。在供不应求时代，生产商主导商品流通渠道，零售经营的关键在于取得上游的供货资源。大规模的生产方式的发展催生了大规模的商业销售，供求关系出现逆转，商品流通进入"渠道为王"的时代。零售经营的关键在于快速扩张，实现规模化竞争；经营的理念在于强化零售的资本投入，实现规模经济。此时，"经济原则"和"效率原则"成为零售经营理念的核心内容。

伴随市场供求关系的进一步发展，供求关系进一步重构，消费者逐渐掌握市场主权，满足消费者的异质性需求成为生产活动和商业活动的出发点。新零售就是适应消费者主权时代的新理念、新模式。新零售的出发点是满足消费者的需求，所以新零售技术的应用、零售要素的调整和变革都是为了更好地了解消费者的生活方式，从而更精准地满足消费者需求，为消费者不断创造价值。在新零售情境下，商业主体的价值排序实现了重构，满足消费者的需求成为全部商业活动的价值起点，为消费者创造价值的"人本原则"成为新零售经营理念的基础。①

四、新零售商贸业发展在国民经济体系中的意义

新零售引领了流通革命，触发了全产业链的变革，促进了消费转型升级，为社会经济发展作出积极贡献，在践行供给侧结构性改革、"互联网+流通"行动计划、实体零售转型升级等国家政策方面进行了积极有益的探索。

1. 引领流通革命

新零售重构了流通体系，催生了全新的商业模式，有效提升了流通效率，降低了流通业成本，充当了流通革命的先行者。

---

① 商务部流通产业促进中心. 走进零售新时代——深度解读新零售 [R/OL] (2017-09) [2022-08-01]. https://max.book118.com/html/2018/1013/5122221334001321.shtm.

（1）变革商品流通体系

传统的商品流通需要经历"生产商——一级批发商——二级批发商——三级批发商——零售商"的纵向、多环节的商品流通体系；新零售提升了商品流通环节效率，实现了"品牌商—经销商—零售商—消费者"，甚至"品牌商—零售商—消费者"的新型商品流通体系。阿里巴巴的"零售通"和"农村淘宝"重塑了二线、三线、四线城市甚至到六线城市小零售商和农村地区零售商的商品流通体系。

以"零售通"为例，基于阿里的云平台运营能力，"零售通"将品牌商、经销商和小零售商在平台上组织起来进行交易，帮助经销商和小零售商掌握互联网工具，省去了传统商品流通渠道中层层交易的中间环节，降低了品牌商布局垂直网络渠道的高额成本，同时为小型零售商提供了更好的品牌供应渠道。传统便利店、"夫妻店"通过阿里"零售通"等平台改造升级后，经营品类更丰富、场所更整洁、商品更安全、成本更低、人气更火爆。

（2）催生新型商业模式

新零售以数字化为基础，以消费者需求为核心，推动了商业要素的重构，加速了零售经营模式和商业模式的创新。阿里巴巴和银泰商业集团的合作是传统零售转型新零售的典型尝试，基于阿里巴巴的云服务体系，银泰实现了商品数字化、卖场数字化、会员数字化、供应链数字化，以及组织管理数字化的全面数字化转型。线上渠道与线下渠道被打通，银泰实现了对消费者的全渠道接触和全渠道的整合营销。此外，天猫与卡西欧合作的"智慧门店"，天猫与线上家居品牌商合作的"生活选集"等都是在新零售思路下的新型商业模式和业态模式的典型代表。

（3）有效提升流通效率

新零售削弱了供需双方的信息不对称性，降低了经济组织的各种成本，有效地提升了效率。

对于消费者来说，新零售打通了线上渠道和线下渠道，实现购物场景多元化，从而极大地降低了消费者的搜寻成本和时间成本。例如，天猫与卡西欧合作的"智慧门店"项目，通过在银泰卖场运用天猫布设的云显示屏，卡西欧实现了在有限空间为消费者提供全部货品的展示，极大地降低了消费者的商品搜寻成本，使卡西欧专柜的月营业额提升了近1倍。"盒马鲜生"数据驱动线上线下一体化模式，极大地提升了门店坪效，使坪效达到传统零售门店的3—5倍。

对于生产商来说，新零售使生产商和零售商实现了信息资源的共享。品牌商根据零售商提供的消费者数据分析实现精准营销，提高企业的经营效率，有效降低了品牌商进行市场调研以及搜寻需求信息及市场营销的成本。

对于整个商品流通体系来说，新零售极大地提升了流通环节效率，节省了原有流通渠道中的交易成本，新兴物流技术极大地节省了传统的物流费用。根据阿里巴巴提供的数据，菜鸟网络推出大数据智能算法来分配订单路由，实现快递公司包裹与网点的精准匹配，准确率达98%以上，分拣效率提高50%以上。依托菜鸟网络进行的快递节点优化，包裹量增加且平均用时减少的线路占比高达73.5%，极大地促进了整体商业效率的提升。

对比历年天猫"双十一"物流效率，可以看到发送1亿件包裹的时间，2013年用了两天，2014年只用了24个小时，到2015年提速到16个小时。可以说，新零售通过"双十一"这样的压力测试，找准了"症结"，找到了"痛点"，打通了物流环节中的梗阻，为提升我国整体商业流通效率起到了巨大推进作用。

2. 构建和谐生态

在整个商业生态中，零售商充当润滑剂和黏合剂的角色，既润滑了供应商与零售商的关系，又粘紧了零售商与消费者的关系，从而创造了新商业机会。

（1）零售商为供应商赋能

新零售中，零售商成了供应商的赋能者，厂商关系由传统零售中的对立、冲突关系转变为新零售业态下的深度合作、互利共赢的和谐关系。通过消费者大数据赋能，新零售平台为供应商提供消费者数据画像及需求信息分析结果，供应商更加清晰地了解目标市场的需求特征和偏好特征，从而缩短新商品的研发周期，增强生产计划合理性及产品适销性。

例如，天猫与某化妆品牌进行深度合作，天猫通过分析大数据形成消费者画像，某品牌利用该消费者画像的数据反哺其研发环节，缩短了产品研发的周期。根据天猫提供的数据，通过天猫大数据和新零售开发的某新品，其新产品研发全过程时长从原本的18个月缩短到9个月（其中8个月是制造环节），原本10个月的市场调研、潜客挖掘、市场评估的活动，由于天猫大数据赋能，流程时长缩短为一个月。

通过全渠道融合赋能。新零售打通线上、线下资源，实现全渠道融合，新零售平台利用终端优势，帮助生产商进行市场推广和终端营销，助力品牌商成长。例如，银泰百货建立众多线上品牌集合的精品买手店"生活选集"，通过打通实体店和天猫银泰百货旗舰店及品牌旗舰店的价格和库存，实现线上、线下同款同价。"生活选集"帮助线上品牌开拓线下渠道，实现了全域销售，同时，消费者对线上品牌具有更强的体验感，从而增加了线上品牌粉丝的购买转化率。

（2）零售商与消费者黏合

在传统零售活动中，零售商与消费者之间是简单的商品交易关系；新零售中，零售商与消费者触点增多、触面增大，建立更加紧密的情感连接，最终提升消费者的获得感。

零售商延伸触点进入消费者的需求链，通过大数据，新零售平台更精准地还原消费者的消费图谱，实现对消费者需求的深度挖掘，走进消费者的生活中。新零售平台根据消费者的需求提供相应的增值服务，并将需求信息反馈给生产厂商，使市场能够及时提供满足消费需求的产品和服务。因此，零售商成了消费者的采购者、服务者和需求"代言人"，零售商与消费者形成了一体化的紧密联系。

全域营销与全渠道流通增强了消费者的黏性。新零售依托零售平台商，实现了线上、线下、移动端及各种终端的全面打通和融合，从而使品牌商、零售商、分销商和服务商在平台上进行全渠道的整合营销成为可能。全渠道融合增加了品牌商、零售商与消费者的接触点和接触机会，打破了时间和空间的限制，品牌商、零售商与消费者之间的重复接触和持续接触成为可能。天猫在"618"期间开设了"新零售体验馆"，打通了品牌线上线下的会员体系，与SK-II等美妆品牌商合作。品牌专业美容顾问为线上消费者提供可视化咨询服务，通过虚拟现实技术给线上消费者提供动态彩妆试用体验，让会员享受线上线下一致的服务。跨越空间，持续与美容顾问互动，有利于增强消费者黏性。

3. 引发生产变革

新零售推动了生产的民主（Democracy of Production）进程，设计个性化、生产定制化。

（1）拉动式供应链确立

传统零售活动是由生产商、供应商推动的推动式供应链，在推动式供应链模式下，生产商根据市场调研和经验分析进行商品的开发和生产，制定相应目标决策，并将目标逐层推向下游的企业和零售商，这会导致供需分离，库存层层积压，使生产者对于市场需求的反应能力变差。

新零售重构了零售主体的价值排序，使供应链活动转变为以消费者需求拉动的拉动式供应链。拉动式供应链下，零售商首先根据对消费者大数据的分析，还原消费者的生活场景和消费场景，挖掘消费者的需求特征和偏好特征，并将上述数据提供给上游品牌商和供应商。品牌商根据零售商提供的精准的、清晰的消费者需求信息进行研发和生产活动，并安排合理的生产计划。因此，形成了需求导向的供应链模式，消费者需求成为供应链活动的第一步。

（2）实现按需生产

新零售通过消费数据挖掘，实现消费洞察，对传统制造业进行反向定制，"按需生产"的生产方式成为可能。新零售克服了传统商业模式下的供需脱节、供需分离的弊端，供给和需求的环节被打通，企业建立起自己的目标消费群体，根据目标消费群体的精准的需求信息组织生产活动，生产企业真正实现了市场洞察。以天猫与家电品牌的合作为例。天猫根据对消费者大数据的分析和计算，形成了对洗衣机市场需求的预测，指导企业跳过9升洗衣机而直接生产10升的洗衣机产品，直接引领了市场趋势，获得了巨大的成功。这因此帮助制造商实现了精准"按需生产"，解决了电器产品中最严重的库存积压问题，使生产企业实现了产销对路。

（3）发展柔性定制

新零售推动了社会生产方式由大规模生产的福特制生产方式向柔性、灵活生产的后福特制生产方式变革，推动社会生产方式向精益化、柔性化和规模化定制的方向转变。由于消费者的需求日益个性化和异质化，大规模标准化的生产方式无法满足消费者的要求，生产方式逐渐朝着柔性化、定制化和灵活化的方向发展，加速转变为后福特制生产方式。

以天猫和五芳斋、奥利奥的合作为例。天猫在端午节推出了定制化的五芳斋粽子，消费者在天猫平台下单，根据个人喜好自由定制粽子的口味和风格，个性化程度完全取决于消费者偏好。根据消费者需求，定制的粽子组合多种多样，这完全重构了传统食品的生产制造流程，实现了标准产品的非标化定制。天猫平台与奥利奥品牌合作，利用前者洞察消费者的能力，奥利奥将天猫平台上的交易流程进行改造，推出个性化定制活动，让消费者可以自己涂色、填色，参与到产品的定制环节，满足不同消费者的个性化需求。在活动的 3 天内，累计销售 4 万份定制款奥利奥，销售额接近 600 万元。

4. 促进消费升级

零售行业的发展与社会消费需求的变革呈现出"你中有我、我中有你"的互拉、互促、相互影响、螺旋式上升的规律。新零售的发展推动了居民消费理念、消费方式、消费结构和消费档次等全方位的更新升级。

（1）升级消费体验

新零售给予消费者极致的体验，消费者的购物体验从物质的满足上升为心理的满足。"盒马鲜生"不是超市，不是便利店，不是餐饮店，也不是菜市场，但具备包括上述业态在内的所有功能，是"超市＋餐饮＋便利店＋菜市场＋电商＋物流"的复合功能体，其利用线上线下与现代物流技术的完美融合，给消费者带来生鲜商品以门店为中心，3 千米为半径，最快 30 分钟免费快递到家的极致服务体验。消费者为了享受"盒马鲜生"的服务，"盒区房"概念横空出世。

（2）优化消费结构

新零售为消费者提供了全渠道融合的多场景、多种方式的购物体验，极大地丰富了零售供给的服务内容，促进居民消费结构由商品消费向服务消费转型。天猫与银泰合作，把传统百货从"坐商"变成"行商"，推动实体商业的转型升级，创新实体经济发展。其合作推出的逛街神器"喵街"对所有商业实体开放，能够基于位置信息向顾客提供吃喝玩乐一站式服务，如导购、促销、停车等，帮助实体商家更好地服务顾客。银泰的会员与天猫打通，对消费者可触达、可识别、可运营，为向顾客提供精准服务创造了更好的基础条件。可以看到，以天猫为代表的新零售平台创造了面向未来的新商业基础设施。

（3）拓宽消费选择

新零售丰富了消费者购买商品和接受服务的渠道，消费者对于高档商品和服务的需求得以满足，促进了消费回流。例如，天猫国际、银泰等开辟了国内消费者购买国外商品的多域渠道，满足了国内消费对于高档商品和服务的需求。

新零售的发展更提升了消费者的跨境购物体验。天猫国际在日本启动"全球原产地溯源计划"，实现每个进口商品都有一张记录着前世今生的"身份证"，以此确保消费者在国内也买得放心。

5. 推动经济发展

新零售为社会经济发展作出了积极贡献，纳税总额不断增加，就业吸纳能力增强，创新动力持续加大，同时加快了我国零售业的国际化进程。

（1）创造经济新动能

新零售的发展，本质是发挥平台型企业带动作用，让大数据和互联网技术应用于商业，优化生产制造，降低交易成本，提升消费潜力，从而带动整个经济动能提升。

另外，新零售上游的制造商、品牌商，在平台渠道终端零售商的带动下，产值和税源呈现加倍增长态势。根据统计，在货物生产、批发、零售各环节中，零售的产值贡献约为11%，还有89%左右的产值贡献在生产和批发环节。这也意味着通过新网络零售平台，每拉动100元的销售额，将拉动89元的生产和批发产值。

（2）提升就业容纳能力

新零售提供了新的工具（云计算、移动互联网）和新的市场能源（数据），也带来了新的市场机会，有助于推动创新创业活动发展。新零售让商品生产者、经销者和消费者实现了多接触点的交互和沟通，潜在的消费者需求不断被挖掘和分析，这就意味着市场拥有了更多的商机，也意味着"大众创新、万众创业"具备了快速发展的市场土壤，从而使新零售可以创造更多新的工作岗位。例如，"云客服"就是新零售产生的新工作岗位。"云客服"是针对灵活职业者，工作地不受地点和时间的限制，主要工作是通过在线沟通，为天猫新零售平台用户提供服务。

可见，新零售中全渠道资源的打通使人与零售商接触的机会变多，也使人与各种资源接触的机会增多，打破了时间和空间的限制，不断催生新的工作岗位。据统计，目前在阿里巴巴新零售平台内，仅内容电商从业者已经超过100万人，另外还有电商主播、"淘女郎"、设计师、数据标签工、数据清洗、数据采集、拣货员等成千上万的新型就业岗位被创造出来。

（3）全面增强创新动力

新零售实现的基础在于新技术的运用。大数据与云计算共同推动了零售行业市场效率的提升，加快了零售行业自身创新的步伐，同时，新零售促进了生产商研发创新周期的缩短，加速推进了相关行业生产效率的提升和生产工艺的创新改进。伴随着技术创新效应从产业内向产业外不断溢出，越来越多的行业会吸收并运用这些新的技术。因此，新技术与其他产业相融合，有效提升其他行业的创新行为，从而推动市场整体创新能力的提升。

（4）加速零售国际化进程

新零售核心是传统零售商走到线上，传统电商走到线下，线上线下相融合，这一交融发展为商业活动提供了新通路和新渠道，它不仅针对国内市场，还包括企业在国外市场的商业活动。新零售下的跨境平台为国际贸易提供了新的渠道和一体化的服务方案，这有助于国有品牌走出国门、走向世界，有助于我国实现更高水平的对外开放。

天猫帮助国货品牌集体"出海"，利用阿里巴巴核心电商板块20亿商品库，依托过去十几年打造的涵盖交易、支付、物流、营销、数据、技术等方面的新商业基础设施，将天猫生态模式逐步复制并落地到东南亚、印度及200多个国家和地区，提高当地电商效率，服务海外消费者。例如，波司登品牌通过天猫的"一店卖全球"成功进入国际市场。在天猫与波司登的合作中，天猫帮助波司登将商品销售到澳大利亚，而波司登品牌在国外的营销和推广活动则全部由天猫负责，这极大地节省了国产品牌商在国外开店所需承担的大量成本，加速了国产品牌"走出去"的步伐。

6. 释放大数据潜在能量

当前，数字经济已经成为新的经济形态，大数据为社会流通效率的提升和消费结构的优化提供了新的动力。随着零售业网络信息技术的快速发展，数字化的知识和信息已经成为推动零售业转型升级的重要生产要素。但对于我国的零售行业，特别是线下的传统零售行业，大数据分析还处于刚刚起步的阶段。如何通过大数据分析，解析消费热点、把握消费趋势，提升对消费者的洞察力，有针对性地指导生产企业进行产品研发、优化生产模式及产品投放，改善用户消费体验，是新零售业应大力研究和实践的课题。

天猫等互联网领军品牌作为在大数据领域的先行者，充分利用新零售打通线上线下数据链的技术优势，加大数据产品的研究和开发力度，加强与政府部门和行业龙头企业的数据互联互通，通过大数据分析和挖掘，做好消费预测和洞察，推动我国零售业更快地适应数字经济发展，通过与传统零售企业的合作和数据化赋能，推动我国供应链体系的整体优化，从零售这一环节推动供给侧结构性改革，为提高流通效率、推动产业创新提供基础支撑。同时，发挥龙头企业的引领作用，在规范零供企业信息标准、促进企业之间的信息共享、实现信息的准确与统一等方面加强研究，完善规则，全面促进全产业链商务协同发展。

7. 构建商业治理新体系

新零售将有效打通线上线下数据，使商品流通各环节的数据得以有效融合，大数据分析在极大地降低商品交易成本的同时，可全面分析和掌握货品的流通情况，为商业治理提供了数据基础。建立电子商务信用体系，加强对生产者、经营者的调查和事前、事中、事后的风险控制，不仅有利于降低企业经营风险，也有利于信用体系建设在我国快速推进。

电子商务平台领军企业不断提升大数据打假的技术能力，构建商品的逆向追溯体系，充分利用技术手段规范货品流通秩序，推动完善以信用体系为核心的市场自律机制和社会共治体系建设。建立产品质量信息共享联盟，构建产品质量信息互联互通平台，完善信息共享和协查的机制，打通违法失信企业"黑名单"传递路径，建立制度化的长效合作机制，及时向政府部门和线上线下零售企业发布预警信息，使存在制假、售假违规现象的企业无处遁形。

同时，针对消费者的消费行为提升大数据分析能力，积极引导消费者使用电子支付手段，帮助消费者转变传统消费观念，逐渐将信用消费行为演化为习惯，不断提高人们的诚信意识，进而推进社会诚信机制的日益完善。

8. 补齐农产品上行短板

线上线下深度融合的新零售模式，为上连生产、下连消费的新型农产品供应链体系的建设提供了思路和解决办法。随着物联网技术的逐步成熟，智能物流体系的迭代更新，大数据应用的日益广泛，推动农产品供应链实现重组。

农产品消费的大数据分析，有助于改变农业生产的随机性、盲目性，从而推动农业生产向标准化、绿色生态的方向迈进，促进传统农业生产模式变革。建议平台企业加大新技术、新模式的研究力度，在农产品上行的资源对接中，充分体现新零售的力量，帮助农产品流通对接数字经济，为农产品流通供给侧结构性改革提供新动能，使农产品的生产者和消费者成为最大受益者，使"电商扶贫"更精准。同时，以新零售发展理念，依托线上企业的货源信息和专业人才优势，帮助生鲜农产品的传统线下企业加快实现"触网"

转型，利用本地化、近距离货源，为消费者提供高效便捷的配送服务，推动农产品流通商业模式创新。①

五、新零售：上海百联与阿里巴巴联合

2017年2月20日，阿里巴巴集团和百联集团在上海宣布达成战略合作，两大商业领军企业将基于大数据和互联网技术、全业态融合创新等六个领域展开全方位合作，为消费者提供随时随地多场景的新消费体验。下面是马云在合作签约仪式上的一段讲话：

"上海百联是中国现代商业的模板，我们还记得在物质非常短缺的时代，全国人民都到上海来'淘宝'，上海百联旗下很多的老字号是全国人民心中的金字招牌，对阿里巴巴来讲，上海百联更是零售业的'祖师爷'，有很多值得我们学习的长处。因为阿里巴巴希望成为一家能够成长发展102年的企业，但是我们刚过了18年，这18年的每一天是'度日如年'。我们可以想象成为百年企业是多么的艰难，我们要的不只是速度，因为质量才可以延续更久、走得更长。阿里巴巴经过18年的发展也成了全球最大的在线市场，今天的合作不仅是上海百联集团和阿里巴巴的合作，也是线上和线下、技术和实业、传统和创新、过去和未来的融合，我们觉得未来已经不存在纯电商或者是纯线下，未来的竞争只有新零售和传统零售的竞争，我想阿里巴巴相信创新就是如何对待未来的问题，是通过解决未来的问题来解决过去的问题，所以正因为上海百联有这样的眼光和胸怀，阿里巴巴有这样的尊重传统、尊重过去的理念，我们两家才有这样的天作之合。

"今天我们在一起不只是为了更大的市场，因为我们双方的市场都足够大，我们希望用现在流行的词语就是'混合经济'，我个人觉得双方，国企和民企共同打造'混合经济体'，我们共同打造一个前所未有的创新的新零售经济体。所以我们在一起共同寻找属于未来的商业，属于未来的新的都市，服务未来的消费者，服务于一个今天我们可能都想象不出来的未来的生活方式。"

---

① 商务部流通产业促进中心.走进零售新时代——深度解读新零售[R/OL] (2017-09) [2022-08-01]. https://max.book118.com/html/2018/1013/5122221334001321.shtm.

◎第二十六章
整合生命健康产业

产业经济建立在理论指导的基础上，整合经济学是研究整合行为、指导整合经济的学问，对于整合生命健康产业具有普遍指导意义。同样，整合经济学的指导意义来自整合医学及其生命健康全周期的管理和服务理论。作为整合经济学的新产业实践之一，整合生命健康产业也正是在整合医学的理论指导下形成的。

一、整合医学的提出

1. 提出的背景

现代西方医学借鉴自然科学中还原论的分析方法，试图将人体和疾病还原为各种不同层次的物质实体，以此来探寻生命的真谛，揭开疾病的本质，使医学走上了专业不断细化和专科不断分化的发展道路。这种以分为主的发展方式极大地促进了医学知识的爆炸式增长，也适应了整个社会分工的需要，提高了人类对疾病的诊疗水平并增进了人类自身的健康状态。但是，在新的历史条件下，面对疾病谱的变化、老龄化的到来、自然环境的剧变和生活方式的改变等，越来越多的医学工作者和研究者意识到，现代医学亟待转型，否则医学知识会呈现碎片化，医疗实践将走向机械化，并远离以人为本的核心价值。在这样的背景下，整合医学（Holistic Integrative Medicine，HIM）的理念应运而生。

2. 整合医学的概念

整合医学并不是否定专业化，而是以专科分化为基础，充分发挥专业分工的比较优势，从人体整体（Holistic）出发，将医学各领域最先进的知识理论和临床各专科最有效的实践经验进行有机整合，把数据、证据还原成事实，把认识、共识提升为经验，把技术、艺术凝练成医术，并根据社会、环境、心理的现实进行修正、调整，在事实、经验和医术这个层面不断实践，最终形成更加符合人体健康、更加适合疾病治疗的新的医学体系。整合医学是对现代医学知识和技术体系的凝练和升华，在庞杂的生命物质之间、在生理与心理之间，以及在生命与时空之间建立普遍的联系，以一个简单而充满内在和谐的原则把它们整合到由少数彼此独立的基本要素组成的系统框架之中。因此，整合医学是未来医学发展的必然方向和必由之路。

二、整合医学的理论分析

1. 整合医学和专业化

整合医学不是完全否定医学的专业化发展方式，恰好相反，专业化是构建整合医学体系和发展机制的前提。早在200多年前，经济学鼻祖亚当·斯密在其开山之作《国富论》中指出，专业分工是经济增长和国家富裕的源泉。专业化有助于开发比较优势，降低交叉训练费用，有利于新技术、新机器的发明，以及生产力的提高。比较优势原则表明，与一个人完成多种任务相比，专业化经常会产生较高的产出，即集中做少数工作会存在潜在的规模效益。同理可知，专科研究仍然是医学知识积累和技术进步的重要途径，没有"专"，何来"整"；没有"分"，哪来"合"，只不过医学服务的对象是完整的人，面对纷繁复杂的海量专业知识，去粗取精，去伪存真，如何将其有机联系起来，从整体出发应用到每一个具体的病人身上，是整合医学的要义所在、目标所需。在这个意义上，整合医学与整合经济学是相通的。和经济领域的社会分工一样，如果大家水平都差不多，知道的东西也一样，何来整合的必要？整合就是要充分发挥专业分工的比较优势，因为只有在专业分工迅猛发展的过程中，整合医学才是有米之炊、有本之源，才能显示其巨大价值。因此，专科分化是整合医学的基础，整合医学是专科分化的归宿。

2. 整合医学和全科医学

自整合医学的概念提出以来，大家普遍容易将其与"全科医学"混淆，甚至有人认为整合医学就是号召回归全科医学。显然，专业细化和专科分化已经成为医学发展的自然选择和必然途径，引领医学不断朝着横向与纵深快速推进，大力提倡全科医学很可能会导致医学的倒退。这是因为整合医学和全科医学有着本质上的不同。全科医学是什么都会一点，但什么都不是很精通，是一种通识教育下的发展模式，呈现出同心圆式的扩张特征。而整合医学更像一张拓扑网，每一个专业就是网络中的一个结点，能够独立地膨胀发展，而且还不断产生新的结点，若干结点相互联结在一起，形成一张纵横交错的网。整合医学的奥妙之处就在于能够根据患者的整体情况，因时而异、因地而异、因人而异地选择出有效的结点，从而勾勒出一张最适合该患者的诊疗网。与全科医学相比，整合医学覆盖的面积显然更大，扩张的速度显然更快，发掘新知识的程度显然更深。

3. 整合医学和中医学

整合医学和中医学有着天然的相似之处，那就是它们都十分强调从整体出发，重点关注患病的人，而不单是人的病患，这就是要在"Integrative Medicine"前加上"Holistic"（即整体）的原因。但很显然，整合医学涵盖的范围更广，中医学可以在诊疗过程中被纳入整合的范畴加以综合考虑。整合医学是汇集各个专业的先进知识和技术（包括中医学），有所取舍，根据患者的整体情况判断和处理好先后、主次、多少、快慢等关系，做出对患者最有效、不良反应最小或生活质量最高的优化决策。整合医学是建立在现有专业分工体系上的理论聚合和实践升华，是从每一个专业角度做出优化决策的基础上取整体的最优值。中医学虽然有自身的理论体系和研究范式，但其最大的问题在于理论和实践之间的"黑箱"太多，很多机制无法阐明，很多现象无从解释，从而影响其在整合决策中的取舍。不少人号召中医现代化，试图用科学的方法证明中医中药的机制，但结果并不总令人满意。整合医学主张充分发挥中西医各自的优势，提倡互帮、互补、互利，西医解决不了的中医来，中医解决不了的西医来，二者都无法解决的中西医一起讨论。

三、整合医学的适用范畴

整合医学对于没有经历长期的专科培训与实践的年青医生或者基层医疗单位的医务人员来说，一是不能亲身感受到整合医学的迫切性和必要性，二是没有能力进行整合。整合医学需要一定时期的积累和一定范围的聚合，才能实现质变。因此，大型综合性医院里的高年资医生应该是践行整合医学的最佳对象。大型综合性医院由于分科很细，知识和技术的更新速度很快，有着学科交叉和融合的天然优势，整合是其创新的动力和出路。特别是部分大学附属医院或研究型医院，理应成为整合医学理论研究和实践推进的先锋。青年医生和基层医生应当加强整合医学的学习，努力培养自身的整合思维和能力，既从实践中总结和汲取整合经验，又用这些经验来反哺实践。

四、整合医学的行为逻辑

医学的专业化发展在带来分工好处的同时，不可避免也会增加各专业之间的协调成本，经济学上又称"交易费用"。俗话说"老死不相往来"，各个专业、各个学科之间由于有自身相对独立的框架体系，容易出现交流障碍、互不买账，甚至相互排斥的问题。同一种疾病好几个科可以治，但患者来到医院像抓彩球一般，抓到哪个科就由哪个科治，也不知道最适合这个科治还是先由这个科治。患病的人是一个整体，如何才能充分享受到专业分工的好处，而不因专业分工将患者拆分呢？新兴古典经济学强调，在一般均衡的求解过程中折中分工效应和协调成本的两难冲突。说到底，整合医学就是通过降低专业间的协调成本以提高分工的效益。现行的专科诊治模式是在各自专业角度进行边际分析，是在局部均衡下的最优解；整合医学是在分工网络中进行超边际分析，即先做出不同的分工选择，然后从各个专业角度进行边际分析，最后从整体出发比较每一种分工网络形成的总效应，进而确定最适合整体需要的分工结构和资源配置，它追求的是整体均衡下的最优解。因此，整合医学是蕴藏在分工网络效应中的新型医学体系。

五、整合医学的构建模式

整合医学的构建方法多种多样，在形式上还将不断创新，但其构建模式归纳起来有两大类：外生整合和内生整合。外生整合侧重外部途径对医学各专业的有机联系和协同作用；内生整合注重医生的自我整合意识和能力的培养及生成。从形式上看，会诊和多学科团队合作（Multiple Disciplines Team，

MDT）是最接近整合医学的外生模式，但整合不是简单的学科组合或专业叠加，一定要针对患者的整体情况拿出各学科最先进的理论和意见，经过有效地加减乘除、有机地排列组合后得出效益最大化的方案。

随着"互联网+"计划和移动医疗的迅速崛起，更多行之有效的外生整合方式不断涌现，推动整合医学实践发展。当然，并非每一位患者都能在诊疗过程中享受到及时、准确的会诊或MDT，最理想的境地就是把每一位医生都培养成具备整合医学视野和能力的个体。内生整合不是要求一名医生什么都会做，其主要工作仍然是在专业方向上的深入研究与技术创新，与此同时，树立起医学的整体观，具备触类旁通、系统思考和综合分析的素质。最终的判断决策一定是整合医学思维下的产物。内生整合的重要途径无疑是教育，这就要求医学的学历教育、任职教育和继续教育等一切学习培训活动中，整合医学的理念必须贯穿始终。目前我们国家已经在学术会议的组织、教材专著的编写等方面推动整合医学教育实践。总之，动员一切积极因素让整合医学的理念扎根在每一位医务工作者的心中，整合医学就会成为他们自觉或不自觉的行医准则和行动指南。到那时，整合医学及其实践会使患者、医生和整个生命健康产业受益。

六、整合医学指导的健康生命产业

1. 新冠肺炎疫情激发产业新机遇

2020年春的新冠肺炎疫情，再一次提出了加强疾病防控和应对重大公共卫生事件的课题。新冠肺炎疫情过后，结构性的存量调整会更趋于合理，未来的增量业务和空间会变得更大，大健康产业一定会比过去更具有动力。无论在任何行业，无论在任何时间，都是危与机并存。我们要学会用冷静的心态与辩证的方法，找到自己当前在行业中的位置，仔细找准下一步应该往哪里走。坏的方面不要回避，好的方面不要忽略。如今是健康产业最受瞩目的时期，一旦新冠肺炎疫情结束，很多细分领域都将产生契机。

此次新冠肺炎疫情之后，不论是对于疾病的预防还是传染病的预防，相关细分市场都会得到比较大的推进，如预防性的筛查、检测、疫苗研发，还有与公共卫生相关的领域都会加速发展。整个国家和社会，以及企业和个人，都有可能在预防这方面加大投入。完善疾病和传染病的预防的布局以及全社会健康风险管理系统也会被加快推进并逐步完善。"预防大于治疗",坚持健康风险管理大于一切。整个大健康产业借助现代科学前沿技术预警未来5—10年健康风险,运用信息化智能技术反馈自然健康,内部调节人体生理平衡,克服人体自愈功能上的障碍,精准捕捉身体发出的健康警示,做到早发现、早预防、早解决,实现人类身体上的防微杜渐,使人长期保持健康。

大健康产业依然是社会的基层建筑,人类的刚性需求。而且,国家出台《"健康中国2030"规划纲要》等健康产业扶持政策后,特别是2020新冠肺炎疫情后,国家加大了对公共卫生健康保障的投入,其行业发展必将持续出现诸多利好,并且这次新冠肺炎疫情引发全国上下对于大健康产业的高度关注,是一次史无前例的全民健康教育,国民有望持续增加健康消费支出。中国企业在新冠肺炎疫情中展示出了良好的社会担当、快速的创新能力,并在临床一线发挥了积极作用,这将增强各方投资者对于大健康领域的投资信心。

2. 新时代生命健康产业经济的整合

新时代的医学,单因单病的生物医学的传统模式逐渐力不从心,已向多因多病的"生物—社会—心理—环境"大健康模式转变,一个人的健康不是仅由医生和药品决定的,更需要自我管理。"健康中国"作为一项国家战略,以生命全周期的关怀为中心,大健康模式应运而生。它研究的不是病因,而是影响健康的危险因素。其核心是个人健康管理,科学地排除或减少健康危险因素,达到保护和促进健康的目的。

进入新时代,人类对健康的理解和要求也出现飞跃发展,具体表现为"三化"。

(1)深度化:涉及身、心、德。

(2)广度化:包括生命全周期、全部生命现象,研究代际影响。人们认识到健康的本义是预防病、不生病,真正理想的健康状态不是治疗疾病,而是不得病。

(3)高阶化:高阶化的健康概念,已经不仅要求不生病,还要求有内涵的美丽、有活力的生命、有质量的长寿,甚至延迟衰老和抵御各种慢病。

北京医学会在2010年提出,医药卫生体制改革已经成为"世界性的难题",各国的医药卫生体制都面临挑战,都在进行相应的探索改革,目的都是力求实现公平与效率更好的结合及可持续发展。卫生系统工作者要正确处理医疗与预防的关系，树立"大健康""大卫生""大医学"观念，做医学模式转变的实践者和模范。随着人们对健康的关注度提升，很多人已经认识到疾病预防是促进健康的有效手段，而疾病的预防在很大程度上依赖于社会。现代预防医学发展的一个重大变迁，就是向社会预防发展。事实早已证明，许多疾病只有通过广泛的健康教育、公平合理的社会医疗保障制度，以及社会多部门的合作等社会措施，才能达到减少疾病和早期发现、早期治疗，最终实现保障人人健康的目的。

今天的中国，不健康的现代生活方式，导致高血压、糖尿病等慢性非传染性疾病成为了威胁中国人健康的重大疾病，同时成为家庭和社会的负担。如果不能真正扼制住影响国民健康的不良生活方式中的危险因素；如果医学模式不能自觉地从生物医学模式向"生物—心理—社会"医学模式转变；如果医学卫生事业的发展不能树立"大健康""大卫生""大医学"观念；如果我们不知道、不借鉴、不汲取、不研究发达国家卫生事业发展中的问题，那么，就一定会出现影响人民健康的各种各样的问题，而且需要持续的医疗服务的人群，将会像"井喷"一样快速增加，会给无数家庭、社会医疗保障系统带来难以承受的巨大负担。一旦再遇到像2020年新冠肺炎疫情的大灾难，人类会面临更大的健康危机。

3. 生命健康产业整合的"4+1"

面对新冠肺炎疫情的世界性挑战，人类需要解决更加严峻的生命健康的课题。整合全社会的资源，发展生命健康产业，需要在整合经济学指导下，建立"4+1"的整合体系。

（1）"4"就是建立生命健康产业的四大体系。

第一，以促进和改善人民健康为中心，提高全民健康期望寿命为使命，建立生命健康理念体系。这需要人们建立起健康的价值观，健康是人生最宝贵的资产，而且不只是个人的资产，也是社会的资产，维护健康是一种社会责任；这需要人们建立起健康的经济观，健康投资是回报最大的投资，把健康投资作为个人支出重要的组成部分，把健康投资作为提供公共产品、扩大内需、拉动发展的最直接增长点；这需要人们建立起健康的社会观，把全民健康作为社会发展的目标之一，构建健康型家庭、健康型社会；这需要人们建立起健康的人文观，健康体现一种人文精神，体现了文明进步的程度。

第二,普及生命健康教育体系。要把健康教育列入学校常规教育,让健康知识走进课堂,走进教科书;要积极开展社会健康教育,全民普及健康知识;还要充分体现健康教育的持续性,使人终生能接受健康教育;更要充分体现健康教育的科学性,传播准确、先进的健康知识和信息。

第三,发展生命健康产业体系。发展以治疗疾病及维护生命安全为目标的产业,如医疗设备、医疗卫生、制药产业;发展以延缓衰老、防范疾病、维护生命健康为目标的产业,如保健品、功能食品、安全用水、健康饮品;发展与健康环境相关的产业,如环保产业、资源产业等。

第四,完善生命健康服务体系。不断完善公共健康服务,营造全民参与、共同受益的公共卫生环境和生活环境;不断完善健康保健专业服务,包括医疗预防、预警服务,健康专业体检,社会健康与个性健康管理服务;不断完善健康信息服务,包括健康文化、健康传播。发展生命健康产业和建立生命健康产业四大体系的最终目的是要让人们生得优、活得长、病得晚、走得安。

(2)"1",就是建立一个生命健康产业生态圈。

生态圈原本是一个自然科学用语。1993年,詹姆斯·穆尔首次将这一概念引入商业研究,在《哈佛商业评论》上提出了"商业生态系统"的概念。商业生态圈是指以各种不同组织——包括产品提供者、供应商、分销商、顾客、互补产品提供者、竞争者、政府及其他利益相关者——相互作用为基础的经济联合体。在这一体系中,每个组织既有不同的功能担当,各司其职,又形成互赖、互依、共生的生态系统,虽有不同的利益驱动,但身在其中的组织和个人互利共存、资源共享,共同维持系统的延续和发展。

"大健康生态圈"就是以人为本,围绕个人或特定群体的生理、心理、精神及社会、环境、家庭、人群等各方面医疗健康需要,由政府、现实或潜在的医疗健康服务需求者、医疗保健机构、医疗保健产品提供者、医疗保健金融组织、第三方服务中介及其他利益相关者组成的,通过建设和借助某种价值平台,撬动和整合其他机构和组织的能力,以满足医疗健康需要为目的的相互作用、协同发展、价值共享的经济联合体。随着医疗改革步伐的加快,物联网、大数据、移动互联等现代信息管理技术的迅猛发展,我国大健康生态圈面对的法律、管理和技术方面的壁垒和瓶颈不断得以突破,大健康生态圈内部的交易成本持续而显著下降,使大健康产业活动的分工和联合成为可能和必要。

这个生命健康生态圈由四个层次构成。

第一个层次是物联网技术支撑生态。生命健康生态圈的一个基本特征就是经济联合体之间高频率的一对一、一对多、多对多的互动，通过互通来实现对个人或特定群体的生理、心理、精神及社会、环境、家庭、人群等各方面医疗健康需要的满足。面对海量的信息交互需要，技术边际直接决定了生命健康生态圈的产业边界。物联网是让所有能够被独立寻址的生命健康生态圈参与方及其设备、资源实现互联互通的网络，特别是其与云计算和可穿戴医疗保健设备相结合的物联网智能处理技术，依靠先进的信息处理技术能力，有效地保证以现实或潜在的医疗健康服务需求者的医疗健康需要的发现、传递、匹配的效率，政府保证医疗保健监督决策、管理的效率以及医疗保健机构、医疗保健产品提供者、医疗保健金融组织、第三方服务中介及其他利益相关者分工协同的效率。

第二个层次是政府监管支撑生态。如果说物联网技术支撑生态决定了生命健康生态圈的技术边界，那么政府监管支撑生态则决定了生命健康生态圈现实的法律伦理边界。一个基本的政府监管支撑生态应当包括国家当前的医疗保健法律法规体系、国家基本和补充医疗保障体系、国家医疗保健监管体系和国家未来的医疗保健改革政策体系。

第三个层次是医疗保健金融支撑生态。医疗保健金融支撑生态，是在医疗、养老等国家基本和补充医疗保障体系之外，由国家、地方和各类商业组织发起成立的医疗保健领域的引导、投资、借贷、扶助救济等各种形式的营利或非营利专业性金融活动，用以支撑生命健康生态圈的建立、运行、发展和价值分享。高度金融化是现代经济系统的一个基本特征，而医疗保健产业作为一个具有显著的行业特性的领域，普通金融、大众金融往往难以承担起生命健康生态圈的金融支持功能，唯有建立、加强和完善专业化的医疗保障金融支撑体系。

第四个层次是医疗保健服务支撑生态。医疗保健服务支撑生态，是由具体承担现实或潜在的医疗健康服务需求者和医疗保健需要发现、响应、方案设计、资源供应、保障实施、后续辅导及相关经济法律服务的医疗保健机构、医疗保健产品提供者、第三方服务中介组成的直接的医疗保障服务互动系统。其功能是通过专业化分工和协同配合，最终实现医疗健康需要的满足。

医疗保健服务支撑生态的核心，是以人为本、以数据为基础，促进互联互通、智能决策的个人健康信息平台的搭建和有效运行。这个平台要面向医疗机构，还要向每一个现实或潜在的医疗健康服务需求者提供个人的健康档案查询、医保咨询结算、就诊者信息修改等服务，也要面向药物提供商，根据个人的健康信息合理用药、合理检查。有了这样一个信息化平台，有效运转的医疗保健服务支撑生态才能建立起来。同时，也正是由于个人健康信息平台的存在，才能够实现生命健康生态圈的物联网技术支撑生态、政府监管支撑生态、医疗保健金融支撑生态、医疗保健服务支撑生态四个子生态层的纵向连接和互动，保证生命健康生态圈在横向和纵向两个维度上整体有效运转并使其价值提升。

七、2020年新冠肺炎疫情后的整合生命健康产业发展

新冠肺炎疫情暴发，医药健康产业的战略价值提升，在与城市发展和智慧城市建设深度融合的基础上，在产业大数据治理、科研创新加速、BT与IT融合等三个方面对生命健康产业的发展形成长远的影响。新冠肺炎疫情之后，围绕优质医疗资源导入、防疫科研、数字科技等不同主题，每个地区都面临聚合生命健康发展要素、形成特色突破的发展机会。

1. 产业大数据治理进入新阶段

在2020年新冠肺炎疫情防控中，新冠病毒感染者跟踪、医用物资供需对接、个人健康码等大数据治理应用场景发挥了较大的作用。新冠肺炎疫情过后，全国城市管理的"大数据思维"和"大数据应用"将得到显著强化。与新冠肺炎疫情关联最为紧密的医药健康领域，在经历过此次新冠肺炎疫情的洗礼和考验之后，传统的治理方式将加快改变，涵盖重大疾病预警、大健康管理、地方产业发展管理、产业供应链整合等众多环节的大数据治理将被持续强化，并向着更加精细化和透明化的方向发展。

在抗击新冠肺炎疫情中，各地积极开展对本地医药健康企业的调研梳理，推动防疫抗疫物资的研发生产，但在十万火急的抗疫防疫中，传统的"表格调研思维"又显得十分笨拙。2020年的新冠肺炎疫情，进一步暴露出经济正常运转不能充分揭示的供需不均衡、物质周转慢、统一调度及协同性差等问题，由医疗机构、物流企业、物资供应商、政府管理部门等各类实体构成的快速

响应新冠肺炎疫情变化的动态供应链管理网络存在缺失,以至于包括"火石创造"在内的很多市场主体不得不去补充该供需网络的一些环节。

2. 科研创新加速带来发展新机会

2020年,为应对新冠肺炎疫情,国家、地方政府、科研机构和企业等各类主体积极推进一批科技攻关项目,在为新冠肺炎疫情防控提供应用成果的同时,在短时间内集中孕育一批新技术、新产品和新业态,并将进一步推动科技成果转化体制及服务体系的完善。同时,2003年和2020年两次发生冠状病毒疫情,促使国家重启一些病毒科研项目,并推动长效支撑机制和生物安全监管机制的突破。

从国家科技部在抗击新冠肺炎疫情中启动的四批应急攻关项目来看,重点在病毒病原和流行病学、动物模型、检测诊断、药物研发和临床救治及疫苗研发等方面进行部署。北京、重庆、潍坊等不同层级的城市积极开展新冠肺炎疫情相关的科研项目攻关,在推动近期应急项目攻关的同时,也鼓励一些长期科研项目的开展。

3. BT与IT融合迈上新台阶

与2003年的非典疫情不同,2020年的新冠肺炎疫情中,移动互联网、5G、人工智能、超算等数字科技兴起,并在病毒溯源、药物研发、疫情研判、诊疗救治等医药健康场景中得到了较为广泛的应用,较大规模的应用场景空间将更好地揭示应用中的一系列细节障碍,进一步推动数字科技在医药健康领域应用中展现技术成熟、模式完善和标准统一的优势。

同时,结合新冠肺炎疫情暴露的医疗资源不足且区域间不均衡、信息化建设不足且不同机构间信息化水平差距大、部分医药研发环节存在较大短板等问题,国家出台政策加快数字信息科技在医药健康领域中的应用,进而推动远程医疗、智能医疗机器人、智能研发、智能医疗救治等新业态的发展。

4. 新冠肺炎疫情影响下的整合生命健康产业发展路径演变

(1)加强医药健康产业组织体系建设

2020年,新冠肺炎疫情发生在国家连发《健康中国行动(2019—2030年)》等三个关于"健康中国"战略的文件之后。这些战略文件推动国家加大公共医疗卫生投资及传染病领域的投资，加快激活国家、社会及公众各类主体参与"健康行动"的潜能，形成国家投资、政府消费、社会供给和民生需求相统筹的经济提振新动能。

为抢抓医药健康投资新机遇，结合国家公共卫生应急体系建设，承接疫情防控科研成效，各地增强医药健康发展的组织建设能力，统筹国家应急体系建设，成立医药健康发展领导小组，设立专门的工作组织机构，统筹推动公共卫生医疗体系、病毒瘟疫综合防控体系、生物医药产业、"健康城市"、"智慧城市"的一体化建设，形成发展"一盘棋"，实现民生事业、城市建设和高质量经济发展的统筹。

加强生命健康与城市建设相统筹的投融资体系建设，成立医药健康与"智慧城市"建设统筹发展专项基金，构建长效机制，统筹卫生防疫体系、医疗资源提升、医药健康产业发展与"智慧城市"建设，创新投资方式，实现固定资产投资、产业投资和社会民生投资的有机结合，以便吸引医药健康创新的资金支持。

（2）提升生命健康产业的数字化服务能力

2020年抗疫形成全社会数字化思维，防疫医疗物质应急供应链管理缺失、健康城市大数据监测及管理的失效、对本地拥有科技抗疫能力的企业的资源摸排慢等短板弱项充分暴露，补短板、堵漏洞、强弱项成为全社会的共识，以此推动各地加强医药健康产业的数字化服务能力，提升本地医药健康产业发展的服务质量和效率。

一是构建产业数字化管理能力。建立数据实时动态更新的重点企业信息档案库，构建清晰的企业画像，将显著提升本地产业监控管理的及时性和精准性。例如，在新冠肺炎疫情中，产业数字化管理有助于地方迅速掌握本地应急医疗物资的产能，科技抗疫企业的创新资源。

二是构建产业数字化招商服务能力。通过智能化产业情报监测体系及基于"大数据+AI"的智能招商系统建设，便于产业管理部门第一时间掌握重点发展领域、重点企业的全维度动态信息，服务本地招商工作的开展。例如，通过对全国抗疫科研攻关项目的进展及服务需求进行动态监测跟踪，推动成果的本地转化对接。

三是构建产业数字化创新服务能力。推动区域资源线上化、资源管理流程化服务，以企业及服务资源的精准画像为基础，赋能中小企业创新全流程。

构建"B2B"模式创新资源服务与交易,链接全国产业创新资源和要素,降低企业创新资源获取周期和成本。

(3)结合不同区域特色,形成五大发展路径突破

第一,以优质医疗资源导入为支撑的医研产示范基地建设。新冠肺炎疫情之后,国家及各省(市)为提振实体经济,弥补医疗资源短板,将加大公共卫生投入力度,在国家医学中心、区域级医疗中心的建设中会加大扶持范围和扶持力度。

对于部分地区重点建设的生物医药产业集聚区,可争取建设具有较高科研水平的国家级或区域性医学中心,并突出传染病专科特色,推动疫情防控服务、智能救治、病毒传染防控策略、高致病性病毒监测与预警等方向的研究,打造医研产融合的健康产业示范基地,集聚医疗服务、医学教育、医学科研、药械研发、审评检验等高端资源,完善具有健康产业特点的医研产综合协同政策。

第二,以病毒防疫科研为引领的产业协同创新中心。鉴于16年内发生两次对经济造成较大影响的冠状病毒疫情,新冠肺炎疫情过后,国家将在加强安全监管的同时,推动病毒微生物领域的研究。

对于国内在病毒微生物研究领域具有较好科研基础的地区,借鉴美国国立卫生研究院模式,争取建设国家级公共卫生与防疫研究院,推动病毒病理学研究、抗病毒药物研发、防控装备研发、检测试剂(盒)与设备开发等专项研究,形成集基础科研、感染病学科专业人才培养、药物研发制造、成果转化等多功能于一体的生物医药产业协同创新中心。

第三,以医药健康与数字科技融合发展为主题的示范基地。数字科技在新冠肺炎疫情防控中得到较大规模的应用,部分业务形成了较好的市场接受度、技术成熟度和商业模式清晰度。应用数字科技的生命健康新业态、新技术、新服务将开拓较大的增长空间。

对于新一代信息科技具有较好基础的部分地区,可积极推动医药健康与数字科技融合示范基地建设,围绕5G医疗、AI医疗、药物智能研发、医疗大数据、智能医疗机器人等新冠肺炎疫情防控中的重点应用方向,实施"医药健康+数字"融合工程,培育医药健康数字服务新业态,打造全国医药健康数字服务中心,加快云计算、大数据、区块链技术在药物早期研发、药物临床数据分析、医学诊断和临床决策支持系统等方面的应用,形成生物数据集成

开发应用领先优势,加快培育发展智能医学影像、智能诊疗、智能健康管理等数字服务新业态。

第四,对接科研应急攻关项目,推动本地优势领域转型升级。疫情防控科研项目开展了新型日常防护口罩、医用防护服技术研究、消毒杀菌技术与设备、非接触测温设备等领域的技术攻关,这些技术的突破将对相关领域的转型升级具有较大的支撑作用。

对部分生产传统医用耗材的地区来讲,此次新冠肺炎疫情会推动优势企业的发展壮大或者使经营不善的企业起死回生。因此对这些地区来讲,应借助国家重大科研攻关,加大相关领域的产业创新支持和关联项目的转化落地,促进某个细分领域的集聚发展。同时支持本地企业的生产制造智能化改造升级,打造柔性智能制造基地。

第五,以医药和生命健康为特色的国家应急产业示范区。根据国家的战略部署,下一步将健全国家公共卫生应急管理体系、统一的应急物资保障体系、国家储备体系,优化重要应急物资产能保障和区域布局。2014年以来,国家共认定3批20个应急产业示范基地,但以生物医药为特色的基地建设基本为空白。

对于部分交通区位好、物流基础好、具有较大医护物质产能的地区,建设以医疗卫生用品为特色的国家级应急物资储备中心和应急物资产能保障中心,打造集物质储备、应急医护物质生产制造、物流配送、供应链金融、医药第三方物流、电商物流等功能于一体,并向高端医疗器械、创新药研发转型发展的国家医药健康应急产业示范区。

经济社会发展遭遇的每一次剧烈的冲击,都会为未来孕育变革的力量。2020年的新冠肺炎疫情作为半个多世纪来对全球影响范围最广的事件之一,必将对生物医药产业在治理方式、基础研究突破、成果转化、政策体制、产业业态等方面形成潜移默化的深化影响,并为各地生物医药和生命健康产业发展创造新的整合发展机会。

◎第二十七章
三产融合型农业

按照国际通行的国民经济分类为三个产业，第一产业主要指生产食材及其他生物材料的产业，包括种植业、林业、畜牧业、水产养殖业等直接以自然物为生产对象的产业；第二产业主要指加工制造产业，对自然界和第一产业提供的基本材料进行加工处理；第三产业是指第一产业和第二产业以外的其他行业，范围比较广泛，主要包括交通运输业、通信产业、商业、餐饮业、金融业、教育、公共服务等非物质生产部门。

"三产融合"是特指应用于农业整合经济发展的产业整合。其含义是"农业生产＋农产品加工业＋农产品市场服务业"三个产业融合发展。

一、三产融合——中国农业产业整合发展的大战略

在中国推进农村三产融合，不仅是中国城乡一体化发展的重要组成部分，还是促进农民增收的重要手段和实现农村地区可持续发展的客观要求，是促进中国实现农业现代化的重要途径。因此，推进中国农村三产融合发展具有非常重要的意义。

1. 三产融合是城乡一体化发展的重要组成部分

在社会主义市场经济条件下，农业与非农产业的关联度加强，第一产业、第二产业、第三产业的界限越来越模糊，相互促进、相互依赖的程度越来越高。如果单纯就农业抓农业，就农村抓农村，农业农村经济的发展空间和途径将会越来越窄。必须坚持以工业化思维抓农业，通过市场牵龙头，龙头带基地，基地连农户，解决产品深加工、延长产业链的问题；学会在服务经济中寻求农村经济发展机遇，借助"互联网＋农业"、现代物流、商贸流通等

手段，落实好以销定产、订单农业等问题；用高层次产业的思路和办法来指导第一产业的发展，把千家万户的分散经营与社会化大生产统一起来，从根本上拓宽农村经济发展思路，解决"三农"问题。推进农村三产融合是新时期农民增收、农业发展的新方向，它能够有效地改变原有的耕作方式、生产模式及销售模式，延伸农业产业链，并让农民更多地享受到农业产业链增加带来的价值增值，缩小城乡收入差距，改变传统农村贫穷落后的局面。可见，创造新型城乡关系，是中国城乡一体化发展的重要组成部分。

2. 三产融合是提升农业整体水平和农民收入的重要手段

在利益分配机制方面，农村三产融合通过按股份分配、按交易额返还利润等方式，促使农村三产融合主体不仅可以获得农产品原料的收益，还能够得到农产品加工和销售等环节中返还的部分利润，并且能够分享通过农业产业链延伸、扩展的方式带来高附加值利润。通过大力发展农村三产融合，可以真正做到农业与其他产业一起利益共享，风险共担，三产融合已成为提高农民收入的重要手段。

跳出"三农"看"三农"，跳出农业抓农业，既是指导农村工作的全新理念，也是促进种植、养殖、经营、加工、销售方式进行革命性变革的思路。从发展方向上看，这种模式以市场为导向，以资源为依托，以农产品加工企业建设推进农业产业化建设，以农业产业化推动农村经济的市场化；从实际效益上看，第二产业、第三产业的介入，能够提高完善装备水平和农业基础设施，推动农业技术进步、产业结构优化和营销模式创新，全面提高农业可持续发展能力；从方式方法上看，实现了由微观管理向宏观指导、由行政命令向市场引导、由注重督促生产向注重市场开发、由以粮食生产为主向以基地建设为主、由单一考虑产量向追求质量效益的全面转变。

3. 三产融合是实现农村可持续发展的客观要求

随着城乡一体化进程的加快，城乡之间要素流动加快，新的商业模式和新型业态全方位地向农村渗透，促使传统的农业生产方式和组织方式不断有效升级，农村三产融合的深化发展可以有效解决农村生态环境恶化、农村社会发展凋零的问题，实现农村地区的可持续发展。

三产融合首先是注重生态环境的保护，将传统农业的精华与现代农业技术结合起来，既能够保证农业资源得到充分利用，又十分注重对农业资源和生态系统的科学养护和修复。三产融合发展，农业产业化快速推进及农业比较效益的提高，有助于有效聚集资金、信息、技术和人才等生产要素迅速向农业和农村转移，促进生产要素由"城乡分割"向"双向流通"转化，使落实"城乡统筹，协调发展"的方针成为现实可能。与此同时，通过发展农产品加工业，促进农村劳动力向非农产业转移，加快农村城市化进程。农民务工收入逐渐成为农民增收的主要途径，成为第二产业、第三产业发展的主要动力。

三产融合解决长期以来困扰中国农村和农业发展的两大难题——谁来种地和如何种地的问题。在当下中国，三产融合在部分地区已经初见其形，例如，"生产+加工+销售"的一条龙产业链；"吃、住、玩、土、特、奇、鲜"的休闲农庄服务链；以"互联网+"模式，借助"电商"平台推广农产品，引导农民、农业从"生产导向"转变为"消费导向"，成为"新农人"形成"新业态"。

4. 三产融合是实现农业现代化的重要途径

在实现农业现代化的过程中，先进的生产要素不断应用于传统农业中，会引发人力、物力、技术、制度等一系列要素的变革与更新，最终表现为农业综合效益的大幅度提高，促进农民增收，城乡统筹发展，创造出良好的生态环境，实现农业的可持续发展。

农业的三产融合通过产业联动、产业集聚、技术渗透和体制创新等方式，对生产要素进行跨界集约化配置，能够因地制宜地将更多的先进技术和现代化的生产方式运用到第一产业，同时又将第二产业的标准化生产理念和第三产业以人为本的理念运用到第一产业的发展中，将新技术、新业态、新商业模式贯穿其中，能够有效地实现农业综合效益的大幅度提升。

三产融合将传统的三大产业理念注入农业这个"狭义"的产业内循环之中，将农业生产、农产品加工业、农产品市场服务业三产深度融合，并纳入全产业链的工业化、产业化、市场化、专业化流程，不断拉长农业产业链，延伸农业价值链和效益链，通过产业间的相互补益和全面开发，放大系统性效益能量，从而提高经营者的收入和效益。

农业三产融合的更深层意义在于，在延长农业产业链和价值链、提高经营者收入和效益的同时，将会把社会上的优秀的农业人才、加工业人才、市场营销和服务型人才和资本资源有效地集中到农业产业中，从而不断提升农业产业化经营水平和农业全产业整体发展水平，促进农业实现持续、稳定、健康的发展，实现优质高效和可持续良性发展的现代农业发展目标。

近年来，农业产业以建设国家现代农业示范区为统领，以发展绿色食品产业为重点，着力打造优质粮食、安全牧业、绿色果蔬"三位一体"；农业、工业、服务业"三产融合"；农业设施建设、资源开发利用和生态环境保护"三者协调"；合作化经营、企业化管理、社会化融资"三维共进"的现代农业发展新格局，从而带动了农村经济的提升跨越。

二、农业三产融合的四个驱动因素

推动农村三产的深度融合，驱动因素主要来自技术、企业、市场和政府四个方面。其中，技术创新是产业融合的引擎，企业对利润的不断追求是驱动产业融合发生与发展的内在动力，不断翻新的市场需求为产业融合的持续深化提供外在诱因，政府则是确保产业融合深化发展的有力的外部保障，四者缺一不可。

1. 技术创新驱动是引擎

通过技术创新，可以打破农业产业内部不同子产业之间，以及农业与第二产业、第三产业之间的技术壁垒，逐步消除不同产业间的边界，生产出全新的产品或服务来满足消费者多样化的需求。技术创新是驱动农村三产融合的产生和发展不可或缺的引擎。例如，数字农业以遥感技术、地理信息系统、计算机技术、网络技术等高新技术为基础，将农业的信息化管理贯穿农业的生产、流通、销售等过程，达到用较低的生产成本产出健康的农产品和实现优良的生态环境等多重目的，实现农业与高新技术产业的深度融合。

2. 主体利益驱动是内在动力

农民依靠传统农业发展模式增收困难，而通过发展农村三产融合，则可以通过按股份分红、按交易额返利、提高产品附加值等方式获得较高的收入，改变过去处于利益分配机制末端的被动局面。一旦农民及其相关组织作为主体参与到农村三产融合发展中来，他们在追逐持续增加自身利益的过程中，为了获得规模效应和范围效应，会进行相互合作，从而会进一步促进农业跨产业的多元化经营，最终促使生产要素在更广泛的范围内得到优化配置，生产出更具有市场竞争力的产品和服务。

3. 市场需求驱动是外在诱因

随着经济社会发展水平的不断提高，人们对消费产品和服务的多元化、多层次需求日益增加。正是这种不断追求更好、更高、更新的消费需求驱动着企业不断谋求新产品、新技术、新服务的开发与创新，从而促进产业融合的产生和发展。农村三产同样由于受到市场需求的驱动而产生融合现象。例如，许多城市居民为了摆脱快节奏生活方式带来的压力，开始寻求在充满传统乡村文化的田园诗意中释放自我、还原自我的旅游消费服务，于是产生了乡村游、农家乐，并进一步发展成为文旅特色小镇等新型业态，促进了农村三产深度融合。

市场对农村需求的不断壮大，会促使农业产业内部各子产业间，以及第二产业、第三产业间的深度融合，促进高端、品牌化农产品和服务的开发与销售，而随着农村消费的大力发展，会将城市的消费观念和消费方式输入农村地区，不断催生集文化娱乐、绿色环保、农业废弃物资源化综合利用等于一体的农村三产融合的产品和服务。新的市场不断扩展，驱动农村三产融合纵深发展。

4. 政府政策驱动是外部保障

政府通过对宏观经济的调控、提供公共产品和服务、进行市场监管、出台政策、颁布法律法规等方式来达到保持国家宏观经济平稳快速发展的目的。对于农村三产融合而言，同样需要政府政策的驱动，通过财政、税收、法律等手段为农村三产深度融合营造良好的外部环境。

目前，中国农村三产融合发展仍然处于起步阶段，政府需要积极借鉴国外的农业产业发展经验，通过机制体制革新、加大财政投入、出台扶持政策、完善相关法律法规等方式促进农村三产融合的快速发展。

2015年，中央一号文件首次提出"推进农村一二三产业融合发展"，《国务院办公厅关于推进农村一二三产业融合发展的指导意见》（国办发〔2015〕93号）文件印发。五年来，农村一二三产业融合发展已经从一个政策语言、一个新鲜而抽象的概念，逐步成为被大家普遍接受的发展理念，成为推动现代农业发展、促进乡村产业振兴的具体实践。

推进农村产业融合发展是立足农业农村，以市场需求为导向，以完善利益联结机制为核心，以新型城镇化为依托，以制度、技术和商业模式创新为重点，通过更加有效的产业组织方式和更加紧密的利益联结机制，使农业产业链各环节之间的联系超越简单的市场交换或商品交换关系，相互之间形成一个有机融合的整体，实现"农、工、贸、旅"一体化，"产、加、销、服"一条龙，形成农业与第二产业和第三产业交叉融合的现代产业体系。

近年来，为加大对农村产业融合发展的支持力度，各部门对农产品加工业、乡村休闲旅游、农村创新创业等给予政策支持。按照支持的领域和方向，国家发展和改革委员会农村经济司从八个方面提出了强化农村产业融合发展的扶持政策，主要包括产业政策、投资政策、财政政策、税收政策、用地政策、金融政策、价格政策及其他政策。

例如，政府关于三产融合的金融政策，主要包括四个方面：一是鼓励金融机构与新型农业经营主体建立紧密的合作关系，推广产业链金融模式，如推进粮食生产规模经营主体营销贷款试点工作等；二是鼓励发展政府支持的"三农"融资担保和再担保机构，如稳妥有序地开展农村土地承包经营权、农民住房财产权抵押贷款试点等；三是支持发展新型农村合作金融，稳妥开展农民合作社内部资金互助试点；四是支持符合条件的涉农企业通过发行债券、资产证券化等方式融资。国家发展和改革委员会于2017年年底印发了《农村产业融合发展企业债券专项发行指引》，鼓励有条件的农业产业化龙头企业通过发行企业债券的方式，拓宽融资渠道，为项目建设提供长期稳定的资金支持。

在改革开放之前，农村经济以传统的种植业、养殖业为主，即1.0版本；改革开放之后的20世纪80年代初期，农业生产能力得到了极大释放，农产品过剩，当时以农产品加工为主要特点的乡镇企业迅猛发展，即2.0版本；20世纪90年代中后期，农业产业化经营迅速发展，实现产销一体化的阶段，即3.0版本；进入21世纪，农村产业融合发展是4.0版本，比简单的农业产业化经营的内涵更加丰富。

三、农业三产融合发展的整合经济学实践

1. 淮北市相山区积极打造农村产业融合新模式

淮北市相山区全力开展国家农村产业融合发展示范园建设工作，以相山经济开发区农产品加工产业为核心，积极向上下游延伸产业链条，带动一产，引领三产，示范园产业基础逐步夯实，产业链条不断延伸。这里已经基本完成凤凰山综合服务区、示范园道路硬化、新型农业经营主体培育等40个项目，累计完成投资29.18亿元。2018年，凤凰山农村产业融合发展示范园成为首批国家农村产业融合发展示范园。

相山区坚持"优一产"，带动农产品加工产业原料基地建设不断壮大。示范园共建设粮食、绿色蔬菜、特色水果、芳香作物、奶牛养殖五大原料基地，特色农产品原料基地种植面积为3万亩，订单农业面积为近2万亩。创建国家级、省级农业标准化示范区3个，国家级、省级蔬菜（水果）标准园9个，省级农业产业化联合体5个，培育市级以上农业产业化龙头企业38家、农民合作社93家、家庭农场110家，各类新型农业经营主体比创建前增加40余个。2018年，示范园农民人均可支配收入达12 861元，同比增长9.7%。

相山区坚持"强二产"，农产品加工产业实现集群式发展。淮北市相山区坚持优质资源向融合主体倾斜，加大对农业产业化重点龙头企业的支持力度，促进农产品加工产业集群式发展。园区共拥有规模以上农产品加工企业81家，基本形成了休闲食品加工、乳制品软饮料加工、生物科技加工、食品加工配套产业等五大产业集群。2018年，示范园农产品加工产业产值实现77.65亿元，同比增长15.7%。

"活三产"，随着乡村旅游、电商物流、展会经济等三产日趋活跃，全区农产品加工产业服务配套日趋完善。依托凤凰山绿色食品文化博览馆、黄里风景区、芳香特色小镇等旅游资源，示范园连续3年成功举办"黄里杏花旅游文化节"，每年吸引游客近15万人次。加快建设集农产品交易、物流配送、检验检疫等功能于一体的淮北农产品批发市场项目，年内投入运营后可实现"买全国卖全国"。凤凰山电子商务园入驻京东"淮北馆"、优狐网络等知名电商企业39家，2018年实现电商销售额超3亿元。此外，示范园还连续8年举办中国淮北食品工业博览会，签约项目投资额达750余亿元，食博会品牌享誉国内外。

农村产业融合发展为惠农富农注入新动能。通过进园务工、土地流转、订单农业等形式，淮北市相山区建立农企利益联结机制，拓宽农民增收渠道，先后带动 2.6 万多农民增收。其中，安徽曦强乳业公司、贝宝食品等龙头企业在互惠互利的基础上，与农民合作社、家庭农场、农户签订农产品购销合同，先后发展订单农业面积近为 2 万亩；曦强乳业公司、淮北正虹饲料公司先后为 20 余位农户提供融资担保约 900 万元，"龙头企业 + 银行 + 农户"合作实现三方共赢。

2. 昆明：农业园区成三产融合示范区

云南省昆明市现代农业园区成为一二三产业融合发展的示范区，也是拓宽农民增收渠道和构建现代农业产业体系的重要平台。昆明市有 10 个市级以上重点现代农业园区，2018 年共接待国内外考察团 150 批次，入园游客近 100 万人，总产值达 40 亿元。

昆明地处云贵高原，山地面积大，山高坡陡、海拔落差大，全市占地面积为 2.1 万平方千米，耕地面积少，农业产值小、占比低。作为非粮食主产区，昆明农业之长在于"特"，需要利用好特色资源。现代农业产业园则是昆明高原特色农业向现代变革的主要抓手，也是实现乡村振兴战略的有效手段。

为加快现代农业园区建设，昆明市先后出台了《关于推进现代农业园区建设的实施意见》《昆明市人民政府办公厅关于进一步加快现代农业园区建设的通知》等一系列政策措施，扶持、引导现代农业园区发展，以充分发挥示范和辐射带动作用。截至 2018 年年底，昆明已建成嵩明现代农业科技示范园区、石林台湾农民创业园、斗南国际花卉产业园区、晋宁宝峰农产品加工园区等 10 个重点现代农业园区。其中有 2 个国家级园区，3 个省级园区。

按照因地制宜、多能互补、综合利用、求实效、开发与节约并举的原则，昆明不断推进现代农业园区发展，10 个宜居、宜业、宜游的现代农业园区，在农旅融合发展上取得了较好的成效，形成了以打造鲜切花种植、研发、交易、物流为主的斗南国际花卉产业园区；以"建园即建城"为理念的嵩明现代农业科技示范园区；融合现代农业与旅游业，营造淳朴的都市农庄、美丽的田园风光、宜居的石林台创园；以农产品加工为主的晋宁宝峰农产品加工园区；以特色农产品种植和加工为主的宜良农产品加工及农业科技示范园区；以农业休闲观光采摘为主的富民农业科技示范园区；以农业高新技术研发和繁育为主的寻甸农业科技示范园区；集生产、初加工、销售、培训、示范、观光等功能于一体的安宁现代农业园区；以农业产业化示范基地为主的五华生态农业科技园；以绿色中药材、精品花卉、食用花卉生产基地，生态农业科普教育与农业博览基地为主的禄劝现代农业产业园。

这10个不同梯次的现代农业园区，已逐渐构成昆明的以国家级现代农业园区为引领、以省级为支撑、以市级为依托的高原特色都市现代农业发展新格局。昆明以农业园区为载体，以都市农庄为抓手，对这10个重点农业园区进行提升改造，并计划新增5座都市农庄，200个农民专业合作社，大力发展休闲农业、乡村旅游、农村电商等新产业新业态，力促农村一二三产业进一步融合发展。

昆明市智慧农业科技园项目融合云南农业大学、清华大学等高校科研院所在现代农业、未来农业方面的研究成果，依托梁王山的自然资源和文化价值，建成昆明高原特色农业的精品示范区和展示区，生态休闲、乡村旅游的体验区，成为一二三产业融合发展的样板区。

3. 宣州洪林现代农业示范区打造三产融合示范区

宣州洪林现代农业示范区自2009年正式创办以来，2011年成为第一批省级现代农业示范区；2015年被科技部认定为国家农业科技园区；2017年被国家发展和改革委员会等7部委认定为首批国家农村产业融合发展示范园创建单位；2011—2017年，连续3轮获得省级现代农业示范区考核优秀等次；2018年被省农业委员会、省财政厅认定为第一批省级现代农业产业园创建单位。

改革开放，实行"大包干"分田到户后，农民温饱的问题虽然得到了解决，但要让广大农民腰包鼓起来却是个重大课题。随着形势发展，传统的"日出而作、日落而息"的劳作规律、面朝黄土背朝天的耕作模式，以及肩挑手提式的运输方式逐渐淡出了历史舞台。因此，必须运用改革的思维和方式，"跳出一隅看全局"，通过创办现代农业示范园区，促进三产融合，为现代农业发展积极探索新路。在此背景之下，洪林现代农业示范区应运而生、破壳而出。

洪林建设现代农业示范区有三个优势因素。

一是优质的水源。上游有全区唯一的中型水库——红旗水库（又名"塘埂头水库"），下游有南漪湖天然湖泊，中间有一条20多千米的沙河上下贯通，水量充沛、水质清冽。

二是优良的生态。洪林三面环山（麻姑山、青隐山、东华山），一面临水（南漪湖），又有万亩绿色茶园，古宣州十景中有两景"麻姑晓日"和"南湖落雁"均源于此，生态环境十分优越。

三是便捷的交通。这里离宣城市区21千米，被誉为"宣州东大门"，距离沪苏浙的大中城市仅三个小时左右车程。

洪林现代农业示范区走过的近十年历程，大致可划分为三个发展阶段：

第一阶段为高标准农田建设阶段。从2009年开始，示范区争取到省财政厅农村发展局高标准农田建设项目，前后实施了五期，并有效整合了小农水、烟水烟电烟路、千亿斤粮食增产等项目，累计整合各类涉农资金近4亿元，完成高标准农田核心区面积达3.78万亩。通过连续多年的高标准农田建设，示范区内基础设施基本达到了"田成方、树成行、路相通、渠相连、旱能灌、涝能排"的建设标准，并且园区主干道全部铺上了沥青路面，主路面宽度达到6米，即使两车交错也绰绰有余。

第二阶段为产业结构调整和转型升级阶段。实施高标准农田建设前，一家一户沿袭的是"一麦一稻""一烟一稻"种植模式，费时费工、种植效益低下，农民增产不增收；实施高标准农田建设后，土地逐渐向龙头企业、专业合作社和家庭农场等新型经营主体流转，流转率达94.1%，亩均流转费用较非园区高出200—300元。流转出去后土地一般用于发展"两高一优"（高产、高效、优质）农业，其中稻渔综合种养就是其中最为典型的种养模式。2016年示范区稻渔综合种养面积仅为800亩，2017年发展到1.5万亩，2018年发展到2万亩，已建成安徽省万亩龙虾健康养殖基地。

第三阶段为农村产业融合发展阶段。示范区依托棋盘塔公司、鲜可达精致农场和桃之梦专业合作社等平台，大力发展生态农业、休闲农业和观光农业。其中在果蔬采摘方面，正月有草莓、三月有樱桃、四月有桑椹、五月有西瓜、六月有水蜜桃、七月有蜜梨、八月有火龙果、九月有猕猴桃、十月有蜜桔、十一月有冬桃、十二月有芦笋等可供采摘，让游客尽享采摘乐趣；在食宿方面，有洪林农庄、金漪园农庄、晨伍农庄、棋盘农庄和东华山农庄等各具特色的休闲农庄，充分满足"都市一族"吃农家菜、住农家屋、享受乡村宁静生活的需求；在农产品加工方面，有入选安徽老字号的"忆锅香"锅巴，有入选市级非物质文化遗产的宣扇系列产品，还有棋盘塔优质虾稻米及野生葛粉、干笋等，产品"叫好又叫座"。此外，还有投资1.87亿元建设万吨冻库项目，投资过亿的乐方食品、翘歌食品项目和食品添加剂项目。

以虾稻轮作为代表的稻渔综合种养模式是三产融合示范区内较为成功的种养模式。这种模式至少有四方面好处。

一是没有改变基本农田使用性质，且保证了一季粮食生产，确保了粮食安全。

二是使耕地得到了很好的休养生息，避免了原先"一麦一稻"掠夺性生产。

三是在虾稻轮作、生态种养过程中，不打农药、不撒化肥，既降低了生产成本，同时龙虾褪掉的壳、排出的粪便和未完全消化的饲料又成为天然有机质，确保虾稻无公害、品质好。

四是促进了农业增效和农民增收。据测算，每亩稻虾轮作种养效益达到6 000元，除去成本3 000元，亩均净利润达到3 000元，是传统农业种植效益的2—3倍。如今在洪林现代农业示范区，小龙虾做成了大产业，仅念念龙虾交易市场一天销售量就达1万市斤，日交易额突破30万元，并通过"公司+基地""合作社+农户"的方式，直接带动了广大贫困户"摘穷帽""拔穷根"，步入了发家致富的"快车道"。

为了保持龙虾产业健康发展，避免"虾贱伤农"的现象发生，洪林现代农业示范区管委会一班人未雨绸缪、长远谋划，一方面，积极引导龙头企业、专业合作社和种养大户，稳定现有供货渠道，大力拓展新兴市场，使龙虾上市期间苏锡常有6个收购点跟踪收购，确保好品质卖出大价钱；另一方面，组织人员先后赴江苏泰州、湖北潜江等地考察龙虾加工和销售市场，密切掌握龙虾市场行情及发展走势，积极捕捉新的商机。

总结洪林现代农业三产融合发展的经验，发展现代农业，产业是基础，融合是出路，人才是关键。洪林现代农业示范区以推进农业供给侧结构性改革为主线，以创建国家农村产业融合示范园为目标，在三产融合上综合施策、持续发力。

一是大力发展健康种养业，引进一批懂农业、有技术、有实力的公司和团队，实现"专业人干专业事"，着力增强抵御市场风险的能力。

二是全力推进宣州农产品（食品）加工园建设，实现园区农产品原物料就近加工，形成"种植生产—食品加工—产品销售"的一条龙、一体化格局，延伸产业链,提升附加值。

三是在引进"星创天地"众创空间和"新农人"大学生创业园的基础上,进一步加强与农业科研院所和大专院校对接合作,力争成立若干个科技工作站和农业科技孵化中心,加速专业人才集聚,加快农业科技成果转化落地。①

---

① 今日宣州. 打造"三产融合"示范区　为现代农业发展积极探路 [EB/OL]. (2018-07-20) [2018-07-20]. https://www.sohu.com/a/242402852_783731.

◎ 第二十八章
文旅融合产业

旅游资源整合是一项系统工程，涉及经济、政治、文化、生态环境和思想观念等方面。文旅融合是旅游产业资源整合的一个大战略。

一、旅游资源整合的深化需要整合经济学理论指导

1. 区域旅游资源整合形式重于内容

近年来，在旅游开发过程中加强区域旅游资源整合的思想成为学者共同关注的课题，长江三角洲、珠江三角洲、三峡、闽粤赣、环渤海等区域已初步达成了加强旅游资源整合、共同培育区域旅游整体优势的共识。但就目前的实际情况而言，区域间的旅游资源整合尚未真正展开，主要表现在区域间甚至是区域内部旅游产品严重雷同，资源的低水平重复配置，政府对整个产业发展缺乏足够的管理，产业发展质量不高和旅游市场处于分割状态，仅有的几个区域旅游资源整合是形式重于内容。导致此类问题产生的主要原因有以下两点。

首先，缺乏整合经济学理论的指导。尽管目前对区域旅游资源整合的研究已取得了丰硕的成果，但是这些研究大部分立足于经济学的角度，对区域旅游资源整合的目标、内容、动力机制等进行了研究和分析，并且多以单一旅游目的地为例，研究跨行政区域的旅游资源整合并不多。在区域旅游资源整合中，除了经济因素外，还涉及政治、文化、生态环境和观念等因素。

其次，在实践方面存在着区域利益的冲突，尚未形成有效的旅游资源整合模式。区域利益主体包括当地政府、旅游企业、旅游地社区和旅游者。区域利益诱导下的冲突是制约区域旅游资源整合的最大的瓶颈性因素之一。因此，运用整合经济学的共生理论，将区域旅游资源整合中的双方或多方作为

具有关联性的有机种群，对跨越行政区域旅游资源整合的共生条件、共生模式和共生机制等进行探讨，对加强区域旅游资源整合、优化区域旅游业结构、实现区域旅游一体化具有重要意义。

2. 整合经济学在区域旅游资源整合中的应用

区域旅游资源整合涉及两个以上的行政区，旅游产业涉及众多部门，区域间又存在很大差异，这些特点决定了其具有复杂性。因此，单个学科很难找到一个最优的解决方案，需要多学科的介入和多视角的审视。从整合经济学理论的视角研究区域旅游资源整合，可能会形成一些新的研究成果，整合经济学理论以研究复杂种群之间信息传递、物质交流、能量传导、合作共生的模式和环境为主要内容，这与区域旅游资源整合具有良好的兼容性和适用性。区域旅游资源整合的核心内容在于根据旅游发展的总体目标和旅游市场供求情况，把各种相关的旅游产业资源要素整合成为具有统一功能的载体，全面协调旅游资源开发，以参与合作各方实现利益共赢为目标，从而实现区域旅游资源市场价值和综合效益最大化，促进区域旅游业竞争力提升和经济一体化发展，即区域间旅游产业资源要素的自由移动、优化重组，政府与企业之间的紧密合作，树立"大旅游""大发展""大区域"的观念，提倡区域协作精神，遵循旅游市场发展规律，实现资源共享、优势互补、整体规划、统一营销、统一管理，建立功能互补的旅游产品群等作为主要内容而进行的经济协作活动。

区域间的旅游资源整合行为反映了生物种群之间相互联系，促进对称性兼容和一体化互惠共生，实现旅游个体或组织经济效益的提高，规模的扩大和范围的扩张，这些已经成为重塑新型旅游区域关系的关键。因此，就区域旅游资源整合的内容、目标和机制而言，其与生物共生具有很强的一致性和相似性。

二、区域旅游资源整合中的共生条件

共生关系的形成必须存在共生界面和共生机制，表现为共生单元之间物质、信息、能量的联系和共生度逐渐提高的过程。

1. 构成资源整合共生关系的条件

（1）参与整合的区域须具有相互兼容的内在性质和某种时间或空间联系。

（2）在给定的时空条件下，区域间应存在某种确定的共生界面，即区域间旅游资源整合的媒介。

（3）共生单元之间按某种方式进行物质、信息和能量的交换，通常由共生单元内在联系的亲近度、同质度或关联度决定。共生稳定程度取决于共生的内部结构，即对称性分配和稳定匹配，前者指对称最优激励兼容状态，后者指亲近度最高的同类单元或关联度最大的异类单元之间共生最稳定。

（4）参与旅游资源整合的区域还须选择和培育共生环境，一个良好的共生环境对共生关系的持续稳定发展具有重要意义。

2. 区域旅游资源整合共生关系的构成条件

（1）每一个旅游资源个体都有自己的独特性，同时也有与其他个体类似的共性，还应具有互补性及空间的接近性或联系的便利性。

（2）有经济、文化或政治上的联系，或有旅游资源、市场等要素上的联系，区域内有若干知名度较高的旅游地，旅游服务设施基本完善和配套。

（3）同类旅游地的相似程度或异类旅游地的互补程度决定共生方式。同类旅游地经过整合可以强化共同的优势，提高旅游产品档次；异类旅游地可以取长补短、优势互补。面对旅游产品的开放性、关联性、互补性和高投资特点，任何一方单一开发都显得杯水车薪，很难使优势资源得到有效配置，造成资源的闲置与浪费，使其无法从根本上改变旅游产业"弱、小、乱、散、差"的现状。面对激烈的旅游市场竞争，只有加强区域旅游合作，有效整合区域优势旅游资源，形成区域旅游品牌，才能赢得市场先机，实现共同发展。这种共生既可以是区域间不同旅游地之间的横向共生，也可以是不同产业要素的纵向共生或旅游地和产业混合共生；既可以是强弱旅游资源与资金、技术整合或弱弱整合开发，也可以是强强技术互补整合。

3. 旅游资源整合离不开区域环境

区域旅游环境包括硬环境和软环境。硬环境主要指旅游资源和自然环境、区域产业结构水平和产业布局；软环境指政府发展旅游业的决心、意识观念、服务水平和旅游产业发展战略等。共生环境从总体上制约旅游业的发展，尤其是自然环境规定性区域主导产业的选择将决定旅游业获得发展的机会。区域旅游资源整合是一项系统工程，需要不同区域共同参与。政府在其中扮演着重要的角色，政府对旅游资源整合的重视程度和投入的多少将影响区域旅游资源整合的成败。因此，共生的区域旅游发展环境容易形成旅游资源整合。

三、区域旅游资源整合中的共生模式

1. 旅游资源整合的理想组织模式

"一体化共生"是区域旅游资源整合的理想组织模式。"一体化共生"指共生单元之间具有稳定的主导共生界面和支配介质，形成了具有独立性质和功能的共生体，存在着双向的利益交流机制，共生关系稳定。"区域旅游一体化共生"是旅游地之间通过对市场的预测，为了旅游发展目标的实现，自愿通过市场主导共生界面、旅游产业资源要素和制度的联系，采取全面旅游资源整合，包括形态、空间层次、旅游资源、旅游主题、旅游形象、旅游线路、旅游商品、旅游市场、旅游促销、基础设施、产业链和管理制度等的一体化。打破行政区划的禁锢，消除地方保护主义壁垒，实现旅游产业资源要素自由流动，客源、品牌、基础设施和旅游资源共享；实现信息、旅游教育、旅游培训和研发的共享；完善区域旅游产业体系和产业链；完善区域旅游合作协调机制，建立企业、市场合作型机制，积极为旅游企业搭建合作平台，引导旅游企业在区域范围内开展联营、重组等，鼓励企业向集约化、网络化、品牌化方向发展，形成开发、销售、服务一体化，包括吃、住、行、游、购、娱等相关产业的联合；构筑区域旅游交通网络，加快城市通道和服务设施的配套与衔接；共同维护生态环境，规范各地政策、管理制度和加强区域的沟通协作，使旅游资源整合开发走上可持续发展道路。

2. 旅游资源整合的理想行为模式

"对称互惠共生"是区域旅游资源整合的理想行为模式。对称互惠共生状态是最佳激励兼容状态或最佳资源配置状态。区域旅游地在承认竞争和利益冲突的前提下，在强调特色化战略的同时，将局部的对立变成更大空间的共存，着眼于发展和保护共同优势，在旅游资源整合中产生新的、创造性的合作关系，扩大各自的共享优势和领域，通过内部结构优化重组、重塑旅游品牌、创新旅游产品提升区域旅游核心竞争力。旅游地之间通过利益的共享和义务的共担，构筑一个统一和谐的整体。当各旅游地在旅游市场这一共生界面中相互促进，共同发展时，这些旅游地就不再是孤立、分散的个体，而是一个区域旅游综合体，在一个有序整体中寻求双方或多方的共存共享和互惠互赢，能够获得任何一方都无法达到的高水平和整体利益的最大化。

旅游地之间功能互补与分工协作可以使旅游地在相互促进、相互激励中共同合作进化，推出针对不同细分市场、不同档次的产品、柔性化、个性化、多元化、专业化的产品组合，凸显区域特色。在整体利益的驱动下，区域旅游资源整合水平不断提升，包括整合的内容、领域、范围、形式等方面的互利互惠，共生互惠，通过聚集整合可以产生规模经济和聚集效应，实现区域旅游地的可持续协调发展和共生多赢。

四、区域旅游资源整合的共生机制

共生机制指共生单元之间相互作用的动态方式，它的建立是区域旅游资源整合持续稳定发展的保障。为了促进共生单元的良性协调发展，实现区域间旅游地的真正共生合作，共生单元之间应建立以下共生机制。

1. 市场主导机制

旅游产业资源要素的市场化运作是必然的发展趋势。区域旅游资源整合是以消费者为中心、以市场需求为出发点来进行的，因此必须面向市场，研究和开拓市场，充分发挥其在资源配置中的决定性作用。在区域共生旅游资源整合中，必须打破行政区的封锁，加快建立统一的旅游市场，实现旅游产业资源要素在区域间自由流动和产业转移，不能依靠行政命令调拨资源，要对影响市场需求的因素进行细致的分析，据此整合出能获得游客喜爱的旅游项目和旅游产品。

2. 区域合作联动机制

互惠互利是区域旅游共生发展得以持续的重要支撑。各区域的旅游资源禀赋、发展条件不同，优势也就不同。实行区域合作联动机制，通过整合开发，区域旅游资源形成一个良好的空间优势互补关系，从而使区域间各旅游地凭借整体优势，获得在更大空间上的发展，增强区域整体竞争力，实现区域旅游地互利共赢，共同发展。同时，各旅游地在整体最大利益的驱动下开展促进新一轮更深层次的整合，形成对内营造互利共赢、协调发展；对外统一竞争良性发展的循环机制。其中分两种形式：一种是由政府或几个龙头企业牵头，在相关旅游企业或单位之间签订契约，组成战略联盟；另一种是在政府的引导下，国有资产和其他资本通过股份制改造共同注入新成立的公司，所有资源归其统一组织开发，形成统一的区域旅游发展，从而实现合作共赢的对称互惠一体化共生。[①]

五、整合经济学关于重庆旅游资源整合分析

1. 重庆的旅游资源优势与挑战

重庆位于东经 105° 17'—110° 11'、北纬 28° 10'—32° 13' 之间，地界东临湖北、湖南，南接贵州，西靠四川，北连陕西。辖区东西长 470 千米，南北宽 450 千米。境内气候适宜，雨量充沛，域内长江、嘉陵江、乌江、涪江、綦江、大宁河等江河纵横分布，北面有大巴山、南面有大娄山、东面有巫山、东南面有武陵山，还拥有其他的众多河流和山地、盆地、山谷、丘陵、平坝等自然环境。这里也有自然天成的奇特的喀斯特地貌。在这种地貌中，山、水、石、林、泉、洞、瀑、坝、峡等自然景观一应俱全，旅游资源极为丰富。而瞿塘峡、巫峡、西陵峡，即长江三峡举世闻名。加上这里厚重的考古历史文化，独有的巴蜀、巴渝文化，闻名遐迩的名人文化、深厚的城市文化（陪都文化），浓郁的乡土文化，以及美食火锅文化，码头文化，三峡文化，移民文化，特别是以秀山土家族苗族自治县、酉阳土家族苗族自治县、石柱土家族自治县、彭水苗族土家族自治县为代表的且独具民族风格的土家族苗族民族民俗文化，都是重庆特有的旅游资源。

此外，西部大开发战略的实施使重庆成为直辖市，以及重庆自古以来在大西南地区的战略地位等，也使重庆的旅游资源在重庆经济社会发展中的地位与作用越发凸显。人们都纷纷开始重视重庆旅游业，因此，开发和建设重庆的旅游业成了众多有志于旅游业的商家"掘金"的重要途径，同时也成为

---

① 王东红. 共生理论视角下的区域旅游资源整合研究 [J]. 焦作大学学报, 2009, 23(2): 56—58.

当地政府拉动国民经济的重要支撑。

重庆旅游资源丰富，但在开发和建设中，还存在着注重短期效应而缺乏大局意识，重视经济效益而忽视社会效益，过度开发而不注意环保，以及规划起点低，广度、深度不够，创新意识不强，精品意识淡漠，产品更新换代慢，部分从业者素质不高等问题，特别是高层次旅游人才严重短缺，这些都使重庆的旅游产业发展面临不少挑战。例如，各自为政、开发无序、投入不足、恶性竞争、相互杀价等，致使景点（景区）规模不大，资源分散、雷同，重复建设，千篇一律；产品低端，个性不鲜明，高品位、大品牌的旅游资源严重不足；没有集中财力和物力办大事业、大旅游的整体合力；顺应时代发展要求的休闲旅游、互动旅游明显偏少；游客停留的时间较短等。这些问题都严重制约着重庆旅游业的发展，成为重庆旅游业发展中的一道瓶颈。所以，重庆旅游业必须根据整合经济学的资源整合理论，充分整合区域内旅游资源，汇聚优势，打造全域旅游的整体品牌，形成规模化旅游大格局。

2. 重庆旅游资源整合的关键点

（1）体制、机制的整合

重庆旅游与周边旅游相辅相成。重庆旅游业的发展离不开湖北、湖南、陕西、四川、贵州和云南等地的旅游业，湖北、湖南、陕西、四川、贵州、云南等地旅游业的发展也离不开重庆旅游业。重庆自古以来在大西南地区具有特殊的地位，理应在当今西部地区的包括旅游在内的各项事业中发挥主导和中心作用。所以，重庆无论是在其自身制定的相关旅游政策或出台的相关旅游措施中，还是在与周边省区（市）的旅游合作中，乃至与中央旅游政策的对接或是争取中央有关旅游的优惠政策的过程中，都要始终站在大重庆、大西部中心位置的战略高度，主动与周边省区，甚至与国家相关部门联合建立和出台一系列整合重庆与周边旅游的政策、措施或制度，并保证这些政策、措施或制度的落实，从而使重庆旅游资源的开发和利用有一套完整的制度体系，进而实现重庆旅游业的可持续发展。

（2）旅游资源品牌的整合

旅游资源品牌的整合主要是与周边省区的整合，包括与东边的湖北一起对三峡旅游资源的整合，与西边的四川，北边的陕西，南边的湖南、贵州、云南对旅游资源的整合等。在整合过程中，特别要注意品牌形象的打造与整合。在品牌的打造上，要集合相关旅游资源，打造好两个品牌：一是三峡文化旅游品牌，二是民族民俗文化旅游品牌。

目前，重庆旅游的品牌数量太多，如三峡游、都市游、温泉游、乌江画廊游等。品牌多，说明这里的旅游资源丰富，但牌子太多，特别是没有主打品牌，就没有了精品、名牌。所以品牌不能太多、太杂。首先，对重庆旅游来说，"三峡牌"是一块金字招牌，应该打好。因为在整个三峡地区，除了湖北的宜昌市、秭归县、兴山县、巴东县外，其余的巫山县、巫溪县、奉节县、云阳县、开县、万州区、忠县、涪陵区、丰都县、武隆区、石柱县、长寿区、渝北区、巴南区、江津区及重庆核心城区（包括渝中区、沙坪坝区、南岸区、九龙坡区、大渡口区和江北区）等都在重庆市辖区内，仅规划搬迁建房的总人口就达37.5万人，而湖北的规划搬迁建房的人口只有6.5万人。三峡库区，重庆占了大半的江山，在利用三峡旅游资源时，重庆理所当然要打好三峡这块世界级的旅游精品品牌。同时，就整个重庆的旅游资源来说，像三峡这样具有世界顶级水平的景点也微乎其微，无论是拥自然生态资源的小山峡、缙云山、四面山，还是拥人文资源的红岩村、大足石刻等，都无法与之媲美。

其次，要打好"民族牌"。从民族和人口来说，这里就有不少少数民族的文化资源可供利用。例如，在重庆行政区域内的少数民族就有土家族、苗族、回族、满族、彝族、壮族、布依族、蒙古族、藏族、白族、侗族、维吾尔族、朝鲜族、哈尼族、傣族、傈僳族、佤族、拉祜族、水族、纳西族、羌族、仡佬族等49个少数民族，少数民族人口总数为175万，占全市人口的5.6%。相邻的贵州有苗族、布依族、侗族、彝族、水族、回族、仡佬族、壮族、瑶族、满族、白族、蒙古族、羌族和土家族等共1 000多万人口的17个少数民族。加上少数民族大省——云南和有散居少数民族的湖北、湖南、四川、陕西等省，以重庆为中心而聚集在大西南地区的少数民族人口总数至少在2 000万以上，是一个十足的大民族、大融合、大包容、大开放的，多民族交错混融的，各民族文化璀璨、斑斓而又多姿多彩的民族大舞台。重庆有如此丰富多彩的民族文化资源，就应该用好这些文化资源和品牌来打造和推介这里的旅游。因为"只有民族的，才是世界的"。民族民俗旅游对游客具有极强的吸引力。

3. 与其他相关旅游要素的整合

与其他相关旅游要素的整合包括重庆市与各区、县（市）、镇、村行政系统之间涉及旅游相关问题的整合，各旅游景区（景点）、旅行社、旅游酒店、旅游交通、旅游宣传、旅游标识等与旅游相关要素间的整合等，都应成为重庆旅游整合的重要内容。因此，各相关部门、相关人员，都应从大局出发，克服各自狭隘的局部利益观念，通过整合各种旅游资源要素，共同打造好重庆的旅游形象，为实现重庆旅游的大发展、新飞跃、新跨越，特别是发挥重庆旅游在推动区域经济中的作用作出贡献。这样，不但会使重庆旅游得到发展，而且也是使各种利益群体或集团利益得到有效保障的先决条件。

4. 重庆市大南山旅游风景区的资源整合

（1）资源综合评价

第一，资源总量丰富。旅游资源类型多样，品位高。大南山景区可供开发的资源丰富多样，囊括了旅游资源分类表中的八大类型，18个亚类和41个基本类型，且不乏高等级的旅游资源。大南山旅游风景区既有迷人的自然生态风光，又毗邻现代化的大都市；既有优越的山地森林资源，又有旖旎的湖泊水域风光；既有浓厚的历史文化底蕴，又有以现代文化为主题的水上乐园，是一个集生态旅游、休闲度假、健身康体、山地与森林景观欣赏、爱国主义教育、大型主题乐园游玩、宗教朝拜等多种功能于一体的大型综合旅游区。

第二，生态特色突出，休闲气质明显。具备"重庆森林"意象的大南山风景区以南山国家级森林公园为核心，素有"森林的世界""花的海洋"之称，被誉为"山城花冠"，历来以其优越的生态环境为重庆市民和外地游客所喜爱，是名副其实的"重庆森林"。

第三，历史底蕴深厚，独具人文风采。大南山区域文化源远流长，从遥远的古代传说，到近现代的历史事件，无一不赋予了大南山地区深厚的文化底蕴。作为华夏民族的治水英雄，大禹治水"三过家门而不入"的故事家喻户晓；老君洞素有"道教川东第一丛林"之称；涂山寺也是巴渝地区最早的寺庙之一；一条黄葛古道，人们走了近千年。抗战期间，重庆作为中华民国的陪都，见证了中华民族抗击帝国主义侵略的历史，黄山抗战遗址博物馆不仅是作为蒋介石等国民党军政要员的官邸和办公场所，更是当时中国乃至远东地区反法西斯斗争的指挥中心，至今仍留有许多重要建筑遗迹。

（2）大南山旅游资源整合开发特点

一是区域整合。南山是重庆的一张名片，在重庆市具有重要地位。大南山地区旅游的发展，需从整个区域出发，实施区域旅游整合发展战略。在全国范围内凸显"二战远东反法西斯中心"和"山水之城"的地位；在重庆市范围内凸显"城市公园""山城花冠"的地位，构建重庆市环城休憩带中的重要节点。从空间、功能及旅游者旅游行为规律等角度整合"山、水、泉、林、花、洞"等自然要素，以及"抗战文化、宗教文化、美食文化、大禹文化、建筑文化、名人文化、民俗文化"等文化因素，使之协调统一、和谐发展。

二是内涵式发展。大南山区位条件好，旅游资源丰富，旅游产业发展较早，已形成了一定的知名度。但是，大南山旅游在发展过程中缺乏总体规划和监管，过分追求规模和速度，对产品"品质"重视不够。在走过了外延式发展阶段后，应追求内涵式发展，实现产品的升级，以适应市场的需要应对及应对激烈的市场竞争。同时，大南山旅游在区域上发展不平衡，北重南轻。因此在空间拓展上，黄桷垭以南应是大南山旅游发展的方向，其发展除了依托资源条件外，还应考虑北边旅游发展在产业、功能及产品上的延伸与补充，使其既形成规模优势又避免过度竞争，根据市场容量既保证一定速度又确保品质，处理好外延式发展和内涵式发展的关系。

三是产业联动。大南山地区占地面积有36.8平方千米，其中包括森林、耕地、村落、城市建设、旅游商业用地等，涉及林业、农业和旅游业等。在党的十七届六中全会之后，从中央到地方先后颁布了一系列促进旅游与文化产业融合发展的政策性文件，因此大南山旅游的发展以旅游业为龙头进行产业结构调整；根据旅游者的行为规律调整产业要素的空间布局及功能分布，实现与林业、农业等联动发展，探索城乡统筹改革的新途径。[1]

六、文旅融合资源整合营销系统

建立旅游目的地营销系统的模式正成为我国旅游电子商务及旅游信息化发展的一种新趋势。与其他模式相比，它有着强烈的区域整体性，是整合经济学资源整合理论在文旅营销整合系统中的具体应用，并且在文旅融合旅游产业发展中发挥了重要的作用。

---

[1] 黄葵.旅游资源与旅游空间整合开发策略研究[J].重庆教育学院学报，2012, 25 (6).

1. 目的地营销系统的概念

目的地营销系统（Destination Marketing System，DMS）是旅游目的地通过互联网进行网络营销的完整解决方案，其主要目的有：提升目的地营销的整体水平；促进目的地旅游信息的规范化和标准化；帮助旅游局实现对当地旅游企业的营销管理；提高旅游目的地的知名度，带动旅游者的访问量；刺激游客在目的地的旅游消费，增加旅游收入。旅游局通过目的地营销系统为地方旅游企业、旅游媒体和旅游消费者服务，并在此过程中整合有利于目的地旅游产业发展的各种要素，以充分发挥其作用，从而提高目的地营销系统的整体实力，增强目的地旅游业的整体竞争优势，同时也使区域内各旅游企业及相关机构受益。目的地营销系统的作用对区域内中小旅游企业显得更加重要。

目的地营销系统与其他旅游电子化服务模式的区别在于它是以目的地整体形象来参与全球旅游营销竞争。在这一模式下受益的不是某一类企业或者某个企业，而是区域的所有旅游企业及旅游相关机构，该系统的成员也主要为目的地区域内的旅游企业和机构。目的地营销系统的突出特征是鲜明的目的地整体形象和基于目的地旅游的完整的个性化定制服务，其整体的功能来自利用网络系统对区内各旅游要素的有效整合。这一系统不仅是技术系统，更是一种区域网络组织系统。

2. 案例：大连旅游网整合营销实践

"浪漫之都——大连旅游网"是大连旅游局为提升大连市旅游整体形象和竞争力而构建的大连市旅游目的地营销系统。它是"金旅工程"国家级目的地营销系统的一个组成部分，是大连旅游局为旅游企业提供电子化服务以及大连旅游企业参与电子商务的一个平台，是中国第一个旅游城市目的地营销系统的试点网站。目标是提升目的地营销的整体水平，也就是通过计算机网络整合目的地区域内的旅游机构、相关旅游企业、旅游媒体和旅游消费者等各种要素，充分发挥各要素的作用，在激烈的旅游市场竞争中形成一种整体优势，提升目的地旅游产业的整体竞争力。其目标最直接地体现在目的地旅游整体形象的塑造、区内旅游市场及旅游资源的整合、区内旅游产品及服务价值链的整合。

目的地营销系统为促成其区域内旅游业形成整体竞争优势，通过DMS来整合各类要素。因此与其他旅游电子商务模式相比，其服务对象具有多样性、综合性。浪漫之都——大连旅游网的服务对象包括区内旅游机构（大连旅游局）、旅游企业（大连的各类旅游企业）、旅游媒体和旅游消费者。其为所有目的地旅游业有关的利益主体提供了相互沟通、相互合作的网络平台。

作为国内第一个旅游目的地营销系统，大连旅游网具有以下四个特点：

（1）目的地形象整合（大连整体形象——浪漫之都）

浪漫之都——大连旅游网给人最直接的、印象最深的感受就是其营造的浪漫环境和氛围，让人们强烈地感受到这座旅游城市的特色。

第一，其浪漫的文字语言就可反映其内在特色。大连DMS网站的名称"浪漫之都"就体现了其城市的浪漫形象，让人急切地想了解其浪漫之处。进入网站之后，"浪漫初体验""视频冲击波""旅游嘉年华""文化新空间""攻略指北针"等栏目名称和"爱在大连——秋之旅"和"车行大连——秋之旅"等专题旅游的闪动广告又加深了大连城市旅游在游客心目中的浪漫形象。

第二，富于浪漫色彩的城市景观图片的组合强化了其浪漫特色。网站首页中堪称中国一绝的"大连女骑警"景观图片就足以让人惊叹大连的浪漫。网站中的建筑、广场、绿地、喷泉、金石滩、浴场、高尔夫球场等图片能时刻让人感受到浪漫的气息。

第三，对整体定位下城市形象的总结、提炼和强化宣传使其浪漫形象具体化和丰满化。大连旅游网向游客展示了浪漫的大型节庆活动、建筑、广场、绿地、喷泉和市民等，通过图片和文字介绍，对其旅游形象进行了进一步细化的总结、提炼和强化宣传。

第四，以文化内涵为其浪漫形象的内在支撑。在其"文化新空间"一栏中，对其浪漫形象的内在支撑点进行了宣传，即大连的建筑文化、广场文化、海文化和绿地文化构成了大连浪漫形象的内在支撑点。

正是这些文化内涵及其之间的相互融合形成了大连城市旅游的整体形象——浪漫。它不是来自某一景区、某景点或者某一企业，而是来自整个城市。同时，如果没有对这种总体定位下的形象的提升和强化，以及区内各个利益主体的共同塑造和努力，其形象也不会如此鲜明突出，如此具有吸引力。

（2）目的地旅游信息及市场整合

目的地营销系统将区域内的旅游企业及相关旅游机构都集聚到同一网络空间，以达到对区域内旅游市场和旅游信息的整合。这为广大旅游消费者进行全面的目的地信息查询、旅游产品及服务的选择和比较提供了极大的便利，从而极大地增加了网站的访问量。同时为区域内大量没有能力独立上网的企业提供了面向世界的宣传平台。

大连旅游网提供的信息主要分为环境信息、分区信息、分类产品信息、旅游指南、动态信息、产品推荐和反馈信息等。这种整合以各个高度专业化细分市场的有机融合为特征，同时为了满足不同目标市场的需求，大连旅游网提供了简体中文、繁体中文、英语、韩语和日语五个语言版本，并且运用了文字、图片、地图、Flash 动画、音频、视频、三维全景等多种表达方式来传递大连旅游信息。

（3）实现系统内资源共享

大连旅游网整合区域内各方资源，可以节约和高效利用区域内的各种有形资源和无形资源，主要可以体现在以下三个方面：

第一，对信息基础设施的利用。大连旅游网为区域内的中小旅游企业提供了一个网络平台，使它们轻松地跨越网络利用的门槛。

第二，对系统内营销宣传资源的整合可以使区域内企业共树品牌形象，共享品牌资源。

第三，利用整合的客户资料和反馈信息，更有效地利用这些资源。

（4）产品及服务的价值链整合——形成区内动态的合作网络

大连旅游网除了能进行形象塑造和发布区域内旅游信息外，它还能提供各种预订服务和反馈信息的交流。游客心中的旅游活动应该是一个完整的过程，而不是各个环节产品的简单叠加，因此旅游目的地为游客提供的旅游服务应该根据游客的需求从旅游活动的整个过程来进行系统考虑，这就需要价值链各个环节的旅游服务商之间的紧密配合。企业自己建立的网站和专用的旅游预订网一般只能提供某一类产品或者某几个环节的产品及服务预订，没有旅游目的地的针对性。而作为目的地营销系统的大连旅游网能为游客提供全过程中各类旅游服务的预订，一次性完成交通、住宿、饮食、购物、娱乐和线路等方面的预订。游客还能进行目的地内的个性化行程规划，按自己的兴趣和实际情况设计展现自我的旅游产品，这一功能符合了正日趋发展的个性化旅游需求的趋势。[①]

---

① 刘绍华，路紫. 浅议旅游目的地营销系统的区域整合功能 [J]. 旅游学刊，2004, 19(2).

Part 6

第六篇
企业家的整合经济学

◎第二十九章
新时代的生产力要素

一、生产力的概念

1. 生产力

生产力是人类征服和改造自然的客观物质力量,是物质生产过程中人与自然界的关系。生产力是一个由多种要素构成的复杂系统,它的基本要素是劳动者、劳动资料和劳动对象。

2. 马克思主义关于生产力三要素的理论

马克思主义认为,决定生产力高低的因素有三个:劳动者、劳动资料和劳动对象。

劳动者是具有一定的生产能力、劳动技能和生产经验的参与社会生产过程的人,既包括体力劳动者,也包括以各种方式参与物质生产过程的脑力劳动者。

劳动资料是劳动者用以作用于劳动对象的物或物的综合体,其中以生产工具为主,也包括人们在生产过程中必要的其他物质条件,如土地、生产建筑物、动力、交通运输等。

劳动对象是生产过程中被加工的东西,包括直接从自然界中获得的资料和经过劳动加工而被创造出来的原材料。劳动资料和劳动对象统称为生产资料。科学技术也是生产力,并在生产力的发展中发挥着日益重要的作用。在生产力系统中,劳动者是人的要素,生产资料是物的要素,二者缺一不可,但各自发挥不同的作用。在人与物的关系中,人是能动的要素,是人创造物、使用物,并不断改进和提高物的性能。生产资料只有同劳动者结合才能发挥作用。正是人的劳动引起、调整和控制人和自然之间的物质交换过程。物的要素也十分重要，其中生产工具直接反映了人们改造自然的深度和广度，并标志着生产力的性质和发展水平。生产工具不仅是衡量人类劳动力发展的客观尺度，还是社会经济发展阶段的指示器。

3.生产力与劳动力的区别

生产力与劳动力的根本区别在于，前者是社会的机体功能或能力，后者是人的机体功能或能力。

生产力从来都是指社会的生产力。正如马克思指出："生产力表现为一种完全不依赖于各个个人并与他们分离的东西，它是与各个个人同时存在的特殊世界，其原因是个人（他们的力量就是生产力）是分散的，并且个人之间是彼此对立的，而从自身方面来说，这些力量只有在这些个人的交往和相互联系中才能成为真正的力量。"

生产力是一种客观的物质力量；生产资料是一种物质要素；劳动者的劳动能力是一种自然力——臂和腿、头和手的运动，是体力和智力的总和，任何时候的劳动都是体力的消耗和智力的支出。随着生产的发展和科学技术的进步，劳动者的智力内容日益从以传统经验为主转化为以科学技术知识为主，智力因素的比重也不断增加。但劳动者的智力和体力一样，只有在物质生产过程中才能发挥作用。因此劳动者的劳动力在本质上仍是一种物质要素，它的实现和提高受到客观条件的限制，首先是生产工具条件的制约。

生产力是一种客观的物质力量，更重要的在于它是一种不能由人们自由选择的既得力量。生产力具有连续性和历史继承性，体现着生产过程中人与自然的关系的生产力不专属于某一时代、某一社会、某一阶级，而是整个人类共同创造的财富。它不会随着旧制度的消灭而消亡，而是随着时代的前进而日益发展。因此，任何时代的人一生下来就遇到现存的生产力。这种生产力既是前一时代生产关系和生产力矛盾运动的产物，又是先前一切时代生产力的积累与发展。人们不能自由地选择自己的生产力，而只能首先接受前人已经创造的生产力，并适应这种生产力提供的物质条件以创造新的生产力。生产力的发展也是不以人的主观意志为转移的。作为社会形式的生产关系无疑对生产力的发展起着巨大的作用，但发展的根据，最终还在于客观存在的生产力自身的矛盾。生产关系推动生产力的发展，主要是通过推动生产力内部的矛盾运动，从而使生产力诸要素的作用得到充分发挥来实现的。

4. 生产力理论在中国特色社会主义时代的新发展

最早，马克思认为生产力与三个因素的关系是这样的：生产力＝劳动者＋生产工具＋劳动对象。

中国进入改革开放新时期，党中央提出"科学技术是第一生产力"的科学论断，生产力与三个要素的关系演变为：生产力＝（劳动者＋生产工具＋劳动对象）×科学技术。科学技术能够应用于生产过程，并渗透在生产力的基本要素之中而转化为实际生产能力。科学技术上的发明创造，会引起劳动资料、劳动对象和劳动者素质的深刻变革和巨大进步；科学应用于生产的组织管理，能够大幅度提高管理效率；科学技术为劳动者所掌握，可以极大地提高劳动生产率。现代科学技术发展日新月异，应用于生产过程的周期日趋缩短，对于生产发展的作用越来越大，日益成为生产发展的决定性因素。从这个意义上说，科学技术是先进生产力的集中体现和重要标志，是第一生产力。

1980 年，在我国，一些经济学者突破了流行的生产力三要素论，提出了在经济学界影响广泛的生产力多要素论。从完全的意义看，所谓生产力，是人类征服自然、改造社会和塑造自我的能力，归根结底，是人的本质力量在历史中的全部展开。

二、生产力发展要素的新定位

《中共中央关于制定国民经济和社会发展第十四个五年规划和二〇三五年远景目标的建议》，明确了我国"十四五"时期经济社会发展的指导方针、遵循的原则、主要目标和各项工作任务，提出坚持创新在我国现代化建设全局中的核心地位，把科技自立自强作为国家发展的战略支撑。人才、科学技术、自主创新、数字等要素在新时代成为持续解放和发展生产力的重要组成部分，体现了对马克思主义生产力思想的升华和发展。

1. 人才

人才是创新的根基，没有人才就没有创新。中央提出，坚持从人才培养开始抓创新，加强教育事业的发展；教育兴则国家兴，教育强则国家强。这些都是对包含劳动力这一生产要素的生产力理论的进一步升华和发展。

2. 科技

坚持科学技术是第一生产力，科技兴则民族兴，科技强则国家强，科技创新是强国之本。当今世界竞争是科技的竞争，决定综合国力强弱的关键在于科技，而不仅是经济总量，这是对当今世界形势最睿智的判断和把握。

3. 创新

提出创新是引领生产力发展的第一推动力，是对劳动对象的升级和改造，也是决定国家和民族命运的战略抉择。自主创新是创新能力的决定因素，高端科技就是现代的"国之利器"。真正的核心技术是买不来的，我们必须要加强自主创新，充分发挥集中力量办大事的优势。创新驱动战略，就是让市场真正成为配置创新资源的决定性力量，让企业真正成为技术创新的主体。国家的"十四五"规划更加突出了创新在发展中的作用，其中明确提出，坚持创新在我国现代化建设全局中的核心地位，把科技自立自强作为国家发展的战略支撑，还提出深入实施科教兴国战略、人才强国战略、创新驱动发展战略，完善国家创新体系，加快建设科技强国。这都体现了对人才、科技和自主创新要素的目标和新定位。

4. 生态环境

传统生产力理论主张，生产力是人类征服自然、改造自然的能力。该理论单方面强调人对自然的索取，在人征服自然的同时也加快了破坏自然的速度，造成了严重的生态环境问题，最终阻碍了社会生产力的发展。习近平总书记关于"我们既要绿水青山，也要金山银山。宁要绿水青山，不要金山银山，而且绿水青山就是金山银山"的科学论断，清晰阐明了"绿水青山"与"金山银山"之间的关系，强调"绿水青山就是金山银山"的价值理念，对于新时代加强社会主义生态文明建设，满足人民群众日益增长的对优美生态环境的需要，建设"美丽中国"具有重要而深远的意义，对世界可持续发展也具有重大参考价值。

5. 数字化

20世纪90年代开始，数字技术蓬勃发展，数字革命方兴未艾，数字技术与人类生产生活以前所未有的广度和深度交汇融合，全球数据呈现爆发增长、海量集聚的特点。数据的充分挖掘和有效利用，优化了资源配置，提高了使用效率，改变了人们的生产、生活和消费模式，提高了全要素生产率，推动了诸多重大而深刻的变革，对经济发展、社会生活和国家治理产生着越来越重要的作用。数据日益成为重要战略资源和新生产要素。

2020年4月，中共中央、国务院发布《关于构建更加完善的要素市场化配置体制机制的意见》，将数据作为与土地、劳动力、资本、技术并列的生产要素，要求"加快培育数据要素市场"。数据要素涉及数据生产、采集、存储、加工、分析、服务等多个环节，是驱动数字经济发展的"助燃剂"，对价值创造和生产力发展有广泛影响，推动人类社会迈向一个网络化连接、数据化描绘、融合化发展的数字经济新时代。

◎第三十章
土地资源整合

一、土地资源是企业项目发展的基础

在长达数千年的农业社会,经济发展的决定性因素是土地和劳动。正如政治经济学之父威廉·配第的经典名言:"土地是财富之母,而劳动则是财富之父和能动的要素。"土地问题关系千家万户,支撑各行各业,任何建设项目都离不开用地政策的支持。土地项目,离不开土地、资金等基本要素;企业发展,扩大生产规模,尤其是上新的项目,首先需要的是土地。

1. 土地开发
土地开发指对未利用土地,通过工程、生物或综合措施,使其达到可利用状态的活动,包括开发为农用地和开发为建设用地。

土地开发从广义上来讲,指因人类生产建设和生活不断发展的需要,采用一定的现代科学技术的经济手段,为扩大对土地有效利用的范围或提高土地利用的深度而进行的活动,既包括对尚未利用的土地进行开垦和利用,以扩大土地利用范围,也包括对已利用的土地进行整治,以提高土地利用率和集约经营程度。从狭义的角度理解,土地开发主要是对未利用土地的开发利用,要实现耕地总量动态平衡,开发未利用土地是补充耕地的一种有效途径。

2. 开发的类型
(1)宜农荒地的开发。
(2)闲散地的开发。

（3）农业低利用率土地的开发。
（4）沿海滩涂的开发。
（5）城市新区的开发。
（6）城市土地的再开发。

3. 遵循原则
（1）符合国土空间利用总体规划的原则。
（2）因地制宜原则。
（3）可持续发展原则。
（4）统筹兼顾协调发展原则。
（5）以提高效益为中心，速度与效益相结合。
（6）局部利益与全局利益的协调。
（7）处理好建设发展与社会稳定的关系。

二、土地资源整合策略

1. 土地使用制度

土地使用制度是指对土地使用的程序、条件和形式的规定。土地使用权是依法对土地进行占有、使用并取得部分土地收益的权利，是土地使用制度的法律体现形式。

土地使用制度是土地所有制的反映和体现。在整个土地制度中，土地所有制度决定土地使用制度，但同一种土地所有制也可以有多种不同的土地使用制度及其形式。

（1）城市土地使用制度

目前，我国城市土地使用制度的基本形式是在土地国家所有的前提下，城市土地使用权与所有权相分离，并采取诸如拍卖、招标、挂牌、协议等方式将土地使用权有偿、有限期地出让给土地使用者；土地使用者的土地使用权在使用年限内可以转让、出租、抵押或用于其他经济活动，其合法权益受到国家保护；土地使用权期满，土地连同地上建筑物由政府无偿收回；需要继续使用的，经过批准，期限可以延长，同时根据届时的市场情况补交土地价款。通过这一过程，国家城市土地的所有权在经济上得以实现。

(2) 农村土地使用制度

农村集体土地根据用途不同，可分为农用地和非农建设地。

农用地采用承包经营制度。按照《中华人民共和国农村土地承包法》规定，农村土地承包采取农村集体经济组织内部的家庭承包方式，即在土地所有权归集体的条件下，把土地承包权平均承包给农户，以户为单位独立经营，自负盈亏，除向集体上交提留和向国家交纳农业税外，其余全部收入归农户个人。通过家庭承包取得的土地承包经营权可以依法采取转包、出租、互换、转让或者其他方式流转。不宜采取家庭承包方式的荒山、荒沟、荒丘、荒滩等农村土地，可以采取招标、拍卖、公开协商等方式承包。

农村集体非农建设用地使用制度依据国家《中华人民共和国土地管理法》执行。乡镇企业、乡（镇）公共设施和公益事业建设、村民建设住宅等建设用地应当符合乡（镇）土地利用总体规划和土地利用年度计划，经乡（镇）人民政府审核，县级以上人民政府土地管理部门批准。其中，涉及占用农地的，还要办理农用地转用审批手续。

2. 土地资源的可拓性

土地资源的可拓性包括土地资源的发散性、可扩性、相关性和共轭性。企业家运用整合经济学分析土地资源的可拓性，有利于揭示土地资源的特征及分析影响土地资源合理利用的因素，为土地资源优化配置和合理利用提供依据。

土地资源的可拓性的构成：

（1）土地资源的发散性。一个土地单元具有多种特征，具有某一特征的土地单元有多个。对土地资源及特征进行发散，能提供多种土地利用的可选方案，极大开拓土地资源优化配置的深度和广度。

（2）土地资源的可扩性。土地资源的可扩性是土地资源增值和优化配置的手段，表现为土地资源可以通过与其他要素结合的方式来改变其性质、用途，并产生价值的增值。如对未利用土地进行改造，并种植树苗，即未利用土地与改造资金和树苗的结合，使未利用土地转化为林地，并产生价值的增值。因此，利用土地资源的可扩性，是提高土地资源利用效益的有效手段。

（3）土地资源的相关性。土地资源的相关性是土地资源优化配置必须考虑的因素，表现为某一土地单元的特征发生变化，将对其他相关单元的某些特征产生影响，并改变其性质、用途及产生价值的增值。例如，在某一耕地上建设一座新的火车站，它不仅改变该土地单元用途，使之由耕地转化为交通用地，同时使其相邻土地单元的多个特征发生变化，如交通条件、通信条件、人口密度、环保条件、区位价值等均会发生变化，使之适用于商业用地，从而改变用途，产生受迫变化。因此，评价土地利用项目，不仅要分析其使用土地资源的状况，同时必须分析其产生的相关影响。

（4）土地资源的共轭性。土地资源的共轭性是土地资源优化配置必须考虑的关键要素，它具体表现为：

① 土地资源的自然特征，如土质、地貌、有机质含量等构成土地资源的实部，主要决定土地资源作为农业用地的用途；而其社会经济条件，如距城镇距离、人口密度、环保条件等构成土地资源的虚部，主要决定土地资源作为建设用地的用途。

② 区域内土地资源的总量是硬部，而土地资源的利用结构是软部，土地资源的配置则是对其利用结构的调整和优化。

③ 对于目前土地资源的利用现状是显部，而土地资源配置的关键在于弄清其潜部，即土地资源的适宜性及社会经济发展对土地资源配置的要求，明确土地资源潜在的最佳的用途。

④ 利用土地资源创造的物质财富是土地资源配置的正效益，但土地资源配置还必须考虑其负面影响，即土地利用对生态环境的损害，从而实现社会效益、经济效益和生态效益的协调和统一。

三、案例：土地整合"四种模式"，让农业与产业完美融合

广东英德市西牛镇作为清远市农村综合改革试点镇，深入推进"三个重心下移"，使农村组织化水平不断提高。通过积极探索"三个整合"，有效促进产业结构调整，推动农村经济发展。为有效推进土地整合工作，西牛镇制定了《土地整合以奖代补实施方案》，成立了镇、村两级土地整合确权工作领导小组，由党政班子成员驻片亲抓工作进度，镇、村干部职工充分利用春耕之前农闲之际，到村小组一级指导各村开展土地整合工作，宣讲土地整合的好处。

1. "四种模式"推动土地整合出成效

在开展土地整合工作中，西牛镇因地制宜，结合当地实情探索出了"四

种模式",让各村开展土地整合工作有样板可学、有公式可套,从而采取"一村一方案"切实推动土地整合工作。

一是集体统筹经营型模式。将土地统一收回集体所有,实行有偿经营。整合后的土地采取"耕者优先原则""连片经营"的原则,优先对本村村民内部发包,满足内部需求后向全社会公开招标经营,价高者得。

二是集体与个体结合经营型模式。将土地统一收回集体统筹,结合土地整理(规划机耕路、水利和平整土地),再进行分配耕地。土地整合后的分配方法有两种:(1)以第二轮土地承包的面积为依据重新抽签分田,实行"一户两田";(2)村集体将土地按比例分为三部分:一部分土地作为口粮田,在家务农的农户可分配一定比例的耕地(口粮田)并缴交土地租金;另一部分土地作为机动田,预留给外出务工的农户,返乡的农户可根据需要申请耕作并缴纳土地租金,机动田可作为短期流转的耕地对内(外)发包;剩余一部分作为长期流转区,土地可优先向本村村民公开竞标,满足内部需求后再对外公开竞标。

三是互换并地型模式。农户田块数在三块以下且集中连片的不进行调整,对于部分农户田块数在三块以上且不集中连片的面积进行农户之间内部小调整,青苗由内部协商解决。集体将耕地统一收回,通过合理互换并地,以1997年二轮承包面积为基础,分配到户,连片承包经营。

四是按需分配互换型模式。将全村所有的水田、旱地和鱼塘由村集体统筹集中互换调整;村里自行制定调整标准,农户可按照各自意愿申请经营旱地、水田和鱼塘,农户之间可按比例置换土地,由于水田较少,将鱼塘与水田合并为一个类型进行调整,水田与旱地的兑换比例是1∶2。外出务工村民不参与水田互换,仅分旱地;留在村里的村民,无论老少,每人能够换得1亩水田或2亩旱地。调整后剩余的耕地和鱼塘由集体连片出租,租金纳入村集体经济收入。

2. 以土地整合为抓手,走产业化致富道路

西牛镇农业产业与农村综合改革、精准扶贫、"美丽乡村"建设、乡村旅游等有机结合,以农业产业为基础,以土地整合为载体,走产业化道路,积极打造"一村一品牌",进一步探索农村经济发展路子。通过土地整合,有效地解决土地丢荒及细碎化问题,加快农业现代化发展。金竹垭田村委会整合土地

近千亩，大力发展"垭田农家乐生态旅游项目"，以"公司＋合作社＋农户＋基地"的模式，农民将近千亩土地入股公司变为股民，除了保底金外还可享受固定分红，公司优先聘请当地农户务工，农民可在本村解决就业问题。

3. 以特色产业为支撑，促进产业结构调整

径尾村通过土地整合，整理耕地面积约1 000亩，引导村民适度规模经营。通过整合土地后，极大地改善了耕作条件，调动了村民耕作的积极性，吸引了本镇种植大户回乡创业，引入专业合作社，负责"规划—种植—加工—销售"的统筹发展。大力发展果蔬种植示范区、建立蔬菜购销加工厂、育苗基地、清水鱼养殖示范区，结合生态旅游观光，打造农耕文化园，推动一二三产业调整融合发展，带动村民脱贫致富。

4. 以农村综合改革为载体，共建"美丽西牛、文化西牛、幸福西牛"

西牛镇以农村综合改革为抓手、以产业为支撑、以资源为载体，积极打造"美丽西牛、文化西牛、幸福西牛"。以农业产业为基础，加快发展菜干、麻竹笋、旅游三大产业；以旅游业为引导，利用西牛镇良好的乡村田园、美丽乡村、自然生态环境，推进农业与乡村旅游的完美融合，让一二三产业融汇发展。①

---

① 英德市委农委办.土地整合"四种模式"，让农业与产业完美融合[EB/OL].(2019-01-15)[2022-08-01].http://www.yingde.gov.cn/zljs/nczhggzl/jydx/content/post_216497.html.

◎第三十一章
产业与资本融合

一、产业与资本

产业资本与金融资本相结合,是中国市场经济发展的必然趋势。

纵观市场经济发展的历史,当产业资本发展到一定阶段时,由于对资本需求的不断增加,就会开始不断向金融资本渗透,而金融资本发展到一定阶段时,也必须要寻找产业资本的支持,以此作为金融产业发展的物质基础,所以产业资本与金融资本的融合是整合经济学的重要内容。

在中国特色社会主义市场经济发展和成熟过程中,许多知名企业都走过了产业资本与金融资本的融合之路,例如,蒙牛集团与国际金融机构的融资行为曾在当时起到引领作用;四川新希望集团、华晨集团、海尔集团等企业,都先后在产业资本与金融资本相结合方面有过不同程度的作为。2001年以来,全国有近20个大型传统企业和许多发展迅速的民营企业开始涉足金融产业,涉及金额达数百亿元,是中国有史以来产融结合最紧密的时期,也由此拉开了中国产业资本与金融资本"联姻"的帷幕。

产业资本在中国的传统行业中举足轻重。这些拥有巨额产业资本的大型企业纷纷涉足金融圈,体现了企业家的整合经济学思维。海尔总裁张瑞敏认为,产业资本与金融资本相结合是一种大趋势,进入金融业不代表一定会成功,但要成功则一定离不开金融。张瑞敏认为,美国的通用电气公司就是海尔做金融的样本。通用电气公司每年有1 200多亿美元的收入,金融业的收入占了近一半,而且利润和增长率也主要来自金融业的收入。通用电气公司并非离开原来的产业孤立地发展金融,而是将产业与金融结合得很好,如它的租赁业务、消费信贷业务等,都是与产业相结合发展的。另外,通用电气公司全球的资金"24小时不落地",这也是海尔集团一心向往的地方。新希望集团总裁刘永好也说,他们对金融业频抛绣球的出发点主要是为了"不把全部鸡蛋放在一个篮子里"。作为饲料业巨头企业的领导人,刘永好认为,市场竞争的加剧已使该行业渐趋微利化,"价格大战"在所难免,企业即使胜出,也将面临低利润的命运。曾经垄断的金融行业逐步放开的过程中,有许多特殊机会,谁抓住就会有较大发展。一个行业一旦由垄断向开放转变,其门户洞开的瞬间将爆发出蓄积已久的巨大能量,一旦获取这种能量,企业就会得到超常发展的机会和资本。

二、案例:蓝帆医疗实现产业与资本共舞

蓝帆医疗是山东省淄博市的龙头企业,在整合经济学的指导下,蓝帆医疗走出了借力资本实现产业升级、动能转换的整合之路,在产业与资本共舞的战略思路下运筹帷幄,产业借力资本,步步为营,在科技创新和新型战略产业提供了"资本经验"。

2016年,蓝帆医疗便确立了通过产业嫁接资本,创新研发与投资并购双轮驱动的发展战略,并在逐年增加研发投入,"修炼内功"的同时通过资本的力量促进产业升级,拓展赛道。为此,蓝帆医疗在北京发起设立蓝帆巨擘并购基金,吸引了一批华尔街的资本精英人才加盟,用专业的人才办专业的事,正式启动"上市公司+PE"的模式来助力产业发展战略落地。

2018年,蓝帆医疗通过用60亿元资金跨国并购新加坡柏盛国际,实现产业转型升级的战略目标,产业由中低值耗材迈入了中高端,公司资产规模和盈利状况实现了质的变化:总资产由18亿元增长到144亿元,净资产由14亿元增长到74亿元,市值由60亿元增长到130亿元,在全国55家医疗器械上市公司中名列第7位。

在产业与资本共舞的战略规划下,蓝帆医疗在严峻且不确定的宏观形势下,实现了非常显著的逆势成长,2017—2020年,年销售收入分别为15亿元、26亿元、34亿元、78亿元;专利数由2018年以前的66项增加到现在的410项;立项在研产品由2018年前的5个增加到40余个,并具备了国际化资源和显著的优势。

三、企业通过资本整合快速扩张的"1+N"模式

很多企业期望通过资本运作的方式快速实现扩张,但企业上市的条件往往非常苛刻,需要满足稳定的净利润,财税的规范性、资产清晰、负债率不能过高等条件,这些条件导致很多公司发展多年后,虽然规模可观,但还是达不到上市的标准和条件。

为此,国内的投资机构创立了一种"1+N"整合式利润整体扩大和稳定上涨的资本化模式:以一个具备一定规模的企业为"1",采用现金并购或者换股的方式,吸收若干个小的企业,整合成一个整体,并达到上市标准而实现资本化,这种方式能够使行业中排名靠前的企业迅速在规模上成为行业标杆,抢占更大的市场份额,形成规模化效应。

"1+N"模式是指在一个行业中有若干龙头企业的特定细分行业,如果一个细分行业没有明确的龙头企业,可将一个资本公司作为平台搭建者,整合一些具有代表性的,符合一定标准的小企业,大家一起来共同搭建一个"联合公司",这个联合的公司由参与方共同贡献合理的资产利润,然后在保留整合管理方的20%—30%股份后,各方共同切分这个公司的股份,这样各方约定每年贡献给这个公司一定额度的合理利润,由发起整合的管理方来统一经营"加盟"进来的资产项目。例如,多个区域性小型连锁餐饮公司共同组成一个大的联盟餐饮集团,把以前的供应链系统整合起来,由一家餐饮公司进行统一管理,这样不但扩大大家的整体规模,同时降低了管理成本;由于形成原料等批量采购等,也会大大降低采购成本;同时开发共同的客户数据系统,形成预订与会员制相结合的发展路径;由于总体客流规模够大,可以针对一些特色的风味产业及即食食品进行零售等,大大增加收入来源;甚至可以自建外送团队,搭建自媒体营销平台,联合担保融资等。这样形成的一个大型的餐饮连锁公司,下一步进行资本扩张、并购、资本化上市等就顺理成章了。

当然,在这里面整合运营的管理团队需要在整合经济学理论的指导下,实现"1+1+1>3",而不是简单地使大家拼装到一起凑个利润额,要把大家的资产有效整合起来,借助规模效应,形成多方位发展,这样才能真正做出一家有价值的企业,并发展出一个集团化运营的上市公司。实践证明,企业并不一定要完全靠自发的扩张来达到龙头企业和上市的规模,也可以借助资本,

以及整合能力，实现一家企业的快速扩张来打造一个区域的或细分市场的龙头企业。参加整合计划的项目方在这个过程中形成了加入大型企业集团的规模化运营带来的低成本，以及服务和产品高附加值化的优势，增强了整体的生存实力和竞争能力。

第三十二章
人力资源整合的激励机制

一、人力资源整合

人力资源整合，是通过一定的方法、手段、措施，重新组合和调整来自不同企业的人力资源队伍，建立统一的人力资源政策和制度，更重要的是形成统一的企业文化和价值观，从而引导来自不同企业的组织成员的个体目标与组织总体目标相结合，达成成员个体目标和组织目标实现双赢结果的一系列管理活动的总和。人力资源整合是建立在人力资源管理基础之上的更高层面的目标，是对人力资源管理的继承和发展。

人力资源整合对提升企业核心竞争力具有重大意义。通过明确地、有意识地、系统地提高组织人力资源治理的绩效，有目的地进行人力资源整合，可以充分发挥企业员工的潜能，恰当地处理企业经营者与员工之间的关系，并对相应的各种治理活动进行计划、组织、协调、指挥和控制，从而促进企业革新，提高企业组织效率，增强企业核心竞争力。

二、人力资源激励

人力资源激励是通过各种有效的激励手段，激发人们的需要、动机、欲望，形成某一特定目标，并在追求这一目标过程中，保持高昂的情绪和持续的积极状态，最大限度地发挥潜力，以达到预期目标的手段。

人力资源是企业所有的资源中最宝贵、最重要的资源。在知识经济时代来临的今天，企业的竞争已经转变为人才的竞争，越来越多的企业管理者意识到"吸引人才，留住人才，激励人才"是企业长期发展的关键，而实现这一目标的根本是建立健全有效的激励机制，提升人力资源管理水平，从而真正发挥人力资源的价值。

员工激励是人力资源管理的核心。任何企业的工作成果和效益都是靠人创造出来的，所以一个企业不仅要有一流的工作人员，还要使每个工作人员都保持良好的工作状态，提高工作效能，表现出创造性和革新精神，以适应日益激烈的竞争及寻求新的发展途径，而这些都要通过激励才能实现。

激励机制的实施必须具有持久性，同时满足企业和个人的发展需要，这样的激励机制才有生命力。要增强激励方式的针对性，任何企业在选用激励方式时都必须要根据不同对象、不同阶段、不同情况而定，选择合理的激励方式。如果不加分析随便采取一种激励手段，其激励效果可能不会很好，甚至有时会产生负面效果。因此，企业应该根据一定的原则，把握一种度，有针对性地确立激励方式。

三、激励机制的模式

由于人的需求的多样性、多层次性、动机的繁复性，调动人的积极性也应有多种方法。综合运用各种动机激发手段，使全体员工的积极性、创造性和企业的综合活力，达到最佳状态。

一是目标激励。每个人都需要获得成就感，因此管理者要不断为员工设立可以看得到、在短时间内可以达到的目标。

二是尊重激励。尊重各级员工的价值取向和独立人格，尤其是尊重企业的普通员工，尊重激励的应用常常有着事半功倍的效果。

三是参与激励。让员工个人的发展和单位的事业紧紧联系在一起，可以充分调动员工的内在潜力。

四是信念激励。人的奋斗需要有一种信念的激励，作为企业管理者，就是要培养员工形成与企业共存亡的信念。

五是关心激励。管理者要关心员工工作和生活，帮助员工解决生活和工作中的困难，增强员工对企业的归属感和认同感。

六是物质激励。如果一个单位不能保证员工基本的生活所需，那么就失去了激励的基础。但物质激励应该适当，要有比较明确的标准，对有突出贡献的员工予以重奖，对造成巨大损失的员工予以重罚。通过各种有效的激励手段，达到激励员工、促进发展的良好效果。

除了外在的激励机制，企业还不能忽视员工自我激励的能动性。员工都有自我激励的本能，每个人都渴望获得成就感及驾驭工作的权力感，每个人都希望自己能够自主，希望自己的才华得以施展，希望自己受到人们认可，希望自己的工作富有意义。综合运用激励机制，力求真正体现"以人为本、激励机制和团队精神"的经营文化，才能真正体现企业的核心能力——人的价值资源。

◎第三十三章
产业链整合的产业集群

一、产业集群

从20世纪90年代开始,产业集群已发展成为世界经济中颇具特色的经济组织形式。集群内的企业通过互动的合作与交流,发挥规模经济和范围经济效应的作用,产生强大的溢出效应,带动某一地区经济乃至整个国家经济的发展。作为一种能够有效提升区域竞争力的经济组织形式,产业集群已经在诸多方面表现出了极大的竞争优势。

二、产业集群的形成条件

产业集群有其内在的特性,其形成必须要满足一定的条件。一般来说,形成产业集群的必要条件为:

第一,生产流程可分隔,使专业化生产成为可能。专业化的分工可以使价值链的每一个环节上都有不止一个参与者,这样既能够保证良性竞争,又能够提高生产效率。

第二,最终产品和相关服务可运输。产品与服务在空间上可重新分配,可为企业选址提供便利,同时也可以降低成本,最终使一个产业更倾向于集聚。

第三,资源优势。这里的资源不仅指有形的自然资源,还包括教育和研发机构提供的智力支持、根植于区域文化中的信任机制、奋斗精神及制度优势。

第四,合作的意愿。对于集聚在一起的企业来说,如果它们没有意识到形成一个合作网络能带来的好处,产业集群就无法形成。

形成产业集群的充分条件为:

第一，存在长的价值链。价值链的长度取决于技术和专业化组织在不同生产规模上获得的利益的差别。当企业之间能够组成一个完整而有效率的价值链时，它们更倾向于集中在一起。

第二，存在核心竞争力。一个由多个企业组成的完整的价值链显然要具有多种能力差别化但是可以互补的能力，这样才能在竞争中形成自己的核心竞争力。

第三，市场变动性与速度经济性。地理位置的要求随着对需求反馈时间的要求的提高而提高，那么在一个价值创造系统中，所有参与者之间的相互反应速度是非常重要的。它们在空间上的邻近带来的协调优势可以变成一种竞争优势。

三、产业集群的成本最优化经济学分析

产业集群一旦形成，其较低的交易成本和较高的制度收益（外部经济），会带来巨大的竞争优势，从而对经济、政治、社会、文化带来诸多积极的影响。

1. 从规模经济理论看产业集群效应

经济学家阿尔弗雷德·马歇尔早在1890年就对产业集群现象给予了充分的关注。他指出："当一个行业为自己选定一个地方以后，它就可能长久地待在那里。因为从事同一技术行业的人们从彼此的邻近获得的好处是如此之大。"马歇尔从新古典经济学的角度，通过研究工业组织，间接表明了企业为追求外部规模经济而集聚。马歇尔发现了外部规模经济与产业集群之间的密切关系，他认为产业集群是因为追求外部规模经济。

经济规模划分为两类：第一类是产业发展的规模，这和专业的地区性集中有很大关系，即一旦形成产业集群，其内部机制便会自我加强，集群优势就越容易吸引外部规模经济。而在产业规模存在的情况下，整个集群内的企业效益将随着集群的产业规模的扩大而提高。第二类则取决于单个企业和资源、它们的组织及管理的效率，即在产业集群中，大量的企业组成一条完整的生产链，通过集群内企业间的专业化分工和协作而降低了成本。

2. 从范围经济理论看产业集群效应

阿尔弗雷德·韦伯是工业区位理论的创立者。韦伯认为，产业集聚分为

两个阶段：第一阶段是创业自身的简单规模扩张，从而引起产业集中化，这是产业集聚的低级阶段；第二阶段主要是靠大企业以完善的组织方式集中于某一地方，并引发更多同类企业的聚集。这时，大规模生产的显著经济优势就是有效的地方性集聚效应。根据韦伯的微观企业区位选择理论，企业间是否靠近取决于集聚的好处与成本的比较。而根据范围经济理论，当两种或更多产品一起生产的成本比单独生产更低时则存在范围经济。

3. 从竞争优势理论看产业集群效应

迈克尔·波特在其著作《国家竞争优势》中提出关于国家竞争优势的"钻石模型"，其构架主要由四个基本的因素（要素条件、需求条件、相关及支持性产业和企业战略、企业结构和同业竞争）和两个附加要素（机遇和政府）组成。波特在竞争优势理论中强调，各个要素发挥作用时，是一个系统性机制的变化。国内竞争压力和地理集中使整个"钻石"构架成为一个系统。国内市场竞争的压力可以提高国内其他竞争者的创新能力，而地理集中将使四个基本因素整合为一个整体，从而更容易相互作用和协调提高。

从波特的竞争优势理论可以看出，获得国家竞争优势的关键在于产业的竞争，而产业的发展往往是在国内几个区域内形成有竞争力的产业集群。形成产业集群的区域往往从三个方面影响竞争：首先是提高该区域企业的生产率；其次是指明创新方向和提高创新效率；最后是促进新企业的建立，从而扩大和加强集群本身。

4. 从规模报酬理论看产业集群效应

保罗·克鲁格曼认为，空间问题没有引起主流经济思想界真正的重视是因为缺少精确范式分析报酬递增假设。随着罗默等人在经济活动的报酬递增领域作出了开创性贡献，报酬递增的正式分析工具越来越多地被主流经济学界应用到对许多原本被忽视的经济现象的分析中。克鲁格曼把空间经济思想引入正式的经济分析即是其中一例。克鲁格曼的产业群模型是基于以下事实：企业和产业一般倾向于在特定区位空间集中不同群体；不同的相关活动又倾向于集结在不同的地方；空间差异在某种程度上与产业专业化有关。这种同时存在的空间产业集聚和区域专业化的现象，是在城市和区域经济分析中被广泛接受的报酬递增原则的基础。当企业和劳动力集聚在一起以获得更高的要素回报时，存在本地化的规模报酬递增为产业群的形成提供了理论基础。本地化的规模报酬递增和空间距离带来交易成本的平衡，被用来解释现实中观察到的各种等级化的空间产业格局的发展。克鲁格曼设计了一个模型，假设工业生产具有规模报酬递增的特点，而农业生产的规模报酬不变，在一个区域内，工业生产活动的空间格局演化的最终结果将会是集聚。这从理论上证明了，工业活动倾向于空间集聚的一般性趋势，并阐明由于外在环境的限制，如贸易保护、地理分割等原因，产业区集聚的空间格局可以是多样的，特殊的历史事件将会在产业区形成的过程中产生巨大的影响。现实中的产业区的形成具有路径依赖性，而且产业空间集聚一旦建立起来，就倾向于自我延续下去。克鲁格曼的模型为人为的产业政策扶持提供了理论依据，产业政策有可能成为地方产业集聚诞生和不断自我强化的促成因素。

5. 从交易费用理论的拓展看产业集群效应

产业集群是一种特殊的社会组织形式，它由众多的企业组成。地理位置邻近的企业之间的关系不是一种纯粹的市场关系，彼此之间因为长期的正式的合作及非正式交流而形成的信任部分抵消了纯粹市场关系中的机会主义和未来不确定性，降低了风险。产业集群通过专业化的分工、协作，在产业群内形成等级或垂直一体化的企业网或企业链，使技术、工艺得到更好的完善，分工、协作提供的网络化服务使技术创新构思的实现成为可能，使新产品商业化的周期缩短。地理位置的邻近和交往的频繁不但不会增加交易费用，反而会因交流沟通而增进彼此的信任，获取更多的信息。产业集群这种组织形式不仅存在运费和信息交流上的好处，更重要的是它节约了交易费用。产业集群交易费用的"内化"是相对于产业集群外部而言，而不是在产业集群的企业内，这有别于在企业内部进行专业化分工导致的交易费用"内化"。产业集群恰恰是利用众多中小企业的集聚和在产业群中的分工达到节约交易费用的目的，集群中的企业在彼此信任的基础之上寻找零件、中间产品及相关服务非常方便、快捷、可靠，节约了许多因寻找合作伙伴、谈判和讨价还价的费用。同时，产业集群这种经济组织形式也为较好地解决因分工内生演进而造成的专业化经济与交易费用之间的矛盾提供了一种有效率的交易层系、市场结构和制度安排。①

---

① 李俊荣，段万春，廖亚光.关于产业集群效应的经济学浅析[J].区域经济与产业经济，2007.

◎第三十四章

打败对手的最高境界是整合对手

一、用整合经济学指导博弈，走出竞争困境

一个物欲横流的世界里，处处充满着竞争和压力，上演着比动物世界文明一些的弱肉强食。我们不管做什么事，都会有竞争对手，哪怕你不想招惹别人，不想跟人竞争，别人也会来招惹你，跟你竞争。著名作家杨绛说："在这物欲横流的人世间，人的一生实在是够苦。你存心做一个与世无争的老实人吧，人家就利用你、欺侮你。你稍有才德品貌，人家就嫉妒你、排挤你。你大度退让，人家就侵犯你、损害你。"

在各种产品严重过剩的今天，很多人都在耗费大量的精力和时间来打造一个同质化的东西，然后拼个你死我活，最后大家都元气大伤，半死不活。可以说，这是一种简单的线性思维，总以为只有把对手干掉才能生存。与拼个你死我活相比，还有更好的打败对手的方法，那就是整合。

这个世界不缺高手，缺的是一个能够容纳各种高手的框架，这就是整合。曾经有一个连锁店的老板，他非常擅长资源整合，他经常出资同时收购2—3家生意不是很好的店，收购后将其中两家转让，保留一家地理位置最好的店，然后把其他两家店的员工合并到这家店来，这样员工就不缺了，再把那两家店的会员顾客集中到这家店来消费，然后顾客也不缺了。在全国各地，我们经常看到餐饮一条街，几家甚至几十家餐饮店聚集到一起，竞争不可谓不激烈，热热闹闹开张大吉，暮暮沉沉关张转让的事情每天都在上演。这么多倒下的餐饮店中，很多有自己独特的优势，有的善于管理、有的经验丰富、有的在营销方面非常擅长，可这又能怎样，拼不过相互消耗，挡不住不断涌入的新店，最后黯然消退。

二、用整合经济学思维做大格局

许多时候，我们可以换个思维。把竞争对手联合起来，成立一家公司，你负责教学，他负责技术。那么你省下三年的时间来研究管理，他省下三年的时间来研究技术，再找一个比较擅长营销的老板来合作，各方面都得到了加强，还会那么容易败下阵吗？但现实中，很多老板都是单点思维，一提到和别人合作，首先就问这样做对我有什么好处，这样会不会被别人占了便宜。如果一旦陷入这种思维，那么做大就没那么容易了。

而整合经济学的思维方式是和他合作我能带给他什么好处？一旦形成这种利他格局，缺的就只是方法而已。

打败对手的最高境界是整合对手，两家店如何合作呢？谁也不要去想收购谁，股权互换就可以了。假如两家店的股本都是 50 万，那么用一家店的 20% 的股权换另一家店的 20% 的股权就可以了，如果两家店股本不一样，用等价交换股权的方法是一样的。账谁来管都一样，请专职会计就可以了，管钱的事到银行申请一个两家店的联名账号就可以了。两家股本各 50 万的店合并在一起后，总股本就达到了 100 万，这时再去整合第三家店，假如第三家店的总股本也是 50 万，那么用 10% 的股权就可以换它的 20% 的股权了，三家店加在一起后总股本就达到了 150 万，用同样的方法再去整合第四家，第五家……第十家。假如每家店的股本都是 50 万，那么 10 家店的股本就是 500 万，成立公司后公司控门店股份为 30%，那么公司占门店的总股权就是 500 万总股本 ×30% 股份 =150 万，也就是说公司董事会股本是 150 万，而公司本身的总股本就是董事会股本与公司实际投资金额之和。假如原始创业团队是 10 个老板，每人一家店，那么代表董事会股东是 10 个人，每个人的占股比例就是各自转到董事会的实际股本与公司总股本的比值，即在公司所占的股份比例。成立公司的法律流程、公司章程、股份合同等只需找个律师事务所就全部搞定了。

一个人开 10 家店会累死，因为什么都要管；10 个人开 10 家店就很轻松，因为分工明确：搞技术的搞技术，搞管理的搞管理，搞营销的搞营销，搞流程的搞流程……通过整合的方法谁也没有花一分钱，用股权互换的模式就已经拥有了 10 家店，有钱大家赚。

三、我国汽车工业自主品牌博弈的整合经济学分析

中国要实现由汽车大国到汽车强国的蜕变已成行业共识。在这个大背景下，东风日产发布了其自主品牌"启辰"。这也是继广本、上汽通用五菱之后，我国汽车合资企业推出的第三个自主品牌。这无疑昭示着我国近30年合资模式的创新，也昭示着一个新的后合资时代的来临。

1. 产业布局嬗变

合资品牌、自主品牌、合资自主品牌构成的产业格局不断变化。在合资企业纷纷发布自主品牌的情况下，我国汽车行业的自主品牌和合资品牌非此即彼的格局被打破，发生了自汽车合资以来最大的变化。

其实，早在2007年，广本就提出了自主品牌理念。但是，东风日产推出"启辰"恰逢我国成为全球第一大汽车市场，由大而强、行业升级转型的呼声日益高涨。国家主管部门正推动更多的合资企业建立自主品牌。一是国内汽车市场持续发展，在国际汽车巨头的全球商业版图中的重要性日益提高；二是为中国消费者量身打造车型甚至品牌，是进一步获取中国市场增长机会的必要手段；三是中国市场比较复杂，消费者的层次和需求多元化，例如，一二线城市和三四线城市的消费者的需求有比较大的差异。单一品牌，很难有效涵盖所有层次的消费者。

合资自主品牌的纷纷推出，也代表着我国合资企业的一种进步。经过了近30年的合资路线的探索与发展，合资企业的定位也开始由单纯的制造基地，逐渐承担了部分研发职能，特别是为了适应本土化需求而进行的车型改进。这为合资企业向"微笑曲线"两端发展打下了基础。

其实，合资企业在自主开发上早就有所行动。上海大众和一汽大众在中级车市场上热销的"朗逸"和"新宝来"就是自主开发的车型。自主开发和自主品牌其实还是有区别的，做自主开发，如果还是别人的品牌，那么所有的开发标准、开发的技术路线等，还是必须要跟着别人走。

我国汽车工业经过这么多年的发展，零部件工业、所有配套的产业，甚至汽车后服务、后价值链，包括金融等各个方面的服务也都在快速满足客户的需求，供应方积累的这些能力是真正本土化的能力。这为推出合资自主品牌、向产业链高端延伸创造了条件。

2. 外资依赖度下降

确实，合资自主品牌的推出是我国汽车行业合资时代的一大进步，而这可能将进一步挤压自主品牌的市场空间。

合资企业在推出自主品牌之后，将与合资品牌互相配合，形成错位竞争。合资自主品牌将主要针对中低端用户和二三线市场，而这与国内自主品牌的产品线的重叠度更高。

现在市场上存在着一个现象，价格优势的产品可能在品质或功能上还没有彻底满足消费者的需求；高性能或高品质的产品可能因价格原因又没有进入消费者的购买门槛。这就给合资自主品牌的市场提供了机会。合资公司打造自主品牌，其实使用的还是同样的管理团队、同样的企业机制，甚至是同样的技术来源。只是因为合资自主品牌拥有完全的知识产权，这样就能在保证品质的基础上，具备合资品牌无法比拟的价格优势。

我国自主品牌在合资品牌的夹缝中成长，在技术、品质和品牌运作上都远不及合资品牌。长期以来都是以中低端和二三线市场为主打，每次车市转冷，自主品牌都是受伤害最大的。

虽然在推出合资自主品牌之后，合资企业与国内自主品牌的短兵相接将更加激烈，但是自主品牌的做大做强是一个市场趋势，中国的自主品牌在中国汽车市场的发言权和影响力将持续增强。面对合资企业施加的压力，自主品牌发展的关键还是品牌和技术。国内自主品牌企业必须加强品牌建设，提升产品品质，一方面，保持在中低端产品的竞争力；另一方面，对合资品牌进行"反攻"，在中高端市场争取份额。

另外，在合资企业推出合资自主品牌后，为中国消费者打造的"中国车"越来越多。随着合资品牌将大部分有影响力的车型引入中国市场，外方对合资企业产品的控制力也有所下降。同样，我国汽车工业对外资的依赖也将有所下降。

◎ 第三十五章
企业与政府之间——整合经济学的智慧

一、企业与政府关系的重要性

企业在从出生到死亡的整个生命周期中都要和政府及其相关部门打交道。企业和政府的关系虽然不像孪生兄弟那样紧密，但也有着特殊而复杂的关系，尤其是随着企业的发展壮大，良好的政商关系对企业的发展有着重大的影响，因此企业和政府保持适当的政商关系是十分重要和必要的。

企业与政府是现代社会中最有影响力的两种组织，在世界经济一体化的格局形成之际，二者之间形成一种什么样的联系成为发展社会主义市场经济和社会生产力过程中面临的重要的现实问题。企业与政府的关系是动态变化的，不同的社会制度，不同的历史时期，不同的经济发展阶段，存在着不同形式的企业与政府的关系。

二、与企业相关的五种政府职能

（1）建立市场。政府通过基础设施的建设提供市场经济活动的物质条件（硬件），通过确定产权、制定法律、建立行政机构等提供市场经济活动的制度条件（软件）。同时，政府为再生产经济的运行提供一些必需的公共服务及保险，如金融、信息服务、社会保险和福利等，并通过财政政策和货币政策对经济的运行进行宏观调控。通过这些方式，建立一个市场经济的基本框架，为企业的生产经营活动创造一个良好的外部环境。

（2）监督市场，加强和完善对企业的宏观管理和调控。政府运用经济的、法律的、行政的手段，对企业的经济运行状况进行检测、监督、调节和控制，以维持正常的经济秩序、经济环境，保持经济的持续、快速、健康发展。经济手段，如财政政策和货币政策，通过税率、利率等几个主要的宏观经济杠杆，对反映市场行为的一些重要参数，如物价指数、通货膨胀率、经济增长率、失业率等进行调控，并将其控制在合理的、可承受的范围内；法律手段包括各种经济立法活动及对违法行为的追究，其中主要是反垄断、反不正当竞争等维护市场规则，以及对法律的制定和执行；行政手段如工商行政管理等。

（3）引导市场，制定和实施导向性的经济发展战略、经济计划和产业政策，引导企业沿着正确的轨道发展。这一点应该成为市场经济基础上的新型政府职能的着力点。由于市场机制固有的缺陷和消极的方面，单靠市场机制不可能自动实现各种资源在全国范围内和较长时期中的合理配置，也不可避免地会出现产业结构不合理和地区发展不平衡等弊端，这就在客观上要求政府作为一个有自觉意识的行为主体，对企业和社会经济的发展进行强有力的干预，使之符合全局利益和长远利益。这些措施包括确定一个时期的主导产业和"瓶颈"产业，并从政策和资金上给予扶持；进行重点工程建设和技术改造；实施扶优扶强、抓大放小的企业发展战略；制定和贯彻产业政策，帮助企业进行产业结构调整，加强国际竞争力；通过税收、补贴、贸易保护等手段和措施，对中小企业、幼稚企业、新兴企业等进行积极扶持并提供导向与激励，从而引导经济的调整和演进等。

（4）参与市场，提供公共产品和服务。其范围涉及经济活动的前沿（如科技、教育事业）、后方（如交通、通信业）和薄弱环节（如能源、原材料工业）等各个方面。这些行业的产品为整个经济活动所共同需要，但由于投资大、周期长、利润低，私人企业不愿或无力承担，市场机制无法发挥作用，或其作用达不到应有的强度和准确度，因此，只能由政府出面投资经营。在这里，政府作为一个实力最雄厚的投资者，它对经济活动的直接参与是对市场机制必要的、有益的补充。企业与政府及公众之间，是纯粹的市场交易关系，是服务者和被服务者之间的平等的关系，而不是管理者和被管理者、控制者和被控制者之间的关系。

（5）调节收入分配，提供社会保障。为避免由于贫富差距过大和某些不可预测的原因引起社会动荡而采取的将某一部分人（富者）的财富无偿地转给另一部分人（贫者），以及将部分现实财富强制性地移作将来使用的措施。

收入调节的重要手段是征收累进的个人收入所得税和企业收入所得税。社会保障的主要途径是建立失业、退休、医疗等各种保险基金。其最终的目的在于维护经济系统赖以存在的社会系统的稳定，避免社会动荡可能造成的损失，为企业的生存和发展创造必要的条件和外部环境。

三、市场经济条件下企业的五种角色定位

企业聚集着一个国家的主要生产力，投入经济运行的资源大量地存在于企业之中，这些投入运营的资源都是属于经营性资产，企业是这些资产的实际控制者和使用者。资源通过企业进出市场，要使这些资源通过市场调节达到优化配置，这就需要企业作为市场的主体，对市场的供求信息进行正确的判断和适当的反映，以决定它所控制和使用的资源如何通过市场进行交换。市场对资源的配置作用，要通过企业这个市场主体的市场取向行为方式来实现。

市场经济条件下，一般企业应扮演以下角色：

（1）生产商角色。从企业含义来看，它必然是以营利为目的的经济实体，它的最基本的职能就是生产社会需要的产品和服务，并能在生产过程中向社会需求量最大且利润最高的组合点靠拢，从而达到加速资本化的目的。为社会提供令人满意的产品和服务，创造良好的经济效益和社会效益，这既是企业的首要任务，也是企业的天职。

（2）纳税人角色。为国家提供税收，成为国家财政收入的主要来源。国家税收主要来源于企业，企业越发展，为国家提供的税收越多。

（3）管理者角色。搞好企业内部管理，全面提高企业素质。加强和改进企业管理是企业永恒的主题，企业要把改革、改组、改造与加强企业管理结合起来，全面提高企业的素质和市场竞争能力，为企业的生存和发展奠定基础。

（4）企业要成为技术创新的主体。作为国家创新体系的重要组成部分的知识创新、技术创新都有自己的位置，而居于该体系核心位置的则是企业。因为创新体系落实到微观，就是企业的产品竞争力，而产品的竞争力是要靠企业来完成的。

（5）企业要成为追求社会经济综合效益的实践者。企业在传统的工业经

济时代以获取利润为主要的经营目标,在知识经济时代则呼唤现代企业超越利润经营目标,确立保证生态、经济、社会协调发展的"综合效益观"。这样就提出了更高的时代要求,不仅要追求企业的微观经济效益,还要追求社会的宏观经济效益;不仅要追求当前的经济效益,还要追求长远的经济效益;不仅要追求直接的经济效益,还要追求间接的经济效益;不仅要追求单项经济效益,还要追求综合经济效益。

四、整合经济学指导下企业处理与政府关系的智慧

1. 利益一致性与共赢目标

考核各级地方政府业绩的一个十分重要的指标是本地区的经济业绩,包括税收、就业和收入增长等。因此企业与政府之间的利益一致性使二者存在着合作的动机,二者之间的合作是希望达到"共赢"的目标,并最终在企业与政府之间形成一种良性的互动合作关系。

企业的运转和成长可以通过税收为社会带来财富和福利,税收也是组织社会生产和分配的最主要的制度安排。因此应真正树立政府对企业的服务意识,政府制定相关政策措施的出发点是保障和扶持企业的健康成长,为企业发展创造宽松的外部环境。

2. 处理政企关系的企业智慧

(1)企业与政府应在目标上达成共识。政府应把企业的发展当作一种责任,为企业提供良好的服务。企业围绕着效益的增长开拓经营、直面市场,但在某些领域,只有服从政府的社会效益的要求,才能实现企业效益、社会效益"双赢"。企业与政府双方要使各自的目标相互包容,政府发挥其在宏观经济管理等方面的特殊作用,企业发挥其在微观经营活动中的基本作用,从而实现政企优势互补。政府把企业的效益目标纳入区域社会目标的范畴之中,使企业的利润最大化目标成为区域性社会效益目标的子系统,同时,企业也把区域社会效益目标作为本企业利润最大化目标能否实现的一个重要条件。

(2)企业与政府之间要加强沟通。政府了解企业的经营动向,才能实施更好的管理与服务,以降低企业在市场竞争中的盲目性;企业了解政府的管理意图,才能更好地把握企业的经营方向,以降低企业的经营成本。政府的

认可和支持是最具高度权威性和影响力的,可以为企业的生存和发展提供有利的政策、法律和社会管理环境。企业要想获得充足的信息,抓住市场机会,应加强与政府各部门的信息沟通,争取政府中各职能部门对本企业的了解、信任和支持;要熟悉和掌握政府颁布的各项政策法规,以此为企业进行有效的投资和经营决策提供依据;还要关注和研究政府政策法规的变动趋向,及时修正企业的目标和行为。

(3)企业应更新观念,建立全球化的视野,以及树立危机管理的意识。如今企业面对的是一个开放的国际大市场,不仅有国内同行业企业的竞争,还面临着跨国公司的威胁。尤其是跨国公司进入中国市场以后,企业保持良好的"竞合"的态度非常重要。"合作大于竞争",以竞争的手段达到最终的合作,有利于行业结构的稳定和健康发展。

企业要完善企业制度,改进企业管理,增强自身的市场竞争能力、技术创新能力和抵御风险的能力,着力提高核心竞争力。一个企业的核心竞争力在某种程度上也是一个区域的竞争力,地方政府会从企业中寻找区域经济的增长点。企业对自己核心竞争力的大力宣传,也会获得政府的认可。

(4)用法律保护自己的权益。政府的一切财富和权力都来自人民,企业作为社会的成员之一也不例外。在遇到经营问题时,企业首先想到采取法律手段保护自己。在一般的经营中,也要非常注意保护自己的知识产权不受侵犯。

(5)把企业塑造成一个具有社会责任感,关注区域发展的企业。企业参加或举办各种公益活动,提升社会形象,在自己的发展策略制定方面符合政府政策发展的方向等,如联合设立基金、协助政府进行科研项目开发。支持社会公益活动是树立企业形象的重要手段之一,通过支持慈善事业、教育事业,关注中国灾区等公益举措,将企业塑造成一个具有社会责任感,关注区域发展的企业。将企业的定位推向区域代表的位置,当一个企业的发展成了一个区域发展的标志时,企业的社会责任感和诚信度得以彰显,它的美誉度、消费者的忠诚度和知名度也会提高。

(6)企业不能消极被动地适应环境,而应该积极能动地影响政府的政策,使之更有利于企业的发展。企业应重视对政府政策的影响,不仅要研究市场还要研究政府,以便获得利用一切政策空间和可能的机会。企业参与立法最好的方式是参加法律的起草组织或者参加起草组织的有关活动。立法机关为了使法律更加符合实际需要，往往会把提案通过有关机构去征求意见。例如，委托工商联组织企业召开有关会议，起草组织派专人参加会议，直接听取企业家的意见。

（7）运用行业协会的力量。企业要懂得运用行业协会的力量，以及在需要的时候要与同业者结成联盟。行业协会一般都具有较高的权威性和较强的凝聚力，行业协会代表企业向政府提出法律议案或对政府法律议案提出意见。行业协会的积极作用可以降低政府管理成本，提高市场配置效率，同时协调行业各方利益，保护行业发展，起到推动市场有序竞争，维护社会稳定运行的作用。

（8）在企业行为上，应追求社会责任感，使企业目标与政府目标保持一致。国有企业与政府之间完全平等地进行协商，签订合同，政府成为企业产品的定购者，而企业则是产品的生产者，完全按《中华人民共和国公司法》来管理；企业在政府确定的战略目标下，自行设计达到这个目标的途径和方法，而民营企业应尽量把企业规模办大，可以通过当地的人大代表反映一些立法建议。每年都有一次人大会议，每年都有人大代表提出议案。企业要经常与人大代表积极沟通交流，也可以把工作中遇到的需要立法来解决的问题向监管部门反映。监管部门或者有关立法机关召开座谈会邀请有关企业参加时，企业应该认真准备，不错过机会，针对某些问题提出切实的建议。企业有多种方式支持社会公益事业，坚持树立良好的企业公民形象；加强与教育机构的研究开发合作；争取当人大代表、政协委员；与政府领导人经常联系，通过组织不断向政府反映问题；担任政府部门的职务；通过日常选举担任社区领导人等。

Part 7

第七篇
整合经济学与传媒经济

第三十六章
传媒经济的发展与特征

一、传媒经济的概念

经济理论本质上是实践的理论,实践是经济学创新发展的不竭源泉。中国的传媒经济是在经济改革的实践中形成并发展起来的。在传媒仅仅作为宣传工具的条件下,是没有传媒经济的,而新时代的传媒经济是以一种独立性经济形态而存在的。

传媒经济是由媒介的信息传播活动引发的相关经济活动和经济现象。传媒产业是生产、传播各种以文字、图形、艺术、语言、影像、声音、数码、符号等形式存在的信息产品以及提供各种增值服务的特殊产业。2000年中国传媒产业总产值1 500亿元,2018年突破2万亿元,2020年总产值达到25 229.7亿元,较2019年增长6.51%。传媒产业的新形态、新业态不断涌现,形成以数字为基础的传媒新生态系统。

二、中国传媒经济的发展

从理论上说,当以营利为目的的传播活动出现时,传媒经济就开始诞生了,尽管当时的形态可能还很不完备。人类的传播活动发生了三个重大的转变:第一,由单纯以传输信息为目的转变为以商业上的营利为目的;第二,由为少数上层人士服务转变为为广大民众服务;第三,由偶尔为之转变为固定的专业化的操作。从这时起,传媒市场便开始出现,传媒经济也开始萌芽,随着人类社会的进步和传播媒介的变革,传媒经济不断发展,其形态也日臻完善,范围日趋扩展,传媒经济不断走向成熟。

人类历史上出现的第一种真正意义上的大众媒介是报纸，传媒经济的最初形态也就是报业经济。报纸吸引人的注意力、产生影响力，但这些都只是表象。归根结底，报业经济的发展都源于报纸拥有的媒介权力的运作。报纸以其占有的稀缺性的资源（先进的机器设备、专业的从业人员、特殊的政策支持等），借助特殊的工作形式，对个人或社会进行影响、操纵和支配。这种支配、控制作用的发挥正是媒介权力运作的过程，以此为基础塑造报纸的权威性、公信力，树立报纸良好的社会形象，从而吸引受众和广告商，提高发行量与广告收入。扩展开来，报纸可以借助业已形成的良好形象开展多种经营、多元化发展，这些可以看作是宽泛意义上的报业经济，也都是以报纸拥有的媒介权力的运作为基础的。长期以来，媒体主要分成四大类：报纸、期刊、广播、电视，这四大类被称为传统媒体。新媒体则是继四大传统媒体之后，在新的数字技术支撑体系下出现的媒体形态，是利用数字技术，通过计算机网络、无线通信网、卫星等渠道，以及电脑、手机、数字电视等终端，向用户提供信息和服务的传播形态。

随着网络媒介的出现，20世纪90年代末掀起了一股网络经济的热潮，其中一部分就是网络作为传播媒体而形成的传媒经济。随着手机的普及，其作为个性化媒体的功能日益凸显；数字电视也成为网络式的多媒体，在商业中凸显巨大价值。

从传媒经济的产生和发展的过程可以看出：一种新的媒介出现，就会随之产生一种新的具体的传媒经济形态，并与已有的传媒经济形态共同发展。为什么报业经济之后还会出现广播电视经济？从表面上看，是广播电视这两种物质实体或者说两种新的传播手段的出现导致了广播电视经济的产生，而这实质上却是媒介权力的转移与再生的结果。当报纸"一统天下"时，只有报纸拥有这种媒介权力，传媒经济也只有报业经济这一种形态；当广播电视出现后，它们作为传播媒介同样拥有媒介权力（这种权力可以看作是从报纸那儿转移过来的，也可以看作是随着新媒介的产生而自然再生的结果），基于这种权力的运作而产生了新的媒介经济形态。所以媒介权力的转移或再生催生了新的媒介经济形态，促进了传媒经济的完善和发展。

三、传媒经济的本质

在众多的具体形态下，传媒经济的本质究竟是什么呢？随着传媒实践的不断发展，传媒理论探讨也不断深入，对这一问题的认识也不断变化。一开始人们认为传媒经济是一种"注意力经济"。经历了2001年前后网络经济的萎缩，人们在探讨过程中逐渐形成了一种新观点，即认为传媒经济是"影响力经济"，是传媒产业在本质上运用影响舆论、形成舆论，并发挥舆论影响力的规律实现其经济行为与目标的特征。传媒产业通过内容产品的广泛传播与消费，来培养社会化的集体偏好，然而把特定的集体偏好当作传媒经济的特殊商品出售，创造或增加人们消费特定事物商品的现实可能性。

传媒经济从"注意力经济"到"影响力经济"，前者是后者的基础，只有先凝聚足够多的注意力才会产生影响力；后者是对前者的一种拓展与升华，将注意力的范围缩小到具有影响力这一领域内，有影响力的注意力才是有效的。实质上，这两种观点都是从媒介吸引的受众的角度来分析传媒经济的本质的；而舆论经济则是从媒介自身的功能这一角度出发，指出正因为媒介自身具有的形成舆论、引导舆论的功能才导致了注意力、影响力的出现。相比较而言，舆论经济似乎是更本质化的观点，但是如果进一步深究的话，媒介为什么具有形成舆论、引导舆论的功能？这种功能又源于何处？归根结底，媒介的功能、媒介的影响力都源于媒介的权力，媒介拥有话语权等各种权力性资源。正因为如此，人们才会相信媒介、使用媒介、依赖媒介，从而媒介才能引起注意、引导舆论、发挥影响作用。所以基于以上推理，我们认为：媒介经济是一种"权力经济"，是基于媒介权力的运作而形成和发展起来的；媒介权力转移或扩展，媒介经济也会随之转移或扩展。

四、中国传媒经济的基本特征

中国传媒产业经济与其他产业经济相比，有其独有的特征，包括影响力经济是传媒经济的本质，高技术和区域发展不平衡等特征。

1. 影响力经济是传媒经济的本质

传媒经济的运作，并不是依赖出售自身产品获得全部回报的，这是传媒产业不同于其他产业类型的一个重大区别点。在传媒经济买方市场的时代，关注受众的感觉已经成为传媒经济经营者的第一敏感点。传媒经济的经营者，必须注重以消费者，即受众为中心的经营模式。

2. 高技术是传媒经济的重要特点

传媒产业在本质上是科学技术发展的必然结果，其成长的每一步都伴随着科学技术的进步。技术进步对传媒劳动生产率的提高具有有力的作用。在传播史中，传播技术的每一次进步都对传播文明产生最深刻、最重大的影响。由于技术的进步与创新，传播从最新的技术变革中汲取营养，完成了向更高级传播方式的跨越。技术快速应用，使新闻采访、编辑、出版、营销各个流程发生了根本性变化，大大提高了传媒的生产效率。

3. 区域发展不平衡

我国目前已经形成长江三角洲、珠江三角洲、环渤海地区三大文化产业带。传统产业发展存在着较大的区域发展不平衡的问题。区域发展不平衡的原因，除了国家的整体战略外，还在于有的地方传媒业发展思路单一，产业结构雷同，区域特色不明显。

五、传媒经济对我国经济的影响

传媒经济在国民经济中占有重要的地位，因此传媒经济的增长对于我国经济有很重要的影响，具体包括：传媒经济增长促进了中国经济结构的转变，传媒经济增长有利于扩大就业，传媒经济增长提高人们的生活水平，传媒经济增长推动中国经济快速发展。

（1）传媒经济形成人们对信息的依赖和互动。新时代、新媒体在信息传播过程中，改变了受众旁观者的身份。受众可以相对自由地在媒体上检索、接收、分享、传播信息，最大程度地满足了受众参与信息传播过程的需要。新媒体以强大的信息狂潮，对人类生活产生巨大的影响，人们在网络媒体当中，可以不受时间、地点的限制，实现人性化阅读、收听和收看，既能接收信息，又能发布信息，可以在网络上购物、社交、处理商务及公务事件。人们的生活对于网络、传媒经济从需求转向依赖，传媒经济对人类生活产生巨大的影响。

（2）传媒经济增长有利于扩大就业。近年来，就业问题日益严重，毕业生就业难的问题影响着每一位毕业生及其家长。

然而随着传媒经济的增长，我国传媒产业得到了快速发展，因此这方面的人才需求也快速增长，学校对传媒专业的招生规模也进一步扩大，每年这方面的毕业生有了更多的就业机会。这些都表明了传媒经济的增长扩大了就业。因此，促进传媒经济更快的增长，对于就业有很大的帮助。

（3）传媒经济增长提高了人们的生活水平。随着传播媒介数量的增加，传播信息量的增大，品牌节目、栏目不断增多，听广播、看电视、读报纸、上网与人们的经济生活密切相关，人们从媒体上了解信息，投资证券、房地产、IT业等；媒体引导着人们的消费潮流，网E银行、网上购物，网上炒股给人们带来方便快捷的经济生活；传媒的导向作用，改变了人们的生活习惯、消费习惯，满足了消费者的需求，促进了人们生活水平的提高，推进了中国的消费增长。

（4）传媒经济增长推动中国经济快速发展。大众传媒作为一种信息产业，其本身就是国民经济中不可缺少的组成部分，为国家创造了大量的利税，提供了大量的就业机会。

◎第三十七章
传媒经济的整合

一、媒体资源整合

媒体资源整合是媒体根据各种资源的内在联系，按照完整性和有序性的原则，对资源进行调整、组合、配置、共享。需要指出的是，这种整合并不是各种资源在结构、形式、功能、意义上的简单集合，而是通过集聚、重构、优化，使媒介系统内的各种资源发挥最大的效益。

二、媒体资源整合的提出

英国哲学家赫伯特·斯宾塞在《第一原理》中率先提出整合概念。保罗·劳伦斯和杰·罗斯在《组织与环境》中认为，组织内部为完成一个项目或活动，协调不同部门所采取的措施就是整合。资源整合就是通过重组各相关要素，形成更有效的系统、更合理的架构，从而实现整体性运作和发展，发挥资源整合的最大的能动性。

20世纪80年代，美国马萨诸塞州理工大学教授浦尔在《自由的技术》中提出媒介融合的概念，其核心思想是随着互联传媒技术的换代和媒体传播理念的更迭，各媒体间资源共享不可逾越的藩篱不复存在，媒介融合呈现出一体化、多样性发展的新趋势。在此基础上，西方学者关于媒体融合的研究逐步增多。我国蔡雯教授在2005年首次将媒介融合的概念引入国内。随后我国理论界对媒介融合、媒体整合进行了广泛的研究，并根据不同的媒体性质和要求，提出了不同的整合观点。

媒体整合既有狭义的概念，也有广义的领域。媒体资源整合就是各媒资源间根据其系统或属性，依托内在的关联性，对系统内的媒体资源进行优化调整组合，使信息传播和公众分享的渠道变得更加便捷和丰富，实现传统媒体和新媒体的有效衔接和利用，发挥信息传播的新模式的作用，最大限度地覆盖受众群体，提升媒体传播的品牌和市场价值。

三、中国传媒经济资源的整合

进入 20 世纪 90 年代，中国的一些媒体开始尝试资源整合，催生了一些规模较大的报业集团、广电集团。与过去"小而全""低而散"的媒体格局相比，这些集团经过内部资源整合，竞争力得到了较大的提升，成为开启媒体市场的关键和推动媒体机制转型的重要动力。当时不少的媒体资源整合表现为行政手段下的合并与划拨。

而随着媒介商品性质和经济运营色彩的增强，资源整合更应是一种市场调节下的资源配置。按照预期，在媒体商业化更加浓重的时期，资源优化配置应首先突出市场因素，强化市场调节的作用，从前期情况来看，初期媒体资源整合虽然有些粗放式整合，甚至存在行政手段下的合并与划拨因素，但这种"硬整合"和"拉郎配"有的只是简单的资源拼合，甚至达不到整合的预期效果，可其与过去一个媒体单打独斗的格局相比，仍旧呈现出较好的整合效果。整合后的媒体集团虽然做大了发展规模，形成了大媒体的发展框架，但离实现中国要求的媒体做强的目标还远远不够，可见，中国整体媒体发展形态并未发生本质性改变。

从这个意义上说，媒体集团化并没有从本质上改变中国多数媒体的生存状态，我们许多媒体虽然已经做大，但还远远没有做强。通过行政手段联合而成的传媒集团往往难以突破原有各自为政、条块分割、体系相对封闭造成的思想观念局限，这种整合建构的媒体新框架自然难以顺应市场竞争要求的现代企业制度，媒体资源往往不能表现出开发利用和保值增值的应有活力。相反，伴随着媒体合并，不少媒体机构臃肿、人浮于事、效率低下的弊端愈益严重。因此，行政手段下的资源整合最多是一种互补性整合，与认同性整合相比，这种整合松散，其中充满了矛盾与冲突。可见，在激烈的市场竞争中，媒体资源整合虽有必要，但以什么样的策略来整合更为关键。

国际传媒巨头默多克曾说过，传媒业发展自始至终充满了不确定因素，但变革是唯一的确定因素。随着国家对媒体资源整合政策加大扶持的力度，传媒业的变革整合进一步加速，由单一媒体向全媒体转型的趋势已不可抵挡。在各媒体资源属性明确的情况下，各类媒体依托自身优势不断采取联合、拓展等方式，借助网络技术的裂变式发展，进一步推进现有媒体之间的内容、渠道的整合，推进传统媒体和新媒体的融合，不断缩小各媒介之间的区隔和差距，促进各媒体产品的个性化、定制化发展，着力建立现代化的传播体系。

在我国目前的传媒经济产业体制环境中，传媒经济应当在整合中求发展，即科学整合、合理利用、变弱为强、出奇制胜。资源整合作为媒体增强竞争力的转换要素，使不同类型的优势资源科学重组和合理配置，实现共享和互补，且能有效推进管理理念与发展战略的创新。传媒经济资源的科学整合和合理利用具有很大的发展空间，运用整合经济学理论，把握现阶段发展的契机和主动权，可以有效解决传媒经济面临的内外矛盾，顺应并推动传媒经济的发展。

四、案例：南方报业传媒的整合发展之路

南方报业传媒集团由《南方日报》及其创办的系列报刊发展而来，致力于实施新媒体挺进战略，加快网络媒体和手机媒体的发展速度，开拓可发展媒体优势的相关产业，实现跨媒体、跨地区、跨行业经营上的突破性进展。集团成功构筑报纸、期刊和出版社、网络三大平台的立体化组合，逐渐往传媒业品牌集团的方向延伸，沿着打造国际文化传播业品牌的战略目标，以"品牌媒体创新力量"为轴，以平面媒体、网络媒体、移动媒体、图书出版、文化会展、文化实业和传媒的社会公益活动为"七大舰队"，使南方报业传媒集团呈现出更加丰富的品牌群体架构。

《南方日报》的"广东经济开门红"系列报道，《南方都市报》的"坑老保健品"，揭秘地下"色播"江湖、深圳"医保套现"等系列调查报道，《21世纪经济报道》的北斗产业调查报道等，均是体现《南方日报》采编水准的佳作，报道有力、引导得当，社会赞誉度较高。精选宣传题材、创新呈现方式、注意传播效果，一批技术先进、制作精良的融媒体产品和有深度、有功力的正能量文章在网络空间广泛传播。很多主流新闻力作达到了数十万以上、上百万以上，甚至上千万以上的阅读量。例如，"武松来了""两会脱口秀"两档

节目分别获得 1 亿以上、5 000 万以上的阅读量，神曲《四三二！Let's go!》和 H5《南方网红带你深度游广东》因呈现方式新颖活泼而备受关注。

南方报业的"中央厨房 2.0"大大推动南方报业采编"一体化平台"建设，将集团所有媒体全面接入一体化稿库，包括文字、图片、视频等各种形态的采集、加工与分发，形成统一指挥、使用便捷的新闻信息采集发布平台，真正实现集团内容资源共享、高效支撑，多元生产、多产品生产和个性化生产有序进行。"中央厨房 2.0"建立了统一的技术平台，着力打造适应新兴媒体生产传播的技术支撑能力和网络传播效果量化评估系统。

通过高度重视技术驱动，主动适应互联网技术革命，南方报业传媒集团因其完善的内部数据交换规范和联通基础，以技术改造推动内容生产加工分发营销评估一体化发展，统筹建设集团中央内容数据库、用户数据库和媒体云平台，通过开放、合作、共赢的模式，对接多层次、优质的新闻资源技术平台。

作为南方报业传媒集团全力打造的移动端主流媒体，"南方+"从 2015 年 10 月底上线至 2017 年 10 月中旬，两年实现进"双两千"突破：客户端累计下载量突破 2 400 万，由客户端建设运营的广东权威发布新媒体平台"南方号"的入驻机构超过 2 000 家。目前，"南方+"一周平均生产 3 个 H5 作品、1.5 个动漫作品、3 个视频新闻产品，推出 20 多场视频直播，推出了一系列"叫好又叫座"的爆款产品。广东全省有超过 2 000 家党政机关的政务新媒体和企事业单位的新媒体机构入驻"南方号"，月均发稿总量达到 3 万条，带来每月超过 4 000 万的阅读量。在大批新媒体产品带动下，"南方+"牢牢占据了广东移动端主流媒体制高点，成为华南地区具有龙头地位的骨干新媒体，并赢得业界和网民的广泛好评。

近年来，南方报业传媒集团以打造"南方+"等移动客户端产品为重点，着力构建技术共享、平台融通、相互导流、优势互补、各具特色、服务有效的新媒体矩阵。目前，已经形成报、刊、网、端、微、屏等多介质、多形态、立体化的媒体生态，总覆盖用户超 2 亿人。

世界品牌实验室于 2017 年 6 月发布《中国 500 最具价值品牌》分析报告，南方报业旗下《南方日报》《南方都市报》《南方周末》再度入选，品牌总价值达 764.09 亿元，仅次于中央电视台、人民日报社，位居全国媒体机构第三；在 2017 年 9 月发布的《亚洲品牌 500 强》榜单中，《南方日报》《南方都市报》

《南方周末》分别以132位、170位、181位的成绩上榜,《南方日报》和《南方都市报》更是与《人民日报》《读卖新闻》等报业品牌,共同跻身亚洲报业十大品牌。

南方报业全面推进转型融合工作,初步形成以集团整体转型为主体、以"南方+"App、"南方周末"App、"并读新闻"App、"阁壁社区矩阵"App四大拳头产品和建设南方财经全媒体集团、南方网改制上市、南方舆情数据服务、289文化艺术产业、发行物流公司改制、南方文化娱乐产业六大产业转型标杆项目为两翼,构建各单元创新发展格局,快速推进全面转型,服务大局、服务用户、服务创新能力明显提升。

由此,南方报业形成了集平面媒体、网络媒体、移动媒体、广电媒体、户外LED和电子阅报栏六大产品线并覆盖2亿用户的全媒体矩阵,品牌价值居全国媒体机构第三。

2017年12月15日,两个由国家广播电视总局授权的国家级实验室、两个应用研究院、一个中央数据库(大数据服务中心)共五个联合实验室和研究院揭牌。此次揭牌的出版融合发展重点实验室和媒体大数据应用实验室由国家广播电视总局授牌成立,由南方报业传媒集团与中科院深圳先进技术研究院、武汉大学深圳研究院、北京百分点信息科技有限公司等共建;南方数字经济研究院、智能媒体实验室两个应用研究院是南方报业与百度、阿里巴巴等互联网企业共建;南方报业集团中央数据库(大数据服务中心)建立后,南方报业围绕数据优先战略,在人才培养及服务能力延伸等方面开展相关研究工作。

南方报业传媒集团的融合发展实践证明,面对传媒格局的深刻转变,通过"深度融合,全面转型",不但能在服务大局和引领舆论方面继续发挥全国一流省级党报集团的突出作用,也将在融合发展时代继续引领创新大潮,发挥媒体改革发展"排头兵"的作用。

南方报业构建了报、刊、网、端、微、屏全媒体矩阵,集团媒体所属微信公众号的影响力持续扩大。截至2017年9月,订阅量超过10万的微信公众号有24个,超过50万的微信公众号有6个;各媒体新浪官方微博的粉丝数超过600万的有6个,集团全媒体矩阵覆盖2亿用户。

Part 8

第八篇
整合经济学与政府决策

◎第三十八章
政府树立整合经济学思维

一、智库建设

党的十八届三中全会把"加强中国特色新型智库建设,建立健全决策咨询制度"作为深化改革的一项重要内容。党的十九大报告提出"加快构建中国特色哲学社会科学,加强中国特色新型智库建设"。2015年1月20日,中共中央办公厅、国务院办公厅印发了《关于加强中国特色新型智库建设的意见》。智库既是专业知识库及高级经济人才库,也是连接科学技术与公共政策之间的重要桥梁,是国家政治、经济、文化生态的一个组成部分。

运用整合思维指导智库建设的主要目的是统筹整合优势资源,创新智库的组织形式、管理方式和运行机制,推进不同类型的智库建设从分散向集聚转变、从单兵作战向联合攻关转变,不断激发智库的创新活力,开创智库建设新局面。坚持整合思维,就是在智库建设的过程中,既要体现专业化又要体现综合化,在建好各类专业化水平一流的智库的基础上,组建若干个由各类专家组成的多层级、多领域的综合智库。在建设官方智库的同时,重视运用市场的力量建好民间智库,让民间智库发挥不可替代的重要作用,建成多元化智库系统。

要促进跨学科、跨部门、跨地区智库的优化组合,建立强强联合、优势互补、深度融合的协作机制和协作网络,进一步加强智库与党政部门的交流合作,组织智库与党政部门以课题研究项目为抓手,有效整合资源,实现联合攻关,推进协同创新。

二、数字化管理

当今时代，任何一个行业和领域都会产生有价值的数据，对这些数据的统计、分析、挖掘都会创造意想不到的价值和财富。政府管理领域也不例外，以数字化、网络化、智能化为特质的新一代信息技术（信息与通信技术），驱动政府转型驶入快车道，对政府治理体系产生重要影响。大数据正在有力地推进国家治理体系和治理能力现代化，并将日益成为政府治理的驱动力和"幕僚高参"，数字政府建设具有了战略必然性、任务紧迫性和技术可行性。相对于政府治理的传统方式而言，政府数字化管理的显著特征是数据赋能。适应政府数字化转型浪潮、加快推进政府数字化转型，是提升政府治理体系和治理能力现代化的战略导向、变革方向和为民取向。

政府数字化管理不仅是技术转型，更是管理理念的重塑，必须摒弃工具化思维的片面性和简单性，改变以往的碎片化思维，借鉴互联网的"用户思维、流量思维、平台思维、跨界思维"等，实现互联网思维与政府管理思维的对接和整合，在此基础上逐步形成"政务互联网思维"。

三、政务信息整合

新一代信息技术给电子政务建设带来变革和挑战。新一代信息技术及其构建的信息化对于电子政务的信息基础设施建设、业务系统和政务信息资源的开发利用与运用以及维护，都产生了重要的影响。国务院办公厅印发的《政务信息系统整合共享实施方案》，提出了加快推进政务信息系统整合共享，促进国务院部门和地方政府信息系统互联互通的重点任务和实施路径。其不仅包括信息基础设施和业务系统建设，还包括政府数据开放共享、云计算与大数据等新技术的运用等电子政务建设的各个方面的内容。"整合"是这个实施方案最大的特点，它不像以往政策涉及的局部的、片面的整合，而是信息基础设施建设、信息系统建设、信息资源建设三大系统的全面整合，这三方面的互联互通对未来政府电子政务的发展极其重要。

依据整合经济学，政府进行政务信息化整合，最重要的是，一加快部门内部信息系统的整合共享。对各个政府职能部门单独建设的系统进行整合，接入国家电子政务内网或国家电子政务外网的数据共享交换平台。现在很多部委的司、局都各自建立了一套信息系统，各自为政，互不关联。如果部门内部都达不到协同，何谈部门之间的协同呢？所以政务信息化要具体围绕各部门内部信息系统，把以司、局和处、室的名义存在的独立政务信息系统，整合到国家的内网和外网上来。二是加快建设国家电子政务内外网数据共享交换平台。这不仅对我国的政务信息化建设极为重要，还与国家大数据战略、商事制度改革甚至供给侧结构性改革都有紧密联系，是一项非常紧迫的任务。

四、整合经济学与领导力

1. 资源整合能力是衡量领导水平的重要标准

资源整合是系统论的思维方式，就是要通过组织和协调，把彼此相关却彼此分离的职能，把既参与共同的使命又拥有独立利益的外部合作伙伴整合成为一个为实现目标服务的系统，使其取得事半功倍的效果。

从现代领导科学的研究来看，资源整合能力的高与低，往往是衡量一位领导者领导水平高低的一个非常重要的标准。善于整合资源的领导者，本身并不拥有太多的资源，但具有独到的眼光，能够看出这些资源背后潜藏的价值，能够从这种价值增值中获取自己的新成果。

在数字化时代，5G带来的科技增长已经不只是"一日千里"了。也正因此，很多事情不再是单个部门和个人能做到的。领导工作需要通过各种不同的手段结合成一种生态系统，相互依存，进而发展壮大。身处其中的领导工作凸显自己的个性，形成自己的核心竞争力，就要靠整合经济学的指导。谁具有更好的资源整合的能力，谁就拥有无可争辩的竞争力。

整合经济学认为，在组织内部整合各种资源最终形成组织的能力体系，通过组织间的学习达成统一意志，完善组织的能力就是另一种重要的价值活动。资源并不能自动产生竞争优势，要想让资源产生竞争优势，形成核心竞争力，就必须对不同类型的资源进行有效整合。资源整合是一个动态的过程，对于一个组织来说，必须要学会时刻将与战略目标密切相关的资源融合到组织的核心资源体系中来，这项任务伴随着组织的整个生命周期。在组织的整个资源体系中，资源整合始终处于一个非常关键的位置，它是创造新资源、提高资源使用效率和效能的前提。

2. 领导力资源整合的两个层次和五种能力

组织者、领导者的资源整合能力，即在组织活动过程中具有的选择、汲取、配置、激活和融合社会不同类型的资源的能力，既决定着资源的效能能否得到充分有效的发挥，又将影响着组织竞争优势。由此可知，领导力资源整合可概括为两个层次：宏观战略层次和微观战术层次。

战略预见能力通常表现为对环境变化及趋势，组织存在的问题、潜力、优势和劣势及其转化的洞察力、应变力和预见力。有较强的战略预见能力，可准确地预测社会需求变化及所在区域、行业竞争或合作的焦点，也可预测有针对性地配置何种资源，配置多少资源，从而能够充分发挥组织资源的使用效能。

（1）洞察力，是一种从不同类型的信息中获得知识的能力，也就是明确如何从信息中获得知识的能力，它是一种特殊的思维能力。具有较强的洞察能力的人，在没有可以直接观察到事物内部的手段时，可以根据事物表面的现象，准确或者比较准确地认识到事物的本质及其内部结构或性质。

（2）应变力，是一种为适应不断变化的内外环境，审时度势地对原先的决策做出机智果断的调整的能力。要求不例行公事，不因循守旧，不墨守成规，能够从表面"平静"中及时发现新情况、新问题。

（3）预见力，是通过分析判断并借助想象来推测未来的一种能力，它需要我们不断学习，丰富我们的知识，拓展我们的视野，提高我们分析、把握问题的能力及创造能力。

（4）置换及配置能力，是组织在构建竞争优势的过程中具有的汲取、凝聚、配置资源的能力。它既涉及组织内部关联状况，又涉及组织的外部环境条件。它主要表现在有效配置及置换的资源数量、质量及其结构合理性等方面。任何一个组织都不可能具备所有类型的资源，或者说不可能充分地具备所有类型的资源，这就要求组织的领导者具有汲取外部稀缺资源的能力。任何资源不可能自动地产生竞争优势，需要组织采取相应措施与政策激活，如人才等资源，从而发挥资源的作用和效能。

任何一种资源结构的合理与否都与特定的时期、特定的环境紧密相连。因此，组织的资源整合是长期性的，只有随着外部条件的变更，及时地对组织的内部和外部的资源结构进行调整，才能使组织长久地保持竞争优势，更好地实施竞争战略。因此，一方面，组织必须围绕核心业务和核心竞争能力来提升资源置换及配置能力；另一方面，置换及配置能力的提升又将促进核心业务的增长和核心竞争能力的提高。所以组织领导者必须着力提高资源置换及配置能力。

组织资源整合与机会优势、成长能力的战略匹配，其实质是组织系统不断与组织内部和外部发生交流、反馈、互补的动态适应与平衡的过程。

3. 领导者提高自身资源整合能力的三要素

树立整合资源的观念，放宽观察资源的视野，具有海纳百川的胸怀，是领导者提高自身整合资源的三要素。

在观念上，必须树立任何资源都是可用资源的现代管理理念。整合资源，首先不是一种能力，而是一种意识和观念。在一位优秀管理者的思想意识中，任何事物都是有价值的，尤其是人才资源。很多事物、很多人才没有表现出价值，没有充分发挥出作用的主要原因不是没有价值，而是放错了地方，或者没有给其发挥作用的空间和舞台。只有打破思维上的定式，才能进一步开阔眼界，培养自身进行资源整合的能力。

在眼界上，要具有开阔的视野和独到的眼光。善于整合资源的领导者往往独具慧眼，能够从一件事物、一个人身上看到别人看不到的价值，并且具有开阔的眼界和丰富的想象力，能够把看似毫不相干的事物联系起来，为实现同一个目标、完成同一项任务作出贡献。

在领导行为上，要克服"比试心理"的影响。对于领导者而言，整合组织内部和外部的人才资源，往往是其最重要的一项资源整合的能力。但一些领导人在这方面的表现不尽如人意，其中一个重要的原因，往往是其内心深处的"比试心理"在作怪。尤其是干业务出身、业务能力较强的领导，很容易自觉或不自觉地将自己的业务专长和业务水平和他人相比，这往往带来负面效应。

在资源整合上，领导者的虚怀若谷、海纳百川的心态非常重要。随着全民互联网时代的到来，人们的价值观逐渐多元化，获取资讯的能力更加强大。如果领导者再采用原来的管理方式进行管理，就会遇到很大的困难。当外部信息越来越复杂多元时，如果领导者用固有的领导模式对待一群思想活跃、资讯量大、需求变化多、价值多元化的年轻人，将会遇到很大的困难，因为他们不会盲目地崇拜所谓的偶像，员工忠诚度期限缩短。如果企业领导者不观察外部环境的变化，始终用固有的模式领导企业，追随该领导者及企业的人会越来越少。领导者要不断地调整自己思考和管理的方式和方法，注重培养和发展人才梯队。领导者要用自己超前的思维、足够的胆识和创新的精神始终引领组织前进。

五、区域公共品牌建设

区域公共品牌的塑造和建设是政府树立整合思维并进行整合经济学实践的一项重要内容，是实现区域经济整合发展的重大任务。

1. 区域公共品牌的含义

区域公共品牌这种有着共享思维和市场意识的产业集群和文化形态为地方的发展提供了新视角、新思路：区域公共品牌既强化了产业和城市之间的和谐融合、摒弃了以前粗放式发展过程中对文化的漠视，是对产业文化和城市文明的重塑，又为区域产业搭建起一个平台，将内部竞争引导到外部，扶持和整合区域内产业的资源协同和利益共享，最终形成区域的资源聚集力和声誉资产，从而为区域的发展提供更多的机会和更广阔的空间。简单地说，区域公共品牌就是在扮演产业或产品户籍地的角色。我们知道的一些著名品牌，如法国香水、意大利皮鞋、瑞士手表或阳澄湖大闸蟹、景德镇陶瓷等，我们通常会以它们的产地为第一识别品牌，以至于是哪一家企业形成该品牌，我们反而会比较模糊。在这种情况下，我们看到正如产品和人一样，地理位置或某一空间区域也存在着广泛的品牌效应。

区域公共品牌对于企业品牌而言确实是一个"新物种"，虽然区域品牌化的效应一直存在，甚至要追溯的话，区域公共品牌的历史很可能比企业或产品的历史还要长久，毕竟"区域"的概念早已有之，地理或空间概念作为交易的一种识别应该会先于产品品牌的识别，区域的生命力和延续性也更长久。但作为现代意义上的竞争战略，其取得实践的成功应该是20世纪80年代。随着全球化的兴起，一方面，各个国家的经济联系性和依赖度提高，同时，各国的经济规则趋同，竞争加剧；另一方面，产业方式的升级和旅游业、教育等服务贸易的兴起对于区域人文形象的要求不断提高，促使各个经济区域为了争夺各种有利的因素和资源的聚集而把区域作为一个声誉的整体去参与竞争。区域公共品牌概念的最早提出者是西蒙·安霍特（英），其区域品牌理论对世界多个国家和地区的区域产业的发展尤其是品牌竞争力的提升产生了重要影响。他提出，区域品牌是特定区域内的某特色或优势产业集群，经过长期发展、沉淀和成长而形成具有较高的市场竞争力、良好的声誉和影响力的集体品牌。区域公共品牌既包含区域特征、自然人文和产业特色的集群属性，又具有差异性、价值感和符号化的品牌特性。

2. 区域公共品牌以"区域＋产业"方式存在

区域公共品牌必须是以"区域＋产业"方式存在。其中的"区域"是相对于周围地区而言，具有共同特点和特征的地理单位，包含国家、省（自治区、直辖市）、城市、区县和乡镇村落等在内的所有"区域"的总称，而不是局限于其中的某一个层次。区域公共品牌的"公共"强调了其具有的公共属性。一方面，区域公共品牌是以区域的整体资源为背书的综合性产业集合体，包括自然地理、社会环境、政策制度、基础设施、人文风貌等诸多要素，它是由部门政府、行业组织、企业、社区及居民等诸多利益相关者共同提供；另一方面，它的品牌声誉、联合营销、资源统筹、文化内涵等也是区域内针对主体的公用共享。区域公共品牌最终也是一种品牌类型，具有和企业品牌一样的心智功能属性；区域公共品牌同样具有关联区域的品牌联想，而这种联想是从区域品牌产品的特性、品牌的情感传播和品牌之间的关系中获得的。它不仅是区域生态环境、经济活力、文化底蕴、精神品格等综合实力的象征，也是对该区域内在价值（声誉、价值观、承诺）的真实反映。区域公共品牌和企业品牌有所不同，除了具有品牌的一般属性之外，还具有地域性、公共性、协同性和可持续等众多的优势特点。总而言之，区域公共品牌是指在一定的地域范畴之内，以产业经济为显著特征的具有公共文化属性的价值系统。

区域品牌的地域概念区别于简单的地理概念，它不是以地理单位为核心逻辑的，而是将该地域具有的一定规模的主流经济作为产业背书，从而形成地域型产业的特征化标签，并由此带来产业集群的高度发展，最终孕育出产业文化高级形态。而这一形态如同生命树一样，除了自身的符号化意义之外，还有强烈的文化价值属性，根植并且蕴藏于该属地的文化渊源之中，伴随着产业经济的长足发展进而进化为一种更加现代、更加产业、更加系统的价值内涵，从而形成区域公共品牌。

3. 我国区域公共品牌的现状

在我国，区域公共品牌的发展目前处在一个非常初始的阶段，2008年的北京奥运会可以看作是一个发展的标志性节点。通过北京奥运会，各个城市看到了通过举办大型节庆活动对一个区域进行整体营销，无论是对城市内部培养市民的自豪感和认同感，还是对外部展现发展成就和整体风貌都带来非常良好的反响。但总体上，目前我国缺乏整体的区域公共品牌战略和系统的实施手段，更多的是零敲碎打的局部事件，有些甚至是错误的认识，造成了极大的财政浪费，并产生了相互矛盾的传播效应。

但同时我们看到，随着中国城市化发展的加速、区域产业结构的调整和产业升级的深入、区域经济发展方式的转变、经济促进政策的趋同化及文化旅游等产业的兴起，中国的区域公共品牌有着十分广阔的发展前景。有着卓越远见的主政者，可以将区域公共品牌的打造作为一种发展理性的施政理念和治理变革的推动力，并以此搭建起一个平台来统筹区域内资源的协同和多方利益的共享。区域公共品牌就如同特色小镇是针对产业与城市相融合、区域产业差异化发展和文化与生态的协调，而全域旅游是针对文化、旅游产业和区域环境及品质化发展的协调一样，是一种更高质量的区域发展理性思维和更长远的发展格局。

六、发挥社团组织作用

1. 社团组织的发展

我国有数以万计的社团组织，大多数是因人们的物质和精神生活需要而产生的。就其性质而言，有政治性、经济性、文化艺术性、公益性和娱乐性等社团组织。就其组织程度而言，有紧密型、相对紧密型和松散型社团组织。紧密型社团组织和相对紧密型社团组织一般都有比较明确的社会宗旨和目标，有稳定的群体结构和一定的行为规范，群体中的成员协作互动，有一定的认同感和归属感。松散型社团组织没有严格的宗旨和目标，也没有明确的章程规范，经过一段时间的实践，有的逐步成长为紧密型社团组织或相对紧密型社团组织，有的则因为缺乏持续活力或其他原因而渐渐消亡。

社团组织的蓬勃发展与我国经济的持续发展、社会的稳定和谐紧密相关；与社会分工的调整、政治体制的改革密切相关；与人们物质生活水平的提高、自主意识的增强、精神生活需求的提高密切相关。

首先，随着政治体制改革的不断深入，政府职能的转变，过去一些由政府做的工作要转移到社会，客观上促进了社团组织的产生和发展。实践证明，社团组织能够胜任政府转移出来的许多职能。例如，农村的一些林果业协会、种植业协会就担负起组织农民生产、销售和推广技术的任务；一些学术性社团组织就承担了过去由政府部门承担的一些工作，一些科技工作评价、科技人才评价和科技奖励逐步由社会学术团体承办，并且效果很好。

其次，随着市场化程度的提高，发生了过去不曾有过的事情，如大量的科技、文化、工业、商业企业的产生，社会上涌现出大量游离于传统单位组织之外的多元化利益主体。对这些多元化利益主体，政府很难直接面对每个个体，具体帮助它们解决遇到的矛盾和问题，但它们之间的共同事务、利益关系、利益保护也迫切需要协调解决。在这种情况下，相应的社团组织就产生了。社团组织通过行业规范、市场规则，整合其组织成员的行为，协调它们之间的关系，维护其共同的利益，同时也可以收集组织成员的意见和建议，集中向党和政府的有关部门反映。这既可以提高解决问题的效率，减少企业的经营成本和政府机关的行政成本，也可以减少和化解社会矛盾。

随着经济社会的发展，人们的社会意识和自主意识不断增强。许多成功的企业家和社会名人热心社会公益事业，愿意从事一些慈善事业来回报社会。大多数的群众也愿意参加各种志愿组织、慈善组织，服务他人、服务社会。这是公益性社团组织产生的社会基础。这些公益性社团组织开展活动，不仅有利于促进团结互助、扶贫帮困、平等友爱、共同发展的人际关系和社会氛围的形成，同时也可以有效地协助党和政府解决社会工作中的一些问题，充分调动社会各方的积极性，弘扬正气，为维护安定和谐的社会环境创造条件。

物质生活需求得到基本满足后，人们对精神生活的需求大大增强。出于人们的文化需求，出于共同的志趣爱好，或为实现某种特定的思想愿望，人们结成各种各样的社团组织。人们在社团组织里开展丰富多彩的文化活动，交流文化技艺，切磋经验体会，达到沟通思想、娱乐心情、自我教育、自我提高的目的。

2. 政府重视发挥社团组织作用

一是加大扶持力度，实施现代社团培育工程。以科技、经济、产业社团为重点，实施现代社团培育工程，制定试点工作方案，选择市、区县和基层不同层级的社团组织进行改革发展试点工作，进行社团正规化、管理现代化和人才队伍职业化建设；设立财政扶持社会组织发展专项基金，出台与扶持社团组织发展相关的政策和措施，加大对社团组织在经费、组织、人才和资源等方面的支持力度，以提高社团能力、实力和活力为抓手，强化社团组织的组织动员能力、社会活动能力和社会治理能力，切实提高社团的核心竞争力，为社团更好地担负起政府在职能转变中让出的社会治理职能创造条件，为全面深化社团组织改革和发展积累经验。

二是拓展发展空间，支持社团组织有序承接政府转移的职能。在各行业领域的全面深化改革中，政府要按照职能负责又能问责的原则，积极支持社团有序承接政府转移的职能，把更多党委政府所急、行业企业所需、社团组织所能的事情交给社团组织去办，让社团组织在其擅长的社会领域发挥社会治理职能，特别是在科技评价、人员评价、行业产品奖励等方面为社团组织释放发展空间。

三是重视发挥枢纽性社会组织的作用，进一步强化社团组织的工作领域、社会治理责任和行业治理责任，赋予相应的治理职能，发挥社团组织的助手作用。政府采取多种政策渠道加大对社团组织的投入，率先向社团组织转移部分社会治理职能，以提高为社团组织工作的服务水平为突破口，调动社团组织的积极性、主动性和创造性，带领它们更好地投身于科技创新、经济改革发展的事业中，为经济社会发展贡献智慧和力量。

◎第三十九章
整合经济学的区域品牌建设案例

"区域公共品牌"是一个相当大的概念。其背后隐藏着一个巨大的跨产业生态格局，只有清晰了这个产业生态的构成，才能够在探讨相关问题时有一个明确的思考方向。因此，有必要通过系统化的解构，来深入全面地理解如何从人群、资源、渠道、基础设施等层面整合资源，塑造区域公共品牌。本章系统地解析一个典型案例——安徽省淮南市的焦岗湖。

一、背景

区域公共品牌往往是以一个行政区划为单位，如省（自治区、直辖市）、市、县等，很少有基于某个特定的地理形态来进行划分，如湖泊、山川等，主要是地理形态往往跨越了多个行政区划，资源的整合与协调很难突破作为竞争主体的局限。同时，原则上也大多采用"一县一品、一市一品"等方式，即一个行政区划单位，对应一个品类。而基于特定地理形态的所有"出产"作为整体去打造区域公共品牌也不多见。作为整合经济学的典型案例，以自然地理形态——焦岗湖，以及湖区的所有"出产"作为整体打造区域公共品牌。其中对"基于自然地理形态、非单一品类产品"的区域公共品牌发展路径的探索，推动和扩展了政府运用整合经济学理论指导区域公共品牌建设的理论与实践。

二、初探：源多流广，三十六湖归焦岗

焦岗湖位于安徽省淮南市西南部综合毛集实验区，处于沿淮城市群、合肥都市圈重要位置，潜在辐射市场的消费基数大；焦岗湖定位为"滨湖新镇"，以生态为核心，围绕农业转型升级，发展现代观光，体验农业。焦岗湖

国家湿地公园是国家 AAAA 级旅游景区、国家水利风景区、国家级湿地公园、芡实国家级水产种质资源保护区，植被丰茂，野生动植物丰富，素有"淮南宝玉"的美誉；焦岗湖所处的淮南孕育了道家"和合"思想，代表文化高峰的淮南子思想和不断交融的移民文化，构成了和衷共济、包容开放、勇于担当、敢为人先的精神文化底蕴。

三、挑战："小、弱、散"呼唤品牌化战略整合

焦岗湖是淮北平原最大的淡水湖泊，区域内土地肥沃，雨量充沛，光热资源丰富，是当地人发家致富的"宝湖"。历史上，焦岗湖曾经历自然灾害、水土流失、水域污染等问题。近年来，在省、市、实验区各级政策的有力推动下，焦岗湖的生态资源获得良好的保护，政府积极推动农业和旅游融合发展，鼓励龙头企业发挥带动作用，引导农业品牌化发展，实现区域产业转型升级。但由于焦岗湖开发较晚，在生态保护的大前提下，焦岗湖生态农业和生态旅游的形式、内容、渠道，都处于初步的有限开发阶段，产业较为单薄、经营主体分散，面临着市场知名度低、营销渠道分散、缺乏龙头产品、难以与消费者形成有效对接和实现品牌溢价的发展困境。因此，区域公共资源的整合、区域产业结构的优化、区域公共品牌的建立、区域 IP 符号的构建、区域龙头产品的打造成为焦岗湖区域品牌发展的痛点。

四、洞察：以"生态"为基底的湖区经济融合

毛集实验区是中国唯一一个以实验区命名的县级单位，直属淮南市政府领导，是国家首批可持续发展先进示范区之一，是安徽省唯一一个国家级可持续发展先进示范区。不同于跨越多个行政单位的其他湖域，焦岗湖为毛集实验区单个行政单位所辖，克服了区域公共品牌跨行政区划发展的阻力。当前，中国绿色生态农业正处在消费升级、品质升级的大背景下，生态农产品需求旺盛，市场空间大；全国农业正呈现品牌化、科技化和休闲农业化的趋势；农业作为传统行业里唯一一个没有被彻底整合的行业，在新政策、新观念、新技术、新模式下，将迎来彻底的颠覆和重构。独有的行政级别奠定了焦岗湖全域整合发展的先天优势，基于中国农业消费升级、品质升级的大趋

势，依托焦岗湖的天然湿地条件，近乎野生的养殖环境，发展生态农业的先天基因，水上、水面、水中、水底共生共融的生态产业产品链，政府、企业、湖区生产主体先进的市场协同，在全新的背景下，打造焦岗湖农文旅跨产业融合发展共同体，势在必行。

五、构建：焦岗湖——全国首个湖区生态发展共同体

焦岗湖是"试验区、景区、保护区、生产区"四位一体的发展区域，融合发展是焦岗湖先天的优势，打造"全国首个湖区生态发展共同体"的区域公共品牌是焦岗湖区域品牌的核心战略，以"生态"为基底，以"产业"为依托，以"文化"为支撑，对焦岗湖进行区域内资源的整合，以"生态"为焦岗湖品牌的核心理念，整合湖区全域自然资源、产业资源、文化资源，构建"湖区生态发展共同体"，打造"焦岗湖模式"。

农业、旅游、文化三者融合。生态文化为农产品塑造品牌附加值，旅游是农产品最好的体验式营销。

农业生态旅游是生态农业和生态旅游的交集，是农业生产系统中的生态旅游资源，是生态旅游资源中具有农业特色的部分，二者互相促进，良性互动。

生态文化为焦岗湖区域农产品品牌提供价值观、信誉、情感、体验和凝聚共鸣的品牌内涵，为区域农产品的溢价及发展提供价值支撑。全域品牌化思维助力焦岗湖农品升级，充分发挥区域公共品牌作为域内"公共声誉资产"的优势，进行全域资源整合，最终形成多方共赢的发展格局。

焦岗湖区域品牌的组织建构是以政府为主导，以生产合作社及企业联盟为主体，实施公司化运作模式。

六、文化IP：形成"荷"的超级符号，为焦岗湖区域品牌背书

什么才能作为焦岗湖的名片？它必须代表着焦岗湖区域生态的发展方向，它必须代表着物产的实质特点，同时也代表着焦岗湖物产的新标准。"荷"以焦岗湖？以最具中国传统文化的超级符号——荷花为焦岗湖区域品牌背书。焦岗湖拥有独特的"荷"生态系统。利用水生植物荷花、淡水鱼类、虾蟹、其他水生植物共同构成半野生水生生态系统。在这个生态系统中，莲叶为水

中提供氧气，鱼类、虾蟹以莲池内的草和浮游生物为食，水禽以鱼虾和浮游生物为食。水中钙磷等营养物质丰富，因此雁鸭肉质紧实鲜美。禽类粪便可肥土，提升莲藕产量及荷花品质，鱼虾可防止水域内菌类产生，并吃掉莲藕地的害虫，保证荷花、荷叶健康。

以"荷花"为核心，构建"荷"生态产业链，打造以"荷花"为超级符号的"荷"生态产业链形成焦岗湖湖区出产的产品矩阵。

七、产品策略：打造湖区出产的"1托2托N"雁阵式产品策略

焦岗湖区域公共品牌并非单一产品模式，而是以整个湖区的出产为整体来考量，因此在产品的开发、组合、授权及销售上需要一定的策略支持。在产品开发序列及品牌授权优先级策略上，以销售时间和附加值两大维度对湖区出产的农产品——无花果、芡实、菱角、红莲米、圆子、麻花、豆腐、大米、青虾、鱼类、大雁、小龙虾、螃蟹、淮南牛肉汤、咸鸭蛋、荷花茶等进行了基础筛选，其中销售时间越长、附加值越高的产品，优先级越高。除此之外，竞争状况、产量和传统消费习惯等因素也需要综合考量，并充分考量其对区域品牌形象的带动性。

综合对以上因素的考量，在产品的组合策略上，采用明星产品带动的雁阵模式，"1托2托N"策略：以焦岗湖最具代表性的大闸蟹（生鲜类）、荷花茶（加工类）两款明星产品为主，集中资源，聚焦发力，打造区域品牌知名度。在区域内各品牌形成良性互动，区域公共品牌有了一定的知名度和影响力之后，作为可信赖的品牌，托起"N"个区域内其他产品线的快速拓展。另外，由于湖区出产的大多数品类都具有较强的时令性，基于这一特点，他们提出另一种产品策略组合：以时间为主线组织产品销售，结合时节时令打造应季产品，在节庆时打造农产品礼品，形成四季畅销农产品。

焦岗湖拥有独特的"荷"生态系统。在这个生态系统中，莲叶为水中提供氧气，鱼虾蟹以莲池内的草和浮游生物为食，水禽以鱼虾浮游生物为食。钙磷等营养物质丰富，雁鸭肉质紧实鲜美。禽类粪便可肥图，提升莲藕产量及荷花品质，鱼虾可防止水域内菌类产生，并吃掉莲藕地的草害，保证荷花荷叶健康。以"荷花"为核心，构建"荷"生态产业链，打造以"荷花"为超级符号的荷生态产业链形成焦岗湖湖区出产的产品矩阵。

八、营销策略:打造"湖说鲜语"互联网农文旅融合销售渠道形象

焦岗湖区域可看作中国农业产业化和城市化进程中的一个缩影。渔民上岸、产业化种植养殖,旧的传统已然远去,在延续传统的同时,也在创造新时代的传统。随着人口流动性不断增强,外出游子线上购买家乡物产形成趋势,这便形成农产品销售的一个很大的市场,通过"新乡潮"的视觉形象设计,文创与农创相结合,追溯区域文化精神,唤起消费者的兴趣与情感共鸣,进一步打开焦岗湖区域外出游子的市场。

九、爆款策略:提炼"爆款",推动区域产业升级

在完成构建品牌体系、打造文化 IP 形象、建立湖区产品矩阵的基础上,还需要提炼一款龙头产品,并将其作为焦岗湖区域品牌的战略产品,成为展示焦岗湖形象的窗口和焦岗湖旅游营销的载体,以爆款产品带动区域品牌效应,实现并提高区域品牌的溢价能力。在焦岗湖湖区出产的众多品类中,有哪一种产品具备如此能量,可以撬动市场,帮助焦岗湖打开整合发展的新局面?这样的产品又该如何提炼和打磨才能迎合当下全新的消费潮流?产品营销和消费场景的构建又有怎样的策略?

他们从产品附加值、形象感、销售周期等维度,初步将这款产品锁定为荷叶茶。通过对荷叶的回收再利用,打造"荷"生态循环经济,真正去践行焦岗湖打造全国首个湖区生态经济发展共同体的目标。

"出淤泥而不染,濯清涟而不妖……亭亭净植,可远观而不可亵玩焉。"荷花,作为我国的传统名花,代表着圣洁、高雅的品质,一直以来,荷花被当作一种观赏性植物,大多数人不知道荷叶可以做茶。而荷叶茶作为茶叶饮品的一个小众品类,它更多地被作为功能性和休闲性茶饮品,荷叶茶可减肥,但因其短期内减肥效果不明显、品质参差不齐,人们对其认知度较低,市面上的荷叶茶售价普遍偏低。荷叶也往往被当作一种原材料,只出现在市场上的一些减肥茶里,或者与其他材料搭配,作为全新的休闲花草茶饮售卖。

十、把脉：洞察市场机会，解构市场困局

对荷叶茶市场进行详细调研后，他们发现，目前荷叶茶市场普遍存在以下问题。

（1）作为传统茶饮，荷叶茶偏小众，且认知度较低，多被认为是一种功能性饮品。

（2）作为新兴休闲茶饮，无法与其他花草茶或奶茶等形成竞争。

但与此同时，也发现了一些机会。

（1）荷叶茶在细分领域内还不够成熟，大众在购买荷叶茶时，搜索产品名称的比搜索品牌的多，它没有强势的品牌。

（2）荷叶茶普遍售价较低，产品包装大同小异，缺乏识别度和价值感。

（3）休闲茶饮的主力消费者"90后"和"00后"对产品的需求更多元和接受度更高，这也意味着有更多的机会。

十一、战略：四大核心战略，带动品牌突围

经过一系列的调研和分析，可以发现全网销量最好的茶叶是以冬瓜荷叶茶为主的组合型荷叶茶，这类荷叶茶的产地多为安徽亳州，多强调减肥瘦身功能。而全网销量前10的单品荷叶茶的产地以山东微山湖和河北白洋淀为主，更强调特产和源产地品牌效应，以新鲜和自然口感为主要宣传点。

在影响价格的因素上，产品文创化能让一些小型品牌产生一定的品牌溢价，更受都市女性的欢迎，但目前市场上的荷叶茶文创化普遍薄弱。在荷叶茶的消费人群方面，以来自我国中东部地区的年轻女性为主。

同时全网调研了30个品牌，按留言比例抽取了1 500个荷叶茶消费者的评论，并对评论进行分析后，总结得出消费者购买荷叶茶的内部因素主要是减肥、排便、健康等因素；外部因素主要是味道、包装、是否清香等。

任何产品的终极竞争，都是品牌的竞争。

在对市场进行全方位调查和分析后，找到了突破的机会，提出了"悦荷春"荷叶茶品牌的四大核心战略。

（1）品牌背书，主打源产地品牌，借势焦岗湖超级IP为荷叶茶品牌背书，做强品牌。

（2）文化赋能，挖掘焦岗湖当地文化为产品赋能。通过产品规划、产品包装、文化体验塑造、品质塑造提升产品独一无二的识别度和价值感。

（3）功能塑造，强调荷叶茶减肥功能的同时，延伸荷叶茶清脂、提神、美容、养生的功能，塑造"喝荷叶茶是一种全新健康生活方式"的理念。

（4）体验营销，依托焦岗湖景区，打造从荷叶采摘、制茶体验到荷叶奶茶、荷叶花草茶体验、荷叶家居用品等农旅文融合的"荷"生态循环经济。

实现用焦岗湖优势生态环境支撑"悦荷春"荷叶茶的品质，以焦岗湖旅游带动"悦荷春"荷叶茶的发展，将"悦荷春"荷叶茶打造成焦岗湖金名片等一系列目的。

洞察有了，战略有了，接下来就是一整套完整的执行动作。

1. 定位：以差异化优势，搭上区域公共品牌快车

焦岗湖位于淮河中游，是国家级湿地公园、国家AAAA级旅游景区、国家水利风景区和国家级试验区，四区合一的焦岗湖有着天资禀赋的生态环境。

焦岗湖上千亩的荷花盛名远扬，有"中华荷园"之称，56种荷花有十多种为名贵品种，其中制茶的原材料是野生红莲，因为荷叶碱含量比普通荷叶高10%，脂肪代谢作用比普通荷叶高45倍，被认为是制作荷叶茶最好的原材料。

通过对荷叶茶生态环境、文化、产品分析，最终确定"焦岗湖国家湿地公园原生好茶"作为"悦荷春"荷叶茶品牌的定位语，强背书焦岗湖源产地品牌。焦岗湖的每一滴水，每一颗土都孕育了荷叶茶的成长，而一杯荷叶茶里，也融入了焦岗湖的秀水美景。

2. 赋能：打造核心竞争力，实现品牌高溢价

焦岗湖优质的生态环境、自然资源成就了"悦荷春"荷叶茶的品质，但还不够，想要在荷叶茶市场的众多产品中脱颖而出，还需要文化的赋能。溯源荷花的历史，作为最悠久的花卉，荷花是圣洁、修身的象征。"荷和文化"寓意平衡和谐、团结合作。在秦汉时期，人们就将荷叶做成茶作为滋补药，《神农本草经》中记载，荷叶药用在中国已有两千年以上的历史。

挖掘焦岗湖历史传说。这里古称"焦岗府"，并且有着一段人人皆知的传说，即"红莲传说"。在原有故事的基础上，进行二次创作，将"红莲夫人"的形象更加立体化，让观众产生共鸣，以此作为"悦荷春"荷叶茶的品牌故事，

寓意喝荷叶茶不仅能养颜养生，且每个喝荷叶茶的人都是品行高洁，心怀天下。

通过塑造"悦荷春"荷叶茶品牌文化，赋予了品牌千年"荷和文化"的内涵，也因为"红莲传说"的品牌故事，拉近了与消费者的距离，让消费者产生好感和信任感，最终形成品牌溢价。

3. 构建：多维度切入，抢占消费者意识

当然，离开产品谈品牌，都是伪命题，殊不知品牌是靠产品"打"出来的。在产品的构建上，他们围绕荷叶茶打造"荷"生态经济。同时以功能性、文化性、线上渠道、线下渠道四大维度，规划旅游文创商品、功能商品、体验商品和高端商品。

（1）旅游文创商品，打造焦岗湖旅游伴手礼

在产品内容上，通过焦岗湖在地文化和文创化进行包装体现；在产品表现形式上，打造焦岗湖旅游茶饮伴手礼，以花草茶和纯荷叶茶为主，打造焦岗湖形象的展示窗口和焦岗湖旅游营销的重要载体；在传播广告语上，以"一湖清荷，一抹茶香"突出焦岗湖的生态属性，直观地传达产品原生态、天然的产品形象。

第一款四季焦岗湖系列产品，提炼焦岗湖的春、夏、秋、冬最具代表性的风景，将焦岗湖生态自然，得天独厚的景致充分呈现在包装画面上，更强调其旅游属性，实现焦岗湖超级 IP 的强背书，成为焦岗湖旅游人手一份的伴手礼。

第二款焦岗湖"潮"特产系列产品，定位荷叶茶主力消费人群，洞察消费场景，以年轻化、场景化的语言，轻松有趣的插画风格，阐释荷叶茶减肥、去油、养颜、提神的功能。在新国潮持续发力的今天，"悦荷春"荷叶茶也紧跟潮流，积极创新，设计焦岗湖独有的"潮"特产文创商品，让天然生态的荷叶茶成为大众喜爱的新国货。

（2）功能商品，延伸品牌认知

在产品的开发策略上，提炼荷叶茶轻体修身、塑形养颜、促进消化、健康营养的功能特点，塑造"喝荷叶茶是一种全新健康生活方式"的理念。在产品的视觉、包装上更突出消费者的功能诉求，传播语为"清火解腻，饭后喝一杯"的场景化文案，提升大众认知度，激发消费行为，消除大众对于荷叶茶的固化认知。

第一款荷叶茶以"红莲夫人"IP 形象为视觉元素，溯源喝荷叶茶是自古东方女性对青春、美丽的渴望，也是追求时尚的象征。它还以生动形象的包装

设计，让消费者产生美好想象。

第二款荷叶茶凸显产品疗效的药理属性，在产品包装中采用较抽象、简洁的图形，表示科学化、现代化、疗效效果，给人以信任感，给人良好的心理感受。

（3）中高端商品，塑造荷叶茶全新品牌价值

荷叶茶在市场售价普遍较低，那作为品牌的中高端产品，如何体现其价值，实现高溢价？这是解决售价过低问题的重中之重。

首先，需要界定荷叶茶的价值。荷叶茶作为茶叶饮品的一种，更多作为功能性和休闲性茶饮品，主要通过功能性、稀缺性、文化认知度来界定其价值。以此三个维度，他们提取了"红莲"这个元素，并将其作为高端产品和中端产品的符号。

在功能性上，焦岗湖野生红莲的荷叶碱含量比普通荷叶高10%，脂肪代谢能力比普通荷叶高45倍；在稀缺性上，野生红莲品种、产量都稀少，因其形态特征及遗传性状从未受外界干扰发生改变而被誉为"生物界的活化石"；在文化认知度上，"红莲夫人"传说在当地具有很高的认知度；文化层面上，红莲也是高贵之花，有坚毅、高洁的寓意。

其次，构建一整套中高端产品的包装体系。高端产品更强化文化属性，中端产品强化功能性和稀缺性。在包装形式上，洞察到消费者对于中高端产品，更多是为长辈、上级、亲朋好友赠送礼品或商务赠礼的心理诉求。于是将中高端产品打造成具有仪式感的礼盒式包装呈现。

仪式感带来的是一种生活的尊贵感，一种精神文化，一种内心情感的表达。因此产品在设计上，打造荷叶茶仪式感的体验之旅。从尺度、色彩、开启方式、手感、分量、赠礼、贴心说明等方面做到从触觉、视觉、认知到文化体验都与众不同，将产品价值感体现得淋漓尽致。

在包装设计上，不断强化源产地焦岗湖 IP 的背书，焦岗湖四区合一的生态环境。提炼"臻选天然红莲、手工采摘、富含丰富荷叶碱"的产品特点。

中端产荷叶茶产品，提炼"天然红莲更健康"为传播语，强调养生的功能性，在视觉上提取焦岗湖特色动植物，将红莲和白鹤作为视觉符号，在色彩上应用湖蓝色，展现焦岗湖水天一色，优美的生态画卷及宁静致远的精神内涵，让消费者从礼盒开启的那一刻，感受铺面而来的与众不同。

高端荷叶茶产品，以"至臻红莲，悦心悦己"为传播语，强调养心的文

化性，并通过品牌产品名的 logo（标志）组合方式在包装上体现。产品视觉上以一叶扁舟和一湖红莲展现焦岗湖一方美好的生态净土。在色彩上采用具有中国文化特色的朱砂红，并配合金属铁磁徽章，彰显臻稀和尊贵。

（4）体验商品，品牌线下的"圈粉运动"

体验经济的时代，荷叶茶也应与时俱进。打造体验产品，"悦荷春"荷叶茶有着与生俱来的优势。依托焦岗湖国家 AAAA 级旅游景区，农旅文融合，打造一系列"荷"生态体验产品。

他们策划了夏季新鲜荷叶采摘、现场荷叶茶制作体验，同时开发荷叶奶茶、荷叶花草茶等荷叶茶休闲饮品，并举办现场体验等活动。通过场景化体验充分刺激和调动消费者的感官、情感、思考、行动等感性因素和理性因素，并通过感受和现场参与从而对品牌产生认同感，最终产生消费行为。

十二、传播：强化价值，重塑品牌新形象

产地好，茶才好！

在品牌传播语上，延续焦岗湖区域公共品牌的传播语，经稍加改动，推出"天生宝湖，自然好茶"的品牌传播语，将焦岗湖认知优势，转接到"悦荷春"荷叶茶品牌上，达到一说焦岗湖，就想到"悦荷春"荷叶茶的效果。

在品牌视觉策略上，强化"悦荷春"荷叶茶源产地焦岗湖的优势，将焦岗湖国家级湿地公园、国家 AAAA 级旅游景区、国家水利风景区和国家级试验区与"悦荷春"荷叶茶特点相结合，提炼出珍、净、活、技四大概念，将"悦荷春"荷叶茶的原材料的珍贵、生态、天然、传统与现代科技相融合的匠心制茶技艺一目了然的展现，文字与画面结合相得益彰，形成良好的视觉冲击力和传播力。

通过对区域公用品牌的策划，让"悦荷春"荷叶茶品牌对外作为焦岗湖湖区产品矩阵里的龙头产品，以及焦岗湖区域公共品牌的战略产品，作为焦岗湖形象的展示窗口与焦岗湖旅游营销的载体，收割景区流量；对内，"悦荷春"荷叶茶品牌进一步推动区域农旅文融合，反哺焦岗湖区域公共品牌，将焦岗湖打造成人文休闲的旅游目的地。①

---

① 区域公共品牌知识局. 从野生植物到品牌荷叶茶，看一片荷叶的逆袭之路 [EB/OL]. (2020-08-06) [2022-07-05]. https://www.shangyexinzhi.com/article/2226348.html.

Part 9

第九篇
整合经济学与自我超越

◎ 第四十章
整合经济学是研究人的科学

一、经济学，本质是"人学"

1. 马克思主义关于人的研究

马克思在《1844年经济学哲学手稿》中说："当现实的肉体的、站在坚实的呈圆形的地球上呼出和吸入一切自然力的人通过自己的外化把自己现实的、对象性的本质力量设定为异己的对象时，设定的并不是主体，它是对象性的本质力量的主体性。"[①] 我们在经济学理论中常讲的所谓社会存在和经济基础，无非是亿万人追求自己自由生活的现实活动（劳动和生产方式）。从人类社会历史的本质来看，正是由于人类对自由的生命活动的不懈追求，人类才从原始的动物状态走进了奴隶社会的高度文明，并由于同一个动力而上升到封建社会甚至资本主义社会，最终将跨入真正自由的王国即共产主义社会。

在《共产党宣言》中，马克思和恩格斯对未来社会的设想是"自由人的联合体"，即"这样一个联合体，在那里，每个人的自由发展是一切人的自由发展的条件"。马克思的《资本论》是一部伟大的经济学著作，更是一部研究人本质的经典。马克思通过《资本论》的研究，揭示了资本主义异化的形态，尽管如此压抑人、摧残人，但其根子还是来源于人对自由的追求，人自由地使自己变成不自由。资本主义为自己准备了掘墓人，它通过高效率、高科技的工业生产为自己被否定提供了越来越充分的物质条件。从本质意义上，《资本论》所研究的是人，是人与人的关系和人的本质，是人的"物化"和这种

---

① [德]卡尔·马克思，[德]弗里德里希·恩格斯. 马克思恩格斯文集(第一卷)[M]. 中共中央马克思恩格思列宁斯大林著作编译局，编译. 北京：人民出版社，2009: 209.

物化的扬弃之路。

在宏大、博学、精深的马克思主义理论中，关于人有五个命题：即人是人的最高本质；人的本质在其现实性上是一切社会关系的总和；人既是剧中人也是剧作者；资本家是资本的人格化；人的自由全面发展。而人的这种自由全面的发展，不仅成为马克思的理想，也成为人类的理想。当共产主义处于人的自由全面发展的境遇时，共产主义也成为人类的理想，也只有在这个时候，人才能获得真正的解放。

2. 经济学研究的主体是人

经济学属于社会科学，而社会科学的本质其实可以简单理解为对人的研究解释，具体点说就是对于人类未知事物的研究分析解释。经济学作为社会科学体系的一部分，研究主体是人与人的经济活动。再具体点说，经济学本质是在一个理想化的模型中，对一些经济现象在假设前提下从产生到发展的论证，最后总结成自己的语言。渐渐这些规律性的总结多了就形成了一个专门的学科。经济学就是一门研究人类行为及如何将有限或者稀缺资源进行合理配置的社会科学。

关于经济学即"人学"的理论，在中外经济学家中有过很多论述：

法国经济学家萨伊在1803年出版的《政治经济学概论》一书中指出，政治经济学是"阐明财富怎样生产、分配与消费的科学"。

主观经济学派的先驱者马斯夏在《经济和谐》中明确指出，"政治经济学的对象是人"，并解释说，"欲望、努力、满足，这就是经济观点中的人"。奥地利的经济学家门格尔则明确把政治经济学的研究对象规定为人的欲望及其满足。

英国著名经济学家马歇尔在《经济学原理》一书中指出，经济学一方面是一种研究财富的科学，另一方面也是更重要的方面是它是研究人的学科的一部分。

1932年，经济学家罗宾斯在《论经济科学的性质与意义》中，提出了一个经典性的经济学定义："经济学是一门研究目的与具有可供选择用途的稀少手段之间关系的人类行为科学"。这就说明了，经济学的产生就在于人类无尽的欲望与物品稀少性的矛盾。英国经济学家约翰·希克斯的《价值与资本》中，也更为明确地显示出政治经济学是研究人类行为选择的科学。美国当代著名经济学家保罗·萨缪尔森在其《经济学》中也写道，经济学是研究人和社会如何作出最终抉择的科学。

我国的经济学研究在党的十四大提出建立社会主义市场经济体制后，以社会主义市场经济为研究对象，研究社会主义市场经济与资本主义市场经济的区别，社会主义市场经济建立的原因、途径、市场机制、市场体系、市场规律等。本质上是对生产力与生产关系、经济基础与上层建筑的关系的研究，寻求解决社会的基本矛盾的方法和途径。

1956年党的八大报告指出："我们国内的主要矛盾，已经是人民对于建立先进的工业国的要求同落后的农业国的现实之间的矛盾，已经是人民对于经济文化迅速发展的需要同当前经济文化不能满足人民需要的状况之间的矛盾。"

1981年党的十一届六中全会对我国社会主要矛盾做了规范的表述："在社会主义改造基本完成以后，我国所要解决的主要矛盾，是人民日益增长的物质文化需要同落后的社会生产之间的矛盾。"

党的十九大报告中鲜明提出了"中国特色社会主义进入新时代，我国社会主要矛盾已经转化为人民日益增长的美好生活需要和不平衡不充分的发展之间的矛盾"的重大判断。这一重大判断，不仅为新时代的经济建设、政治建设、文化建设、社会建设和生态文明建设指明了新的发展方向，而且为实施新时代"两步走"战略提供了决策依据和理论支撑。

3. 构筑自己的经济学思维

整合经济学之所以与每个人密切相关，它的魅力就在于以研究人的互动规律为己任，帮助人们摆脱狭隘经验和个人直觉的控制，更多了解经济社会运行的规律，颠覆自己的思维定式，对这个由海量陌生人在网络世界上紧密连接而成的社会做出恰如其分的反应，从而在竞争激烈的社会环境中，有效整合稀缺的资源，成就理想的自我。

在世界上生活，人类面临着四大基本约束：东西不够，生命有限，互相依赖，需要协调。人类社会的种种现象和制度安排，无一不是为了适应这四种基本约束而衍生出来的。在资源整合中，哪怕物质的总量不发生变化，只要人与人之间能够进行交易，对这四种约束就会自我适应，幸福就能够无中生有。

经济学是一门研究比较和选择的学问。一个人要做出正确的选择，首先要把比较的东西拿出来，放在天平两边去比对。而经济学要教给大家的是，在比较的时候不仅要看见那些看得见的东西，也要看见那些看不见的东西。

经济学是一门研究个人如何致富、国家如何富强的学问。一般认为，现代经济学始于《国富论》的作者亚当·斯密，而《国富论》的全名是《国民财富的性质和原因的研究》(*An Inquiry into the Nature and Causes of the Wealth of Nations*)（1776）。

经济学是研究公平与效率的学问。长期以来，在公平与效率的关系上，总会说要么是公平优先，要么是效率优先，二者此消彼长、互相对立。经济学中，效率分为资源的配置效率和生产组织效率，主要指从一定的投入中获取最终产品（数量和质量）的能力；公平指产品的分配应该按照一定的方式进行，合乎人类的伦理和道德准则。由于规模经济的存在和激励制度，资源集中于少数人手中，占有更多的产品能够产生效率，反而，追求公平会使资源占有者的产品流向无产阶级，会削减资源占有者的生产积极性，进而降低效率，所以说公平和效率总是相对立的。

经济学关注存活的条件。一个人，一个组织，甚至一个制度，是如何存活下来的，需要什么条件才能够存活下来。这些跟人的主观理性有关系，更是由所处的环境和资源整合的程度所决定的。经济学研究的是在什么样的情况下，人能够存活下来，而如果环境和资源条件发生了改变，人们存活的情况又会发生怎样的改变。

整合经济学从人的生存角度告诉我们，在资源条件变化的时候，如何适应，如何发展自己。

首先，如何在自我与他人的关系体现自我。亚当·斯密的《国民财富的性质和原因的研究》主张人是自私的。他有句名言："每一个人，不需要自己关心社会福利，他也不知道自己怎么去推动社会的福利，他只需要关心自己，追求他自己的福利就可以了。但是他在追求自己福利的过程中，会有一只看不见的手，让他的努力转变为对公用事业的推动。这只看不见的手，会让他的自私自利推动社会福利的改进。"

其次，在自我与他人的关系中与他人共享。同样是亚当·斯密在另一部著作《道德情操论》(*The Theory of Moral Sentiments*)（1759）中讲到，人不仅仅是自私的，同时还具有同情心，也就是有一种设身处地为他人着想的能力。人们把自己认为的别人是否幸福，当作自己是否幸福的一部分：你幸福，我幸福；你痛苦，我也感到痛苦。这是一种天生的能力，叫"同情心"，人人都有。人有同情心，也就是有爱心。

◎第四十章 整合经济学是研究人的科学

第三，在自己的朋友圈中如何看待人脉资源。可能每个人都有这样的体会，如果我们查看自己的手机通讯录和微信朋友圈，里面少则上百人，多则数千人。但里面只有很少的人，是真正爱我们，能够随时倾听我们的诉说，在我们危难时奋不顾身来帮助我们的人。人们的爱只能分给少数几个人，爱心没办法扩展到小圈子以外的范围。对此中现象，亚当·斯密非常睿智地看到："一个人尽毕生之力，亦难博得几个人的好感，而他在文明社会中，随时有取得多数人的协作和援助的必要。别的动物，一到达壮年期，几乎全都能够独立，在自然状态下，它们不需要其他动物的援助。但人类几乎随时随地都需要同胞的协助，要想仅仅依赖他人的恩惠，那是一定不行的。"每个人的爱心都极为有限，而他们又时刻需要别人的帮助，在这种情况下，人们该怎么办呢？答案是依靠市场。市场是一个陌生人跟陌生人打交道的地方，是一个陌生人服务陌生人的地方。正因为如此，斯密写下了这样一段警世恒言："我们的晚餐，并非来自屠户、酿酒商或面包师的恩惠，而是出自他们自利的打算。我们不说唤起他们利他心的话，而说唤起他们利己心的话。我们不说自己有需要，而说对他们有利。"

第四，数字时代，个人资源整合要立足于大市场。在亚当·斯密看来，人是自私的，但也有爱心；爱心只能适用于小圈子，无法延伸到更大的范围，所以我们只能依靠市场这个陌生人互助的平台，才能满足每个人日常生活中绝大部分的需求。小圈子靠爱心、讲同情，而大世界靠市场、讲规则。斯密的重要建议是：不要搞混了，不要在家庭、朋友圈里斤斤计较，过分讲究市场规则，也不要在市场上强求陌生人表现出不切实际的爱心。

看清了人性的两面性，并找到了对付两面性的方法，亚当·斯密就为市场经济找到了坚实的基础。如今，在网络世界的人际交流茫茫人海中，亚当·斯密的观点同样是我们每个人整合自己人脉资源的重要原则。

第五，树立个人资源边际平衡的理念。资源是有限的，如何最有效地利用有限的资源，使其获得最高的效用？办法就是把资源分摊到不同的用途上，并确保资源在这些不同用途上获得的边际效用都趋于相等。如果出现不等，那就应该不断地把更多的资源挪用到边际效用较高的用途上，直到资源在这种用途上带来的边际效用下降到与其他用途的边际效用相等为止，这就是边际平衡的概念。如果一个人这么做了，那么他得到的总效用就会达到最大。因此，每一个人都应该成为边际平衡的高手。也就是说，我们应该利用自己有限的时间、有限的精力，在自己所能涉及的所有领域、所有活动、所有选项当中，根据边际平衡的规律来分配时间、金钱、精力和其他资源，从而使总效用达到最大。

二、人的经济权利

1. 基本概念

人的经济权利指公民享有的经济生活和物质利益方面的权利，是公民实现其他权利的前提条件和物质基础（财产权、继承权、劳动权、休息权、物质帮助权、离退休人员的生活保障权）。公民的社会经济基本权利依据宪法的规定，包括公民的财产所有权、退休人员的生活保障权、劳动权、休息权以及获得物质帮助的权利等具体权利。

2. 经济权利保障制度不断深化

当前，随着全面依法治国的不断深化，中国的市场经济体系已经初具规模，经济权利保障制度也在不断发展完善。在新的历史发展阶段，中国的市场格局已经发生了深刻变化。在坚持基本经济制度的前提下，民营经济从弱到强，不断发展壮大，已经成为中国经济发展不可或缺的重要力量。与此同时，随着经济体制改革的不断深化，国有企业逐渐成为独立的市场主体。新的市场格局以及法治发展阶段对经济权利的法律保护提出了更高的要求。只有建立更完善的法律保障制度，依法有效保护各种所有制经济组织和公民的基本经济权利，才能增强社会信心，增强各类经济主体活力，建设更高质量的市场经济体系。

当前，世界正处于大发展、大变革、大调整时期，中国的经济发展正处于重要战略机遇期和历史机遇期。在这种制度转型的大背景下，经济权利保障模式选择仍有较大的拓展空间。

三、人力资本是社会生产力的基础

1. 数字经济时代的人力资本

随着 21 世纪的日益临近，在世界范围内，社会经济形态甚至社会结构形态正在或者已经发生了巨大的变化，即从工业经济和工业社会向知识经济和数字社会转变。知识经济和知识社会这一概念向人们表明了知识与信息的吸收、处理和应用在创造新的价值和推动社会发展中的重要作用。人类社会正在进入一个以知识资源的占有、配置、生产、分配、使用（消费）为重要因素的时代。

在工业经济时代，资本无疑是一种战略资源，经济增长取决于资本和劳动力的投入，而在知识社会，战略性资源则为人力资源或人力资本。未来学家奈斯比特认为，在新的社会中，关键的战略资源已转变为信息、知识和创造性。管理大师德鲁克断言：知识已成为生产力、竞争力和经济成就的关键因素；知识已成为最主要的工业，这个工业向经济提供生产需要的重要中心资源。

构成人力资源或人力资本的并不是人的数量，构成人力资本的核心是劳动者的健康状况、价值观念、知识存量、技能水平。人力资源或人力资本不是自然生成的，而是投资的结果。在现实社会中，人力资本投资的主要途径是教育和人力资源的发展，因此可以这样说：人力资本是人力资源发展的产物。正是如此，人力资源发展在现时代具有重要意义。

2. 人力资本的基本价值与假设

人力资源发展理论与实践的产生与发展，与我们这个时代环境的变化有关系，同时也是基于对人的本质的某些先决条件的假设和基本价值为基础。人力资源发展在理论和实务上的基本假定有下列数项。

（1）人的价值。基于生物的法则和法律的规范，每个人都有其权力和价值，而个人的价值也超越法律条文的叙述。对每个组织而言，每个成员对组织都有其贡献。人是资源，而且是统合组织其他资源的关键枢纽。

（2）人的作用的多样性。在组织和管理中，个人远远不只是一种生产和资源因素。他们是由许多组织构成的社会系统的成员；他们是产品和服务的消费者；他们是家庭、学校、政党等各种组织的成员。他们发挥不同的作用。作为社会系统中的成员，他们又相互发生作用。人们不仅发挥不同作用，而且他们本身也是各不相同。他们有不同的需要、态度、志向，不同的知识、技能和不同的潜能等。这就是说人是复杂人，而不仅仅是经济人、社会人、自我实现的人或者其他单一类型的人。

（3）人是发展的人。人并非是固定不变的物体，而是变化发展的实体。

人可以通过自身的努力和外在的干预措施改变自己。如果我们不把人作为一个整体来看待，而是单独考虑不同的特征，如知识、态度、技能或个性品质，我们便无法认识人。对人的运用因由工作说明的专长加以运用，转为将其视为整体和完整的人加以运用。

（4）人的尊严的重要性。管理必须实现组织的目标，目标实现是重要的。但是，实现目标的方式和方法必须不能侵犯人的尊严。人的尊严是指人必须受到尊重，而不论人在组织中的地位如何。

（5）人的潜能。绝大多数人能够运用更多的创造力、责任、自我指导和自我控制，超过了他们现在所任工作的要求。在现有的工作环境下，大多数人的潜能并没有得到充分发挥。领导人员的基本任务是设法利用未开发的人力资源。他必须创造一种环境，使其成员能够以人类本性进行活动，并提供充分发挥潜在能力的机会，使在其中工作的成员都能尽力作出最大的贡献。

（6）学习需求。学习是每个物种生存的本能。学习本身是一项历程，其中包括了持续的刺激与反应，经由行动的转化、重组与整合，使我们可以反复地验证生活经验，并从经验中能不断地修正自身的行为，使其行为不仅能符合社会的期待，而且能适应社会的变迁。每个人都有自我成长和自我发展的动机。学习不是一劳永逸的，持续不断的学习和多样化的学习才能适应时代的要求。人力资源发展的范围并不局限于知识的传授和技能的训练，包括更广泛的领域，特别是行为科学、学习理论、教学科技、人际互动等。因此，对于人、工作、学习和组织间的交流和互动，都属于人力资源发展的范围。

四、人是最活跃的生产力

人是生产力中最活跃的因素。解放和发展生产力，最重要的就是解放和发展人；人的积极性、主动性、创造性充分发挥出来，生产力就会获得生机和活力，实现蓬勃发展。改革开放之所以能够极大地推动我国经济社会发展，原因就在于它打破了僵化的思想观念和体制机制的束缚，解放了人，使人能够充分发挥活力和创造力，从而为生产力发展开辟了广阔空间。"一放就活"，"放到哪里，活到哪里"——这虽然说的是改革开放之初的价格改革，但实际上反映了束缚人的社会经济关系被打破之后，人的活力和创造力充分释放和发挥的生动景象。

第四十章 整合经济学是研究人的科学

人是经济社会发展的主体,是经济社会发展的推动者、受益者。人是在一定社会生产关系下推动发展、分享发展成果的。生产关系与生产力发展要求相适应,就能够充分调动和发挥人的积极性、主动性、创造性,解放和发展生产力;反之,则会抑制人的积极性、主动性、创造性,束缚生产力发展。调整和改革生产关系,就是要打破束缚人的生产关系和经济制度,释放人的活力和创造力,从而解放和发展生产力,推动经济社会发展。

人的思想一旦得到解放,体制的束缚一旦被打破,人的活力和创造力就不仅体现在创造新的生产力上,而且体现在创造新的生产关系和经济制度上。建立健全科学合理、富有活力、更有效率的创新体系,激发全社会创新活力,实现科技与经济紧密结合;深化行政体制改革,加快转变政府职能,健全法律制度,使经济主体在可预期的、稳定的制度环境中创新创业。一旦人的视野打开、素质提高、思想活跃了,聪明才智得到发挥,任何奇迹都可以被创造出来,物质财富消耗了可以重新生产,体制机制落后了可以进行创新。

◎第四十一章
整合·超越——整合经济学的人生智慧

一、整合，启动人生之旅

在高度进化的人类社会，竞争永无止境，就像如今的手机一样不停地更新换代，否则你的"木桶"就会不断暴露短板。一位心理咨询师认为，真正能调节整合自己的人，就是把孙悟空的机智、猪八戒的快乐、沙僧的精准、靠谱和唐僧的理智结合一起，有尊严又有弹性地发展自我。

60岁的王石跑到哈佛去上学，他说，人生就像一颗从枪膛里飞出的子弹，自己的最高点已经过去了。在哈佛的这一年，让他感觉获得了新生。电视剧《天道》里的丁元英在古城的日子，身心极简，对物质的欲望降至最低。一根油条，一碗米线，有滋有味。一杯清茶，一曲音乐，自得其乐。他有着极强的自制力，不去听那些耳边的杂音，不去看身边的热闹，不去想那些乱七八糟的事情，把自己的五感六觉浸泡在音乐与清茶里，让自己的精神进入"文化属性"的思考频道。

人的80%的能量是通过眼睛与耳朵消耗出去的，一天看不完的光景，听不完的评论，想不完的焦虑，耗费了大多数人的精力。为欲望做减法，眼睛向内看，耳朵向内听，意念向内观照，当你这样做时，你会发现一个精神饱满、积极向上的自己。

人的意识有丰富的多样性与可能性，它同哪个层次的物质相结合，便强化哪个层次的功能。真正厉害的人懂得随时调整自己的意识频道，使它远离低级耗能的精神环境，保持在活跃的聚集与恢复能量状态中。

老子在《道德经》中说："五色令人目盲，五音令人耳聋，五味令人口爽，驰骋畋猎令人心发狂，难得之货令人行妨。"老子告诉我们，圣人只维持基本的生存，不沉溺于感官的享乐，而将更多的精力用在有价值的东西上。人生不可能没有欲望，但能管理好自己的眼、耳、鼻、舌、身，自觉控制自己的欲望，使身心欲望保持在合理范围内，正事放中间，杂事放两边，这是高手与普通人的区别。人生高手，都是能够超越情绪的人。他们愿意打开自己的人生格局，在更高级的层面上升级自己的认知模式，在接纳、体察中升华自己的情感，使自己的心灵有一个积极光明的出路。厉害的人，不是没有情绪，而是心中有正事，不想浪费自己宝贵的精神资源。他们能够舍弃一切外在不必要的东西，把精神回收，身心归位，把自己的意念集中到最能体现人生价值的事上。他们知道"人生得一知己足矣"，好朋友并不需要太多。他们拒绝无意义的社交，主动升级自己的朋友圈，只真正与那些能够激发自己身心能量的人进行持续的沟通与交流。

成功的人生启航，总是能实现自己与生俱来的潜力，达到成熟和自我实现。越来越清晰地认识到自己，不断调整，完善自己，知道自己真正想要的是什么，也知道自己生命的召唤或使命是什么，并通过不断的自我调整，创造并抵达那个心灵的美景。

二、人，不能超越社会环境

人具有自然属性和社会属性，人不仅是自然界的一部分，也是社会的一部分，人和社会的关系是辩证统一的。社会环境包括社会政治、社会生产力、生产关系、经济条件、劳动条件、卫生条件、生活方式，以及文化教育、家庭结交等各种社会关系。社会环境一方面供给人们所需的物质生活资料，满足人们的生理需要；另一方面，又制约着人的生理和心理活动，一旦人体——社会稳态失调，就可以导致疾病，并且随着医学模式的演变，也越来越凸现社会因素和心理因素对人类健康的重要性。

恩格斯曾经指出："归根到底，自然和社会——这是我们在其中生存、活动并表现自己的那个环境的两个组成部分。"[1] 人是社会的动物。人的生存和发展离不开特定社会环境。社会环境既是人们通过交往建构起来的社会存在，

---

[1] [德]卡尔·马克思，[德]弗里德里希·恩格斯. 马克思恩格斯全集(第39卷)[M]. 中共中央马克思恩格斯列宁斯大林著作编译局，编译. 北京：人民出版社，2009: 64.

又是制约和决定人的存在的先在前提。正是在这种生成和预成的关系中,展开了人与社会环境之间的互动关系。人只有以社会环境为中介才能建构起对象性的自然环境,这正是由人的社会本质决定的,是它的内在要求。

社会环境包括实体和关系两个层面。就实体层面而言,任何社会环境必须具有自己的物质承担者。因此,实体性因素对于社会环境的构成来说,是不可或缺的;相反,它带有前提的意义。作为社会环境载体的实体性因素总是有形的,可以为人的感觉器官所直接感知到。就关系层面来说,社会环境主要表现为人与人之间的交往及其所体现的社会关系。

社会环境为人的现实存在提供了特定坐标。一个人在特定的社会关系给出的时空坐标下的人格定位,就表现为一定的社会角色。任何一个社会角色,都有赖于社会环境这一宏观的人生舞台和人格剧场赋予其某种确定的"系统质",从而找到自己的特定位置。另外,每个人一旦进入某种社会角色,又总是发挥某种功能,从而参与对社会环境的建构和塑造。

作为社会和历史的主体的人是一种特定时空坐标下的具体存在。人的认识活动、认识过程和认识结果,折射并积淀着人的社会历史性质,并受社会环境在纵向和横向上的根本制约。这种制约主要表现在:一方面,人的社会存在决定了社会环境的物质层面和观念层面作为一个不可剔除的重要变量对人的主观活动的约束,如对人的经济地位、阶级利益、活动空间、社会意识、时代思潮的深刻影响等;另一方面,人的历史存在又决定了人类始终只能提出自己能够解决的任务,因为只要仔细考察就可以发现,任务本身只有在解决它的物质条件已经存在或者至少是在形成过程中的时候才会产生。也就是说,我们只能在我们时代的条件下进行认识,而且这些条件达到什么程度,我们便认识到什么程度。

人的交往关系对于生产力的保存和社会的进步都具有重要的保障和促进作用。因为通过交往,人们可以借鉴、移植、学习、利用前人和他人已经创造的文明成果,从而能够通过这种互补整合的方式,不断地实现对已有成果的超越。即人对社会环境具有能动的一面,人通过实践活动积极地变革和重建自己的社会环境,并在不断地优化社会环境的过程中推动历史的发展。人们还通过自己的实践,不断地创造出新的更有助于人们生存的交往模式,从而直接改变了人的社会环境。例如,近代工业革命的实现及世界市场的开辟,把整个世界联成一体,从而打破了以往人类生存的狭隘地域性和文化封闭性,创造出一种全新

三、人，应该自我规划

1. 人生机遇与成本

孟子说："鱼，我所欲也，熊掌，亦我所欲也，二者不可得兼，舍鱼而取熊掌者也。"机遇的获得来自得与失、成与败之间的选择。选择的特点在于得到总是伴随着失去。人在同一个时间内不可能同时到两个地方去，机遇不是天上掉馅饼，不是白白获得的，可以说每一个机遇都是要付出相应的成本的。有的人敢于为自己认准的机遇付出成本和代价，而另一种人则由于对机遇成本过于吝啬而失去机遇。

从生命之旅的第一天起，我们的生命就进入了倒计时状态，它不停地缩短，这个命题实在无法乐观。细细想来，上苍给我们所有人的生命成本一样多，每个人身上都潜藏着原子能，但只有很少的人能够点燃它，每个人的大脑中都有一个金矿，只是很少有人开采它；每个人身后都沉睡着一个神通广大的巨人，可是很少有人唤醒他。因此不少人在有生之年对生命能量的利用率很低，更多的时间是在混沌无序中度过。这就使不同人的命运出现了巨大差别，有了贫富、尊卑、优劣的差别，有了成功和失败的差别。

每个凡夫俗子都难免有许多的过失、失误、失败。人快到生命终结时为何总会懊悔一生中光阴虚度的过失？总是假设如果再给他一次生命，他将重新设计人生？然而，这世界偏偏没有后悔药卖。人生的悲剧说穿了就是选择的悲剧，机遇的不可逆性则构成了机遇的成本，那么我们完全有理由追问自己：我们利用的人生能量怎么这么少？我们失去的人生机遇为什么这么多？我们享受的人生幸福为什么如此稀缺？我们为什么老是平庸、不幸，与成功无缘。

2. 人生境界与经济学的境界

人生境界，是指人们对于存在世界的认识和觉悟状态，它对于经济人的行为及其人性的判断具有直接的影响。冯友兰先生指出，人生境界各有差异，两两互不相同。然而，"就不同方面看，人所可能有的境界可以分为四种：自然境界、功利境界、道德境界、天地境界"。冯先生认为，自然境界中的人类对自己的行为缺乏清醒的认识，对自我存在的独立性还相当的模糊，行为往往顺乎习俗而行，是一种近似"混沌"的意识境界。功利境界则是指人脱离了对自我和对象都缺乏自觉意识的自然境界之后，进入到对"我"有一个明确意识，并以"自我"和"求利"为中心展开活动的人生境界时期。道德境界中的"自觉有我"之"觉"，升华为"自觉人是社会存在"之"觉"的人生境界时期。在道德境界中，"行义""利人"是人们行为的主要特征。道德境界之后的天地境界是人生的最高境界，在此境界中，人不仅自觉是社会的一员，而且也自觉是宇宙的一员。

四大人生境界说是东方文化与哲学的一个重要成就。它不仅在"觉解"人生，而且也在"觉解"整个人类的经济与社会发展，对于经济学研究同样意义深远。在阐述了"人生境界"之后，便可转而谈经济学的境界和它在经济学研究中的应用。根据人生四大境界之说，与之相应的经济学研究的问题大致也可以区分为四大类，即人类在自然境界中的经济问题，如封建社会的短缺经济问题；人类在功利境界中的经济问题，如经济学所研究的宏观和微观两个层次的效用最大化的问题；人类在道德境界中的经济问题，如福利经济学和伦理经济学研究的内容；人类在天地境界中的经济问题，如"可持续发展"的思想的提出。现代经济学主要仍然局限于功利境界范围内的经济问题研究，实证分析和数学手段是与这种研究要实现的目标和研究者达到的境界相适应的分析方法。这种已成定式的思维方法，贯穿于一个多世纪以来的经济学研究之中，已经极大地限制了经济学的发展。突破经济学研究的境界局限，事实上已经成为现代经济学发展的真正关键。走出经济学的功利境界困境，是解决资源、环境、生产过剩等困扰了西方经济学一个多世纪的诸多社会经济难题的根本出路，1998年诺贝尔经济学奖授予福利经济学，是经济学终将走出功利境界而走向道德境界的一次重大宣示与觉悟。

3. 人生规划与目标达成

所谓人生规划，就是一个人根据社会发展的需要和个人发展的志向，对自身有限资源进行合理的配置，对自己的未来的发展道路进行一种预先的策划和设计，受到人生观的支配。

作家尼古拉·奥斯特洛夫斯基的著名作品《钢铁是怎么样炼成的》里有一段很著名的话："一个人的一生应该是这样度过的：当他回首往事的时候，

他不会因为虚度年华而悔恨，也不会因为碌碌无为而羞耻。这样，在临死的时候，他就能够说：我的整个生命和全部精力，都已经献给世界上最壮丽的事业——为人类的解放而斗争。"

今天许多人最大的悲哀，就是做了一辈子自己不喜爱的工作。人最大的失败，就是忙碌到死一事无成，还让后人看不到希望。没有规划的人生，就像是没有目标和计划的航行，燃料用完了，在太平洋的海面上喊救命。花谢了还会开，人谁有来生？活不出个人样来，最对不起的是自己。从人生发展的角度讲，我们已经具备了所有的"条件"，但是人生之路怎么走，就必须要进行"规划"。人生如大海航行，人生规划就是人生的基本航线，有了航线，我们就不会偏离目标，更不会迷失方向，才能更加顺利和快速地驶向成功的彼岸。萧伯纳有一句名言："明白事理的人使自己适应世界，不明白事理的人，硬想使世界适应自己。"人生就是在这种不适应中，调整适应，发展适应的长河中前进的。在人生的每一个漂流中，可能会远离我们的人生坐标。问题在于我们应该学会在远离目标的时候，去创造条件，接近目标。所谓创造条件，本身就是一种进取，一种求索，一种心态向既定目标的执着，一种坚韧不拔的追求。

人生规划的时间段可分为中长期和近期：

- 我的终极奋斗目标。
- 我的十年奋斗目标。
- 我的三到五年奋斗目标。
- 我这个月的奋斗目标。
- 我本周的奋斗目标。

在人生规划中，首先要先放大自己的梦想，看自己以后想过什么样的生活，达到什么样的层次，作为终极奋斗目标，也就是六十岁以后要达到的目标。然后分解成十年一个的目标，逐步向终极目标奋进，接着每年实现一部分目标来作为巩固自己的基础，包括每天我要做什么、是否做好、怎么做才能更好、补救方法是什么，做个合理的规划，才能有效地走向人生理想目标。

人生规划包括：

- 健康规划。
- 长远规划（包括近期远期的学习、工作、爱情、事业等规划）。
- 事业规划（包含职业规划与学习规划）。
- 情感规划（包括爱情、亲情、友情等规划）。
- 养老规划。
- 资金规划。
- 幸福规划。

人生规划使我们在规划人生的同时可以更理性思考自己的未来，初步尝试性地选择未来适合自己从事的事业和生活，尽早（多从学生时代）开始培养自己综合能力和综合素质。人生规划与职业规划的区别，就是人生规划比职业规划广泛。职业规划只是人生规划的一部分，它并不是人生的全部。职业有很大一部分只是为了实现高质量生存的手段。

人生规划内容涵盖了人生教育中的三大主题：生命、生活和生涯，贯穿人的一生。具体内容为：教育与人生，社会与人，学什么、怎么学，求职，社会对人类能力素质的基本要求，成功者的必备素质，在和平时期人的一生该怎么过，理想目标与人生，个人健康新理念，学会管好自己的钱包和个人理财，就业能力与人生，学会适应，学会学习，爱心、责任与人生，人际关系与人生，心态调整与快乐人生，谈吐、口才与气质，恋爱、婚姻、家庭与人生，家庭教育、子女教育与人生，习惯、性格与人生，道德素质、爱国责任与人生，机遇与命运，意志力、自律与人生等诸多人生话题与内容。我们年轻人在走进社会前就要有一个人生规划的蓝图，认识、了解人生，有思想准备和行动准备，以使自己的一生走得顺利，有所成就，过上有品质的生活。

制定人生规划可按以下步骤：

第一步，确立自己的人生观、价值观和人生目标。人生规划的目的就是实现自己的人生目标，也是人生规划的基础和原则。人的人生观、价值观和人生目标会随年龄的增长、对社会的认识不断改变和清晰。人生规划也应该根据这些进行相应的调整和改进。

第二步，充分了解自己、分析自己。确定自己的性格特质与天赋。主要的方法有，一是自问，做到有自知之明，自己冷静下来总结自己；二是问他人，让别人给你肯定的评价；三是专业评价，通过专业人员帮助你总结。

第三步，详细制定自己的人生规划，最好是细化到各个年龄段，并做好每一步，才会实现规划的内容。

第四步，发挥自己的优势，以完善自己的素质和能力为实现自己制定的目标而行动。

第五步，在成长中磨炼自己，随着社会大发展变化，及时调整自己的人生目标和规划，因为没有什么规划是一成不变的。

◎第四十二章

整合经济学，一门使人幸福的艺术

一、整合经济学的核心是研究人与人的竞合关系

经济学家马歇尔认为："经济学是一门研究在日常生活事务中生活、劳动和思考的人们的学问。"[①] 在协调资源的有限性和人的欲望的无穷性之间的矛盾的过程中，整合经济学应运而生。

西方主流经济学以资源配置为研究对象，原因在于资源的稀缺性。资源的稀缺性的原因在于人类需要的无限性。因此，人类需要的无限性是资源稀缺的根本原因，是西方经济学以资源配置为研究对象的根本原因，是其研究的出发点。同时，西方经济学研究资源配置又是为了更好地满足人类的需要，因此，人的需要又是西方经济学研究的归宿。但是，研究资源配置问题并不能在经济上解决涵盖人的需要的所有问题，如人性问题、人性与人的需要的关系及其变化规律、人类经济行为的变化规律、产品的分配问题、人与人的合作或非合作变化关系等都不是资源配置研究这一主题所能覆盖的。而且，与其说在人的需要无限性条件下研究资源稀缺的配置问题，不如说是在资源稀缺条件下研究人类的经济行为。对条件关系表述的这一颠倒，表明了作为社会科学的整合经济学，不仅要研究人与物的关系，同时也要研究人与人的关系，而且研究人与人的竞合关系是整合经济学的核心内容。

---

① [英] 阿尔弗雷德·马歇尔. 经济学原理 [M]. 朱志泰, 译. 北京：商务印书馆, 1988.

二、"经济人"与"社会人"的统一

"经济人"假定,也称"理性人"假定或"最大化原则",这是西方经济学家研究经济学的最基本的前提假定。这一假定最初来自英国古典经济学家亚当·斯密。他在《国富论》中写道:"我们每天所需要的食物和饮料,不是出自屠户、酿酒家和面包师的恩惠,而是出于他们自利的打算。"① 在斯密看来,个人利益是唯一不变的、普遍的人类动机,"经济人"的理性体现在力图以最小的经济代价去追逐和获得最大的经济利益。

在此之后,英国哲学家边沁首先提出了"功利原则"概念:"赞成或不赞成任何一种行为,其根据都在于这一行为是增多还是减少利益当事人的幸福。"英国经济学家约翰·穆勒则是首先在功利原则的基础上使用了"功利主义"概念。尽管边沁、穆勒的说法与斯密有别,但他们对于人的行为的假定却基本一致:一是人们的行为都具有自利动机;二是人们能够通过计算判断自己是否能够获利,即"理性"。这就是"经济人"的基本内涵。在当今西方经济学的正统理论中,"经济人"有了更为精确的表述:在理想情形下,经济行为者具有完全有序的偏好、完备的信息和无懈可击的计算能力,在经过深思熟虑之后,他会选择那些能比其他行为更好地满足自己偏好的行为。换言之,经济行为者会在利己心的驱使下,在各种约束条件的限制下追求自身利益最大化。

马克思曾说:"人的本质并不是单个人所固有的抽象物。在其现实性上它是一切社会关系的总和。"② 一方面,经济学既然是一门社会科学,就不能不对人的社会、历史、制度、文化进行分析。因此,"社会人"的定义更加符合人的本性;另一方面,在资源稀缺的情况下,个人按照追求经济利益最大化的原则而行动——这个"经济人"假定是微观经济学和宏观经济学理论分析的出发点,完全否定"经济人"假定也就意味着"主流经济学"毫无研究价值,这也是片面的。"经济人"和"社会人"的区别可以这样理解:"经济人"假定是面向分析的工具假定,在一定的约束条件下,有方法论上的合理性;"社会

---

① [英]亚当·斯密.国民财富性质和原因的研究(上卷)[M].郭大力,王亚楠,译.北京:商务印书馆,1972,14.
② [德]卡尔·马克思,[德]弗里德里希·恩格斯.马克思恩格斯选集(第一卷)[M].中共中央马克思恩格斯列宁斯大林著作编译局,译.北京:人民出版社,1995,60.

人"假定是结合人性的基本假定,经济学的"终级关怀"源于实际的人类社会生活。"经济人"假定奠定了主流经济学基础,而"社会人"假定则支持了社会经济学的合理性。"社会人"和"经济人"是经济学的两种不同的出发点。经济学本质上是包含人的"终级关怀"的社会科学,因此,以"社会人"为经济学研究的基本出发点更为合理。在"经济人"假定的基础上,运用数学方法对经济现象进行数量分析是经济学的重大进步,然而,数学方法本身不是经济规律,而是经济学的工具。社会主义市场经济理论建立在马克思主义的基本原理和社会主义现代化建设实践的基础之上,它能够并且有必要借鉴、改造、消化以"经济人"为基础的经济学理论,为社会主义市场经济的健康发展服务。这就是"社会人"和"经济人"的统一。整合经济学也是在这样的基础上实现对人的经济性和社会性研究的统一。

三、整合经济学的终极目的是实现人的全面发展

人是肉体和精神的物质辩证统一体。精神的实质也是物质。人与自然界物质存在形态在根本上是一致的。人与宇宙在本质上是同一的。人生的意义和价值存在于为他人、为社会、为人类作出的贡献。正确的宇宙观、人生观、价值观、时空观和发展观的确立,将会使人走上真正彻底自由和解放的道路。

以个人发展主义基础上的利益结构论为分析人的行为特征的基点,是马克思长期坚持的重要观点之一。对马克思和恩格斯来说,使每个人都成为全面而自由发展的人是人类的最高价值。在他们看来,共产主义社会之所以是人类社会发展的理想目标,是因为它是"以每个人的全面而自由的发展为基本原则的社会形式""在那里,每个人的自由发展是一切人的自由发展的条件"。马克思和恩格斯设想在未来社会"所有人共同享受大家创造出来的福利"。

构建中国的整合经济学,应当首先掌握经济学的具有普遍性的理论体系,在此基础上,结合中国的历史变迁、现实国情、文化传统、道德规范等,来构建有中国特色的整合经济学。虽然在近现代西方文化的冲击下,中国人的生活、文化等都已经发生了巨大的变化,但是,中国人世代相传的传统心理、思维方式、伦理道德等依然存在,中华传统文化并未发生根本变化。中国传统文化中的自强不息的进取精神;在道德规范下形成和谐的人际关系;集体

本位和天下为公;"天人合一"的意识;强调人与自然界的和谐统一,都是整合经济学建立的文化背景,是构建起研究"中国人"的经济行为的基础。

以人为本的整合经济学,是一种综合的、具有立体思维理念的发展观。它着眼于发展的整体性、协调性和可持续性,不仅体现逻辑思维和系统思维特征,而且有效地提升了人的生态思维,确立了生态思维方式的现代意蕴,并且说明整合研究及其应用的目的是配合人的上升,在人格及其生态上的上升。

整合经济学最主要的特征就是从"现实的人"出发,直接关注当代经济社会里人的资源整合状态;关注人对整合的现实需要;关注整合资源过程中现实问题的解决途径;关注人在整合经济学指导下的全面发展。推进人的全面发展,与推进经济、文化的发展和改善人民物质文化生活,是互为前提和基础的。人发展得越全面,社会的物质财富就会创造得越多,人民的生活就越能得到改善,而物质文化条件越充分,就越能推进人的全面发展。社会生产力和经济文化的发展水平是逐步提高、永无止境的历史过程,人的全面发展程度也是逐步提高、永无止境的历史的过程。这两个历史过程应相互结合、相互促进。

整合各方面的资源,用于自我发展,这就是整合经济学指导下的自我超越。整合经济学作为一门系统科学,揭示整合思维意识的本质,发掘人的人脉资源力量,引导人的整合行为走向自然融合,帮助迷失者、孤独者找回人生的本性,促进个体实现自我,团结人们开创事业,使人类步入整合发展新时代。通过整合,让生活在烦恼痛苦的"精神地狱"中的人走进"天堂"一样的境界;令挣扎在庸碌空虚的世俗琐事中的人面向崇高丰富的心灵;使奋战在寂寞无助的理想征途中的人获得真诚相助激励的人生。

四、克服"舒服点"的习惯,积极整合资源

除那些坐享其成的"富二代""官二代"以外,大部分新人起步的时候都一无所有,自己可以控制的资源十分有限和脆弱。人生事业的发展,实际上就是一个逐渐增加个人可以动用的资源的过程。

如果可以动用特定的外界资源,通常可以获得成功的人生。如果人一辈子只可以动用自己的收入,即使是一名优秀的个人理财专家,成功也十分有

限。人生的成功，直接依赖于特定个人可以动用的资源，必须接近潜在的可能被动用的资源。

人生资源主要有以下五种类型。

1. 时间资源

时间就是生命，时间就是金钱。

人常说，年轻就是资本，这是指年轻人有时间干自己想干的事业。即使挫折、失败也可从头再来。而上年纪的人只能感叹年轻的人可以选择尝试多种职业。但是，由于人生不过几十年，如白驹过隙，在有限的时间内，在激烈的竞争环境中，一个人只能在特定的行业中谋求成功。

2. 知识

未来学家和战略学家指出，衡量21世纪国家的战略地位，首先要看这个国家的知识状况，如科技水平、学校数量、受过高等教育的公民的比重。可见知识是一个国家的战略资源，也是发展知识经济的关键。一个人拥有的知识与他成功的概率成正比。在未来，在某一行业、某一专业领域里"学有所专"的人才将受用人单位欢迎。

3. 人际关系资源

众所周知，办成一件事，或一个人的成功，专业知识、业务能力固然很重要，但人际关系的贡献占60%—80%，可见人际关系对人生的决定性的影响力。在人生的道路，有三大人际关系资源需要精心经营：

（1）亲缘关系。包括父母、夫妻、兄弟姐妹、叔叔阿姨等亲戚。他们是你成就事业的坚定支持者。

（2）学缘关系。同学之间的关系是在纯情年代结下的深厚友谊。很多人的成功得益于同学的帮助和提携，同学不但帮助你解决问题，而且提供各种机会。微软前总裁巴尔默就是比尔·盖茨的大学同学，盖茨不但将他从学校拉到微软公司，而且还给其股份和职位。

（3）业缘关系。处在同一行业内的同事、伙伴，由于业务、工作上的关系，在日常生活中接触最多。无数事实证明，身边的人对你最重要。古人云，远亲不如近邻。业缘关系，可以在工作上、生活上使你受益匪浅。

4. 健康的身体

身体是革命的本钱。工作需要健康的体魄、充沛的精力来支撑。在未来社会，加班很正常，特别是在重大项目攻关阶段。保持好身体的关键是劳逸结合，有张有弛。一些行业和特殊工作岗位聘用人才，首先看身体状况，如市场推广人员，要能适应工作强度，能经常出差；模特职业对身高、体型有特殊要求。公共礼仪人员招聘也同样挑剔身体、形象，像近视、色盲、多病的人在很多职业中多受到限制。

5. 金钱资源

钱是生活的基本来源。适当的钱可以满足日常吃穿住行的消费。此外，好的职业需要好的教育，职业培训需要学费。有了资本还可以去创业，干一番自己的事业。

资源是人生事业成功的关键。能否走向幸福成功，就看如何整合这些宝贵的资源了。

和别人合作，对方关心的是你有什么资源。如果你自己不能整合资源，把资源介绍给需要资源的人，你也会快速成功，大多数成功者都具备整合资源的能力。得到别人的支持，首先需要让别人喜欢你，看到你的潜力，让别人知道你有投资价值，值得帮助。

◎ 第四十三章
借势·整合·提升·超越：新时代的成功法则

世界处于百年未有之大变局，中国特色社会主义走进了新时代。马克思主义认为，"一切社会变迁和政治变革的终极原因，不应当到人们的头脑中和到人们对永恒的真理和正义的日益增进的认识中去寻找，而应当到生产方式和交换方式的变更中去寻找"。生产力与生产关系的矛盾运动即社会的生产方式，是推动社会发展的根本动力，也是区分历史时代的根本依据。正如马克思所说的，历史上"手推磨产生的是封建主的社会，蒸汽磨产生的是工业资本家的社会"。生产方式的不断发展及其在社会不同发展阶段呈现出的不同特点，使人类社会区分为不同的社会形态，同时也相应划分为不同的历史时期，这是马克思主义对于时代本质的根本立场。

生产力的变革要求生产关系的相应变革为解放和发展生产力拓展空间，否则这些生产关系就可能变成生产力发展的桎梏。随着生产关系（经济基础）的变更，建立其上的上层建筑也必定会或快或慢地发生变革，直至催生新的社会革命。人类社会经过原始社会、奴隶社会、封建社会、资本主义社会、社会主义社会等社会形态和历史大时代的合规律性更替演进，充分验证了生产方式矛盾运动推动人类社会向前发展、社会时代不断更新的根本规律。尽管这一规律的呈现方式是具体的、多样的、曲折的、长时段的，但"青山遮不住，毕竟东流去"，人类社会的发展规律，是不以个人的意志为转移的自然历史进程，总趋势不可逆转。

生产力的革命是一切社会变迁和政治变革的终极原因。当前，人工智能、大数据、量子信息、生物技术等新一轮科技革命和产业变革正在积聚力量，催生大量新产业、新业态、新模式，给全球发展和人类生活带来翻天覆地的变化，人类社会发展面临着空前的机遇和挑战。中国进入新时代，就是一个以信息技术引领的数字时代，是以资源整合推动的创新时代。

第四十三章　借势·整合·提升·超越：新时代的成功法则

国家的《国民经济和社会发展第十四个五年（2021—2025年）规划和2035年远景目标纲要》确定了坚定不移的指导思想，就是人民美好生活需求一定会实现，要全面建成富强民主文明和谐的社会主义现代化强国。这种确定性创造出新的庞大的市场需求，为每个人的自我整合发展提供了无比广阔的潜力空间，会带来整个社会购买力的膨胀，比十四五规划之前的时期会大数十倍。新时代、新格局、新理念、新技术，未来的竞争，不再是人们对机会的竞争，而更多在于智慧领域的竞争。无论是产品创新还是商业模式创新，真正依靠的是人的智慧。无论你未来做什么，都必须在自己的领域里不断精进，不断的投资自己的大脑，把成长自己当成人生的头等大事，同时要遵循新时代的成功法则。

一、借势

荀子的《劝学》篇说："登高而招，臂非加长也，而见者远；顺风而呼，声非加疾也，而闻者彰。假舆马者，非利足也，而致千里；假舟楫者，非能水也，而绝江河。君子生非异也，善假于物也。"这里讲的就是解释的道理，十分深刻。小米手机总裁雷军，是一个高才生，大学2年时间就学完别人4年的课程，大学第3年自己创业写软件赚了20万。后来在金山WPS里，依然秉持学霸精神工作，用朝五晚九来形容毫不夸张，每天工作14个小时，可事业一直没有起色。因为对头office软件太强大了，而且国内的正版意识非常差，企业发展受限。

雷总多年苦闷终于悟出来，不要用战术勤奋掩盖战略上的懒惰。在风口浪尖上面，猪都能够飞起来。雷总毅然从耕耘多年的WPS转战手机市场，从符合国人使用习惯的MIUI手机系统研发，做到了发烧友的小米手机，再后来又发展了小米商城，做成了巨大的小米生态市场。

原来他怎么努力都不见成效，而当看到了手机发展的趋势，及时跟上，终于缔造了如今小米品牌的辉煌成绩。

现在网络媒体发展非常快，对传统媒体的冲击比较大。有个叫胡玮炜的记者，她从事传统自媒体的报纸行业，用了十年的时间，让自己的月薪好不容易破万。随后因工作接触到了共享经济，2015年，她创立了摩拜单车。三年后，2018年美团以27亿美元的作价，全资收购了摩拜。

胡玮炜花费十年时间才让月薪破万，后来三年时间，2015年—2018年，就让自己实现了财富自由。其看到了时代发展的趋势，从一个传统纸媒行业，转战到共享经济领域，快速发展起来。

这就在于会借时代的势。纵观历史上很多富豪就是借时代之势，后快速发展起来，如微软计算机的比尔·盖茨，聊天软件的马化腾，小米手机的雷军，搜索引擎的李彦宏，网上购物的马云……

别说那些知名的人物，就是我们身边一些早买房的人，他们都是赶上了时代的红利。他们单凭自己的本事，靠着去打工怎么可能快速发家？还不是借时代之势，扶摇而上九万里，成了在天上飞翔着的让人羡慕不已的、时代风口上的"猪"。

势是一种趋势，事物发展规律的一种趋向。势是一种系统结构的外在表现，反映的是系统的发展属性、趋向。势就是发展的趋势，不以个人意志力为转移的客观规律。我们想要借势，就要深刻理解事物发展到客观规律，客观发展的趋势。万事万物皆有势，这个是固有的属性。只要是事物，就有外在表现出来的势以及发展的规律。

事物有内在的势，也有外在的势。比如我们内在的势，就是我们的优势、长处、天赋，更加愿意做什么。这与我们的情感、经历、认知、价值观、思维、思想、使命感都有关；外在的势，比如时代趋势，未来发展。这与经济、环境、社会、政治、经济、文化、世界格局都有关系。

借势其实就是用势，把握事物发展的客观规律，因势利导，让事物发展朝着我们有利的地方行进，如同弄潮儿，在海浪之上，让浪潮推你向前。

借势就是把外在的势，与内在的势结合起来。一方面不能跟势去硬碰硬，要顺势而为。另一方面不能盲目跟随势，要因势利导，让势朝着我们想要去的地方，推动我们的发展，就像是冲浪一样，站在浪潮之上，利用浪潮的力量，把我们送到想要去的地方。

有些外在的势是不适合的。比如房产，房子不停地涨价，想去炒房，可是手头没有钱，买不起，这就不太可行。还有很多事，不愿意去做，这个势也是不适合的。

要把"势"与个人的内在条件结合起来，不要给自己设限，然后结合外在时代趋势，整合资源，构建适合自己的良好环境，合理安排自己的学习与发展之路，这样有利于发挥创造性，获得成功。

在移动互联网时代，强者愈强，弱者恒弱，每个人在行业的选择、人生的选择上都必须洞悉趋势，把握大势，顺势而为，这才更有益于融入这样一个大的国运中，成就自己的人生。

二、借平台

借势还有一个重要的方面，就是借平台。造船过河，不如借船过河，这个船就是平台。实际上每一个人的成功都会是平台的成功，创造一个平台，不如加入一个大的平台，一起共筑辉煌。

在职场中打拼的每个人，都深知平台的重要性，平台为个体展现才华提供了不可或缺的舞台。电视剧《乔家大院》中，有这么一出戏，一个叫孙茂才的人投奔乔家后，帮助乔家成就伟业，后来因为个人恩怨被赶出了乔家。于是，孙茂才想借乔家的对手钱家扳倒乔家，钱家对孙茂才说了一句话："不是你成就了乔家的生意，而是乔家的生意成就了你！"

这句话说给当下的年轻人听，可能不太会被接受，因为现在讲究的是创新、创造、创业，年轻人更愿意为自己的理想付出，不愿为他人作嫁衣。实际上，无论打工或是创业，其实都需要平台，无非是平台的形式、大小有所不同而已，其本质并没有区别，正确理解何为平台，如何与平台融合，是每个梦想成功人士的必修课。

1. 平台的作用

对于个人来说，平台的作用意义在于：

（1）生存条件

每个人生存于这个社会，想在社会上生活下去，必然要寻找一个最基础的平台，满足在社会工作生活的基本需求，即依靠这个平台赚钱养家，维持物质供应，不断发挥自己的才能与价值，在物质基础满足的前提下，去追求更高层次的精神生活。平台不同，展现出来的自我也不同，平台不仅可以用于个体展现，同时平台还可以帮助塑造个体。

（2）提供资源

现在是一个融合发展的时代，政策提出的命运共同体理念得到了全球各国领导人及人民的支持。命运共同体是个大命题，作为个体与平台，即便达不到命运共同体的高度，但是利益共同体的高度还是实实在在存在的。个体与平台为了共同的利益相互合作，平台为个体提供实现共同利益的必要资源（行业知识、业务能力、品牌响应、对应人脉等），而这些资源一定程度可以成为个体后续持续自我经营的利器。

（3）学习储备

厚积方能薄发，现在看到的很多成功人士，也都是从最底层一步一步打拼出来的。打拼不仅仅是必须要经历的过程，同时打拼也是在为以后的成功发展做切实的准备，通过在不同的平台中学习、实践、教训、总结等一整套的闭环学习过程，不断地在学识、能力、认知方面提升，实现价值升华，突破自己能力上限，最终实现成功，这个过程，既需要自身努力，也离不开平台提供的学习机会、优秀资源。

（4）降低风险

付出与收获，付出在前，收获在后，若想取得成绩，必定要先懂得付出。在职场中，这种付出会具体表现在财力、物力、人力、实力等综合因素上，所需因素之全面，所需投入时间之长短，都不是个体所能简单承受的。但如果个体与整个平台未来目标、发展方向一致，个体就可以借助平台的力量，与平台一同发展、努力达成共同目标，一旦失败，相对于整个平台来说，个体承担的风险较小。

（5）获取成功

成功这个词，在当下已经被扩大到前所未有的高度，不论身处何地，都经常听到与成功有关的话题，可以说现在是一个全民追求成功的年代。若想取得成功，首先要顺应时代发展方向，当下正处于信息时代，信息高速发展、快速传递、有效融合，谁掌握的信息越多，谁离成功就越近，而若想掌握到第一手的信息，必然要借助平台的力量，平台越高越大，信息自然越新越精。

2. 个体正确认识平台

作为个体，需要摆正对平台的认识，包括对平台的价值分析、判断力等，清晰的认识个体对平台的所需以及为平台发展所要做的贡献与付出。

（1）投入努力

再大的舞台，再好的平台，没有自身的努力，是不会有任何收获的。天上没有掉馅饼的事情，更不会不付出就得到别人付出百倍的东西。我们经常会听到有人在抱怨平台，认为是平台的原因，导致自己没有收获、没有成功。其实这种情况下，更多的是个体没有反思自身的问题，通过抱怨平台作为借口来逃避掩饰自身的不努力。很多时候付出与收获是等价的，想要大的收获，就要吃得起苦，懂得投入与努力。

（2）正确利用

平台上的资源是非常丰富的，甚至有些资源是带有保密性质的，涉及商业机密，因此个体在使用平台资源时，要从正确的出发点合理利用，不得私自对外传播机密性资源。同时在使用资源过程中，要从结合自身实际需求出发，将利用资源所产生的结果，及时、准确地反馈给平台，这样才能保证平台的资源，始终被高速利用、调配、完善、更新。

（3）懂得尊重

自私是人的一大本性，每个人都有自私的一面，这是无法改变的。作为个体，在面对平台时，要学会把握好自私的尺度，无论身居何职，都要做到尊重平台，始终保证平台利益高于个体利益，懂得个体利益来源于平台利益之中的道理，若没有平台利益，那么个体利益也将不复存在。不要因为一己私利，置平台利益于不顾。

（4）衡量权重

很多个体会因为金钱利益等方面的因素选择离开当前平台，寻找待遇更高的平台就职，个体追求利益本身没有问题，但不可盲目追求，计较眼前得失。很多个体会因为职位不如意、奖金分配不均衡而选择寻找更好的平台。切忌为了眼前利益而选择跳槽，要注重平衡当前平台是否有更好发展，以及自身是否会学到知识或是否有一定的上升空间。

（5）我即平台

拿破仑最有名的一句话就是不想当将军的士兵就不是好士兵。无论打工还是创业，其实每个人也可以被看作是一个小平台，在做任何事情的过程中，都要有平台的思维模式与理念，通过与其他平台的融合，让自己的小平台一点点扩大，变成大舞台，将自身与更多的伙伴置于这个大舞台上，同创辉煌。

3. 有效利用平台

个人如何有效利用平台？平台提供了一种把个体知识、经验、潜质展现出来的能力，使个体通过平台更好地实现个人目标和价值，很多成功的个体都在庆幸或是感激自己选择了好的平台，事实上，平台的价值不仅在于选择还在于利用。

（1）提升自我

个体在好的平台上可以得到快速的能力提升，因为好的平台会为个体提供充足的资源，例如：资金、学识、机遇、人脉等，有些资源可以增长见识，提高业务能力水平；有些资源可以拓宽人脉，增加机遇。很多时候平台决定了个体的高度以及后续的发展空间，无论是个体最终想留在平台发展还是迈向更广阔的平台，眼前都需要不断结合平台资源，努力提升、加强自我能力，只有这样才能有自信站在平台的顶端或是跨越到更高的平台。

（2）融入集体

优秀的平台中一定具备优秀的个体，平台再大再优秀，也不可避免个体的利益或发展方向与平台未来的发展方向产生分歧、冲突的现象。面对上述现象，无论出于何种原因，既然选择在平台上发展，就表示当前对平台是认同的，这时需要融入平台，积极响应参与平台的任务、活动，与平台一起发展，恪守职业精神，在本职工作和有效工作时间内，把公司和工作放在第一位。至于自我能力提升部分，可以放在业余时间进行。

（3）推动进步

平台与个体是相辅相成的，个体的进步会推动平台的进步，平台的发展也会带动个体的发展。随着社会的发展，每个人都变得现实，讲究双方得到的利益是等价的，对于平台与个体也需要互相推动、进步，平台为个体最大限度地提供资源，使个体完成任务为平台带来利益。同样的个体也需要具备资源的整合能力，用见识与能力去实现这一目的，以得到重用，获得更多的资源，从一定程度上来讲，双方牵制在这种互相推动进步的关系上。

（4）懂得坚守

在有效利用平台之前，一定要认清自身与平台的能力，哪些是自己带来的，哪些是平台赋予的。经常出现一些刚刚在当前平台小有成就，跳到其他平台或从零做起的个体，最后以失败告终的现象。因为术业有专攻，真正的综合型全能人才实在是太少。当遇见适合自身，且具备发展空间的平台，一定要抓住机会，懂得坚守，也许过程中会经历成长痛，但"剩者为王"的例子不占少数，他们既得到了平台的认可，也在认可与培养中提升了自己的能力。

（5）共创共赢

平台与个体是相互依靠、相互影响的命运共同体，平台的成功与否关系到每个个体的切身利益，很多时候，在平台中发展需要拥有一个共同的观念，即个体与平台共同发展，平台成就个体、个体成就平台，两者缺一不可。作为个体，需要认可平台的文化、价值、发展目标，与公司共进退。同样作为平台，需要尊重个体，给其应有的发展空间、机遇及基本能力。过程中不断磨合，增加彼此的了解及认同感，做到同心同欲、共创共赢。

总之，平台对于个体的作用与价值是十分重要的，曾经以为，是金子总会发光，只要有才华且努力在哪里都可以发光发热，但却忽略了周围的环境，也就是平台的重要性，没有平台的承载、展示，很多闪光点是无法全部释放出来的。当我们功成名就之后，在强调、纠结自己为平台付出很多时，不妨回头看看平台曾给予你多少支撑、试错的机会。所以，不论你身处哪个平台，都要尽自己最大的努力，放下浮躁，沉淀自己，将自己的潜能和价值最大化。我们每个人不一定都要成为系统化平台的创建者，但是我们必须有老板思维和平台思维。在这个世界上唯有思维才是你人生立足的王牌。人生的抉择靠的是智慧，责任感是人生的最高价值，因为它会成就你。所以有责任感的人才会有大智慧。自我精进成长的智慧来自你的选择，每个人一生只能干这一件事，专注于一件事才会获得人生最大的成就。所以，精进就是唯一的选择，在一个领域一个行业一件事情上的专精、专注和持续的成长，就是一种人生的大智慧，它会让人避开无数的弯路和挫折。人生就是创业，人生创业的目的就在于让自己变得越来越值钱。借助平台之势走精进之路，才会使人生大放异彩。

三、整合

1. 个人资源整合的核心是人脉资源

个人资源整合，主要体现在对自己人脉关系资源的整合。无论是人生创业，还是事业成功；无论是个人生活幸福，还是家庭工作顺利，都离不开对自己的外部资源和内部资源进行整合，产生新的社会价值和经济价值。那些看似没有什么价值的孤立的事情或独立的人，经过重新整合，就可以变成一件有意义、有价值的事情，就会变成一个能够创造无数奇迹的伟大的团队，这就是人脉资源的整合。

整合经济学的指导与应用，就在于个人能整合多少的资源。能整合多少的渠道、资源，就可以创造多少社会价值。当我们实现了社会价值，自然就满足了社会的需求，创造了新的社会需求价值，就会获得有时会超出自己想象的成就，财富将随之而来。

阿基米德曾说："给我一个支点，我将撬起整个地球"。资源整合就是一个巨大的支点，可以让一个人的力量快速变得强大，形成"蝴蝶效应"。

除了血浓于水的亲情和相濡以沫的爱情以外，大部分的关系都是掺杂着交情和利益，或者是纯粹的利益关系。即便是多年的老友，也讲究个志同道合、互帮互助。纯粹的交情是可遇不可求的，一味索取利用的关系也是不长久的。

社会的资源本来是互补的，所以人脉本质就是价值的等价或溢价交换，还有资源的互补互惠。无价值无人脉，无交换无人脉，无资源无人脉，不然通讯录上的联系人只是个姓氏符号。我们既要有血浓于水的亲情、志同道合的朋友、淡如水的君子之交，也要有可以各取所需的关系。人脉不是你认识的人有多少个，而是有多少人认识你和认可你，并且彼此有利益的连接点。

有等价交换的价值，有互惠共赢的机会，这才是人脉。人脉不是你和多少人打过交道，而是有多少人愿意和你打交道、主动和你打交道、长期和你打交道、持续和你打交道。只有可持续互相产生价值的关系才叫人脉，其余的都叫联系人。

理想的社交是你有故事我有酒，可现在绝大部分社交都是你有垃圾我有桶，这就是低质量的无效社交。有的人每天忙于辗转在各种社交场合和圈子，貌似左右逢源结识了很多人，其实很多人只不过是点头之交、泛泛之交，彼此之间相识相聚，然后在一起吃喝玩乐再调天侃地，在这个过程中你似乎很轻松、很快乐、很满足，释放了压抑，表现了自己，但其实你面对的这些人大部分是一群同样无聊、迷茫、寂寞，需要寻找消遣的人而已。

狂欢，有时候只是一群人的孤单；孤单，也可以是一个人的狂欢。有人以为，我有很多朋友，我的人缘很好，我的社交能力很强，我很优秀、很重要，我得到了很多人的认可。实际是根本没人记住你，无非就是彼此留了个联系方式而已。这些关系既不能锦上添花，更不能雪中送炭，不需要太久，就又成了陌生人。更重要的是，这种社交活动会把一个人麻醉并且使其上瘾，这就是社交依赖症。社交依赖症让一个人特别喜欢热闹，失去独处的能力和心境，不能耐下心来做自己的事，浪费了金钱、时间和精力，耽误了工作事业、学习充电和陪伴家人的机会，所以要有自律、自制能力，尽量远离和减少不必要的、不重要的、既不能谈心也不能谈事的应酬。

2. 人脉资源整合规划

人脉资源整合规划主要包括以下步骤：确定职业生涯规划——评估人脉资源现状——明确人脉资源需求——设计人脉资源结构——制定人脉资源规划——制定人脉资源建立维系计划。

（1）将人脉规划融入个人发展规划

首先要明确自己的职场或者事业发展方向，因为毕竟人脉是为发展服务的。只有明确了发展方向，才能有的放矢地建立人脉资源。

多问问自己：我的发展方向和目标是什么？实现路径和计划是什么？在这个过程中，需要的资源有哪些？欠缺的是什么？阻碍是什么？人脉资源对发展的作用有多大？为了实现发展目标，需要哪些人脉资源的鼎力相助？现在得到了吗？还需要哪些潜在的人脉资源？这些人脉资源的获得需要花费多大金钱和时间成本？还要知道哪些人脉能给哪方面的帮助，如是否可以帮助你学习知识、开阔视野、放大格局或者提升能力？还是了解更多信息、增加同盟伙伴，还是搜集更多信息？抑或是打通事业发展的阻碍、瓶颈或者关键通道？当清楚个人动机时，才能把人脉建立做得更好。

（2）有目的，有侧重点，有针对性，有前瞻性

当然不是说所有交往都要带着目的，一个利欲熏心、唯利是图的人不仅不会有真正的友情，也不会有可以长期存在和合作的人脉。在人脉管理中，利用是个中性词，指的是彼此价值互换、资源互换达到互惠互利的合赢局面。人脉，不是找牌友凑场子，而是要根据自己的实际需要，有针对性、侧重点、有计划地建立扩展人脉资源，为自己的发展成长助力！

（3）设计平衡合理的人脉资源结构

人脉资源的结构要高效有效并且合理，多元化多层次的人脉资源结构，才能最大最广最久程度发挥价值。比如性别结构，年龄结构，行业结构，学历与知识素养结构，高低层次结构，内外结构，现在和未来的结构等。有的人人脉资源结构太单一单调，导致了人脉资源的质量不高。造成圈子狭窄，

信息闭塞，坐井观天。有的人只重视眼前的现在的人脉资源，而忽视了未来的今后的人脉资源，结果随着职业和事业的发展以及环境的变化，造成关键时刻人脉资源缺位断档。

首先人脉资源要兼顾职业事业和生活，不能只顾职业的发展，事业的成功，而忽视生活的丰富多彩和应急需求。比如，有的人尽管在你的职业事业上起不到什么作用，但是，他们却是你家长里短、柴米油盐日常生活中的好帮手，你不应该忽视他们。

其次，人脉资源要平衡义和利两方面，不能一味单单以是否有用作为标尺，这样很容易让自己变成一个见利忘义和唯利是图的人。一个不讲情义的人，会堕入无尽的欲望深沟中，没有人愿意和你合作，也不会有人信任你，和你交往。所以一定不要走入歧途，要交几个与利益毫无关系的性情朋友，一起分享一起分担，关键是还可以直来直去的指出你的缺点和不足，作为不断鞭策纠正你人生航向的灯塔。

第三，人脉资源要重视个人成长的需要。比如你应该结交一些专家、学者、教授、实战英雄、智者、小诸葛等，定期与他们交流，将会使你受益匪浅。你百思不待其解的难题，他们的只言片语可能会给你指点迷津。

第四，人脉的深度、广度和关联度。在拓展人脉资源的过程中，要注意人脉的深度、广度和关联度。人脉的深度就是人脉资源的质量和层次级别，人脉的广度就是人脉资源覆盖的范围（区域与行业）有多广；人脉的关联度指人脉资源与个人发展的相关性、契合度。人脉资源既要有广度和深度，又需要关联度，学会利用现有的人脉资源，去拓展更多的人脉资源。从长远考虑，不要有人脉"近视症"，需要注意长期性、动态变化、成长性和延伸空间。

（4）社交象限：盘点透视自己的人脉

有人把社会关系资源分成政府行政、金融法务医疗、业内同行、技术技能、思想智慧、媒体、客户、领导上司和同事下属等类别。

其实我们所有结交的联系人和关系人，都可以通过"社交象限"来划分。

用关系的亲疏远近和价值高低来划分四个象限，把所有的关系对号入座，就会简单快速又直观的盘点透视，从而有的放矢的区分对待，毕竟80/20定律在人脉管理中也同样存在（80%的人脉价值来源于20%的人脉关系）。

第一象限：亲密，高价值。

第二象限：生疏，高价值。

第三象限：生疏，低价值。

第四象限：亲密，低价值。

第一种和第四种属于联系比较紧密的强关系。一般是你的亲朋好友同学，或者同事、合作伙伴、业务往来的关系等。

对于第一种关系要重点经营，认真维护。对于第四种关系要保持正常的交往，以诚相待，一旦有机遇就可以变成高价值的资源。

第二种和第三种属于联系比较生疏的弱关系，一般是新结识的新朋友、新同事，一面之缘，偶然认识或者某种间接关系等，交集很少，彼此又很陌生，并且保持潜意识的防备和心理安全距离。

对于第二种关系，要多创造和寻找机会交往，逐渐熟悉，降低彼此的防备，提升彼此的认可度和信任度，作为人脉资源的储备，争取发展成为强关系。

对于第三种关系，保持不即不离的礼节性接触即可，不需要投入太多精力。

人脉资源根据重要程度的不同，可以分为：核心层人脉资源、紧密层人脉资源、松散备用层人脉资源。

有些时候只能靠着自己的核心能力和优势，加上已有的一些弱关系或较强关系，不断拓展自己的弱关系圈，并用独到的眼光进行甄别，将其中的少数几个努力发展为可靠的有价值的较强关系乃至强关系。

3. 建立自己的人脉资源库

有一个理论称为六度理论：在世界上，不论你想认识谁，只要通过六个人就可以联系到。

在人脉资源规划和社交象限盘点的基础上，有选择的逐步建立自己的人脉资源库，像投资理财对待存折一样，慢慢积累额度。

（1）梳理自己的联系人

从近到远，从亲到疏，从低到高，从单位内部到外部，从业界内到业界外，按照几条线索，梳理出你认识的所有人。一般的联系关系包括朋友、同学、同乡、同事、领导、客户、合作、同行、业内外往来以及政府关系和各种社交圈子。除了现有的关系，还要不断拓展自己的联系人。拓展联系人的方式比如参与各种团体组织、社交圈子，或者通过被人引荐，以及在互联网时代可以利用一些职场社交软件拓展人脉。

（2）评估自己的联系人

结合社交象限和自己的发展规划，以及自己的优势劣势，评估和区分联系人。主要梳理出四大类：一类是有价值有资源，需要重点维护的；二类是与自己有竞争、有利益冲突或者有嫌隙，需要谨慎对待的；三类是与自己根本不在一个频道，并且毫无交集，需要疏远的；四类是自己欠缺的人脉资源，需要扩展的。

（3）了解自己的联系人

一是联系人的人品、职业、资历、能力、兴趣、性格、偏好、风格、优势等基本信息。

二是联系人的社会资源、层级、圈子、影响力、号召力、口碑以及与圈子中其他人（或者圈外大人物）的或亲或疏、或好或坏的关系。

三是找到自己和这些人的共同点、差异点，自己可以为这些人提供的资源、这些人看重自己的资源，可以是能力，可以是性格，可以是兴趣等。

4. 维护管理人脉资源

人脉资源和投资理财、存折储蓄一样，需要有效的管理，以实现变现、保值、增值。稳固的人脉关系不仅是对人的记忆，而是要靠经营的关系。

（1）你若盛开，蝴蝶自来

当你的能力、地位、资源配不上你的社交野心，你所做的不过是无效社交。所以要想有稳定的优质的人脉资源，首先要让自己变得很值钱，并且有人格魅力，赢得别人的认可和信赖。人脉发挥作用是需要能力和实力打底的，能力是1，人脉是1后面的0。低等的人脉是由认识而来的，中等的人脉是置换资源和价值的，上等的人脉是你吸引过来的。

（2）有原则有底线

既要坚持互惠互利、分享分担、重情重义、诚实守信的原则，又要守住合法合规的底线，有些时候也要学会拒绝。只有见得着阳光的关系，才能开花结果。不要轻信任何人，要有自己的判断力。发展人脉的同时，要注意保护好自己。

（3）公平相处，区别对待

关系是分三六九等的，既要公平坦诚的一视同仁，又要分层次的区别对待。最大的公平就是分人分事分场合分时机。一种说法是：一个人的整体水平，几乎是和他最亲密的五个朋友的平均值。不排斥朋友，但要谨慎选择朋友。有重点、有针对性、有策略、有技巧的对待和处理不同人际关系。

（4）打造圈子实现增值

有个著名的 155 人的黄金人脉圈说法：最好的人脉圈的组成为，命友 5 人，密友 50 人，好友 100 人。

命友 5 人：这是你人生中非常重要的人。

密友：个性相似、有智慧、有专业能力，能够相互创造价值的人。

好友：记录与他相关的重大事件，包括节日、生日等。

打造以自己为意见领袖的优质圈子，是人脉精准扩展和快速增值的捷径。

（5）定期盘点，灵活调整

定期盘点总结自己的人脉资源，哪些该加深加固，哪些该修复，哪些该扩展，哪些该删除，哪些该重新评估，还有哪些该调整策略。只有这样，你的人脉资源才会保持优质又有价值。

5. 四点忠告

要重视人脉，但是不要过度迷信和依赖人脉。

要经营人脉，但是不要忘了陪伴家人和老友。

要扩展人脉，但是不要有了新朋友，忘了老朋友。

要利用人脉，但不要贪得无厌欲壑难填。

四、提升

科技的进步使人类的双手双脚被无限地解放，未来所有体力劳动甚至大多数技术类的活，都可能被机器人所取代。人类的进化，不再体现在四肢发达上，更核心的在于我们的智慧和头脑的进化。但是什么都没有办法代替自我的成长和提升，竞争在于智慧，是大脑领域的竞争。

1. 罗杰斯的自我理论

卡尔·罗杰斯（Carl Rogers，1902—1987）美国人本主义心理学家和教育学家。马斯洛去世之后，其成为人本主义心理学的主要代言人。罗杰斯对心理学的贡献主要表现在他对人格的自我理论的提出。

罗杰斯关于人格的基本假设是：每个人都具有一种固有的、先天的维护自我、提高自我、"自我实现"的动机，这是人最基本的也是唯一的动机和目的，它指引人朝着个人理想成长。

按罗杰斯的看法，每个人心中有两个自我：一个是他的自我概念，即实际自我；一个是他打算成为的自我，即理想自我。如果两种自我有很大重合或相当接近，那么，人们的心理是健康的；反之，如果两种自我评价间差距过大，心理问题就容易出现。

罗杰斯认为每一个人都是有价值的、与生俱有积极向上的潜能，只要能获得他认为重要的人的无条件的积极关注，就能朝着功能健全的人格发展。他认为健全的人拥有下列特质：

- 对经验开放。
- 自我结构与经验协调一致。
- 以自己的实现倾向作为评价经验的参照架构。
- 对自我的关注是无条件的。

2. 自我提升

自我提升是个体在社会比较中努力保持和提升自尊的倾向，通过自我提升，人们希望对自己产生满意感、能力感和有效感。在罗杰斯的自我理论中也曾指出个体有一种实现、维持、增强自我的基本趋向。自我提升是普遍存在的一种现象。这种个体在对自己知觉的过程中产生的积极自我偏见即为自我提升。

自我提升是人的一种动机，有些人通过它使自己自我感觉良好，并保持自尊，在受到威胁、遭遇失败和自尊心被打击时相对多见。自我提升时，人们倾向于接受正面的自我概念。自我提升使得人们改变控制自身行为的自律过程。它是四种自我评估动机之一，其他三种为自我评定（寻求准确自我概念的动机）、自我验证（寻求与自我感觉一致的自我概念的动机）和自我改善（改良自我概念的行为）。

人们可以使用很多策略提升自己的个人价值感知，比如忽视自己不擅长的方面，通过比较并批评他人让自己感觉更好。通过这些策略，人们趋向认为自己比别人优点更多，缺点更少。自我提升的人群中既有高自尊心者也有低自尊心者，但各自使用的提升策略不同，高自尊心者会通过偏差地处理信息，直接提升自我概念；低自尊者通过更间接的策略提升自我，如避免暴露缺点的情况出现。

3. 自我提升的影响因素

自我提升动机在引导和影响人们心理与行为的同时，也受到个体、环境和任务因素的制约，这些因素及因素之间的交互作用使不同个体的自我提升表现各具特色。

（1）信息特征

被评价的人格特质的重要性、可修改性、模糊程度以及任务的诊断性等信息特征都会对自我提升的表现产生重要影响。一般而言，特质越重要、越接近自我的核心成分，人们的自我提升越强，特质越不易修改，人们越会想方设法地去提升自己以维持自尊；特质越模糊、越不具体，越容易为人们的自我提升提供便利条件，任务情境对自己越有利，人们越会努力去寻求高诊断性信息。

（2）情绪体验

积极情绪有助于自我提升的维持、体现，消极情绪使自我提升有所消减。研究证实，无论是在想象情境下还是真实生活中，受积极情绪影响的个体都会比受消极情绪影响的个体做出更多的自我服务性归因。另外，抑郁或疾病患者比正常人更少有自我提升，而这种抑郁现实主义（depressive realism）产生的原因，并不在于抑郁者比正常人有更可靠的自我洞察力，而是在于他们时常会以忧郁的心态对待生活，因此自我意象也就没那么积极了。

（3）自尊与自我概念

自尊可以极其显著地正向预测自我提升的变化，这可能是因为自尊在生命早期发展形成后便发挥着滤镜的功能，让人们通过它来看待自己的品质和经历，并在自动化和前意识水平中赋予高自尊者以提升、保护和恢复自我价值感的能力。自我概念的效价和重要程度与自我提升表现亦息息相关。这体现为人们会毫不含糊地接受或极力证实积极的核心自我概念，同时会强烈地否认或驳斥那些消极的核心自我概念，而对于自我概念的边缘性成分，人们就不会投之以如此多的策略性的关注。

（4）社会情境

关系束缚假设（Relationship as bound hypothesis）认为，朋友交往的初衷在于使双方的利益都得到最大化，这便会伴随着对朋友权益的真正关心，和对双方利害得失的全面均衡，故而朋友关系会成为消减人们自我提升努力的一个背景要素。同时，比较对象的具体化程度等社会情境因素也会对自我提升产生一定影响，例如，当比较对象的抽象程度提高时（如以概化他人代替具体他人），人们自我提升的程度也会相应有所升高。

（5）文化

自我提升的强度和中心不同，是个人主义与集体主义文化中自我系统（相依我和独立我）差异的一个重要表现。研究表明，自我提升普遍存在于个人主义文化中，而集体主义文化中的个体自我提升较少。然而，为了支持、增强和保留自尊，世界上所有的人都需要积极地肯定自我，只不过集体主义文化中的个体可能囿于文化的压力，会去选择以更内隐或符合集体主义特性的方式来实现自我提升。

人生的大格局就来自于自我的成长和不断的提升，所有的底气都来自自己的资源和内涵，这是真正获得人生尊严，实现个人生命意识觉醒的根本。我们需要学会运用整合经济学理论指导人生资源整合的实践，借助资源平台创造发展，实现人生价值的自我超越。

五、自我评价

自我评价是自我意识的一种形式，指一个人对自己的身心状况、能力和特点，以及自己所处的地位、与他人及社会关系的认识和评价。自我评价是实现自我超越的基础，可以为自我超越设定起点和目标。

自我评价的前提是自我意识，只有当人具有自我意识的能力，才能做出自我评价。自我评价的功能首先表现为自我功能，就是说，它对人的自我发展、自我完善、自我实现有着特殊的意义。自我评价也具有重要的社会功能，它极大地影响人与人之间的交往方式，也决定着一个人对待他人的态度，还影响对他人的评价。正确的自我评价的社会意义就在于它帮助人成为社会人，成为有健康人生观和价值观的人。一个人如果能够正确地如实地认识和评价自己，就能正确地对待和自理个人与社会、集体及他人的关系，有利于自己克服缺点、发扬优点，在工作中充分发挥自己的作用。实事求是地评价自己是进行自我教育、自我完善的重要途径之一。

人的知识、才能通常是处于离散、朦胧状态的，需要人们不断地挖掘、发现和开发。每个人从自身兴趣爱好，思维方式的特点，毅力的恒久性，已有的知识结构，献身精神等方面可以作出自我评价。一个心理健康的人作出恰当的自我评价，说明他们能体验到自己存在的价值，对自己的能力、性格、优缺点能客观评价；同时，能接受自己，对自己抱有正确的态度，不骄傲也不自卑。心理不健康的人常缺乏自知之明，对自己的优缺点缺乏正确的评价，自高自大，自我欣赏，还有的是自暴自弃。

1. 个体自我评价的形成途径

个体自我评价的主要通过以下三个途径。

（1）根据他人对自己的态度来估计自己

个人对自己的评价往往以别人对自己的评价为参照。美国心理学家柯里认为，别人对自己的态度是自我评价的"一面镜子"。一个人总是处在一定的社会关系中，通过与他人相处，从他人对自己的评价中，看到自己的形象，这种自我形象，便构成了自我评价的基础。

（2）通过与他人的类比来估计自己

马克思说："人类起初是以别人来反映自己的，名叫彼得的人把自己当作人，只是由于他把名叫保罗的人看作和自己相同。"这就是说，个体对自己的评价是通过与社会上和自己地位、条件相类似的人的比较获得的。一个人自我评价的高低，不是孤立地进行的，总是把自己与他相似的人加以比较之后作出的。

（3）通过对个人的自我观察和心理分析来实现自我评价

一个能够正确对待自己的人，不会因为别人的过高评价而沾沾自喜，也不会因为别人不切合实际的指责而垂头丧气。一个人的自我评价要受到多方面的影响，其中主要要受到个人的认识水平、价值观念、个人抱负等方面的制约。所以，人们的自我评价常常带有主观性。

2. 自我评价的作用

自我评价不仅具有独特的自我功能，促进自我发展、自我实现、自我完善，而且具有重要的社会功能，极大地影响人与人之间的交往方式。

（1）促进自我发展

自我评价会促使人们进行自我验证，从而为自我发展提供动力。通过自我验证的过程可以提高主体的自我反思能力，在自我反思中主体会得到自我提高。

（2）促进自我实现

一旦人们对自己形成了相对完整和定性的评价，就会想方设法通过证实自己的能力来减少对这种自我评价有威胁的各种负面影响。也就是说，人们会努力不断地反思自己，并证实自己的价值。自我验证更加有利于自我发展；自我证实更加有利于自我实现。

（3）促进自我完善

自我评价有利于主体的自我完善。当人们形成自我评价之后，有的时候会感到自我评价的某个方面受到威胁（挑战）。在这样的情况下，就会加倍努力地寻求对这种自我评价的社会承认。自我评价对自我完善的促进作用还表现在它有利于主体的自我提高。人们通过自我评价来进行自我形象管理。在哲学中，人是社会的人。所以，"自我发展""自我实现"和"自我完善"都跟社会的需要联系在一起。

（4）影响人生价值观的选择

自我评价对人生价值选择有重要的影响。人生的自我评价和人生价值选择有着密切的关系。而人生价值包括人生的自我价值和人生的社会价值。社会的存在和发展是社会的基本需要，人生的社会价值从本质上说就是人生在世对于社会的存在和发展的满足。从正确树立人生观和价值观的角度来说，没有正确的自我评价会导致主体不正确的自我追求，导致对自己和他人、和社会的关系不能加以正确认识，从而导致不能做出正确的人生价值选择。正确的自我评价的社会意义就在于它帮助人成为社会人，有健康人生观和价值观的人，使社会充满了人生的正气。

总之，自我评价具有重要的社会意义。它不仅影响社会中人与人的交往方式，而且影响社会中人的心理健康程度，影响人的价值观和人生观的合理程度。

六、自我超越

1. 自我超越的涵义

"自我超越"是由维克多·弗兰克（Viktor Emil Frankl）提出的一个概念，

他认为人真正追求的不是自我实现而是超越自我的生活意义。这种追求包含了对自然界、人类社会和文化,以及人在其中所处位置的探索和理解,目的是更好地把握人生,更有意义地去生活。对人生意义的追求不是满足于自我的平衡状态,而在于一种自我的超越,表现为勇于承担责任,敢冒风险,不断地创造。

"自我超越"是指一个人总是能认清自己真正的愿望,为了实现愿望而集中精力,培养必要的耐心,并能客观地观察现实,这是建立学习型组织的精神基础。一个能够自我超越的人,一生都在追求卓越的境界。自我超越的价值在于学习和创造。

2. 自我超越的途径

(1) 建立个人"愿景"

愿景,就是希望看到的情景,是心灵中的希望,期望实现的美好愿望。"愿景"达到的时候展现出来的是一片美好、幸福、自由、心花怒放的情景。

大多数的人对于真正愿景的意识都很微弱。我们有目标,但这些不一定是愿景。在被问起想要什么时,许多人都会提到他们眼前想要摆脱的事情。例如,想要换一个更好的工作、想要迁居到环境较佳的地区、希望困扰已久的病痛消失等。这样愿景比比皆是,甚至所谓成功的人也摆脱不掉。这样的愿景是生活中适应或解决问题的副产品,它只是不断地去摆脱困扰的事情,并不会促进成长。

个人愿景必须是发自个人内心的、真正最关心的、一生最热切渴望达成的事情,它是一个特定的结果,一种期望的未来或意向。

"愿景"有多个构面。它可能是物质上的欲望,像是我们想住在哪里?有多少银行存款?愿景有个人的构面,像是健康、自由、对自己诚实。它也可能是贡献社会方面的,像是帮助他人,或对某一领域的知识有所贡献。这些都是我们心中真正愿望的一部分。但社会趋势常会影响个人的愿景,社会舆论也常会褒贬个人愿景的好坏。这也是为什么实现个人愿景需要勇气,而自我超越层次高的人便能游刃有余地处理自己的愿景。一个人到了自我超越的高超的境界,就是到了合一的境界,这时,一个人的愿景与他的行动之间,甚至连细如发丝也放不进去。

（2）保持创造性张力

"张力"一词从物理学概念应用于人文领域，泛指为事物内部各矛盾因素对立统一的整体或结构。美国著名管理学家彼得·圣吉博士在《第五项修炼》中把"创造性张力"定义为源于个体或组织所处的现实与其愿景之间存在的差距。这种差距会形成一种力量，将个体或组织向愿景推动。

即使愿景是清晰的，人们对于谈论自己的愿景却常有很大的困难。因为人们会敏锐地意识到存在于愿景与现实之间的差距。"我想要成立自己的公司，但是没有资金。"或是"我想从事真正喜爱的职业，但是我必须另谋他职以求度日"。这种差距使一个愿景看起来好像空想或不切实际，可能使我们感到气馁或绝望。但是相反的，愿景与现况的差距也可能是一种力量，将你朝向愿景推动。由于此种差距是创造力的来源，我们把这个差距叫作"创造性张力"。

创造性张力是自我超越的核心原理，它整合了这项修炼所有的要素。然而大部分的人对它有所误解。例如"张力"一词本身含有焦虑或压力的意味。此外，由于创造性张力常常夹杂着焦虑、悲哀、气馁、绝望或担忧等感觉，以致人们易于将创造性张力与这些情绪混淆，甚至以为创造的过程就是处于焦虑状态。因此很重要的是，了解因创造性张力而产生的负面情绪，并不是创造性张力本身，而是所谓的"情绪张力"。

创造性张力可转变一个人对失败的看法，培养毅力与耐性。失败不过是做得还不够好，是愿景与现况之间存在的差距。失败是一个学习的机会，可看清对现况的不正确认知、体察策略为何不如预期有效、体察愿景是否明晰正确。

当我们开始询问自己是否真正想要这个愿景，感觉完成工作愈来愈困难，意外的障碍在我们的路途上突然冒出来，或者周遭的人也让我们失望的时候。我们常常不能察觉有差距性冲突系统的存在，也正是因为我们未能察觉，更增强了差距性冲突的力量。

对付"差距性冲突"力量就是要"操纵"自己更加努力，追求想要，或专注于除去或避免自己所不想要的。

（3）诚实地面对真相

诚实地面对真相不是指追求一项绝对的真理或追究万有之本源，而是根除看清真实状况的障碍，并不断对于自己心中隐含的假设加以挑战，也就是不断加深我们对事件背后结构的理解以及警觉。自我超越层次高的人，对于自己行为背后的差距性冲突，特别能够看得更清楚，从而把自己的行为建立在符合客观真实的基础之上。

（4）运用潜意识

"自我超越"层次高的人最引人注意的一项特质是，他们在忙乱之中，仍能优雅而从容地完成异常复杂的工作，这令人惊叹不已，就像芭蕾舞者令人屏息的美丽舞艺，这是经年累月修炼而来的能力。

自我超越的实践过程中，隐含心灵的另外一个面向——潜意识。事实上我们都曾不自觉地透过潜意识来处理复杂的问题，使自我超越层次高的人与一般人有所区别的，在于他们能在意识与潜意识之间，发展出较高的契合关系。与一般人偶然短暂的感应不同，他们将潜意识的运用当作一种修炼来加以提升，运用潜意识来形成创造性张力。

培养潜意识最重要的是，它必须契合内心所真正想要的结果。愈是发自内心深处的良知和价值观，愈容易与潜意识深深契合，或甚至有时就是潜意识的一部分。

当年马斯洛提出生理、安全、社交、尊重、自我实现的人生五个需求层次理论，这五个层次需求也成为我们熟知的"马斯洛人生需求层次论"。然而到了晚年，马斯洛意识到自己的不足，又提出了自我超越需求（Self-Transcendence needs）理论，被整合到人生需求层次中，作为人生需求的第六个层次，那就是：超自我实现（Over Actualization）。马斯洛说"超个人心理学是以宇宙为中心，而不只注意人性需求或兴趣而已，它超越人性、自我及自我实现等观念……这一新的发展趋势很可能为日渐消沉的人们，尤其是年轻的一代'受挫的理想主义者'提供了具体有用又有效的答复……缺乏超越的及超个人的层面，我们会生病、会变得残暴、空虚，或无望，或冷漠。我们需要'比我们更大的'东西，激发出敬畏之情，重新以一种自然主义的、经验性的、与教会无关的奉献自己。"

马斯洛试用不同的字眼来描述新添加的自我超越需求，例如：超个人、超越、灵性、超人性、超越自我、神秘的、有道的、超人本（不再以人类为中心，而以宇宙为中心）、天人合一……马斯洛将"高峰经验"及"高原经验"放在这一层次上。马斯洛发现，超越者不仅存在于宗教界人士、诗人、知识界人士、音乐家之中，而且也存在于企业家、事业家、经理、教育家、政界人物中。他详细访谈和观察过三十多人，对另外二百多人也进行了一般的交谈和研究。

马斯洛在晚年认识到，不能以他需求理论中的'自我实现'为人的终极目标，并进行了修改补充，但若只是专注他早期的需求理论不放，必然导致对人性的盲目认识，助长人的骄傲的同时把人真正的价值贬低，也必然影响人对于自我超越的误解。不幸的是，目前我们心理学和管理学教科书所呈现出来的，始终限于马斯洛早期的五个需求层次论，根本不提后期的修正，使得整个新生代都在背诵那过时的需求层次论。

整合经济学从研究人的科学角度出发，强调整合的力量是一个无限的、不可估量的潜能力。基于这种整合力量，充分考虑马斯洛晚年提出补充的"超自我实现"论对超个人的价值、存在价值或宇宙价值的激励作用。离开整合的经济规律刻意去寻找高峰体验是徒劳无益的，自我超越者的精神生活不是由无止境的一系列强烈的、高度兴奋的高峰体验所构成。尽管自我超越的生活包含时而经历到的高峰体验，但它更多地是由日常生活中的神圣感所构成。整合是一种生活，我们每个人每天都在做和整合相关的事情。随着人工智能、大数据、互联网、人工智能等科技不断地优化升级，资源整合的技术已经十分先进。宛若星辰大海的信息资源为更多人实现整合发展，自我超越提供了空前广阔的空间。整合所创造的奇迹可能就发生在生活中，在日常生活中体验到的神圣的自我超越也许是平和与宁静，然而，这种被马斯洛晚年称为"高原体验"的东西，在自我超越者的生活中占有重要地位。

新时代既是释放个性追求自我价值的时代，又是相互融合、共享共赢的时代。智慧比知识更重要，要在整合中凝聚智慧，发展自己，树立自我超越的信心。由于互联网技术的成熟和普及，中国正在兴起大量自由职业者，社会的基本结构从"公司+员工"，变成了"平台+个人"。每个人都将冲破传统枷锁的束缚，获得重生的机会，关键就看你是否激发了自身潜在的能量。未来每一个人都是一个独立的经济体，既可以独立完成某项任务，也可以依靠协作和组织去执行系统性工程，所以社会既不缺乏细枝末节的耕耘者，也不缺少具备执行浩瀚工程的组织和团队，相互间按照规则合作，并通过协作形成共同发展系统，每个人都是一个节点，进行价值传输。而一个人所处的地位和层级，是由他所带来的价值决定的，这是新时代特征，这是整合时代的特征。新时代要树立自我超越的信心，敢于自我创新，用自身实力和才华智慧赢得人脉资源，整合社会资源，获得事业成功。

系统整合可以规避风险、降低成本、提高效率，形成标准，实现共建共享共赢共同发展。我们遵循整合经济学的基本规律，以整合创新发展为动力，通过整合让生活更快乐、未来更美好。

后　记

对整合的认识和兴趣源于多年来参与主持策划多行业、多领域的产业项目，我深感专业人员资源对于项目发展的重要性。整合专业资源为行业、为产业、为项目发展赋能，所有的企业、产业项目的发展都离不开整合，产业经济发展是全系统整合的过程。

多年来我始终从事与资源整合相关的工作，担任多地政府经济发展顾问和企业整合战略顾问，主持策划多个行业的系统整合落地工作。对整合经济学的认识和理解，更多是源于工作的需要。边学边悟边做边总结边实践，长期以来的工作让我对整合有了一些总结和系统模式的梳理。

2015年，我出版了《整合制胜》一书，第一次把自己多年来实际主持项目运作的经历和体会进行整理总结，在国务院发展研究中心和几位领导专家的指导下出版，得到了市场、业内人士和朋友们的好评和鼓励。此后，我陆续出版了《整合发展——360度资源整合》《整合创新——移动互联·物联网·大数据时代的资源整合》《整合时代》；在它们的基础上，出版了这本《整合经济学》。之所以把书名确定为《整合经济学》，是因为想把资源整合这个现代经济学理论研究的课题更加专业化、系统化，作为一个经济学的分支学科展现出来。中国40多年的经济改革实践，积累了大量的产业、行业方面的整合模式和成功的经验案例。

我的整合研究也和许多学科研究一样，是从实践到理论、从表面到本质、从肤浅到深化的过程。现在回过头来看,《整合制胜》重点是案例的解析,从中外商业成功案例中发掘整合的元素和经验;后来的《整合发展——360度资源整合》提出"从资源整合的角度上说,任何一个向东一个向西的两个人,都是可以整合到一起的。"整合谋略古已有之,只不过到了互联网时代,整合的广度和深度不断延展,政治整合、经济整合、军事整合、文化整合;国际整合、跨界整合、多边整合、网络整合,整合的"模式"无处不在。数字化催生了许多重要的新经济业态,如共享经济、网红经济、新零售、工业智能化、无人驾驶等,推动了社会经济巨大的发展。整合是经济发展和科技创新的孵化器,聚集了大量的人才、财富和智慧。

大数据扑面而来,数据成为越来越重要的战略资源,具有巨大的开发利用价值和广阔的发展前景。面对汹涌的信息化潮流,数字化成为整合资源创新发展的首要课题。我们要以开放的姿态拥抱数字化,打破行业间、区域间、部门间的"信息孤岛",实现资源共享,倾力打造数字资源整合创新之轨,展开资源整合创新的崭新时代画卷,于是我出版了《整合创新——移动互联·物联网·大数据时代的资源整合》一书。我觉得,新科技、新经济、新时代,创新永远在路上,我们的新思维是永无止境的。

建立360度的整合视野,观照我们这个新的时代,整合实际上是一种生活,我们每个人每天都在做和整合相关的事情。随着市场经济的快速发展,各种资源越来越丰富;随着人工智能、大数据、互联网等技术不断地优化升级,资源整合的技术已经十分先进。所有产业项目的成功都是和整合资源分不开的,新时代需要更多懂得资源整合的综合人才。企业通过资源整合形成可持续发展的生态系统是非常重要的,可以说谁拥有资源和整合能力,谁就拥有竞争力。

我参与国家脱贫攻坚的健康扶贫工程,三年多时间实地考察了100多个市县的上千个基层乡镇,与基层的市县党政主要领导和各部门干部、群众深入接触、交流,深感整合理念具有的广泛性及其对于经济社会发展的重要性。整合已经成为一个时代的特征和标志,共享经济、跨界经营、移动互联……合作共

后　记

赢成为工商界人士最热的词汇和社会的共识。据此我从新时代的宏观角度深入思考，出版了《整合时代》，提出了整合资源的"平台、思路、模式、系统"八字方法论，被称为"对传统项目管理学理论的一个突破和创新"。

平台：任何一个企业产业发展都要先搭建好平台或借助平台找到适合自己企业项目发展的平台，这非常重要。

思路：理清要做什么，达到什么目的，资源从哪里入手，自身优势有哪些，如何整合这些思路逻辑。从实际出发，从企业定位和项目预期目标出发，形成一个强逻辑性的思路很重要。

模式：整合资源要形成好的合作模式，形成一个双赢、多赢的模式，这种合作模式一定要资源互补、共享、携同发展、共建共赢。

系统：最重要的是整体的系统解决方案，任何项目首先要精准定位，做好顶层设计，构建一个非常明晰的系统，专人做专事，制定标准，明确目标，确定计划、路线图、时间表，系统推进项目又好又快发展。

新时代下的整合创新经济发展一定是建立在平台资源基础上的整合经济，是建立在资源共享、优势互补、合作共赢模式基础上的整合经济，是突破传统思维的方式，守正出奇、形成标准、提高效率的整合经济。

马克思曾经说过："理论在一个国家实现的程度，总是决定于理论满足这个国家的需要的程度。"在如今的时代，任何一个经济体的发展，都不能再仅仅依靠单打独斗，特立独行了，全球经济一体化、建立人类共同体、互联网大数据和智能化，使这个世界从未像今天这样相互紧密连接。这是一个需要整合的时代，是一个需要整合思维创新的时代，是一个需要挑战整合和运用整合创造机遇的时代，是一个需要整合实现价值的时代。我们不能辜负了整合时代。经济学是研究人类经济活动的规律和价值创造、转化、实现的科学，与时代的脉搏同频共振。在新时代、新理念、新格局的需求中，建立整合经济学的系统体系，让它作为经济学的一个新分支学科呈现在广大读者面前，《整合经济学》的出版就具有这个方面的探索、引领、创新和实践的意义，我希望此书出版能促进整合经济学研究与应用的繁荣发展。

　　回顾这多年来，更多的时日是奔波在路上，为各地的产业项目策划设计系统的落地发展模式，把自己和朋友们整合资源的一些经历探索呈现出来，编撰成书，当作一种自己应尽的义务和责任吧。对我而言，完成这本《整合经济学》是一次艰难的跋涉。它不够完美，甚至略显粗糙，但我对它是用尽百分之百的心力和智力。编撰这本书时，我常常要在一个案例的选择，一节文字部分的反复修改花上很久的时间。写作本书的经历亦是认清自己的过程，挖掘到自己可以努力的方向。我不敢说已有了经济学的基础，只是朝着这方面努力，并用尽热诚去研究这门学问，去撰写这部书。我在《整合制胜》一书的"跋"中就曾写道："以后对于整合资源，我还将继续用心去关注。尽管我的研究成果这颗果实还没有那么饱满，但她毕竟历经春雨秋霜、大地阳光的滋养哺育。如果她能给广大读者带来一点营养，则我就极感欣慰了。"

　　如果说记忆是最好的感恩，那么，固化记忆、表达感恩的最好形式，当然是把记忆出版成册，让它永久化。几年来，我的"整合系列"五本书出版，就是对我多年资源整合实践过程的总结，是对那些帮助过支持过我的朋友、领导、专家、各方贤达人士和亲人们的感谢，感恩有你们。值此《整合经济学》付梓之际，我谨向为本书出版给予我更多关心、支持、帮助的陈存根教授、陈立教授、郑新立主任、董锁成教授及国务院发展研究中心、国家发展和改革委员会宏观经济研究院等机构的专家老师们以及所有鼓励支持我的朋友们致以衷心的谢忱！

杜芸
2022 年 7 月